高职高专规划教材

汽车检测与诊断技术

主　编　陆叶强

副主编　李增芳　李泉胜
　　　　董国荣　陈立旦

浙江大學出版社

内容提要

本教材以汽车不解体检测与诊断技术为主线，介绍了汽车检测与诊断技术的基础理论、检测设备的基本知识、常用检测诊断仪器的使用方法；介绍了汽车发动机的检测与诊断、汽车底盘的检测与诊断、整车的检测与诊断以及汽车检测站；阐述了各系统的检测诊断项目和目的、所用检测诊断设备的结构、工作原理、检测诊断方法、检测标准和结果分析。

本教材可作为普通高等教育、高职高专教育中汽车运用工程专业、汽车检测与维修专业、汽车运用技术专业、汽车电子与电器专业、汽车技术服务与营销专业、交通运输专业等相近专业的通用教材，也可作为汽车制造、汽车营销、汽车运输、汽车维修、汽车检测等企事业单位的工程技术人员及管理人员的培训教材和参考书。

图书在版编目（CIP）数据

汽车检测与诊断技术 / 陆叶强主编. —杭州：浙江大学出版社，2006.9(2011.1 重印)
ISBN 978-7-308-04896-5

Ⅰ.汽… Ⅱ.陆… Ⅲ.①汽车－故障检测②汽车－故障诊断 Ⅳ.U472.9

中国版本图书馆 CIP 数据核字（2007）第 008819 号

汽车检测与诊断技术
主　编　陆叶强

丛书策划　樊晓燕　王　波
封面设计　刘依群
责任编辑　王　波
出版发行　浙江大学出版社
（杭州市天目山路 148 号　邮政编码 310007）
（网址：http://www.zjupress.com）
排　　版　杭州中大图文设计有限公司
印　　刷　富阳市育才印刷有限公司
开　　本　787mm×960mm　1/16
印　　张　21
字　　数　423 千
版 印 次　2006 年 9 月第 1 版　2011 年 1 月第 4 次印刷
印　　数　7001－8000
书　　号　ISBN 978-7-308-04896-5
定　　价　29.00 元

浙江大学出版社发行部邮购电话(0571)88925591

高职高专汽车类专业规划教材

编委会名单

总　序

汽车行业的国家"十一五"规划的重点之一是解决发展的规模和速度问题。关于"十一五"汽车发展愿景，比较权威的信息是：1000 万辆左右的年产量，10%左右的增长速度；5500 万辆左右的汽车保有量，40 辆/千人左右的汽车化水平；工业增加值占 GDP 的比重提高到 2.5%。而面对当前国内汽车行业的现状，我们可以看出，汽车工业要在"十一五"期间的短短 5 年里实现如此巨大的增幅、如此强劲的增速，对汽车人才的需求十分迫切。据中国汽车人才研究会 2006 年预测，未来 5 年，根据汽车发展的水平和需要，汽车后服务技能型人才供求矛盾不是渐增，而是激增，这意味着人才供求的结构性矛盾非常突出，不是哪类人才比较重要，而是各类人才都很重要；不是哪类人才紧缺，而是全面紧缺。理性地看，汽车研发人才重要、汽车制造业人才重要、汽车维修业人才重要，而汽车营销和服务技能型人才等同样重要。

2005 年国家教育部在高等职业技术学院设置指导意见中专门设立了汽车类专业，把汽车检测与维修技术、汽车电子技术、汽车技术服务与营销等专业划归其中，这为加强我国汽车后服务产业技能型人才的培养提供了一个很好的专业平台。

汽车后服务技能型人才培养的数量重要，质量更重要。所以，在大力发展汽车后服务技能型人才培养的过程中，广泛开展教学改革，认真搞好教材建设，是非常重要的。

为了适应当前汽车后服务技能型人才培养的需要，充分体现高等职业教育特点，有利于培养出当前以及今后我国汽车行业急需的人才，浙江大学出版社依托浙江省高教研究会及高职高专汽车类专业协作组，在对多年相关专业课程与教材建设及教学经验的认真研讨和总结的基础上，组织编写了这套"高职高专汽车类专业规划教材"。

本系列教材以国家教育部颁发的"高等职业教育汽车专业领域技能型

紧缺人才培养指导方案”为依据，具有以下特点：

1. 以就业为导向，以培养汽车后服务技能型人才为目标，以技术应用能力为主线，注重理论联系实际，注重实用，突出反映新知识、新技术、新设备和新方法的应用。同时，加强实验、实训的内容和要求，加强对学生实际操作能力的培养。

2. 针对当前我国汽车行业各类人才都紧缺的现状，本系列教材的教学对象涉及汽车类专业的各个方向，包括汽车检测与维修技术、汽车电子技术、汽车技术服务与营销等。编写的教材中既有《汽车检测与诊断技术》、《汽车底盘构造与检修》、《汽车发动机构造与检修》、《汽车自动变速箱原理与检修》等技术类的，也有《汽车营销实务》、《汽车信贷、保险与理赔》、《汽车文化》等涉及市场营销及服务类的，符合当前汽车人才培养的新的课程体系。

3. 针对高职高专学生的学习特点，注意“因材施教”，教材内容力求通俗易懂，深入浅出，易教易学，有利于改进教学效果，体现人才培养的实用性。

本系列教材的开发与出版将有利于促进高职高专汽车后服务类专业的教学改革、师资建设和专业发展，为我国汽车后服务产业高技能人才的培养做出贡献。

丛书编委会主任
陈丽能
2006年9月

前　言

随着我国汽车工业的快速发展，汽车企业的竞争也越来越激烈，汽车新技术的应用日新月异，大量新结构、新工艺、新技术的应用，特别是电子控制技术的广泛应用，使汽车的结构、性能等都发生了根本性的变化，汽车的综合性能得到了大幅度的提高，这使得汽车的不解体检测与故障诊断以及技术服务问题日益突出。本教材以"高等职业教育汽车专业领域技能型紧缺人才培养指导方案"为依据，结合高职专业的要求和特点以及目前汽车检测诊断和维修行业的要求而编写。

"汽车检测与诊断技术"是汽车相关专业都应该开设的一门实践性很强的必修专业课，其所介绍的内容对汽车从业人员来说是非常重要的。本书以汽车不解体检测与诊断技术为主线，介绍了汽车检测与诊断技术的基础理论、检测设备的基本知识、常用检测诊断仪器的使用方法；介绍了汽车发动机的检测与诊断、汽车底盘的检测与诊断、整车的检测与诊断以及汽车检测站；阐述了各系统的检测诊断项目和目的、所用检测诊断设备的结构、工作原理、检测诊断方法、检测标准和结果分析。重点以现代汽车常见的新结构为主，通过学习使学生具备进行汽车检测诊断的基本知识和操作能力。

本书注重理论联系实际，力求通俗易懂、深入浅出，注重实用，突出反映新知识、新技术、新设备和新方法，力求把传授知识和培养能力有机结合起来，特别是加强了实验实训的内容和要求，注重学生实际操作能力的培养。

本书由杭州职业技术学院陆叶强担任主编，由嘉兴职业技术学院李泉胜、浙江水利水电专科学校李增芳、浙江经贸职业技术学院董国荣、浙江经济职业技术学院陈立旦担任副主编。陆叶强、韩天龙编写第1,5章，李增芳、董国荣和杨培娟编写第2章，李泉胜编写第3章，陈立旦、朱柳建编写第4章。

本书在编写过程中得到了相关单位领导和技术人员的大力支持，参阅了国内公开出版、发表的文献资料和检测设备的说明书，参考了汽车界同仁的一些著作，在此一并表示感谢。

由于时间仓促，编者经历和水平有限，书中难免有不当甚至谬误之处，恳请读者批评、指正。

编　者

2006 年 6 月

目　　录

第1章

概　论

【学习要求】

理论知识要求

1. 了解国内外汽车检测与诊断技术的发展概况；
2. 掌握检测与诊断的目的、方法及技术术语；
3. 掌握诊断参数、诊断标准和诊断周期；
4. 掌握我国汽车检测与诊断技术的有关规定；
5. 了解汽车检测系统的组成和原理。

操作能力要求

1. 熟知常用检测诊断设备仪器的基本操作步骤；
2. 在教师指导下，能够熟练运用检测诊断设备仪器；
3. 能独立使用并完成几种常见故障的检测诊断。

1.1 概　述

汽车检测与诊断技术包括汽车检测技术和汽车诊断技术，在国外也统称为汽车诊断技术。本教材所指的检测技术主要是针对汽车使用性能而言，诊断技术主要是针对汽车故障而言。通过对汽车的检测与诊断，可以在不解体情况下判明汽车的技术状况，为汽车继续运行或进厂(场)维修或报废提供可靠的技术依据。

1.1.1 常用技术术语

- **汽车技术状况**　定量测得的表征某一时刻汽车外观和性能的参数值的总和。
- **汽车故障**　汽车部分或完全丧失工作能力的现象。

- **故障现象** 故障的具体表现。
- **汽车检测** 确定汽车技术状况或工作能力进行的检查和测量。
- **汽车诊断** 在不解体(或仅卸下个别小件)条件下,确定汽车技术状况或查明故障部位、原因进行的检测、分析与判断。
- **诊断参数** 供诊断用的,表征汽车、总成及机构技术状况的参数。
- **诊断周期** 汽车诊断的间隔期。
- **诊断标准** 对汽车诊断的方法、技术要求和限值等的统一规定。
- **汽车检测站** 从事汽车检测的事业性或企业性机构。
- **汽车诊断站** 从事汽车诊断的企业性机构。

1.1.2 汽车技术状况的变化

1.汽车技术状况分类

表征汽车技术状况的参数分为两大类,一类是结构参数,另一类是技术状况参数。结构参数是指表征汽车结构的各种特性的物理量,如几何尺寸、电学和热学的参数等。技术状况参数是指评价汽车使用性能的物理量和化学量,如发动机的输出功率、油耗和排放值等。

汽车技术状况可分为汽车完好技术状况和汽车不良技术状况。

汽车完好技术状况是指汽车完全符合技术文件规定要求的状况,汽车技术状况的各种参数值,包括主要使用性能、外观、外形等参数值,都完全符合技术文件的规定。处于完好技术状况的汽车,能正常发挥其全部功能。

汽车不良技术状况是指汽车不符合技术文件规定的任一要求的状况。处于不良技术状况的汽车,可能是主要使用性能指标不符合技术文件的规定,不能完全发挥汽车应有的功能;也可能是仅外观、外形及其他次要性能的参数值不符合技术文件的规定,而又不至于影响汽车完全发挥自身的功能。如前照灯的损坏并不影响汽车白天的正常行驶。

2. 汽车技术状况变化的外观症状

汽车技术状况变差的主要外观症状有:

(1)汽车动力性变差。例如,与原设计相比,汽车的加速时间增加25%以上;发动机的有效功率和有效转矩低于75%等。

(2)汽车燃料消耗量和润滑油消耗量显著增加。

(3)汽车的制动性能变差。

(4)汽车的操纵稳定性能变差。

(5)汽车排放污染物和噪声超过限值。

(6)汽车在行驶中出现异响和异常振动,存在着引起交通事故或机械事故的隐患。

(7)汽车的可靠性变差,使汽车因故障停驶的时间增加。

1.1.3　汽车检测与诊断的目的和方法

1.目的

汽车检测与诊断的目的是确定汽车的技术状况和工作能力,查明故障原因和故障部位,为汽车继续运行或维修提供依据。汽车检测可分为安全环保检测和综合性能检测两大类。

(1)安全环保检测的目的

对汽车实行定期和不定期安全运行和环境保护方面的检测,目的是在汽车不解体情况下建立安全和公害监控体系,确保车辆具有符合要求的外观容貌、良好的安全性能和符合规定的尾气排放量,在安全、高效和低污染下运行。

(2)综合性能检测的目的

对汽车实行定期和不定期综合性能方面的检测,目的是在汽车不解体情况下,对运行车辆确定其工作能力和技术状况,查明故障或隐患的部位和原因;对维修车辆实行质量监督,建立质量监控体系,确保车辆具有良好的安全性、可靠性、动力性、经济性和环保性。同时,对车辆实行定期综合性能检测,又是实行"定期检测、强制维护、视情修理"这一修理制度的前提和保障。"视情修理"与"强制修理"相比,既不会因提前修理而造成浪费,也不会因滞后修理造成车况恶化。"强制维护、视情修理"是以检测、诊断和技术鉴定为依据的。没有正确的检测与诊断,就无法确定汽车是继续运行还是进厂维修,更无法视情确定修理范围和修理深度。

(3)故障诊断的目的

对汽车进行故障诊断,目的是在不解体情况下,对运行车辆查明故障原因和故障部位所进行的检查、测量、分析和判断。故障被诊断出来后,通过调整或修理的方法予以排除,以确保车辆在良好的技术状况下运行。

2.方法

汽车技术状况的诊断是由检查、测量、分析、判断等一系列活动完成的,其基本方法主要分为两种:一种是传统的人工经验诊断法;另一种是现代仪器设备诊断法。

(1)人工经验诊断法

这种方法是诊断人员凭借丰富的实践经验和一定的理论知识,在汽车不解体或局部解体的情况下,借助简单工具,用眼看、耳听、手摸和鼻闻等手段,边检查、边试验、边分析,进而对汽车技术状况做出判断的一种方法。这种诊断方法具有不需要专用仪器设备,可随时随地进行和投资少、见效快等优点。但是,这种诊断方法存在诊断速度慢、准确性差、不能进行定量分析和需要诊断人员具有较丰富的经验和掌握大量资料等。

(2)现代仪器设备诊断法

这种方法是在人工经验诊断法的基础上发展起来的一种诊断方法,该方法可在汽车不解体情况下,用专用仪器设备检测整车、总成和机构的参数,为分析和判断汽车技术状况提供定量依据。采用计算机控制的仪器设备能自动分析和判断汽车的技术状况。现代仪器设备诊断法的优点是检测速度快,准确性高,能定量分析,可实现快速诊断等。现代仪器设备诊断法的缺点是投资大和对操作人员要求高。使用现代仪器设备诊断法是汽车检测与诊断技术发展的必然趋势。

1.1.4 国内外汽车检测与诊断技术的发展概况

汽车已成为现代人们生活不可缺少的工具,目前全世界汽车保有量已超过 5 亿辆,且在不断增加。汽车的大量使用,在提高运输效率,促进经济发展,改善人们生活的同时,也带来了排气污染、噪声污染、交通事故以及能源紧张等引起全球关注的问题。

人们为了解决这些问题,一方面要从技术上入手,努力研究开发高性能、低污染的汽车,这是汽车研究、生产部门孜孜以求的目标;另一方面要加强对在用汽车的定期检测,以便及时维修调整,使汽车处于良好的技术状况,这就是汽车检测技术要解决的问题。

汽车检测技术是利用各种检测设备,对汽车在不解体情况下确定汽车技术状况或工作能力进行的检查和测量。现代汽车科技含量迅速增长,传统的“望”、“闻”、“摸”、“切”式的汽车检测方式已不适应维修形势发展的要求。现代汽车检测技术依靠先进的传感技术与检测技术,采集汽车的各种具有某些特征的动态信息,并对这些信息进行各种分析和处理,区分、识别并确认其异常表现,预测其发展趋势,查明其产生原因、发生部位和严重程度,提出针对性的维修措施和处理方法,达到“预防为主、定期检测、强制维护,视情修理”。采用现代汽车检测技术提高了汽车的利用率,最大限度地减少了维修的次数,延长了汽车使用寿命,确保了汽车运行的安全性、可靠性和经济性。

汽车检测诊断技术是伴随着汽车技术的发展而发展的。随着现代科学技术的进步,特别是计算机技术的进步,汽车检测诊断技术也飞速发展。目前人们已能依靠各种先进的仪器设备,对汽车进行不解体检测诊断,而且安全、迅速、准确。

1. 国外汽车检测技术发展概况

汽车检测技术是从无到有逐步发展起来的。早在 20 世纪 50 年代,一些工业发达国家就形成以故障诊断和性能调试为主的单项检测技术,并生产单项检测设备,如发动机分析仪、发动机点火系统故障诊断仪和汽车道路试验速度分析仪等。60 年代后期,国外汽车检测诊断技术发展很快,并且大量应用电子、光学、理化与机械相结合的光机电、理化机电一体化检测技术,例如非接触式车速仪、前照灯检测仪、车轮定位仪、排气分析仪等都是光机电、理化机电一体化的检测设备。

进入20世纪70年代以来，随着计算机技术的发展，出现了集汽车检测诊断、数据采集处理自动化、检测结果直接打印等功能于一体的汽车性能检测仪器和设备。在此基础上，各工业发达国家相继建立了汽车检测站，在汽车检测管理上已实现了“制度化”；在检测基础技术方面已实现了“标准化”；在检测技术上向“智能化、自动化检测”方向发展。

(1)制度化

在国外，汽车检测工作由交通部门统一领导，全国各地建有由交通部门认证的汽车检测场(站)，负责新车的登记和在用车的安全检测，修理厂维修过的汽车也要经过汽车检测场的检测，以确认其安全性能和排放是否符合国家标准。

(2)标准化

工业发达国家的汽车检测有一整套的标准。判定汽车技术状况是否良好，以标准中规定的数据为准则，检查结果以数字显示，有量化指标，以避免主观上的误差。

除对检测结果有严格完整的标准外，国外的检测设备也有标准规定，对检测设备的使用周期、技术更新等也有具体要求。

(3)智能化

自动化检测是随着科学技术的进步而进步的，国外汽车检测设备在智能化、自动化、精密化、综合化方面都有新的发展，应用新技术开拓新的检测领域，研制新的检测设备。随着电子计算机技术的发展，出现了集汽车检测诊断、控制自动化、数据采集处理自动化、检测结果直接打印等功能于一体的综合性能检测技术与设备，如具有全自动功能的汽车制动检测仪、全自动前照灯检测仪、发动机分析仪、发动机诊断仪、计算机四轮定位仪等。

进入20世纪80年代后，计算机技术在汽车检测技术领域的应用进一步发展，已出现集检测工艺、操作、数据采集和打印、存储、显示等功能于一体的系统软件，使汽车检测线实现了全自动化。这样不仅可避免人为的判断错误，提高检测准确性，而且可以把受检汽车的技术状况储存在计算机中，既可作为下次检验参考，还可供处理交通事故参考。

2. 我国汽车检测技术发展概况

我国汽车检测技术的研究从20世纪60年代开始，70年代得到了长足发展，汽车不解体检测技术及设备被列为国家科委的开发应用项目。国家在“六五”期间重点推广了汽车检测与诊断技术。80年代，交通部主持研制开发了汽车制动试验台、侧滑检验台、轴(轮)重仪、速度试验台、灯光检测仪、发动机综合分析仪、底盘测功机等。

20世纪80年代初，交通部在大连市建立了国内第一个汽车检测站，从工艺上提出将各种单台检测设备连线，构成功能齐全的汽车检测线，其检测目标为3万辆次/年。继大连检测站之后，交通部先后要求10多个省市、自治区交通厅(局)筹建汽车检测站。80

年代中期，汽车检测由公安部主管，公安部在交通部建设汽车检测站基础上，进行了推广和发展，1987 年颁布了国家标准 GB 7258－87《机动车运行安全技术条件》。1997 年、2004 年又进行了两次修订。

1990 年交通部发布第 13 号令《汽车运输业车辆技术管理规定》和 1991 年交通部发布第 29 号部令《汽车运输业车辆综合性能检测站管理办法》以后，全国又掀起了建设汽车综合性能检测站的高潮。到 1997 年，我国已建成汽车综合性能检测站 1119 家，一个适应汽车保有量增长需要，积极跟踪汽车先进技术，社会各界积极参与，为汽车运输生产、维修生产和社会服务的汽车检测市场已初步形成。

与此同时，汽车的检测技术和设备也得到了大力发展。目前全国生产汽车综合性能检测设备的厂家已达 60 多个，已能生产全套汽车检测设备，如大型的技术复杂的汽车底盘测功机、发动机综合分析仪、四轮定位仪、悬挂检验台、制动试验台、废气分析仪、灯光检测仪等。

随着我国的汽车制造和公路交通运输业迅猛发展，对汽车检测诊断技术和设备的需求也与日俱增。我国机动车保有量迅速增加，随之而来的是交通安全和环境保护等社会问题。

为配合汽车检测工作，国内已发布实施了有关汽车检测的国家标准、行业标准、计量验定规程等 100 多项，使汽车综合性能检测的具体检测项目基本上做到了有法可依。

3. 我国汽车综合性能检测技术的发展方向

我国汽车综合性能检测经历了从无到有、从小到大、从单一性能检测到综合性能检测的发展过程，取得了很大的进步。尤其是检测设备的研制生产，缩小了与先进国家的差距。如今，汽车检测中通用的制动试验台、侧滑试验台、底盘测功机等，结构形式多样，国内已自给有余。我国汽车检测技术要赶超世界先进水平，应该从汽车检测技术基础规范化、汽车检测设备智能化和汽车检测管理网络化等方面进行研究和发展。

(1)汽车检测技术基础规范化

我国检测技术发展过程中，普遍重视硬件技术，忽略或是轻视了检测方法、限值标准等基础性技术的研究。随着检测手段的完善，与硬件相配套的检测技术软件将进一步完善。今后我国将重点放在制定和完善汽车各检测项目的检测方法和限值标准；制定营运汽车技术状况检测评定细则，统一规范全国各地的检测要求及操作技术；制定用于综合性能检测站的大型检测设备的形式认证规则，以保证综合性能检测站履行其职责。

(2)汽车检测设备智能化

目前国外的汽车检测设备已大量应用光、机、电一体化技术，并采用计算机测控，有些检测设备具有专家系统和智能化功能，能对汽车技术状况进行检测，并能诊断出汽车故障发生的部位和原因，引导维修人员迅速排除故障。我国目前的汽车检测设备在采用专家系统和智能化诊断方面与国外相比还存在较大差距，如四轮定位检测系统、电喷发动机综合检测仪等，还主要依靠进口。今后我们要在汽车检测设备智能化方面加快发展速度。

(3)汽车检测管理网络化

目前我国的汽车综合性能检测站已部分实现了计算机管理系统检测。虽然计算机管理系统检测采用计算机测控，但各个站的计算机测控方式千差万别。即使采用计算机网络系统技术的，也仅仅是一个站内部实现了网络化。随着技术和管理的进步，今后汽车检测将实现真正的网络化(局域网)，从而做到信息资源共享、硬件资源共享、软件资源共享。在此基础上，利用信息高速公路将全国的汽车综合性能检测站联成一个广域网，使上级交通管理部门可以即时了解各地区车辆状况。

1.1.5 我国汽车检测与诊断技术的有关规定

我国交通部在13号部令《汽车运输业车辆技术管理规定》、28号部令《汽车维修质量管理办法》和29号部令《汽车运输业车辆综合性能检测站管理办法》中，对汽车诊断与检测技术、汽车检测制度、汽车检测诊断设备和汽车综合性能检测站等均有明确规定，现将有关条款节录如下：

1 车辆技术管理应坚持预防为主和技术与经济相结合的原则，对运输车辆实行“择优选配、正确使用、定期检测、强制维护、视情修理、合理改造、适时更新和报废”的全过程综合性管理。

2 车辆技术管理应依靠科技进步，采取现代化管理方法，建立车辆质量监控体系，推广检测诊断和微机应用等先进技术。

3 车辆检测诊断技术是检查、鉴定车辆技术状况和维修质量的重要手段，是促进维修技术发展、实现视情修理的重要保证，各地交通运输管理部门和运输单位应积极组织推广检测诊断技术。

4 检测诊断设备应能满足车辆在不解体情况下确定其工作能力和技术状况，以及查明故障或隐患的部位和原因。检测诊断的主要内容包括：汽车的安全性(制动、侧滑、转向、前照灯等)、可靠性(异响、磨损、变形、裂纹等)、动力性(车速、加速能力、底盘输出功率；发动机功率、转矩和供给系、点火系状况等)、经济性(燃油消耗)及噪声和废气排放状况等。

5 各省、自治区、直辖市交通厅(局)应建立运输业车辆检测制度。根据车辆从事运输的性质、使用条件和强度以及车辆老旧程度等，进行定期或不定期检测，确保车辆技术状况良好，并对维修车辆实行质量监控。

6 建设汽车综合性能检测站是加强车辆技术管理的重要措施。各省、自治区、直辖市交通厅(局)是汽车综合性能检测站的主管部门，负责规划、管理和监督。

7 各省、自治区、直辖市交通厅(局)应对汽车综合性能检测站进行认定。经认定的检测站可代表交通运输管理部门对车辆行使质量监控。

8 汽车综合性能检测站经认定后,交通运输管理部门应组织对运输和维修车辆进行检测。

9 经认定的汽车综合性能检测站在车辆检测后,应发给检测结果证明,作为交通运输管理部门发放或吊扣营运证依据之一和确定维修单位车辆维修质量的凭证。

10 车辆二级维护前应进行检测诊断和技术评定,根据结果确定附加作业或修理项目,结合二级维护一并进行。

11 车辆修理应贯彻视情修理的原则,即根据车辆检测诊断和技术鉴定的结果,视情按不同作业范围和深度进行。既要防止拖延修理造成车况恶化,又要防止提前修理造成浪费。

12 各级汽车维修行业管理部门应建立健全汽车维修质量监督检验体系,实行分组管理。建立汽车维修质量监督检测站(中心),为汽车维修质量监督和汽车维修质量纠纷的调解或仲裁提供检测依据。汽车维修质量监督检测站必须是经当地交通主管部门会同技术监督部门认定后颁发了《检测许可证》的汽车综合性能检测站。

13 各级汽车维修行业管理部门应制定并认真执行汽车维修质量检验制度,对维修车辆实行定期或不定期的质量检测,并将检测结果作为评定维修业户维修质量和年审《技术合格证》的主要依据之一。

14 检测站应根据国家和行业标准进行检测,确保检测质量。未制定国家、行业标准的项目,可根据地方标准进行检测;没有国家、行业、地方标准的项目,可根据委托单位提供的资料进行检测。

15 检测站使用的计量检测设备应按技术监督部门的有关规定,组织周期检定,保证检测结果准确可靠。

16 各省、自治区、直辖市交通厅(局)可指定一个A级站作为本地区的中心站,直接管理。该中心站应经交通部汽车维修设备质量监督检验测试中心的认定,并接受其业务指导;认定后的中心站可对本地区其他各级检测站进行业务指导。

17 对不严格执行检测标准、弄虚作假、滥用职权、徇私舞弊的检测站,交通厅(局)或其授权的当地交通运输管理部门,可根据《道路运输违章处罚规定(试行)》的有关规定处理。

1.2　汽车检测与诊断技术基础知识

1.2.1　检测诊断参数

1.概　述

检测诊断参数是汽车检测诊断技术的重要组成部分。在汽车或总成不解体的条件下，直接测量汽车结构参数（如磨损量、间隙量等）变化的检测对象是极少的，甚至是不可能的。如汽缸间隙、汽缸磨损量、曲轴和凸轮轴各轴承间隙、各齿轮间隙及磨损量等。因此，在进行汽车检测时，需要采用一些与结构参数有关，又能反映汽车技术状况的间接指标（量），这些间接指标（量）就称做“检测诊断参数”，它是供汽车检测诊断用的，表征汽车、总成及机构技术状况的参数。

2.类　型

汽车检测诊断参数分为工作过程参数、伴随过程参数和几何尺寸参数。

(1)工作过程参数。工作过程参数是指汽车工作时输出的一些可供测量的物理量、化学量，或指体现汽车或总成功能的参数，如发动机功率、油耗、汽车制动距离等。从工作参数本身就可确定发动机或汽车某一方面的功能。汽车不工作时，工作过程参数无法测得。

(2)伴随过程参数。伴随过程参数是伴随工作过程输出的一些可测量。伴随过程参数一般并不直接体现汽车或总成的功能，但却能通过其在汽车工作过程中的变化，间接反映检测对象的技术状况，如振动、噪声、发热等。伴随过程参数常用于复杂系统的深入诊断。汽车不工作或工作后停驶较长时间的情况下，工作过程参数无法测得。

(3)几何尺寸参数。几何尺寸参数能够反映检测对象的具体结构要素是否满足要求，如间隙、自由行程、角度等。虽提供的信息量有限，但却能表征检测对象的具体状态。

3.汽车常用检测诊断参数

汽车常用检测诊断参数如表1.1所示。

4.选择原则

在汽车的使用过程中，检测参数的变化规律与汽车技术状况变化规律之间有一定的关系。能够表征汽车技术状况的参数有很多，为了保证检测结果的可信性和准确性，应该选择那些符合下列要求或具有下列特性的检测诊断参数：

(1)灵敏性

灵敏性亦称为灵敏度，是指检测对象的技术状况在从正常状态到进入故障状态之前的整个使用期内检测诊断参数相对于技术状况参数的变化率。

表 1.1 汽车常用检测诊断参数

检测对象	检测参数	检测对象	检测参数
汽车总成	最高车速(km/h) 最大爬坡度(%) 0～100km 加速时间(s) 驱动车轮输出功率(kW) 驱动车轮驱动力(N) 汽车燃油消耗量(L/100km,L/100t·km) 侧倾稳定角	冷却系统	冷却液工作温度(℃) 散热器入口与出口温差(℃) 风扇传动带张力(N/mm) 冷却液液面高度(mm)
发动机总体	功率(kW) 曲轴角加速度(rad/s^2) 单缸断火时功率下降率(%) 油耗(L/h) 曲轴最高转速(r/min) 排气成分(体积分数)(%) (CO 排放量) (CH 排放量) (NO_x 排放量)	点火系统	一次电路电压(V) 一次电路电压降(V) 电容器容量(μF) 断电器触点闭合角及重叠角(°) 点火电压(kV) 二次电路开路电压(kV) 点火提前角(°) 发电机电压、电流(V,A) 整理器输出电压(V)
气缸活塞组	曲轴箱窜气量(L/min) 曲轴箱气体压力(kPa) 汽缸间隙(按振动信号测量)(mm) 汽缸压力(MPa) 汽缸漏气率(%) 发动机异响 机油消耗量(L/100km)	起动系统	在制动状态下,起动机电流(A)、电压(V) 蓄电池在有负荷状态下的电压(V) 振动特性(m/s^2)
曲柄连杆组	主油道机油压力(MPa) 主轴承间隙(按油压脉冲测量)(mm) 连杆轴承间隙(按振动信号测量)(mm)	传动系统	车轮驱动力(N) 底盘输出功率(kW) 滑行距离(m) 传动系统噪声(dB)
配气机构	气门热间隙(mm) 气门行程(mm) 配气相位(°)	转向系统	主销内倾角(°) 主销后倾角(°) 车轮外倾角(°) 车轮前束(mm) 车轮侧滑量(mm/m,m/km)

续表

<table>
<tr><th>检测对象</th><th>检测参数</th><th>检测对象</th><th>检测参数</th></tr>
<tr><td>柴油机
供给系统</td><td>喷油提前角(按油管脉动压力测量)(°)
单缸柱塞供油延续时间(按油管脉动压力测量)(°)
各缸供油均匀度(%)
每一工作循环供油量(mL/工作循环)
高压油管中压力波增长时间,曲轴转角(°)
按喷油脉动相位测定喷油提前角的不均匀度,曲轴转角(°)
喷油嘴初始喷射压力(MPa
曲轴最小和最大转速(r/min
燃油细滤器出口压力(MPa)</td><td>制动系统</td><td>制动距离(m)
制动力(N)
制动减速度(m/s²)
跑偏,左、右轮制动力差值(N)
制动滞后时间(s)
制动释放时间(s)</td></tr>
<tr><td>供油系统
及滤清器</td><td>燃油泵清洗前的油压(MPa)
燃油泵清洗后的油压(MPa)
空气滤清器进口压力(MPa)
涡轮压气机的压力(MPa)
涡轮增压器润滑系统油压(MPa)</td><td>行驶系统</td><td>车轮静平衡
车轮动平衡
车轮振动(m/s²)</td></tr>
<tr><td rowspan="2">润滑系统</td><td rowspan="2">润滑系统机油压力(MPa)
曲轴箱机油温度(°)
机油含铁(或铜、铬、铝、硅等)(质量分数)(%)
机油透光度(%)
机油介电常数</td><td>照明系统</td><td>前照灯照度(1x)
前照灯发光强度(cd)
光轴偏斜量(mm)</td></tr>
<tr><td>其他</td><td>车速表允许误差范围(%)
喇叭声级(A 声级)(dB)
客车车内噪声级(A 声级)(dB)
驾驶员耳旁噪声级(A 声级)(dB)</td></tr>
</table>

选用灵敏度高的检测诊断参数检测汽车的技术状况时,可使检测诊断的可靠性提高。

(2)单值性

单值性是指汽车技术状况参数从开始值变化到终了值的范围内,检测诊断参数的变化不应出现极值;否则,同一检测诊断参数将对应两个不同的技术状况参数,给检测诊断技术状况带来困难。

(3)稳定性

稳定性是指在相同的测试条件下,多次测得同一检测诊断参数的测量值,具有良好的一致性(重复性)。检测诊断参数的稳定性越好,其测量值的离散度(或方差)越小。

(4)信息性

信息性是指检测诊断参数对汽车技术状况具有的表征性。表征性好的检测诊断参数,能表明、揭示汽车技术状况的特征和现象,反映汽车技术状况的全部信息。所以,检测诊断参数的信息性越好,包含汽车技术状况的信息量越高,得出的检测诊断结论越可靠。

(5)经济性

经济性是指获得检测诊断参数的测量值所需要的检测诊断作业费用的多少,包括人力、工时、场地、仪器、设备和能源消耗等项费用。经济性高的检测诊断参数,所需要的检测诊断作业费用低。

1.2.2 检测诊断标准

检测诊断标准(也称检测诊断参数标准)是利用检测诊断参数测量值对检测对象的技术状况进行评价的依据,它能提供一个比较尺度,如果将测得的参数值与相应的检测诊断参数标准相比较,就可以确定汽车是否能够继续使用或预测在给定行驶里程内汽车的工作能力。

1. 类型

检测诊断参数标准可分为4类。

(1)国家标准

国家标准是由国家机关制定和颁布的检验标准,冠以中华人民共和国国家标准“GB”字样。国家标准一般由某行业部委提出,由国家技术监督局发布,全国各级各有关单位和个人都要贯彻执行,具有强制性和权威性。如GB 7258—1997《机动车安全运行技术条件》、GB 1495—1993《机动车允许噪声》、GB 1476—1999《汽车排放污染物限值及测试方法》、GB/T 15746.1—1995《汽车修理质量检查评定标准》以及汽车大修竣工出厂技术条件等标准。

这些标准主要用于与汽车行驶安全和产生公害有关的一些机构的检验。这类标准在使用中需要严格控制,以保证国家标准的严肃性。

(2)行业标准

行业标准也称为部委标准,是部级或国家委员会级制定并发布的标准,在部、委系统内或行业系统内贯彻执行,一般冠以中华人民共和国某某行业标准,也在一定范围内具有强制性和权威性,有关单位和个人也必须贯彻执行。如JT/T 201—1995《汽车维护工艺规范》、JT/T 198—1995《汽车技术等级评定标准》,均为中华人民共和国交通行业标准。

(3)地方标准

地方标准是省级、市地级、县级制定并发布的标准,在地方范围内贯彻执行,也在一定范围内具有强制性和权威性，所属范围内的单位和个人必须贯彻执行。省、市地、县三级除贯彻执行上级标准外，可根据本地具体情况制定地方标准或率先制定上级没有制定的标准。地方标准中的限值可能比上级标准中的限值要求还严。

(4)企业标准

企业标准包括汽车制造厂推荐的标准、汽车运输企业和汽车维修企业内部制定的标准、检测仪器设备制造厂推荐的参考性标准三种类型。

汽车制造厂推荐的标准是汽车制造厂在汽车使用说明书中公布的汽车使用性能参数、结构参数、调整数据和使用极限等，可以把它们作为诊断参数标准来使用。该种标准是汽车制造厂根据设计要求、制造水平，为保证汽车的使用性能和技术状况而制定的。

汽车运输企业和维修企业的标准是汽车运输企业、汽车维修企业内部制定的标准，只在企业内部贯彻执行。该种标准除贯彻执行上级标准外，往往能根据本企业的具体情况，制定一些上级标准中尚未规定的内容。企业标准中有些诊断参数的限值甚至比上级标准还要严格，以保证汽车维修质量和树立良好的企业形象。一般情况下，企业标准应达到国家标准和上级标准的要求，同时允许超过国家标准和上级标准的要求。

检测仪器设备制造厂推荐的参考性标准是检测仪器或检测设备制造厂，针对本仪器或设备所检测的诊断参数，在尚没有国家标准和行业标准的情况下制定的诊断参数的限值，通过仪器或设备的使用说明书提供给使用单位作为参考性标准，以判断汽车、总成及机构的技术状况。

任何一级标准的制定，都既要考虑技术性和经济性，又要考虑先进性，并尽量靠拢同类型国际标准。

2.组成

检测诊断参数标准一般由初始值、许用值和极限值三部分组成。

(1)初始值

此值相当于无故障新车和大修车检测诊断参数值的大小，往往是最佳值，可作为新车和大修车的检测诊断标准。当检测诊断参数测量值处于初始值范围内时，表明检测对象技术状况良好，无须维修便可继续运行。

(2)许用值

检测诊断参数测量值若在此值范围内，则检测诊断对象技术状况虽发生变化但尚属正常，无须修理(但应按时维护)，可继续运行。超过此值，勉强许用，但应及时安排维修；否则，汽车带病行车，故障率上升，可能行驶不到一个诊断周期。

(3)极限值

检测诊断参数测量值超过此值后，检测对象技术状况严重恶化，汽车需立即根据汽车维修工艺的需要停驶修理，否则将造成更大损失。

3. 国家检测诊断相关标准和法规

为了保证交通安全、减小环境污染、保证在用汽车处于良好的技术状况，国家公安、交通、环保等部门先后发布过多项法律和相关标准，对在用汽车进行严格的管理。

我国与检测诊断相关的标准和法规，包括汽车维护、汽车修理、交通安全、环保等各个方面，主要如下所列：

GB/T 3798.2—2005《汽车修理质量检查评定标准》

GB/T 3798—1983《汽车大修竣工出厂技术条件》

GB/T 3845—1993《汽油车怠速排放污染物的测量》

GB/T 14761.5—1999《汽油车怠速污染物排放标准》

GB/T 3846—1993《柴油车自由加速烟度的测量》

GB/T 14761.6—1999《柴油车自由加速烟度排放标准》

GB/T 7258—1997《机动车运行安全技术条件》

GB/T 4599—1994《汽车前照灯配光性能》

GB/T 77454—2002《机动车前照灯使用和光束调整技术规定》

GB/T 12480—1990《客车防雨密封性试验方法》

JT/T 201—1995《汽车维护工艺规范》

JT/T 198—2004《汽车技术等级评定标准》

JT/T 198—2004《汽车技术等级评定的检测方法》

交通部《汽车运输业车辆技术管理规定》

交通部《道路运输车辆维护管理规定》

交通部《汽车维修质量管理办法》

交通部《汽车运输车辆综合性能检测站管理办法》

公安部《机动车辆安全技术检测站管理办法》

GB 14761—2001《汽车排放污染物限值及测试方法》

GB 17691—2005《压燃式发动机车辆排气污染物排放限值及测试方法》

GB 133847—2005《压燃式发动机车辆排气可见污染物排放限值及测试方法》

GB/T 17692—1999《汽车用发动机净功率测试方法》

GB/T 17993—2005《汽车综合性能检测站通用技术条件》

GB 18285—2005《在用车排气污染物限值及测试方法》

1.2.3 检测诊断周期

诊断周期是汽车诊断的间隔期，以行驶里程或使用时间表示。诊断周期的确定，应满足技术和经济两方面的条件，获得最佳诊断周期。最佳诊断周期，是能保证车辆的完好率最高而消耗的费用最少的诊断周期。

1. 制定最佳诊断周期应考虑的因素

制定最佳诊断周期，应考虑汽车技术状况和汽车使用条件，还应考虑汽车检测诊断、维护修理和停驶损耗的费用等因素。

(1)汽车技术状况

在汽车新旧程度不一，行驶里程不一，技术状况等级不一，甚至还有使用性能、结构特点、故障规律、配件质量不一等情况下，制定的最佳诊断周期显然也不会一样。新车和大修后的车辆，其最佳诊断周期长，反之则短。

(2)汽车使用条件

它包括气候条件、道路条件、装载条件、驾驶技术、是否拖挂、燃润料质量等。气候恶劣、道路状况差、经常重载、驾驶技术不佳、拖挂行驶、燃润料质量得不到保障的汽车，其最佳诊断周期短，反之则长。

(3)经济性

它包括检测诊断、维护修理、停驶损耗的费用。若使检测诊断、维护修理费用降低，则应使诊断周期延长，但汽车因故障停驶的损耗费用和行驶消耗费用增加；若使停驶损耗的费用和行驶消耗费用降低，则应使诊断周期缩短，但检测诊断、维护修理的费用增加。应从总费用最低来考虑。

2. 制定最佳诊断周期的方法

单位里程费用最小和技术完好率最高是矛盾的两个方面，但大量统计资料表明，两者是可以求得一致的。

根据交通部《汽车运输业技术管理规定》，汽车实行“定期检测、强制维护、视情修理”的制度。该规定要求车辆二级维护前应进行检测诊断和技术评定，根据检测结果，确定附加作业或修理项目，结合二级维护一并进行。该规定又指出，车辆修理应贯彻“视情修理”的原则，即根据车辆检测诊断和技术鉴定的结果，视情按不同作业范围和深度进行，既要防止拖延修理造成车况恶化，又要防止提前修理造成浪费。

从上述规定中可以看出，二级维护前和车辆大修前都要进行检测诊断，其中，大修前的检测诊断，一般在大修间隔里程行将结束时结合二级维护前的检测诊断进行。既然规定在二级维护前进行检测诊断，则二级维护周期就是我国目前的最佳诊断周期。根据JT/T 201—1995《汽车维护工艺规范》的规定，正常使用条件下二级维护周期在10000～15000km 范围。

1.3 汽车检测设备基本知识

1.3.1 汽车检测系统的基本组成

目前，汽车检测参数大多是非电量。非电量的检测多采用电测量法进行检测，即首先将各种非电量转变为电量，然后经过一系列的处理，将非电量参数显示出来。一个具体的检测系统，通常是由传感器、变换及测量装置、记录及显示装置、实验结果的分析处理装置等组成，有时还有试验激发装置，如图1-1所示。

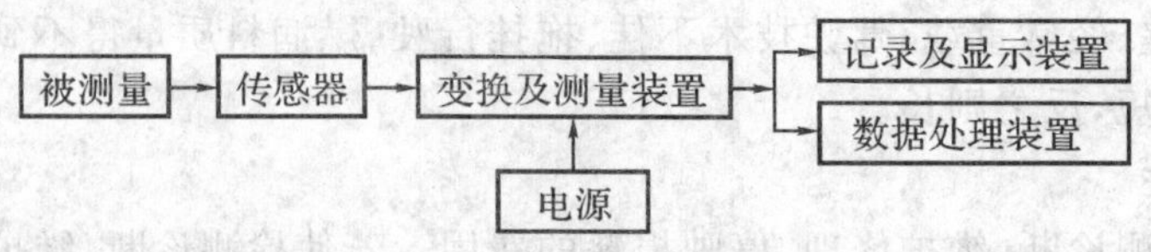

图1.1 汽车检测系统的基本组成

1. 传感器

传感器是一种能把被测对象的非电量信息检测出来，并将其转换成电信号的装置。在现代汽车上它是一种获得电信号的极重要的手段，在整个检测系统中占有首要的地位，而且它处于检测系统的输入端，所以它的性能直接影响着整个检测系统的工作可靠性。传感器也被称为变送器、发送器或检测头，在生物医学及超声检测仪器中，常被称为换能器。

2. 变换及测量装置

变换及测量装置，其作用是把传感器送来的电信号变换成具有一定功率的电压或电流信号，以便推动下一级的记录和显示装置。这类装置常包括电桥电路、调制电路、解调电路、阻抗匹配电路、放大电路、运算电路等，在检测系统里是比较复杂的部分。在这一装置里，可对一些简单信号进行测量、比较，即把要测的量与某一标准量进行比较，获得被测量与标准量若干倍的数量概念，对于传感器送来的变化频率很低、近似直流的信号，为了传输方便，可在这一装置里把它调制成高频放大信号等。

3. 记录及显示装置

记录及显示装置，其作用是把变换及测量装置送来的电压和电流信号不失真地记录下来和显示出来。这类装置有：光线示波器，它可以实现记录和显示两种功能；电子示波器，它只能显示而不能记录；磁记录器，它只具有记录功能而不能显示。记录和显示的方式一般有模拟和数字两种，前者是记录一条或一组曲线，后者是记录一组数字或代码。

4. 数据处理装置

数据处理装置，是用来对检测所得的结果进行分析、运算、处理，如对大量数据的数理统计分析，曲线的拟合，动态测试结果的频谱分析、幅值谱分析或能量谱分析等。

5. 试验激发装置

试验激发装置，是人为地模拟某种条件把被测系统中的某种信息激发出来，以便检测。如用激振器来模拟各种条件的振动，并将其作用在机械或构件上，把机械或构件产生的振动幅度、应力变化等信息激发出来，以便检测后对其在振动中的状态及特性进行研究分析。

1.3.2 智能化检测系统简介

智能化检测系统一般是指以计算机为基础的一种新型检测系统。由于用计算机控制整个检测系统，因而检测系统的结构和功能发生了根本性的变化。

智能化检测系统是以微处理器作为控制单元，能把系统中各个测量环节有机地结合起来，并赋予计算机所特有的诸如编程、自动控制、数据处理、分析判断、存储打印等功能。手动设定量程选择、极性变换、亮度调节、幅度调节和数据显示等之后，系统将自动完成检测。智能检测系统一般由传感器、放大器、A/D 转换器、计算机系统、显示器、打印机和电源等组成。智能检测系统与一般检测系统相比有如下一些特点：

(1)自动零位校准和自动精度校准

为了消除由于环境条件的变化(例如温度)使放大器的增益发生变化所造成的仪器零点漂移，智能检测系统设置有自动零位校准功能，采用程序控制的方法，在输入接地的情况下，将漂移电压存入随机存储器中，经过运算即可从测量值中消除零位偏差。

(2)自动量程切换

智能检测系统中的量程切换一般是通过软件来实现的。编制软件是采用逐级比较的方法，从大到小(从高量程到低量程)自动进行，软件一旦判定被测参数所属量程，程序即自动完成量程切换。

(3)功能自动选择

智能检测系统中的功能选择，实际上是在数字仪表上附加时序电路，是用一个A/D采集多通道的信号，在程序控制下，通过电子开关来实现的。只要智能检测系统中的各功能键(如温度 T、流量 L 等)进行统一编码，然后 CPU 发送各种控制字符(如 A_1，A_2 等)，通过接口芯片来控制各个电子开关的启闭。这样，在测量过程中检测系统能自动选择或自动改变测量功能。这种功能的改变完全可以由用户事先设定，在程序中发送不同的控制字符，相应的电子开关便接通，从而实现功能的自动选择。

(4)自动数据处理和误差修正

智能检测系统有很强的自动数据处理功能。例如，能按线性关系、对数关系及乘方关系，求取测量值相对于基准值的各种比值，并能进行各种随机量的统计分析和处理，求取测量值的平均值、方差值、标准偏差值、均方根值等。对于系统误差的修正，由于往往事先知道被测量的修正量，故在智能检测系统中，这种误差的修正就变得更为简单。除此之外，智能检测系统还能对非线性参数进行线性补偿，使仪器的读数线性化。

(5)自动定时控制

自动定时控制是某些测量过程所需要的。智能检测系统实现自动定时控制有两种方法：一种是用硬件完成，例如某些微处理器中就有硬件定时器，可以向 CPU 发出定时信号，CPU 会立即响应并进行处理；另一种是用软件达到延时的目的，即编制固定的延时程序，可实现自动定时控制。后者方法简单，但定时精度不如前者高。

(6)自动故障诊断

智能检测系统可在系统内设有故障自检系统，能在遇到故障时自动显示故障部位，大大缩短诊断故障的时间，实现检测系统自身的快速诊断。

(7)功能强大

一些综合性能的智能检测系统，如发动机综合参数测试仪、解码器、示波器等，不仅能对国产车系进行检测诊断，而且能对亚洲车系、欧洲车系和美洲车系进行检测诊断；不仅能检测诊断发动机的电控系统，而且能检测自动变速器、防抱死制动装置、安全气囊、电子悬架、巡航系统和空调的电控系统；不仅能读出故障码、清除故障码，而且还能读出数据流，进行系统测试等多项功能。

(8)使用方便

像发动机综合参数测试仪、解码器、示波器和四轮定位仪等检测设备，均设有菜单式操作按钮，使用中只要点击菜单，选择要测试的内容即可，操作变得非常方便。

1.3.3 检测设备的使用维护与故障处理

汽车检测设备，既有一般检测系统，也有智能检测系统。而且，智能检测系统的使用愈来愈广泛。为了使检测设备保持良好的技术状况，必须做好日常的使用、维护和故障处理等工作。

1. 使用与维护

(1)检测设备的使用环境，如温度、湿度、灰尘、振动等必须符合其使用说明书的规定，否则，应采取必要的措施。

(2)指针式检测设备在使用前应检查指针是否在机械零点位置上，否则，应调整。

(3)如需预热，检测设备使用前应预热至规定时间。

(4)应按使用说明书规定的方法对检测设备进行校准和调整，符合要求后才能投入使用。

(5)电源开关不宜频繁开启和关闭。

(6)检测设备的电源电压应在额定值±5%范围内，并应加强交流滤波。

(7)严格防止高压电窜入控制线和信号线内，且控制线、信号线不宜过长。

(8)检测设备使用完毕应及时关闭电源，有降温要求的应使机内风扇继续工作数分钟，直至温度降至符合要求为止。

(9)要经常检视检测设备传感器的外部状况，如有破损、松动、位移、积尘和受潮等现象，应及时处理。

(10)检测设备积尘，可定期用毛刷、吸尘器等清除，严禁用有机溶剂和湿布等擦拭内部元件。

2.智能检测设备的故障处理

(1)检测设备不工作，面板指示灯全灭

①检查电源是否接通，熔丝是否烧断；

②检查整流管、调整管等是否短路或损坏；

③检查电解电容器和外部控制引线状况，此两处往往是故障多发点。

(2)检测设备显示值偏离实际值较多

①检查传感器工作是否正常，其输出电压是否符合标准；

②检查电路板的放大器工作是否正常；

③检查A/D转换器参考电压是否正常。

(3)检测设备显示值不变

①检查传感器、放大器的工作是否正常；

②检查电路板上的集成块(A/D转换芯片、显示驱动芯片、微处理器等)是否损坏。

(4)检测设备误动作或误发数

①检查是否有外部干扰源；

②检查电源滤波、机壳搭铁、输入信号屏蔽等措施是否完善。

(5)检测设备发送数据误码较多

①检查通讯插座接触情况，若不良应紧固；

②在满足通讯速率的情况下，尽可能降低传送波频率。

此外，还应经常检查检测设备中继电器、电解电容器、电位器、接插件和按键等一些经常易损坏的器件，若工作不良要及时修理或更换，以减少检测设备发生故障。

1.4　汽车主要检测诊断仪器的使用

1.4.1　汽车专用数字万用表

万用表分为模拟式(指针式)和数字式两种，可用来检测电阻、电流和电压。由于指针式万用表内阻小，使用时易造成过大电流，所以在电控发动机的检测中，很多元件的测量都规定要用高阻抗的数字式万用表，以防烧坏。

汽车专用数字万用表，除了具有一般万用表的功能外，还具有一些汽车专用测试功能。可以测量电压、电流、电阻、转速、频率、温度、电容、闭合角、占空比和二极管等项目，并具有自动断电、自动量程变换、图形显示、峰值保留和数据锁定等功能。

目前常用的汽车数字万用表有 EAD 系列、OTC 系列、YC400 型和 KM300 型等。图 1-2 所示的 KM300 型车用数字式万用表是美国艾克强公司的产品，现以此为例介绍其使用方法。

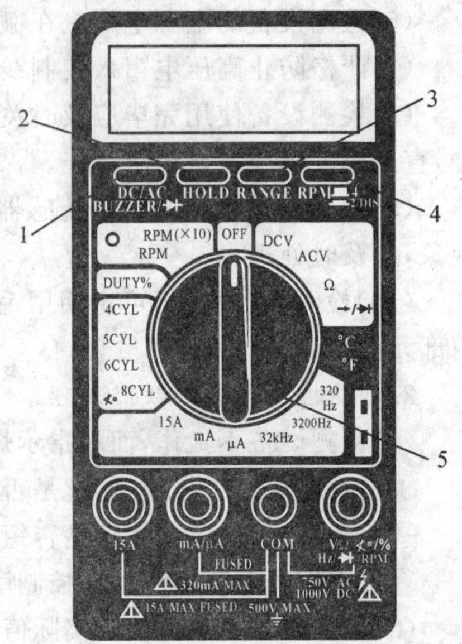

1—直流/交流按钮；2—保持按钮；3—量程按钮；4—车速按钮；5—选择开关

图 1-2　KM300 型汽车数字万用表

1. 测量直流电压

(1)将万用表“选择开关”旋到直流电压(DCV)挡，此时万用表进入自动选择量程方式，能自动选择最佳测量量程。也可以按下“量程(RANGE)”按钮，选择手动选择量程方式，每按动“量程”按钮一次，即可选择最高的量程。

(2)红色测针的导线插入面板电压/欧姆插孔中，黑色测针的导线插入面板 COM 插孔中。红、黑测针接到被测电路上，如图 1-3 所示。

(3)万用表的“＋”“－”测针应与电路测点的“＋”“－”极性一致。

(4)读取被测直流电压值。

2. 测量直流电流

(1)按下“直流/交流(DC/AC)”按钮，选择直流挡。

(2)根据被测电流的大小，将“选择开关”旋转到 15A、mA 或 μA 位置，如果不能确定所需电流量程，应先从 15A 开始往下降。

(3)红色测针的导线插入所选定的 15A 或 mA/μA 插孔内，黑色测针的导线插入面板的 COM 插孔内。红、黑测针接到被测电路上，与电路串联，如图 1-4 所示。

(4)打开被测电路。

(5)读取被测直流电流值。

3. 测量电阻

(1)将“选择开关”旋转到欧姆位置上，此时万用表进入自动选择量程方式，能自动选择最佳测量量程。也可以按下“量程(RANGE)”按钮，选择手动选择量程方式。

(2)红色测针的导线插入面板电压/欧姆插孔中，黑色测针的导线插入面板 COM

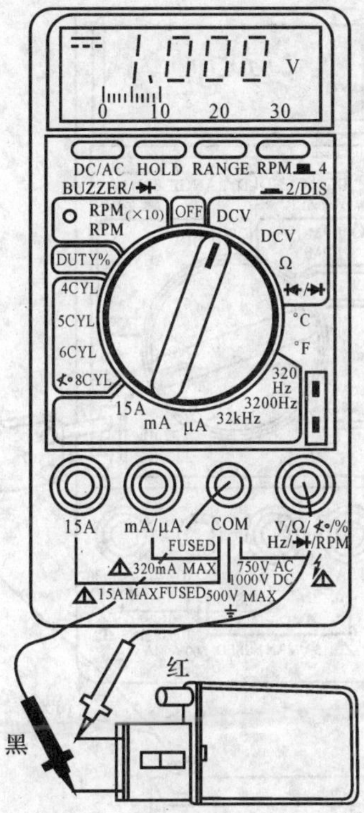

图 1-3　测量直流电压

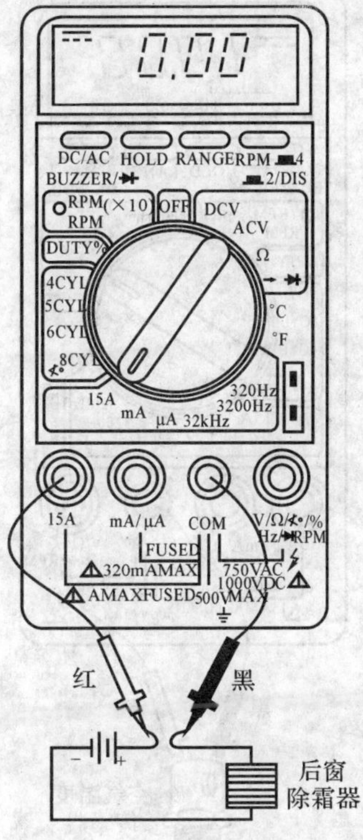

图 1-4　测量直流电流

插孔中。红、黑测针接到被测电路上，如图 1-5 所示。

(3)读取被测电阻值。

测量电阻时不可带电操作，否则容易烧毁万用表。

4. 测量温度

(1)将“选择开关”旋转到温度位置上。

(2)将万用表配备的带测针的特殊插头插接到面板黄色插孔内，测针与被测温度的部位接触，如图 1-6 所示。

(3)温度稳定后，读取测量值。

5. 测量转速

(1)将“选择开关”旋转到转速(RPM 或 RPM×10)位置上。

(2)感应夹的红色导线插入面板电压/欧姆插孔内，黑色导线插入 COM 插孔内，感应夹夹在通往火花塞的高压线上，其上方的箭头应指向火花塞，如图 1-7 所示。

(3)按下“转速”选择按钮，根据被测发动机的行程数，选择“4”或“2”。

(4)读取被测发动机转速。

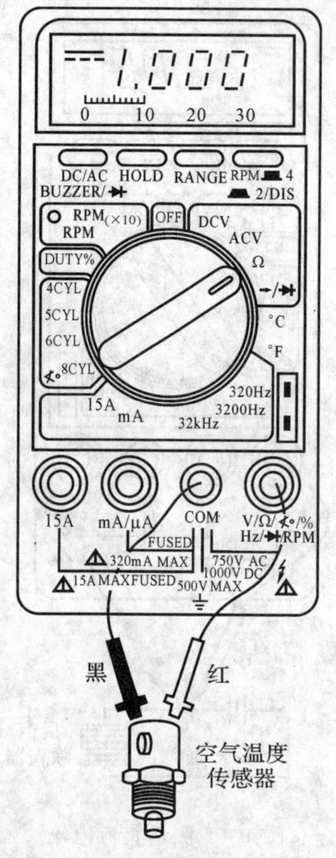

图 1-5　测量电阻

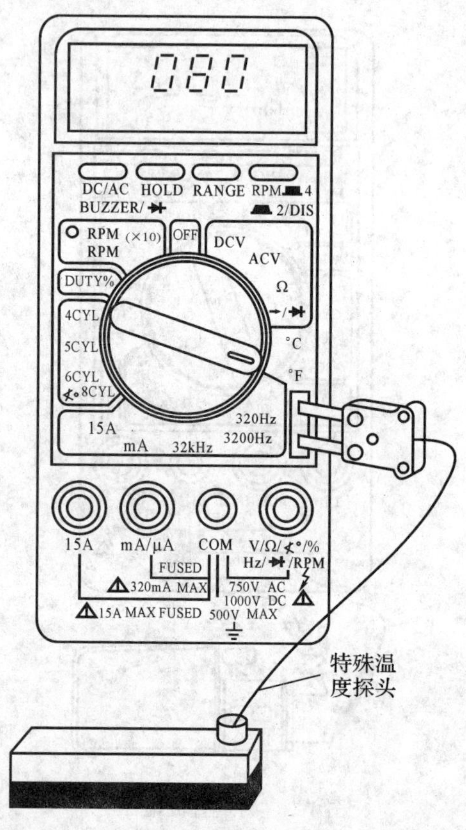

图 1-6　测量温度

有些万用表如美国 OTC3514，除上述功能外还具有电路通、断测量、脉冲、闭合角、占空比测量等功能。

6. 电路通、断测量

美国 OTC3514 万用表在测量电路通断时提供警示铃声，使用者可以方便快捷地得到测量结果。万用表在测量到回路闭合或电路短路时会自动报警，因此操作者在测量时无需观看万用表。这个功能在检测诸如熔断丝的好坏、导体和导线是开路还是短路、开关的情况时非常有用。

准备时，旋动滚轮选择电阻(Ω)挡，按 AC/DC 键选择通断范围。当标志显示在屏幕上时，万用表默认的量程是 400Ω。黑色表笔插入 COM 插口，红色表笔插入 RPM，V，Ω 插口。

测试时，将万用表的两个表笔与电阻或被测导线的两端连接。如果电路闭合，测量值小于 100Ω 时万用表报警；如果电路开路，万用表不报警。

注意:

(1)测量时要关闭电路电源。

(2)有警示铃声不代表电阻是零。

7. 脉宽测量

脉宽就是执行器打开的时间长度。例如,发动机控制模块发出脉冲电流控制喷油器打开的时间,这个脉冲电流产生一个电磁场,吸起阀,打开喷油器,脉冲电流结束后,喷油器关闭,喷油器由开到关的时间就是喷油脉宽,用毫秒(ms)计量。

准备时,旋动滚轮选择脉宽(Ms-pulse)挡,黑色表笔插入COM插口,红色表笔插入RPM,V,Ω插口。

测量时,按±TRIG键2秒钟,直到—TRIG显示在屏幕左下方。黑色表笔与执行器的负极连接或与蓄电池的负极连接,红色表笔与执行器的正极连线相接。启动发动机,脉宽将以毫秒的单位显示。如果读数过高或不稳定,按±TRIG键,调整触发范围。

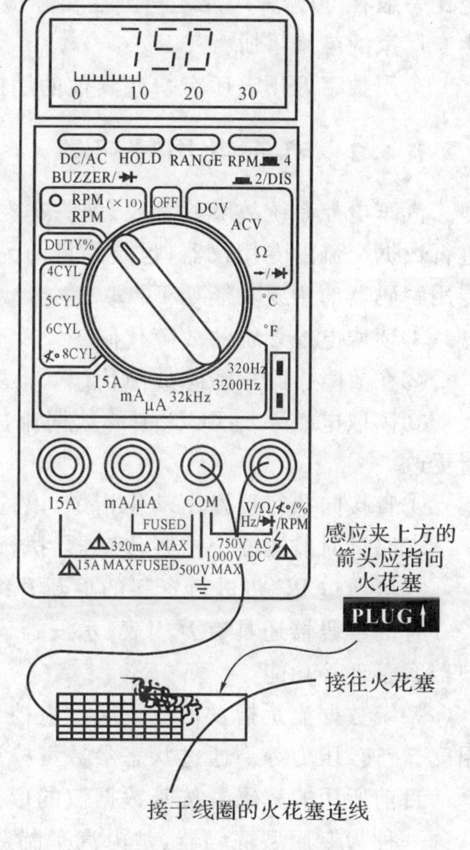

图1-7 测量发动机转速

8. 闭合角测量

闭合角是指分电器分火头触点闭合的角度。

准备时,旋动滚轮选择Ms-pulse挡,按HOLD(DWELL)键直到屏幕显示"DWL,CYL,TRIG,—",黑色表笔插入COM插口,红色表笔插入RPM,V,Ω插口。

测量时,红色表笔搭铁或与蓄电池负极相连,黑色表笔与点火模块低压正极相连。用CYL(RANGE)键选择发动机缸数(默认的是四缸发动机)。然后启动发动机,观察读数。如果读数过高或不稳定,按±TRIG键进行触发调整。

9. 占空比测量

汽车上的许多信号都需要进行占空比的测量与控制。占空比是指控制信号的正值电压维持时间与负值电压维持时间之比,即所控制对象的打开与关闭时间之比。

准备时,旋动滚轮选择脉宽挡(Ms-pulse),并按HOID(DUTY%)键直到%显示在屏幕上,将黑色表笔插入COM插口,红色表笔插入RPM,V,Ω插口。

测试时,黑色表笔搭铁或与蓄电池负极相连,红色表笔获取被测对象的信号电压,按下±TRIG键2秒钟,使触发由负极到正极,然后读取占空比。汽车上电控元件的占空比一般在50%～70%之间。在实际检测中，每个电控元件占空比的具体数值需查看生产厂家的维修手册。

车用数字万用表还有一些其他的用途，在此不作介绍，可参阅相关使用手册。

1.4.2 汽车专用解码器

汽车电控系统故障检测仪，即汽车专用解码器，是用来与汽车电控系统的控制中心进行数据交流的专用仪器，也是到目前为止检测汽车电控系统故障最有效的仪器。汽车专用解码器的主要功能如下：

①读取电控系统的故障代码。

②在故障排除后清除故障代码。

③读取电控系统ECU中的数据流，有些专用解码器还可对ECU中的某些数据进行更改。

④直接向执行器发出动作指令，以检查其工作状况。

⑤路试时监测并记录各传感器、执行器的工作参数，以便进行分析判断。

⑥可通过PC机进行资料的更新升级。

有的解码器还具有万用表、示波器、打印机及显示电控系统电路图和维修指导、客户档案管理等功能。

系统数据流是指发动机或底盘电控系统在工作状态下各电控参数的数据，如电压、温度、转速、压力等。通过状态参数可检测与电控有关各部件的工作情况。

目前所用的解码器按其数据流的形式可分为两种类型。

一种为专用型解码器，是由汽车制造厂家为检测本厂生产的汽车而专门制造或指定的，只能检测某一品牌或某一车型的解码器，不能用来检测其他公司生产的汽车。专用型解码器一般只配备在汽车4S店，主要目的是为自己生产的汽车提供良好的售后服务。有实力的汽车生产厂家都有专用型解码器，如大众汽车的V. A. G1551，V. A. G1552，V. A. S5052解码器；宝马汽车的MODIC，GT-1解码器；奔驰汽车的HHT，STAR2000解码器；通用汽车的TECH-Ⅱ解码器；福特汽车的Super Star-Ⅱ解码器；日产汽车的Consult，Constul-Ⅱ解码器；丰田汽车的XOBD2000解码器等。

另一种为通用型解码器，它不是由汽车生产厂家提供或指定的，而是由其他专门生产检测仪器设备的公司制造的，它可以检测不同汽车生产厂家制造的多种车型，通过配备不同的检测接头，有的可以检测几十乃至上百种不同厂家的车型，因而一般配备在综合性维修企业。如由美国生产的曾在我国红极一时的红盒子(Scanner)——MT2500解码器、德国BOSH公司生产的KTS300/500解码器、美国欧瓦顿勒工具公司生产的OTC系列解码器及国内生产的电眼睛、车博士、修车王、金德、金奔腾、车灵通、易网通等都属于通用型解码器。

对于具体车型，从故障诊断的深度和广度方面讲，通用型解码器不如专用型解码器，因为通用型解码器毕竟不是专门为检测某一种车型而生产的，因此有些车型的某些电控系统它是检测不出来的。但对于综合性汽车维修企业来说，由于车源品种繁多，而又不可能配齐所有车型的专用解码器，因此就应配用通用型解码器。

下面介绍几种常见的通用型解码器。

1. 431ME 型解码器

(1)功能及组成

431ME 型汽车电控系统检测仪是我国开发和生产历史较早的一种汽车专用解码器，俗称“电眼睛”，它可以对亚洲车系、欧洲车系、美洲车系等汽车电控系统进行故障诊断与分析，可自动读取诊断座输出的故障码脉冲信号、故障警告灯的闪光码信号及快速数据传输信号，并具有查阅故障代码、读取故障代码及清除故障代码和确定诊断座位置的方法等，其外观如图 1-8 所示。其主机面板上有方向键、确认键、退出键和 0～9 数字键。431ME 主要由主机、电源线、测试线、探针及不同车系测试卡等组成，其主要功能如下：

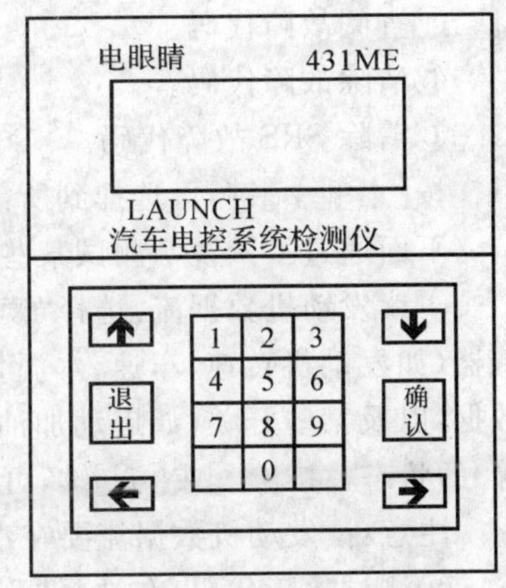

图 1-8 431ME“电眼睛”汽车专用解码器面板

①查阅控制电脑的型号。

②调取电控系统的故障代码。

③清除电控系统的故障代码。

④测试执行元件工作情况。

⑤阅读电控系统数据流。

⑥阅读独立通道数据。

⑦终止测试通信。

(2)使用方法

1) 开机

①插卡：选择相应测试卡，并将其插入主机下部的测试卡槽中。

②取电：将测试主线一端与主机相连，另一端的电源线与汽车点烟器或通过双钳线与蓄电池相接，使主机通电。

2)调节显示屏亮度：主机通电后即打开仪器，听到“嘀、嘀”两声响后，即可用[↑]或[↓]键调节显示屏亮度。进入测试菜单后显示屏亮度不可再调。

3)选择测试车型：通电确认后，屏幕显示车型选择画面。选择所测车型后，单击“确认”键，屏幕将提示选择测试接头的有关信息，阅读这些信息并检查接线是否正确，再确认后就可开始进行测试。

4)测试操作:测试操作通常可分为调取故障代码和读取系统数据流两大部分。通过调取故障代码,可以知道汽车故障所在部位,帮助排除汽车故障;通过读取电控系统数据流,可以了解汽车电控系统各传感器参数是否正常,汽车运行状态是否良好。

当确认测试方法后,屏幕将显示如下 6 项测试功能:

①读发动机数据流。

②测试故障代码。

③重阅已测故障代码。

④查阅故障代码。

⑤清除故障代码。

⑥清除 SRS 故障代码。

按[↑][↓]键,可选择到所需测试项目。

下面通过举例说明测试某些项目的操作方法。

①读发动机数据流:选择“读发动机数据流”并确认后,仪器将会读取发动机一些传感器(如发动机转速、车速、水温传感器、进气压力传感器、喷油脉宽、节气门开度等)的数据,以及某些开关(如启动加油、起动开关、怠速开关、空调开关、氧传感器、爆燃开关等)的状态。按[↑]或[↓]键,可以滚动地查看具体部件或状态的有关数据情况。

注意:读发动机数据流要在汽车发动机启动之后进行。

②测试故障代码:在选择“测试故障代码”功能并确认后,屏幕将提示选择“自动测试所有系统”或“选择系统测试”。若选前者,则将自动对发动机、自动变速器、制动防抱死系统、安全气囊系统、定速巡航等系统进行全面测试,并显示出各系统出现的故障代码,如图 1-9 所示。

SYSTEM	RESULT
ENG	××× ·
AT	×××
ABS	×××
SRS	×××
CC	×××

图 1-9 各系统故障代码显示画面

按[↑]或[↓]键,可以选择读取需检测系统的故障代码内容(图 1-9 中带·项目表示被选中)。例如选择“ENG”,则可具体显示发动机系统的故障代码表。选择了某个故障代码后,屏幕还可以进一步显示出故障代码内容并分析故障原因。例如故障代码为“12”,显示故障内容如图 1-10 所示。画面中“01”表示该系统第 1 个故障代码,“03”表示该系统共有 3 种故障。

转速信号不良(发动机启动2s内无曲轴转速NE信号或曲轴位置G信号输送的ECU)	
Code:12	01 03

图1-10 故障代码内容提示

若选择“选择系统测试”,则屏幕显示出可供选择的几个系统,如图1-11所示。在选定某个系统后,即可测试该系统的故障代码。具体操作与前述“自动测试所有系统”类似,这里不再赘述。

注意:测试故障代码不需启动发动机,但需打开点火开关。

Sel. System	
发动机系统 ································	ENG
自动变速器系统 ····························	AT
防抱死制动系统 ··························	ABS
防撞气囊系统 ····························	SRS
定速系统 ································	CCS

图1-11 系统选择画面

③重阅故障代码:该功能可重新查阅测试时读取的故障代码内容及故障分析。重阅故障代码功能又有“已测系统列表重阅”和“选择系统重阅”两种选择。若选择前者,则将列出如图1-9所示的各系统故障代码显示画面;如选择后者,则仅列出该系统的故障代码。

④查阅故障代码:使用该功能,可以查阅被测车系全部故障代码一览表。具体操作方法如下:

a.选择某个系统:确认查阅故障代码后,先选择要查阅的系统,如发动机、自动变速器、ABS(制动防抱死)、SRS(安全气囊)、CCS(定速巡航)等,画面如图1-11所示。

b.选择查阅方式:由于内容很多,查阅时可以有几种检索方式:一是依照故障代码顺序查阅;二是输入某个故障代码查阅其内容含义。可按“T”或“0”键选择其中一种检索方式。

⑤清除故障代码:在发现并排除汽车故障之后,应及时清除故障代码。使用“清除故障代码”功能,可利用仪器自动清除故障代码,或按照屏幕提示由人工清除故障代码。

a.在清除故障代码之前,应测试一遍故障代码。然后在功能选单中选择“清除故障代码”,单击“确认”键后,屏幕将给出清除故障代码的提示,如图1-12所示。

[清码方法]

除防撞气囊系统以外的其他系统拆下 EF1 熔断器或拆下蓄电池(电源)负极 30 秒后即可清除故障码

图 1-12 清除故障码提示

b. 个别系统故障代码需要用特殊方法清除。在"清除 SRS 故障代码"选项下,屏幕给出特别的提示,如要求插接某 431ME 型解码器的某个专用接头,单击"确认"按钮。数秒钟后,仪器将自动清除 SRS 的故障代码。

c. 清除故障代码后,还应重新调取一次故障代码,检查是否仍有故障存在,直到完全排除故障、清除完故障代码。

6)打印测试结果

①连接微型打印机,选择"打印测试结果",单击"确认"键,屏幕显示出 5 个系统。

②按[↑]或[↓]键选择要打印的系统,单击"确认"键即可打印出测试结果。

(3)使用注意事项

1)不要在开机状态下随意拔出或插上传感器插头,否则会损伤控制电脑。

2)严禁对执行元件进行长时间连续测试,以免损坏执行元件。

3)测试中若出现故障及其他类似情况,应立即停止测试,并关闭点火开关。

4)测试区域应通风良好,并严禁烟火。

2. SY 系列解码器

SY 系列解码器俗称"修车王",也是目前国内汽车维修行业常用的汽车解码器之一。该系列主要包括 SY2000、SY380、SY580 等型号的解码器。

(1)主要组成及功能

SY 系列解码器的主要组成包括主机、软件测试卡、故障检测接口、各种车系测试专用接头(带电缆)、电源线等,如图 1-13 所示。

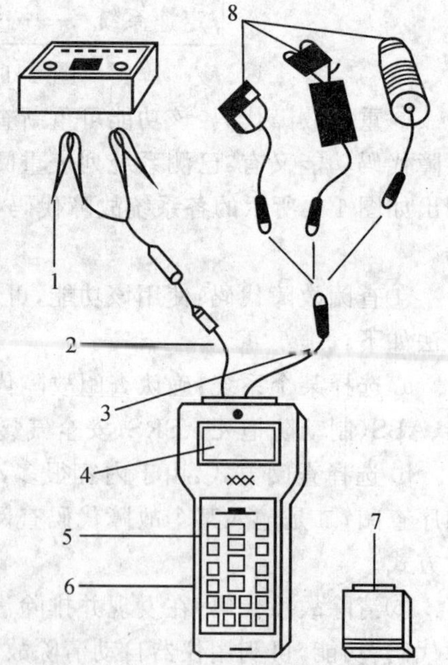

1—双钳电源夹;2—电源线;3—故障检测接口;4—显示屏;5—键盘;6—主机;7—软件测试卡;8—各种车系测试专用电缆

图 1-13 SY 系列解码器的主要组成

1)主机:主机用于测试汽车是否有故障。插入所测试车型的软件测试卡,选择适合该车型使用的检测电缆,与汽车诊断座相连,接通电源,通过按键操作,即可获得所要了解的信息。

2)软件测试卡:每个软件卡提供一种车系的故障诊断、故障代码含义说明及维修方法提示信息。用户根据被测车所属车系选择相应的软件卡。

注意:随着新车型的不断推出,软件卡要不断地升级换代。

3)故障检测接口:故障检测接口用于连接各种车系的测试专用电缆。

4)电缆:即各种车系测试专用电缆。依据所测车型选择相符的电缆,与汽车诊断座相接(屏幕显示的帮助信息会提示选用何种电缆插入诊断座)。

5)电源连接线:一般用电源连接线插接到汽车点烟器中作为主机的电源。也可用双钳电源夹直接连到汽车蓄电池上,红色夹正极,黑色夹负极。

注意:要求蓄电池电压不得低于10.5V或高于13.5V。

6)键盘:键盘供使用者输入数据及命令,且通过屏幕选单提示信息,帮助测试者完成相应的操作。

(2)使用方法

1)读取故障代码。读取故障代码的操作步骤如下:

①根据所检测的车型,选择相应车系的测试卡,插入主机底部插接孔中,注意有记号的一面朝上。

②根据所检测的车型及诊断座形状选定专用检测电缆,将检测电缆一端与主机故障检测接口妥善连接,另一端与诊断座插接。

③将仪器电源插头插入汽车点烟器中或利用双钳电源夹与汽车蓄电池相连(红正黑负)。

④将点火开关转到"ON"位置。通电后主机屏幕会显示提示信息,用数字选择所测试的车型、系统及测试内容。

⑤若有故障,屏幕上会显示故障代码,输入故障代码的序号即可查看故障原因,然后进行故障检修和排除。

⑥故障排除后,要清除汽车电脑存储器中的故障代码。选择清除故障代码功能时,仪器屏幕会显示清除故障代码方法的提示信息。

2)读动态数据流:如果选择"读动态数据流"功能,必须启动发动机,使其怠速运转。然后根据屏幕显示选单选择车系、车型等,其他操作步骤与读取故障代码相同,不再赘述。

(3)使用注意事项

1)插拔测试卡时,一定要先断开电源再插卡或换卡,卡一定要插到位。插拔诊断接头时,一定要用手护住诊断座,以免弄断诊断座接线引脚。

2)使用蓄电池夹与蓄电池接线柱连接时,牢记红色夹正极,黑色夹负极。蓄电池电压应在10.5~13.5V范围内。

3)如果被测车较长时间未使用,汽车电脑保存的故障信息可能会丢失,因此检测前应启动发动机运转 5～10 分钟。

1.4.3 汽车专用示波器

汽车专用示波器主要用来测试汽车电控系统各传感器工作时的实际输出波形、点火波形等，它能将在汽车工作中随时间变化的各种电量(指电压、电流等)进行显示和记录，通过与标准波形的比较，不但能进行电路系统整体运行状态的分析，而且还能进行某一段电路或某一电器元件的故障分析。

汽车专用示波器主要功能如下：

①电源电压波形测试。

②点火波形测试。

③各传感器波形测试。

④电控系统各执行器电压波形测试。

现代汽车专用示波器的功能往往更加强大，有些还带有万用表功能和诊断数据库，甚至还带有解码功能，使汽车故障的检测诊断更加方便、快捷、准确。目前国内应用的汽车专用示波器常见的主要有 MT2400，W18，FLUKE98，THM570U，APC2000，OTC3820，MT3000 等。此外，国内外众多生产厂家所生产的各种发动机综合性能测试仪及有些解码器也具有示波器功能。

国外已普遍使用各种 PC 电脑诊断系列、掌上电脑及无线检测诊断仪器，现正逐渐兴起用电脑平台的检测诊断仪。由于电脑检测诊断仪利用电脑平台，具有内存大、速度快、操作简单、升级方便、直观性强等优点，还可扩展其他诸如汽车维修资料库、客户档案管理、字典、专用示波器、专用万用表等各种功能，且价格较低，因此在汽车维修行业得到迅速普及。

1. MT2400 型示波器

美国 SNAP-ON 公司生产的 MT2400 型示波器，其优点是含有示波器、数字万用表和诊断数据库 3 项功能，故称为“三合一型”汽车专用示波器，如图 1-14 所示。

(1)仪器简介

1)外观：该示波器有一个用于显示数据的液晶显示屏和 4 个按钮、1 个滚轮。4 个按钮分别是：显示屏幕背景灯的开关按钮；电源开关按钮；用于确定选项的“Y”按钮；用于否定或后退一步的“N”按钮。

2)调节及选项

①调整显示屏亮度：按下显示屏背景灯按钮，缓慢旋动滚轮直至满意为止。

②选项：在分项菜单状态下，旋动滚轮，可移动屏幕上的光标到所需选项。

③按键功能：按下电源开关，可打开 MT2400 仪器；关闭时，长按电源开关直至仪器关闭为止；可在常规设置中，设置为一段时间未操作时，仪器自动关闭；“Y”键用来激

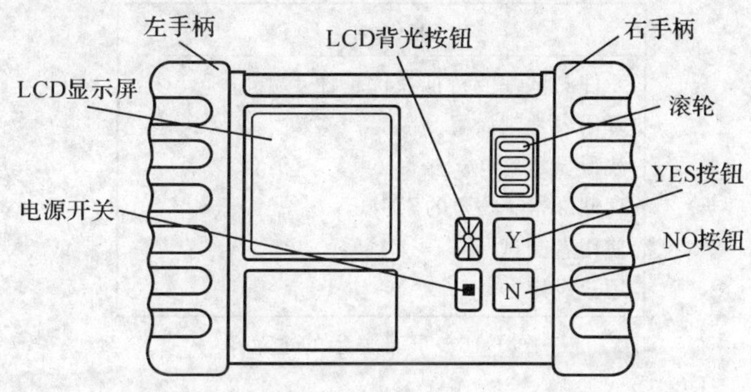

图1-14 MT2400型汽车专用示波器外形

活菜单，确定选项；"N"键用于放弃选择或退出选项。单击按钮或者测试帮助信息结束后，追踪到最大或最小值时，蜂鸣器就会发出响声。

3)该示波器有5个测试通道接口和1个串行打印机接口，其中两个测试通道H3、CH4可通过一个9脚的mini. DIN连接器，与压力表和KV级模块系统连接，如图1-15所示。

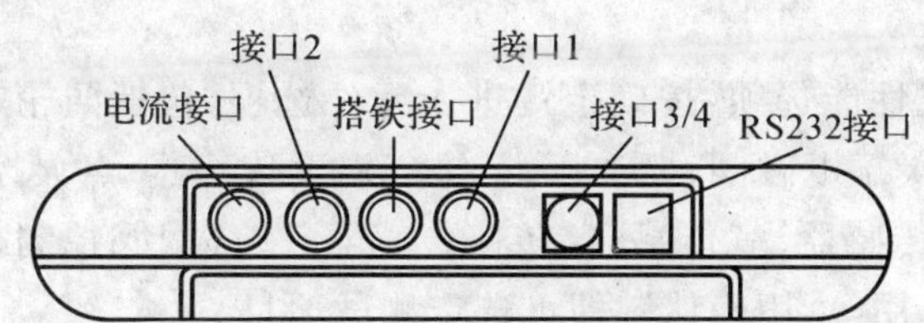

图1-15 MT2400型汽车专用示波器测试接口说明

根据通道的选择，该示波器可检测出以下内容：直流电流、直流电压、交流电压、电阻、频率、脉宽、压力、真空度、转速、次级电压、循环频率等数值，还可测试其连续性及二极管的压降。

4)诊断数据库资料：可提供传感器、执行元件、控制信号的测试以及制造商和各系统的信息，如一般元件的工作原理、技术参数、接头位置、正常波形显示等。

5)该仪器有熔断丝以保护内部线路，机壳侧面有熔断丝、电池、记忆卡及更换说明。

(2) 使用方法

1)元件测试设置：打开MT2400仪表时，屏幕上会显示出版权及主菜单，如图1-16所示，供浏览选择。

主选单
元件测试性能特征及优越性 万用表常规设置 波形显示怎样…… 存储屏幕 A～Z 的索引 使用者测试 用户设定

图 1-16 屏幕显示的主菜单

2)选择车系:从主选单通过滚轮选择元件测试项,确定后仪器将会列出所选车系,如克莱斯勒、福特、通用、吉普、奥迪、宝马、本田、现代、马自达等。按下确定键进入所选车系。

3)选择车型:旋动滚轮选择待测车辆的具体车型,按确定键进入所选车型。若要改变车系可按"N"键返回车系选择显示。

4)选择燃油喷射系统:按确定键进入生产年款选择、发动机形式选择;选好后按确定键返回主选单。

5)进行元件测试性能选项:按确定键进入元件选项,包括凸轮轴位置传感器、冷却液温度传感器、活性炭罐电磁阀、燃油压力、进气温度传感器、点火控制模式、喷油器、爆震传感器、空气流量传感器、氧传感器、转速传感器、节气门阀控制模式、故障诊断代码电路、旧术语、缩写应用等,用确认键即可选定测试项目。

6)选择凸轮轴位置传感器:按确认键进入凸轮轴位置传感器测试项目,可显示原理、位置、线路连接等。依次选择这些项目,仪器将提示传感器的原理、位置、线路连接及进行测试,如,当选择测试项时,仪器会自动进入万用表功能,显示数据测试。旋转滚轮,并按下"Y"键,可选定所需选单;按下"N"键,可实现万用表功能和测试帮助信息之间的切换;若欲退出测试功能并返回到元件测试性能选择菜单,首先应转动滚轮,使屏幕正文进入测试帮助处,按击"N"键即可。

7)其他项目测试:其他传感器的测试与上述步骤类似,详细情况可参考仪器说明书,本教材限于篇幅要求,这里不再一一赘述。

8)万用表功能:在主菜单中选择进入万用表使用模式后,本示波器即可作为独立的万用表使用。在万用表使用模式下有全屏幕显示和半屏幕显示两种显示方式。全屏幕显示时有 4 种主要检测模式,即图形显示、数字显示、单独显示和双重显示;在半屏幕显示时,可用作兼有元件测试功能的万用表使用,此时有 5 种测试模式,即数字显示、图形显示、单独显示、双重显示和全屏显示。

9)万用表状态图形模式:在万用表状态下的图形模式中,可显示测试波形(与示波器的示波功能类似)。显示时 X 轴为时间坐标轴,Y 轴为测试上限,上、下限可通过将光标移动到屏幕的适当位置,然后转动转轮选择其大小值的方式来改变。

10)双重显示:双重显示方式能显示两个波形,可同时进行两组读数、两组波形或一组读数与一组波形的比较。

11)操作设定:在主菜单上可进行操作设定,以便根据需要改变仪器的功能。操作设定包括:断电定时设定、背光定时设定、对比度调节、英—公制切换、转换夹选择、最大及最小值声响报警、打印机及波特率设定等。

(3) 使用注意事项

在操作 MT2400 前,首先应充分熟悉以下安全操作说明,以确保人身及仪器的安全,避免损坏 MT2400 主机或其他附件,造成不必要的损失。

1)更换电池、熔断丝、数据资料卡之前,一定要关掉仪器电源,并拔掉所有测试表笔及连接线。

2)操作仪器时,应确保仪器两端的黑色橡胶保护套安装完好。

3)测试电流和电压时,不可超过仪器规定的最大测试值。

4)仪器的任何测试输入端和搭铁端均不可加载 250V 以上的交、直流信号。

5)不能用 MT2400 的电流测试端测试交流信号,测试直流信号的电压不可高于 32V。

6)更换的熔断丝必须是 10A,32V 规格,否则将损坏仪器或影响使用。

7)测试 60V 以上的直流信号或 24V 以上的交流信号时,要特别注意掌握测试时间不能过长,否则可能造成仪器损坏。

8)不可在含有可燃性或爆炸性气体的环境使用 MT2400。

9)测量电压值时,必须保证电流测试孔不插任何测笔。

10)在转换测试功能前,一定要先将表笔从当前测试电路中断开,断开顺序为先拆除红色或蓝色表笔,再拆除黑色表笔。

11)在量取电阻值时,一定要将待测元件从电路中断开。

12)启动发动机进行测试前,要将变速杆放于空挡(手动挡)或 P 位(自动挡),拉紧驻车制动,在驱动轮下支好垫木。

2. K81,W18 型示波器

(1)基本功能

W18 型示波器是我国自行开发研制的一种汽车专用示波器,它可以实时采集点火波形、喷油波形及电控系统传感器的波形。通过对这些波形的分析,可以诊断传感器、执行器、

进气系统、燃油系统、点火系统等各元件的故障,为汽车故障的准确诊断提供科学依据。而 K81 型示波器严格地讲是一种多功能汽车故障诊断仪,因为它同时具有解码

器和示波器两种功能,但一般也把它看作汽车专用解码器。W18 和 K81 的主机外形基本相同,图 1-17 所示为 W18 的主机操作面板,而下面的介绍将以 K81 的汽车专用示波器功能为例进行。

其主要功能如下:

①测试单缸、多缸点火波形,与标准波形比较,分析故障。

②进行初级、次级点火波形分析,其中次级波形有纵列、三维、并列等多种显示方式。

③可测量点火击穿电压、闭合角、燃烧时间等。

④进行各种传感器、执行器工作参数波形实时测量。

⑤可进行波形存储与回放,随时了解故障。

⑥具有波形对比功能,便于将测试波形与标准波形进行对比分析。

⑦具有通用示波器功能。

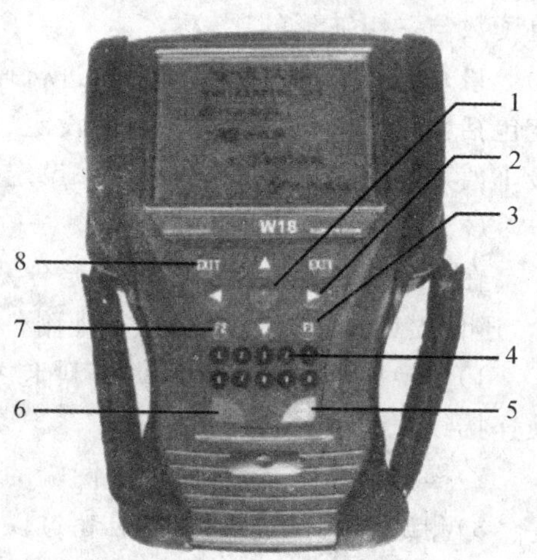

1—确认键;2—方向键;3—F1 辅助键;
4—数字键;5—亮度键;6—电源键;
7—F2 辅助键;8—退出键

图 1-17 K81 主机操作面板

ENTER 键的作用是进入菜单,确认所选项目。

↑↓→←四个方向键可以对项目进行选择。

EXIT 键的作用是返回上级菜单及退出。

F1、F2 是辅助键,按照操作提示使用即可。

(2)基本操作

1)选择测试项目:开机后,在汽车检测、示波器、辅助功能、升级系统 4 个功能项中,选择示波器功能进入示波器主菜单。用↑↓方向键选择所要检查的项目,用 ENTER 键确认即可进入下一级菜单。轮换操作方向键和确认键,直至选择到所要测试的项目。用 EXIT 键可返回上一级菜单。K81 示波器主菜单如表 1-2 所示。

2)辅助功能:辅助功能菜单出现后,有 4 个功能选项可供选择:亮度调节、本机 ID 信息、模拟 PC2000 及用户注册。用↑↓方向键可选择功能,用 ENTER 键进入所选定的功能。进行亮度调节时,选择到亮度调节项,用 ENTER 键进入亮度调节界面,按下←或→键即可调节亮度,按 EXIT 键返回上一级菜单。

辅助功能中的其余 3 项,即本机 ID 信息、模拟 PC2000 及用户注册,这里不作介绍。

表 1-2 K81 示波器功能主菜单

一级菜单	二级菜单
传感器	进气歧管绝对压力
	氧传感器(锆和钛型)
	双络氧传感器
	温度传感器
	节约位置传感器
	曲轴凸轮轴位置传感器
	行车高度(位置)传感器
	汽车适度传感器
	制动防抱死速度传感器
空气/燃油	空气流量传感器
	废气循环系统
	燃油喷射
	混合比控制电磁线圈
	怠速空气/速度控制
点火系统	爆震传感器—压电晶体
	次级点火
	初级点火
	分电盘触发
	提前时间
电气系统	蓄电池测试
	充电测试
	线圈和二极管测试
	电压测试

(3)使用注意事项

①使用本仪器前,请详细阅读使用说明书。

②必须在通风良好的条件下进行检测。若通风不畅,应将汽车排气管接到室外。

③严禁在检测时有明火,禁止在检测时抽烟,不要穿宽大衣服。

④检测时防止电解液溅到身体,避免接触高温及高速旋转部件。

⑤检测前,将变速杆置于空挡(手动变速)或 P 挡(自动变速),并拉紧驻车制动,挡好车轮。

⑥以蓄电池作电源时,红色夹接蓄电池正极,黑色夹接蓄电池负极。

⑦使用测试探头时,手指不要接触金属部分,测量电容电阻前要切断电容电源并放电。

⑧当工作电压大于 60V 直流、42V 峰值时,要注意防止有被电击的可能。

⑨从仪器上拆下测试线之前,应先将测试线从测试点拆下。

1.4.4 汽车发动机综合性能检测仪

发动机综合性能检测仪也称发动机性能分析仪或发动机综合参数测试仪,该仪器技术含量较高、检测项目齐全,可全面检测、分析、判断发动机在各种不同工况下的工作性能及技术参数,能对多种车型所存在的机械及电子故障进行全面的分析诊断,它在汽车综合性能及汽车故障的检测诊断中发挥着重要的作用。因此,一般的修理厂、4S 站及检测站都配有发动机综合参数测试仪。目前在国内汽车维修行业应用较广的发动机综合性能检测仪主要有德国的波许系列和国产的元征 EA 系列(包括 EA1000、EA2000、EA3000)、金德系列(包括 K100,PC2000)等。

1. 功能与特点

(1) 功能

在所有汽车检测设备中,发动机综合性能检测仪的功能最多、检测项目最全。且随着电子技术在汽车上的广泛应用,除发动机电控技术外,越来越多的汽车采用了底盘电控、车身电控技术。因此,有些型号的发动机综合参数测试仪的功能已超出了发动机性能测试的范畴,相应地增加了对汽车底盘电控系统和车身电控系统等进行检测的功能。

1)无外载测功(无负荷测功),即加速测功。

2)检测点火系统。能够进行初级与次级点火波形的采集与处理,如对点火系多缸平列波、并列波、重叠波和重叠角的处理与显示;断电器闭合角和开启角检测;点火提前角的测定等。

3)进气歧管真空度波形测定与分析。

4)各缸压缩压力的测定。

5)各缸工作的均匀性测定。

6)启动过程各参数的测定,主要包括启动电压、电流及转速等。

7)机械和电控喷油过程各参数的测定,这些参数主要包括压力、波形、喷油、脉宽、喷油提前角等。

8)电控供油系统各传感器的参数测定。

9)柴油机喷油提前角、喷油压力检测。

10)起动机与发电机检测。

11)数字万用表功能。

12)排气分析功能。

13)测试结果查询。

(2)特点

与其他的发动机单项性能检测仪相比,发动机综合性能检测仪具有以下 3 个特点:

①动态测试功能：它的传感系统和信号采集与记忆系统能迅速、准确地捕获发动机每一个瞬间的实时状态参数，这些动态参数是对发动机技术状况进行有效分析的科学依据。

②通用性：测试过程不依据被检车辆的数据卡(即测试软件)，只针对基本结构和各系统的形式及工作原理进行测试，因此它的检测结果具有良好的普遍性，检测方法同样也具有最广泛的适用性。

③主动性：发动机综合参数测试仪不仅能适时采集发动机的动态参数，而且还能主动地发出指令干预发动机工作，以完成某些特定的测试程序(如断缸试验)。

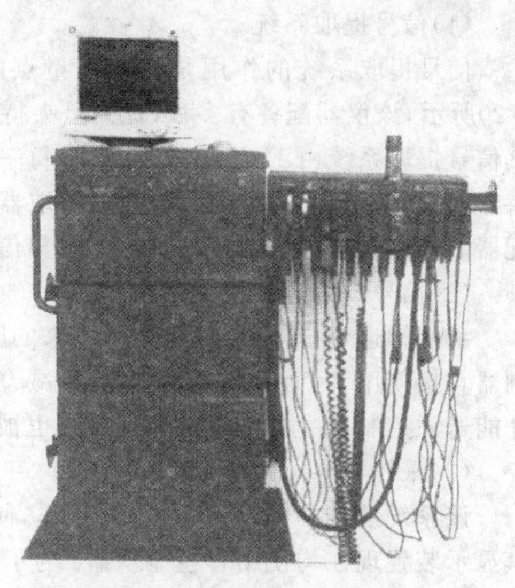

图 1-18　国产 EA1000 型发动机综合性能检测仪实物图

2. 基本结构与工作原理

发动机综合性能检测仪由信号提取系统、信号处理系统、采控与显示系统 3 部分组成。图 1-18 所示为国产 EA1000 型发动机综合性能检测仪实物图。图 1-19 所示为国产 EA1000 型发动机综合性能检测仪外形图。EA1000 发动机综合性能检测仪通过传感器采集信号，经前端预处理器处理后，输入计算机进行处理，以不同的形式输出，可方便地对发动机进行故障检测诊断。它还可以与检测线的主机进行数据通讯，对车辆及用户信息、检测数据进行交换、集中监控与管理。

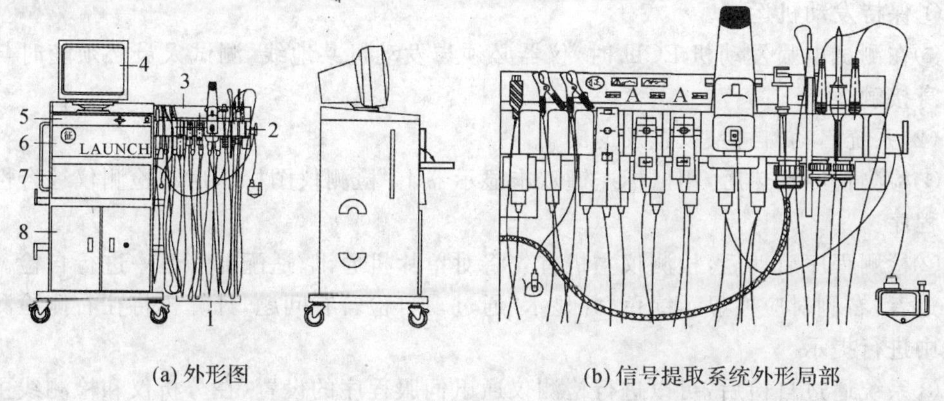

(a) 外形图　　(b) 信号提取系统外形局部

图 1-19　国产 EA1000 型发动机综合性能检测仪外形图

(1)信号提取系统

信号提取系统的作用是拾取测量点的信号。EA1000 的信号提取系统组成如图 1-20所示，该仪器配备有多种传感器、夹持器和探针等，以便直接或间接地与测点接触。其信号提取系统由 12 组拾取器组成，每一组拾取器根据用途不同，由相应的传感器、夹持器或探针、电缆及插接头构成。各拾取器测试电缆均带有活动滑块，已标示其名称。适配器的作用是对进入前端处理器的采集信号进行预处理。

(2)信号预处理系统

我们知道，用传感器从各处采集来的原始参数并非都是数字信号，不能被测试仪控制器直接使用，因而必须经过滤波、衰减、放大、整形等预处理，转换成标准数字信号后，才能送入控制器中。信号预处理系统也被称为前端处理器。

(3)采控与显示系统

该系统功能强大，采用菜单式操作，使用方便灵活，用微机控制，能高速采控信号，其显示装置现在均使用彩色显示器。为了使操作更方便快捷，还设置了相应热键。该设备还配有打印机，用来打印测试结果。

3. 使用方法

国内外发动机综合参数测试仪的型号较多，其使用方法也各有不同，现以国产 EA1000 为例介绍发动机综合参数测试仪的使用方法。

(1)准备工作

①接通电源，打开测试仪总开关；打开微机主机开关和显示器开关，暖机 20 分钟；检查电源是否可靠搭铁。

②发动机应预热至正常温度。

③调整发动机怠速在规定范围内。

④保持发动机运转。

⑤在测试电喷发动机 ECU 时，仪器必须与发动机共地线，测试人员必须随时与汽车车身接触。

(2)系统启动、自检、设置及退出

①检测仪经预热后，用鼠标左键双击显示器上“检测仪图标”，启动检测仪综合性能检测程序。

②检测程序启动后，检测仪主机首先将对单片机通讯、适配器等逐一进行自检。自检通过者，右侧对应栏显示绿色，并显示“通过”；自检若有问题，计算机将在右侧检测结果栏中进行提示。

③系统通过自检后，可以进行检测仪通讯伺服程序的设置(在分析仪和检测线主机采用串口通讯方式情况下)。从任务栏单击分析仪通讯伺服程序图标(如果看不到也可以从“开始”—“程序”目录下启动该程序)，即进入设置界面。

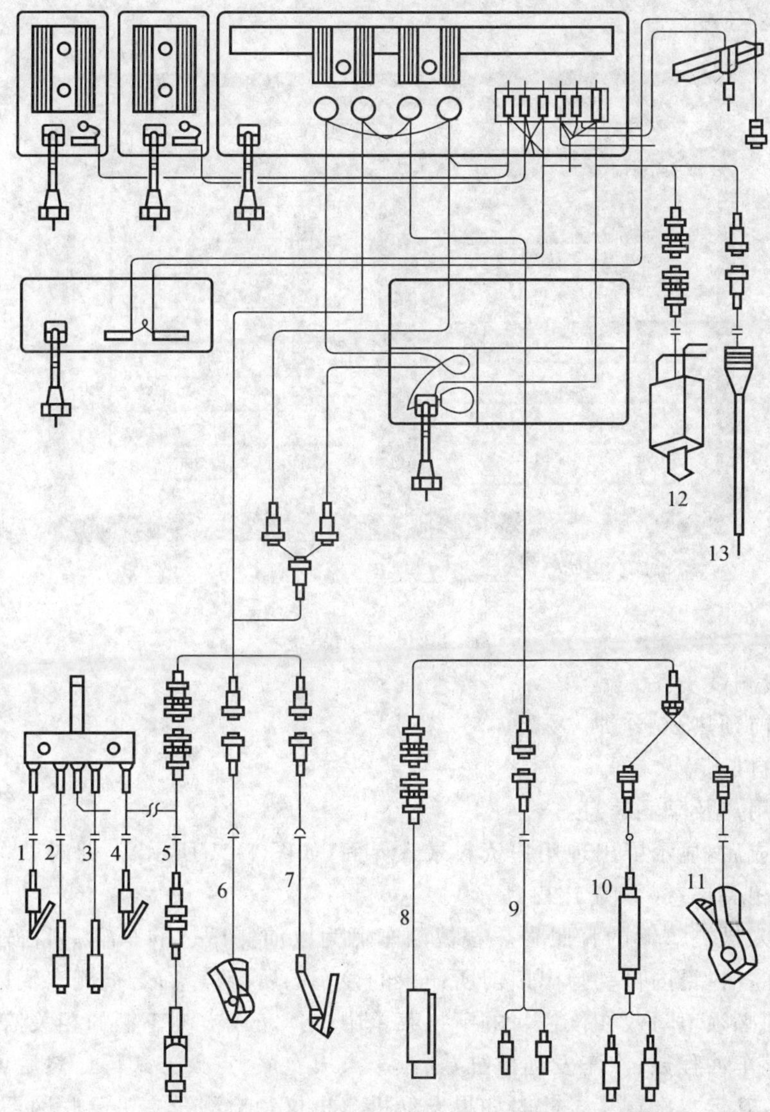

1,4—蓄电池夹(红色为正极,黑色为负极);2,3—点火线圈初级接线夹;
5—上止点传感器;6,7—电感式或电容式夹持器;8—频闪灯;9—探针;
10—鳄鱼夹;11—电流互感钳;12—压力传感器;13—温度传感器

图1-20 信号提取系统的组成

根据所用通讯端口选择1或2,波特率一般选择为9600,然后最小化该界面。系统即进入测试状态。

④在主菜单下,单击退出系统,随后单击“确定”按钮即退出系统回到Windows界

面。如图 1-21 所示。

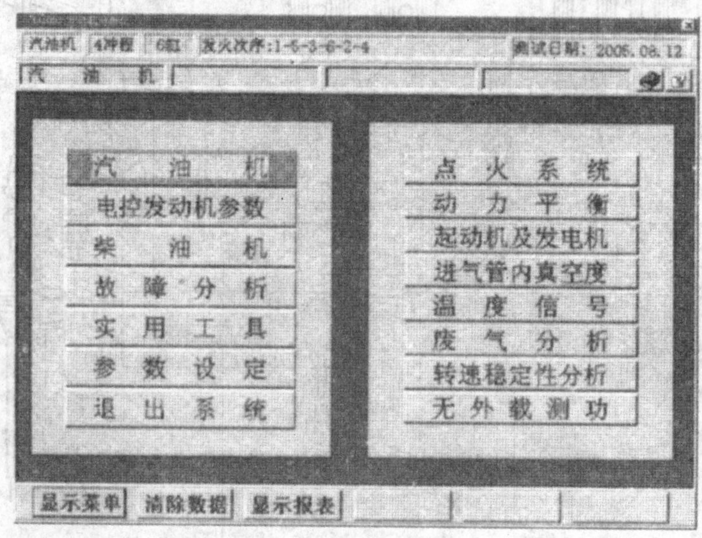

图 1-21 主菜单

(3)一般测试步骤

①开机前预热 20 分钟。

②系统自检。

③输入用户及车辆信息。

自检完成后，显示屏出现用户资料录入界面(如图 1-21 所示)。此时就可开始输入被测车型的相关信息(如图 1-22 所示)。

首先输入被测车辆的牌照号。若被测车辆为以前测试过的车辆，则在输入牌照号后，系统将在各栏目内自动弹出以前所输入的该车的所有信息；若被测车辆以前并没有被检测过，则必须填写或在该栏目的下拉菜单中选择完成被测车辆的相关信息，主要有汽车类型、汽车冲程数、汽车发动机缸数、汽车点火次序、点火方式等。然后可直接单击“确定”按钮，确定本次输入。此时如果发动机分析仪和检测线主机已联网，并且主机数字库中已经存有该车辆的测试数据，则会弹出对话框，应按对话框的提示进行操作。

若想改变以前输入的有关信息，应先单击“修改”按钮，否则系统会提示“修改用户参数请单击[修改]按钮”。车辆信息改变完后，单击“确定”按钮，将弹出对话框“该记录的[汽车类型][冲程][点火次序][发动机缸数][点火方式]其中之一已被修改，如果保存，则它在数据库中的原有的测试记录都将被删除！您确认吗?”选择“是”，系统将确认本次修改；若选择“否”，系统将返回用户资料录入界面，供用户重新输入。

④被测车辆信息数据输入完毕后，单击“确定”按钮，将进入测试主菜单，如图 1-21

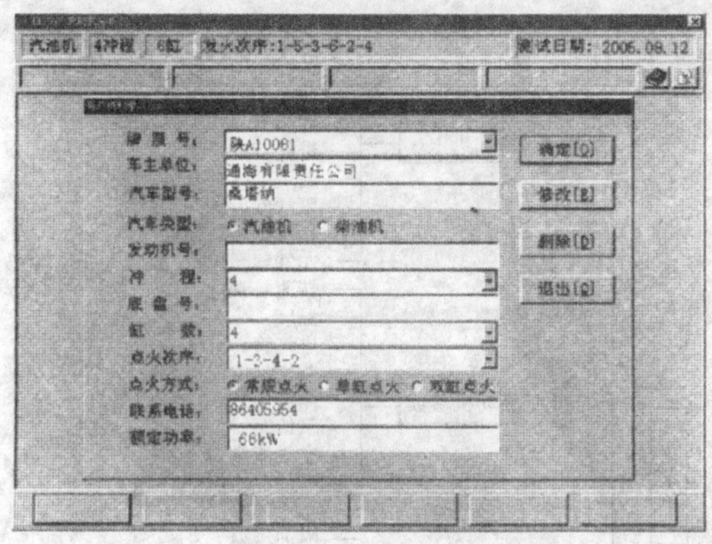

图1-22 “用户资料录入”界面

所示。

4. 主菜单说明

①主菜单的上端第一行,显示有发动机的类型、缸数、冲程数、点火次序及测试日期。

②主菜单的上端第二行的4个小方格,它是显示各级下拉选单的名称,在检测过程中,可一目了然地看到所在的菜单位置。

③主菜单的中部,为菜单显示栏,左边为主菜单,右边为当前所选主菜单项目的下一级菜单,其默认值为传统汽油机检测功能选单。菜单结构如图1-23所示。

④本仪器有6个软开关(定义为热键),根据各软开关的文字提示,用鼠标左键单击即可进入所要激活的功能。它与EA1000热键板上F1～F6完全对应。其中的上传结果为在采用局域网通讯方式下向主机传送测试结果数据用。在采用串口通讯方式下界面不显示此键。

⑤仪器设有技术指导热键和汽车维护数据热键,在实际测试过程中,用户可随时单击这些热键,以获取部分相应的技术指导或部分车型的维护数据。

⑥在测试中按F6热键,可对当前测试界面进行打印。测试结束后,按P键可以对测试结果进行打印。

⑦在分析仪主菜单中,检测功能选择可用鼠标激活,亦可用“↑↓←→”键移动色棒,按回车键进行选择。

⑧可用鼠标激活屏幕下端软按钮。

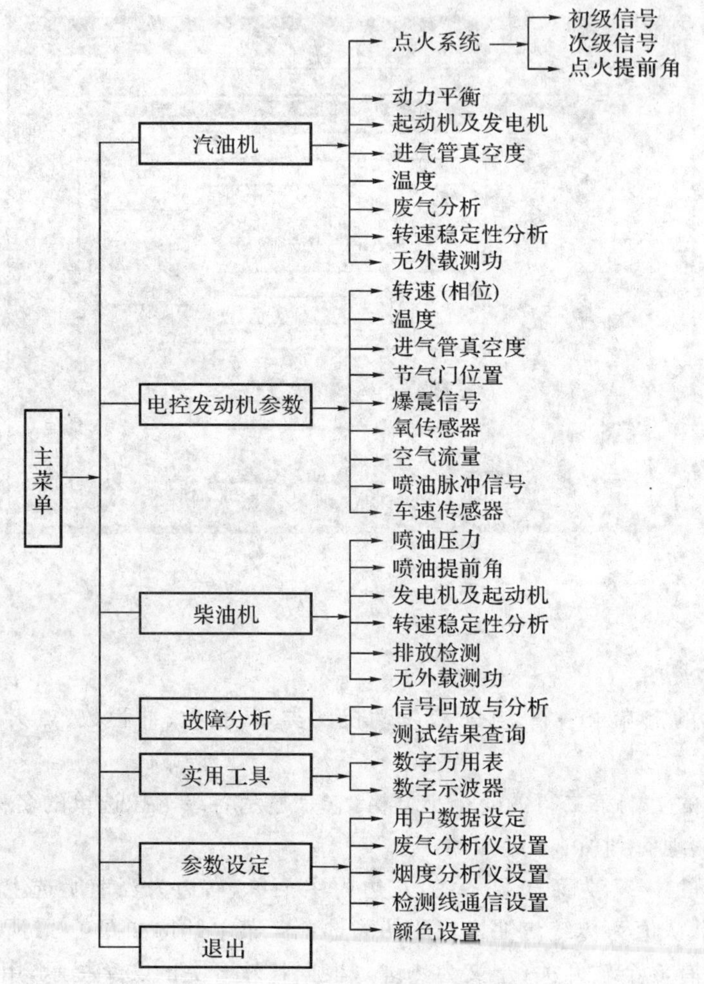

图 1-23　菜单结构

⑨在测试前,需按 F2 热键清除内存有效数据(注:第一次进入该系统时,自动将数据清空)。

⑩如需清除以前测试的数据,单击显示器下方的"清除数据"按钮。

5. 检测方法举例

下面以检测某 6 缸汽油机的点火提前角为例,介绍检测方法。

将一缸信号夹夹在一缸高压线上。按动上下键或用鼠标在屏幕上选择点火提前角功能。从检测仪挂架上卸下正时灯,对准在曲轴皮带盘或飞轮上的一缸上止点,如图1-24所示。

按下正时灯电源按钮,旋转正时灯调整电位器,直到旋转件的上止点标志对准壳体

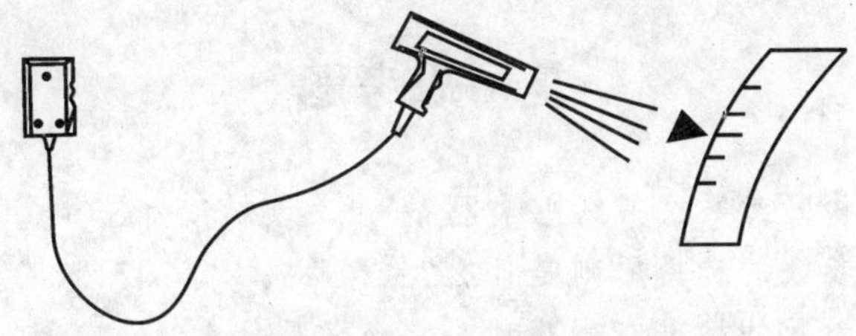

图 1-24 正时灯对准一缸上止点记号

上的上止点标志为止。

显示器上的指针和数字将显示出点火提前角数值，如图 1-25 所示。

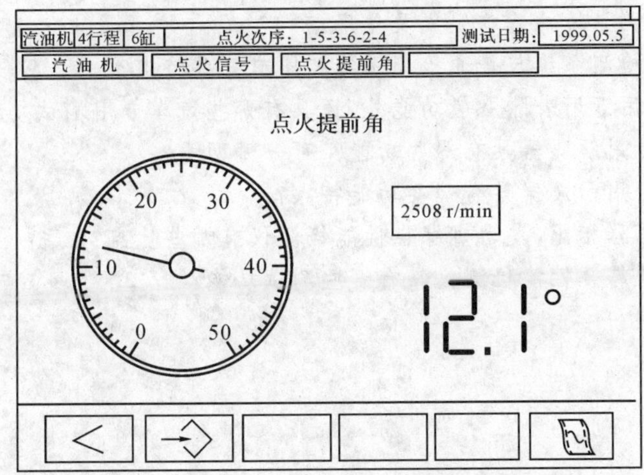

图 1-25 点火提前角显示

按 F2 数据存储热键，可将有效数据保存。

按 F6 图形打印热键，可将当前屏幕显示图打印。

检测完毕后，按 F1 热键，可返回上级菜单。

上面所测得的点火提前角是总提前角，它由负荷提前值和转速提前值组成。机械触点式点火系总提前角是真空提前量与离心提前量的总和，测量时拆去真空管路即为离心提前量，二者之差即为真空提前量。要测得不同负荷下的点火提前角数值，需在底盘测功机上对发动机加载。

电子点火系统，尤其是无分电器的直接点火系统的转速提前角和负荷提前角是由 ECU 根据发动机各传感器提供的信号，从预先存储的数据中优选的，不可人为调整。但检测电子点火系的点火提前角，可查找 ECU 和各传感器是否存在故障。

使用发动机综合性能检测仪检测发动机其他项目的方法和步骤，可参阅使用说明书进行。

复习思考题

1-1 何谓检测诊断参数？有哪些类型？

1-2 检测诊断参数的选择原则是什么？

1-3 检测诊断参数的标准有哪几种？其含义是什么？

1-4 汽车检测与诊断的目的是什么？方法有哪些？

1-5 汽车发动机的主要检测诊断参数有哪些？

1-6 何谓最佳诊断周期？确定最佳诊断周期应考虑哪些因素？

1-7 简述检测系统的基本组成及作用。

1-8 智能化检测系统与普通检测系统相比有哪些特点？

1-9 汽车专用万用表除一般功能外，还具有哪些汽车专用测试功能？

1-10 汽车专用解码器具有哪些功能？可分哪两类？

1-11 汽车专用示波器具有哪些功能特点？

1-12 与解码器相比，发动机综合性能检测仪有哪些优点？

1-13 发动机综合性能检测仪具有哪些测试功能？

第2章

汽车发动机的检测与诊断

【学习要求】

理论知识要求

1. 掌握发动机功率的测量原理和方法；
2. 掌握气缸密封性检测的方法和标准；
3. 熟悉汽油机点火波形并能用波形来分析判断故障；
4. 熟练掌握EFI的检测诊断程序和方法；
5. 了解柴油发动机的常见故障及诊断方法；
6. 了解发动机异响的检测和诊断方法。

操作能力要求

1. 能正确使用各种检测仪器检测与分析气缸压缩压力；
2. 会检测进气歧管的真空度并进行分析；
3. 能正确使用示波器，用点火波形分析判断点火系故障；
4. 能熟练使用解码仪检测、诊断电喷发动机各种故障；
5. 能正确使用发动机综合性能测试仪并能进行分析判断。

动力性和燃油经济性是汽车最重要的基本性能。汽车技术状况不良，首先表现为动力性不足、燃油消耗增大。汽车动力性和燃油经济性的检测方法有道路试验和室内台架试验两大类。室内台架试验不受客观条件影响，测试条件易于控制，所以在汽车检测站得到广泛应用。

在对汽车动力性和燃油经济性进行室内台架试验时，常采用无负荷测功仪检测发动机功率；采用底盘测功机检测汽车驱动轮的输出功率和汽车加速能力；底盘测功机与油耗仪配合使用，可检测汽车的燃油经济性。

2.1 发动机功率的检测

发动机的动力性可用发动机的有效功率即曲轴功率评价。发动机点火系统、燃油供给系统、润滑系统、冷却系统技术状况不良或机件磨损都会导致功率下降。因此，发动机功率是诊断发动机技术状况的综合性指标。

2.1.1 稳态测功和动态测功

稳态测功是指发动机在节气门开度一定、转速一定和其他参数都保持不变的稳定状态下，在测功器上测定发动机功率的一种方法。

动态测功是指发动机在节气门开度和转速等参数均处于变动的状态下，测定发动机功率的一种方法。

发动机有效功率 P_e(kW)、有效转矩 M_e 和转速 n(r/min)之间的关系为

$$P_e=\frac{M_e \cdot n}{9549} \tag{2-1}$$

由上式可见，发动机有效功率需通过有效转矩和转速的测量并通过计算得到发动机功率。

无负荷测功原理是基于动力学的原理，如果把发动机的所有运动部件看成一个绕曲轴中心线转动的回转体，当发动机与传动系统脱开，将没有任何外界负荷的发动机在怠速下突然将节气门打开至最大开度时，发动机产生的动力克服机械阻力矩和压缩气缸内混合气阻力矩后所剩余的有效转矩 M_r，将全部用来使发动机运动部件加速。此时，发动机克服本身惯性力矩迅速加速到空载最大转速。对于某一型号的发动机而言，其运动部件的转动惯量近似为一个定值。如果发动机的有效功率愈大，其运动部件的加速度也愈大。这样，可以通过测定发动机在某一转速下的瞬时加速度或指定转速范围内的平均加速度、加速时间来确定发动机有效输出功率的大小。按测功原理，无负荷测功可分为两类：用测定瞬时角加速度的方法测定瞬时功率；用测定加速时间的方法测定平均功率。

1. 瞬时功率测量原理

$$P_e=C \cdot n \cdot \frac{\mathrm{d}n}{\mathrm{d}t} \tag{2-2}$$

式中，C 为一个和曲轴的转动惯量有关的系数，对于某一型号的汽车来说它是一个常量，n 为发动机的转速。

式(2-2)表明：在加速过程中，发动机在某一转速下的功率与该转速下的瞬时加速度成正比。这样，发动机无负荷测瞬时功率的问题实质上成为测定发动机转速和在该转速下的角加速度或曲轴转速变化率的问题。

2. 平均功率测量原理

若发动机曲轴旋转角速度从 ω_1 上升到 ω_2 的时间为 $\Delta T(s)$，则发动机在这段时间内的平均功率 $P_{em}(\omega)$ 为

$$P_{em}=\frac{A}{\Delta T}=\frac{1}{2}\cdot J\cdot\frac{\omega_2^2-\omega_1^2}{\Delta T}$$

式中：A——发动机所做的功(J)；

ω_1/ω_2——测定区间起始角速度和终止角速度(rad/s)；

J——曲轴的转动惯量(N·m)。

3. 转速、角加速度和加速时间测试方案

由无负荷测功原理可知，无论瞬时功率测量还是平均功率测量，都离不开转速 n、角加速度$\frac{d\omega}{dt}$或加速时间 ΔT 的测量。

(1)转速

对汽油发动机而言，其转速信号可取自点火线圈的漏磁或点火线圈低压、高压脉动电流。图 2-1(a)为漏磁感应所用传感器，在螺栓形的磁芯上绕一匝数约为 10000 匝的电感线圈。当传感器靠近点火线圈时，在点火线圈脉动漏磁作用下，传感器 1、2 两端便会产生感生脉动电压信号。图 2-1(b)为电流感应所用传感器，在 U 形磁芯上绕一电感线圈，点火线圈低压或高压连接线嵌入磁芯内。发动机运转时，连接线有脉动电流通过，在其周围产生脉动磁场，从而在传感器线圈两端产生脉动电压信号。

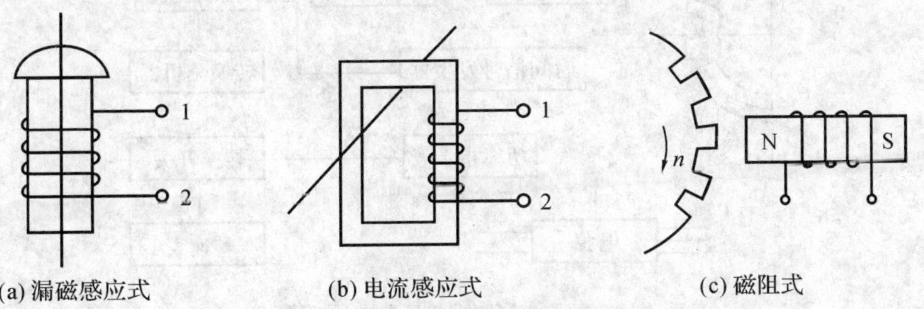

图 2-1　转速传感器工作原理

发动机转速 n(r/min)与感生电压脉动频率 $f(s^{-1})$的关系为

$$f=\frac{n}{60}\cdot\frac{\tau}{2}$$

式中，τ 为发动机缸数。

对于柴油发动机，常利用磁阻式传感器从发动机飞轮上取得转速信号，见图 2-1(c)。磁阻式传感器由永久磁铁及绕在其上的线圈组成，使用时装在飞轮壳上并使其与飞轮齿顶保持 2～4mm 的间隙。当飞轮旋转时，轮齿的凹凸引起磁路中磁阻的变化，使通过线圈的磁通量发生强弱交替变化，从而在线圈中产生交流电动势。电动势交变频率

等于飞轮每秒钟转过的齿数，即

$$f=\frac{n}{60}z$$

式中，z 为飞轮齿圈齿数。

（2）角加速度

瞬时角加速度的测试原理框图如图 2-2 所示。从传感器传来的转速脉冲信号，输入到脉冲整形装置整形放大，转变为矩形触发脉冲信号，并把脉冲信号的频率放大 2～4 倍以提高仪器的灵敏性。矩形触发脉冲信号输入到加速度计算器，并且只有在发动机转速达到规定值时，整形装置才输出触发脉冲信号。触发脉冲信号通过控制装置触发加速度计算器工作，计算一定时间间隔内输入的脉冲数，并把这些脉冲数累加起来。时间间隔由时间信号发生器控制。每一时间间隔的脉冲数与发动机转速成正比，后一时间间隔和前一时间间隔脉冲数的差值则与发动机的角加速度成正比，而发动机的有效功率又与角加速度成正比。转换分析器可把计算器输出的脉冲信号，即与功率成正比的角加速度脉冲信号转变为直流电压信号。然后输入到指示电表。该指示电表可按功率单位标定，因而可直接读得功率值。时间间隔取得愈小，则所测出的有效功率愈接近瞬时有效功率。

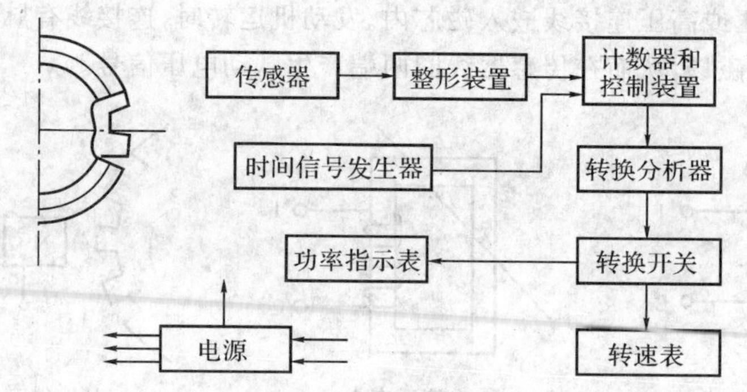

图 2-2 瞬时角加速度测试原理框图

（3）加速时间

加速时间测量原理图，如图 2-3 所示。来自传感器的发动机转速信号脉冲，经整形装置整形为矩形触发脉冲，并转变为平均电压信号。在发动机加速过程中，当转速达到起始转速 n_1 时，与 n_1 对应的电压信号通过 n_1 触发器触发计算与控制电路，使时标信号进入计算器并寄存。当发动机加速到终止转速时，与 n_2 对应的电压信号通过 n_2 触发器又去触发计算与控制电路，使时标信号停止进入计算器，并把寄存器中的时标脉冲数经数模转换转换成数字信号，通过显示装置显示出加速时间或直接标定成功率单位显示。

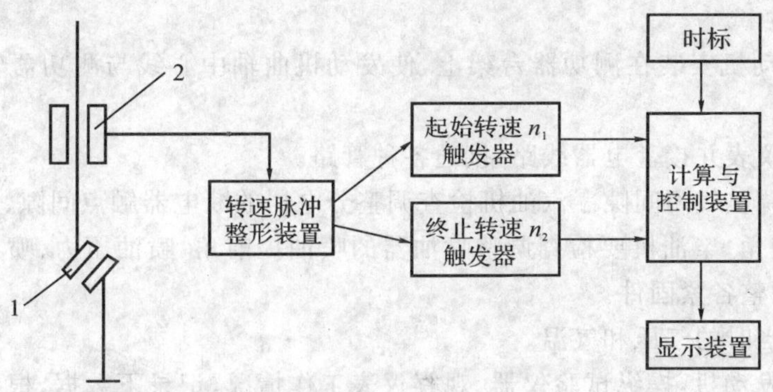

1—断电器触点；2—传感器

图 2-3 加速时间测量原理图

2.1.2 发动机台架测功

在试验台上测量发动机输出功率的测试设备有转速仪、水温表、机油压力表、机油温度表、气象仪器（温度计、大气压力计、温度计）、计时器、燃料测量仪及测功器等。

测功器作为发动机的负载，实现对测定工况的调节，模拟汽车实际行驶时外界负荷的变化，同时测量发动机的输出转矩和转速，即可计算出发动机的功率。

测功器是发动机性能测试的重要设备，主要的类型有水力式、电力式和电涡流式。水力测功器是利用水作为工作介质，调节制动力矩。电力测功器是利用改变定子磁场的激磁电压产生制动力矩。电涡流测功器是利用电磁感应产生电涡流形成制动作用。这里仅就电涡流测功器的结构和工作原理作一介绍。

1. 电涡流测功器的结构与工作原理

(1)电涡流测功器的结构

电涡流测功器根据结构形式不同分为盘式和感应子式两类。现在应用最多的是感应式电涡流测功器。

制动器由转子和定子组成，制成平衡式结构。转子为铁制的齿状圆盘。定子的结构较为复杂，由激磁绕组、涡流环、铁心组成。电涡流测功器吸收的发动机功率全部转化为热量，测功器工作时，冷却水对测功器进行冷却。

(2)电涡流测功器的工作原理

当激磁绕组中有直流电通过时，在由感应子、空气隙、涡流环和铁心形成的闭合磁路中产生磁通，当转子转动时，空气隙发生变化，则磁通密度也发生变化。在转子齿顶处的磁通密度大，齿根处磁通密度小，由电磁感应定律可知，此时将产生感应电势，力图阻止磁通的变化，于是在涡流环上感应出电涡流，电涡流的产生引起对转子的制动作用，涡流环吸收发动机的功率，产生的热量由冷却水带走。

2．测试过程

(1)将发动机安装在测功器台架上，使发动机曲轴中心线与测功器转轴中心线重合。

(2)安装仪表并接上电器线路，接通各种管路。

(3)检查调整气门间隙。汽油机检查调整分电器的断电器触点间隙、火花塞电极间隙及点火提前角；柴油机要检查调整喷油器的喷油提前角、喷油压力、喷油锥角及喷雾情况。检查调整各紧固件。

(4)记录当时的气压和气温。

(5)启动发动机，操纵试验仪器，观察仪表工作情况，记录下数据，根据记录数据计算并绘制出 P_e，M_e，g_e 曲线。

2.1.3 在用汽车发动机的无负荷测功

从汽车上卸下发动机，会造成密封件和连接件的损坏，将缩短机构的工作寿命。拆卸发动机还将耗费时间和劳力，并增加汽车的停歇时间。在用发动机无负荷测功可以在不拆卸发动机的情况下，快速测定发动机的功率。

1．发动机无负荷测功仪原理

发动机无负荷测功仪不需外加载装置，能在短时间内测出发动机功率，其测量原理是：对于某一结构的发动机，它的运动件的转动惯量可认为是一定值，这就是发动机加速时的惯性负荷，因此，只要测出发动机在指定转速范围内急加速时的平均加速度，即可得知发动机的动力性能。或者说通过测量某一转速时的瞬时加速度，就可以确定发动机的功率大小。瞬时加速度愈大，则发动机功率愈大。

2．发动机无负荷测功方法

进行无负荷测功时，首先使发动机与传动系分离，并使发动机的温度与转速达到规定值，然后把传感器装入离合器壳的专用孔中，迅速踩下加速踏板，使发动机加速，此时功率表便可显示被测发动机的功率。为了取得较准确的测量值，可重复试验几次，取平均值。

测试时，汽油机有两种加速方法：一种是通过迅速踩下加速踏板；另一种是在发动机运转时切断点火电路，待发动机转速下降后再接通点火电路加速。后一种加速方法排除了化油器加速泵的附加供油作用，因而可以检查化油器的调整质量。

无负荷测功仪可以测定发动机的全功率，也可测定某一气缸的功率，断开某一缸的点火线或高压油路测得的功率与全功率比较，二者之差即为该缸的单缸功率。将各单缸功率进行对比，可判断各缸技术状况。

3．无负荷测功仪的使用方法

无负荷测功仪既可以制成单一功能的便携式测功仪，也可以和其他测试仪表组合成为台式发动机综合测试仪。无负荷测功仪的使用方法如下：

(1)仪器自校和预热。按使用说明书，对仪器进行预热，然后进行自校。如图 2-4 所示，把计数检查旋钮 1 拨向“检查”位置，左边时间(T)表头指针摆动一次。把旋钮 1 拨向“测试”位置，把旋钮 3 拨向“自校”位置，再缓慢旋转“模拟转速”旋钮 2，注意转速(n)表头指针慢慢向右偏转(模拟增加转速)。当指针偏转至起始转速 $n_1=1000$r/min 位置时，门控指示灯即亮。继续增加模拟转速至 $n_2=2800$r/min 时，“T”表即指示了加速时间，以表示模拟速度的快慢。按下“复零”按钮，表针回零，门控指示灯熄灭，表示仪器调整正常。否则，微调 n_1、n_2 电位器。

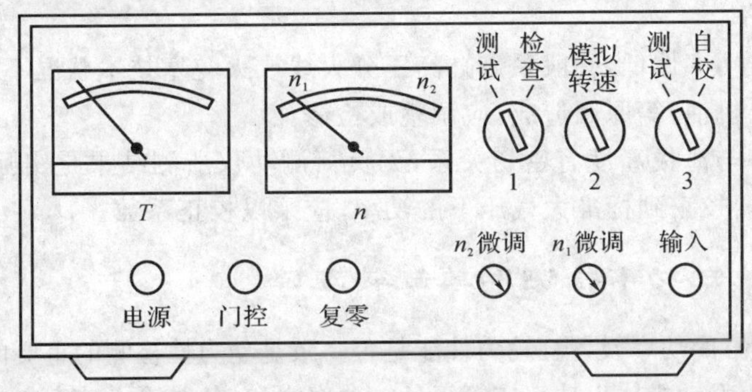

图 2-4　便携式无负荷测功仪

(2)预热发动机和安装转速传感器。预热发动机至正常工作温度(85℃～95℃)，并使发动机怠速正常，变速器置空挡，然后把仪器转速传感器两接线卡分别接在分电器低压接线柱和搭铁线路上(汽油机)。

(3)测加速时间。操作者在驾驶室内迅速地把加速踏板踩到底，发动机转速猛然上升，当“T”表指针显示出加速时间(或功率)时，应立即松开加速踏板，切忌发动机长时间高速空转。记下读数，仪器复零。重复操作三次，取平均值。

袖珍式无负荷测功仪带有伸缩天线，可接收发动机运转时的点火脉冲信号，而不必与发动机采取任何有线联接。使用时，用手拿着该测功仪，只要面对发动机侧面拉出伸缩天线，发动机突然加速运转，即可遥测到加速时间和转速。然后查看仪器背面印制的主要机型的功率、时间对照表，便可得知发动机功率的大小。

不少无负荷测功仪还配备有检测柴油机的传感器，以便对柴油机的功率进行检测。

4. 检测结果分析

根据测定结果进行分析，对发动机技术状况作出判断。在用车发动机功率不得低于原额定功率的 75%，大修后发动机功率不得低于原额定功率的 90%。

若发动机功率偏低，应首先检查燃料供给系和点火系技术状况，若该两系统工作正常但功率仍然偏低时，应结合气缸压力和进气歧管真空度的检查(后面讲述)，判断机械部分是否有故障。

对个别气缸技术状况有怀疑时,可对其进行断火后再测功,从功率下降的大小诊断该缸的工作情况。

也可利用在单缸断火情况下测得的发动机转速下降值,来评价各缸的工作情况。工作正常的发动机,在某一转速下稳定空转时,发动机的指示功率与摩擦消耗功率是平衡的。此时,若取消任一气缸的工作,发动机转速都会有相同的下降值。要求最高与最低下降值之差不大于平均下降值的30%。如果转速下降值低于一定规定值,说明断火之缸工作不良。转速下降值愈小,则该缸功率愈小,当下降值等于零时,该缸功率也等于零,即该缸不工作。

发动机单缸功率偏低,一般系该缸高压分火线或火花塞技术状况不佳、气缸密封性不良、气缸窜油(机油)等原因造成,应调整或检修。

发动机功率与海拔高度有密切关系,无负荷测功仪所测结果是实际大气压下的发动机功率,如果要校正到标准大气压下的功率,应乘以校正系数。

2.1.4 单缸功率检测和单缸转速降

检查各个气缸的功率及各缸动力性能是否一致是动力性检测的重要内容。在发动机正常工作情况下,发动机输出功率应等于各缸功率之和,各缸输出功率应大致相等。这样,发动机才能具有良好的动力性,其运转才能平稳。另一方面,在测得的发动机有效功率较小时,测试发动机单缸功率,可以发现引起发动机动力性下降的具体原因和部位。

单缸功率或动力性检测有以下两种方法:

(1)无负荷测功仪测定

首先利用无负荷测功仪测出各缸都工作时的发动机功率,然后将所测气缸断火(高压短路或柴油机输油管断开)情况下测出所测气缸不工作时的发动机功率.两功率之差即为断火气缸的单缸功率。

(2)利用断火试验时的发动机转速下降值判断单缸动力性

发动机以某一转速稳定运转时,如果交替使各缸点火短路,则每次短路后发动机均应出现功率下降,导致发动机转速下降。若各气缸工作状况良好,则每次转速下降的幅度应大致相等。若某缸断火后,发动机依旧以原来的转速旋转或下降幅度不大,则可以断定该缸不工作或工作状况不良。据此,可以采用简单的转速表测定某缸不工作时的转速下降值来判断该缸的动力性好坏。

断火试验时,发动机转速下降的程度与起始转速有关。试验表明:若发动机起始转速为1000r/min,使某缸不工作时,正常情况下发动发动机转速的下降范围见表2-1。

表 2-1　某缸不工作时发动机转速的下降值

气缸数	平均转速下降值(r/min)	允许偏差(r/min)
4 缸	100	±20
6 缸	70	±10
8 缸	45	±5

应该注意的是：由于某缸断开后，进入该缸的汽油混合气不参与燃烧，汽油会洗刷气缸壁上的润滑油膜，使气缸磨损加剧；同时流入油底壳的汽油会稀释机油。因此，进行断火试验时，其时间不能太长。

2.2　气缸密封性检测

气缸密封性与发动机气缸活塞组的技术状况直接相关，因而气缸密封性的检测参数可作为气缸活塞组技术状况的评价指标。

这里所指的气缸活塞组包括气缸、活塞、活塞环、气门、气缸盖和气缸垫等包围发动机工作介质的零部件，如图 2-5 所示。在使用过程中，由于磨损、烧蚀、结胶、积炭等原因，气缸活塞组技术状况变坏，从而使气缸密封性不良，发动机动力性和经济性下降。

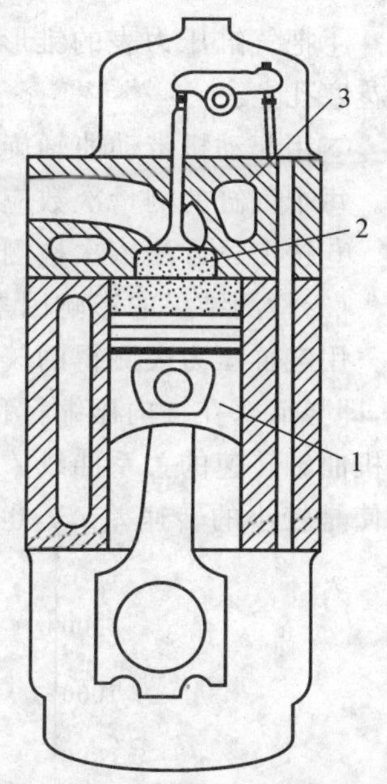

1—活塞；2—进气门；3—气缸盖

图 2-5　气缸活塞组

评价气缸密封性的主要参数有气缸压缩压力、气缸漏气率、曲轴箱窜气量、进气管真空度等。但这些参数各有侧重，具有不同的使用特点，在使用时应注意各自的适用性。

2.2.1　气缸压缩压力检测

根据热力学的有关结论，气缸压缩压力与发动机的热效率和平均指示压力有直接关系，气缸压缩压力是评价气缸密封性最为直接的指标，并且由于所用仪器简单，测量方便，因此得到广泛应用。

1. 利用气缸压力表检测法

(1)气缸压力表

气缸压力表(如图 2-6 所示)是一种专用压力表，一般由表头、导管、单向阀和接头等组成。气缸压力表接头有螺纹管接头和锥形或阶梯形橡胶接头两种。螺纹管接头可以拧在火花塞或喷油器的螺纹孔中；橡胶接头可以压紧在火花塞或喷油器孔中。单向阀处于关闭位置时，可保持测得的气缸压缩压力读数（保持压力表指针位置）；单向阀打开时，可使压力表指针回零，以用于下次测量。

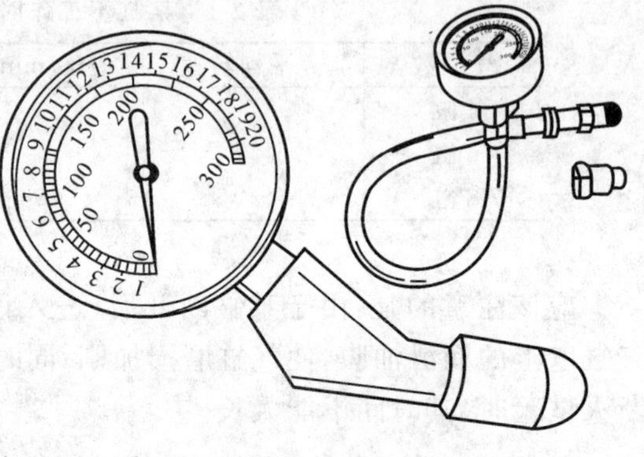

图 2-6 气缸压力表

（2）检测方法

①发动机应运转至正常工作温度，水冷发动机水温 75℃～95℃，风冷发动机机油温度应在 80℃～90℃。

②拆除全部火花塞或喷油器（柴油机）。

③把节气门和阻风门置于全开位置。

④把气缸压力表的锥形橡胶接头压紧在被测缸的火花塞内，或把螺纹管接头拧在火花塞孔上。

⑤用起动机带动曲轴旋转 3～5 秒，指针稳定后读取读数然后按下单向阀使指针回零。每个气缸的测量次数应不少于两次。

⑥按上述方法依次检测各个气缸。

（3）检测结果的影响因素

用气缸压力表测得的气缸压缩压力，不仅与气缸密封性有关，还受发动机转速的影响，即与活塞在缸内压缩行程所持续的时间密切相关。图 2-7 所示为气缸压缩压力与发动机曲轴转速的关系曲线。由图可见，当起动机带动发动机在较低转速范围内运转时，即使是较小的转速差 Δn，也能使气缸压缩压力检测结果发生较大的变化 Δp_c，只有当

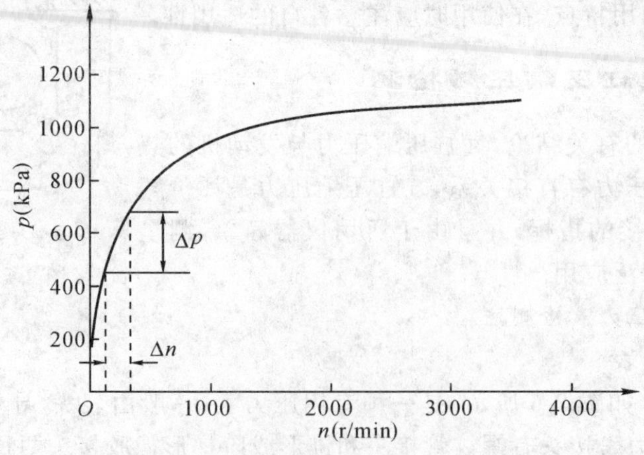

图 2-7 气缸压力与曲轴转速的关系

发动机曲轴转速超过某一值时(一般为 1500r/min),检测结果受转速的影响才会较小,因此,检测时的转速应符合制造厂规定(见表 2-2)。

检测时,发动机转速高低取决于蓄电池和起动机的技术状况以及发动机旋转时的摩擦阻力矩,因此,要求蓄电池、起动机的技术状况良好,同时要求发动机润滑条件良好,并运转至正常热状况,以减小运转时的摩擦阻力。

起动转速不符合检测气缸压缩压力时的转速要求是用气缸压力表所得测试结果误差大的主要原因,因此,在检测气缸压力时,如能监控曲轴转速.对于减小测量误差,以获得正确的检测分析结果是非常重要的。

(4)检测结果分析

当气缸压缩压力的检测值低于标准值时,常根据润滑油具有密封作用的特点,以下述方法确定导致气缸密封性不良的原因所在。

由火花塞或喷油器孔注入适量(一般 20～30mL)润滑油后,再次检测气缸压缩压力,并比较两次检测结果。若:

①第二次检测结果比第一次高,并接近标准值,表明气缸密封性不良是由于气缸、活塞环、活塞磨损过大或活塞环对口卡死、断裂及缸壁拉伤等原因而引起的。

②第二次检测结果与第一次近似,表明气缸密封性不良的原因为进、排气门或气缸衬垫不密封(滴入的润滑油难以达到这些部位)。

③两次检测结果均表明某相邻两缸压缩压力低,其原因可能是两缸相邻处的气缸衬垫烧损窜气。

表 2-2　常用汽车发动机气缸压缩压力

发动机型号	压缩比	气缸压力(kPa)	检测压力时的转速(r/min)
解放 CA6102	7.4	930	100～150
东风 EQ6100-1	7.0	不小于 833(各缸差＜147)	100～150
天津夏利 TJ7100	9.5	1029～1225	350
一汽捷达	8.5	900～1200(各缸差＜300)	200～250
桑塔纳 JV	8.5	1000～1300	200～250
奥迪 100	8.5	800～1100(各缸差＜300)	200～250
切诺基	8.6	1068～1275(各缸差＜206)	200～250
丰田 1Y,2Y,3Y	8.8	1225.83	
4K		1078.73	
4M,5M	8.5,8.8	1078.73	250
12R	8.5	1078.73	
日产 RD8	16	2942	200
三菱扶桑 6DS70A	19	2549.73	
沃尔沃 D70A	17	2745.86	

如果气缸压缩压力高于标准值，并不一定表示气缸密封性好；具体原因应结合使用和维修情况分析。因为燃烧室内积炭过多、气缸衬垫过薄或缸体与缸盖的结合平面经多次修理后加工过甚，均会导致气缸压缩压力过高。同时，气缸压缩压力高于标准值常会导致爆燃、早燃等不正常燃烧情况的发生。

气缸压缩压力检测标准值一般由制造厂通过汽车使用说明书提供，发动机压缩压力标准值见表 2-2。

气缸压缩压力与发动机的压缩比有直接关系，因此也可根据下列公式近似计算，但对于新型轿车，该式的计算值偏低。

$$p=0.15\varepsilon-0.22$$

式中：p——气缸压缩压力(MPa)；

ε——压缩比。

根据 GB/T15746.2—1995《汽车修理质量检查评定标准 发动机大修》的规定，大修竣工后，气缸压缩压力应符合原设计规定；每缸压力与各缸平均压力的差，汽油机不超过 8%；柴油机不超过 10%。

根据交通部《汽车运输业车辆技术管理规定》，在用汽车发动机气缸压缩压力不得低于原设计额定值的 75%，否则应进行大修。

2. 利用气缸压力测试仪检测

(1)气缸压力传感器式气缸压力测试仪检测

用压力传感器式测试仪测试气缸压力时，需先拆下被测气缸的火花塞或喷油器，旋上仪器配置的压力传感器。用起动机转动曲轴 3～5s，由传感器输出的关于气缸压力的信号经放大后送入 A/D 转换器进行数模转换、输入显示装置即可指示出所测气缸的压缩压力。

(2)用启动电流或启动电压降式气缸压力测试仪检测

1)检测原理

发动机启动时，起动机驱动曲轴的转矩 M 和启动工作电流 I_t 之间存在一定函数关系，电枢电流 I_s 与磁场(通常由励磁电流产生)的磁通量 Φ 相互作用，产生电磁力和电磁转矩，其关系为

$$M=K_m\cdot\Phi\cdot I$$

式中：K_m——电机常数，与结构有关；

Φ——磁通量(Wb)；

I_s——电枢电流(A)；

M——启动力矩(N·m)。

另一方面，电枢在磁场中旋转时，电枢绕组也要切割磁场的磁力线，从而在绕组中感应出反电动势 E'，其方向与电枢绕组电流的方向相反，其值大小与电动机转速成正

比。

$$E'=K_E\cdot\Phi\cdot n$$

式中：E'——感应电动势(V)；

K_E——常数，与电机结构有关；

n——起动机转速(r/min)。

起动机电枢端电压 V，电枢电阻 R_a 和电枢电流 I_s 间的关系为

$$I=\frac{V-E'}{R_a}$$

起动机的电磁转矩 M 为驱动力矩，稳定运转时应与发动机的启动阻力矩 M' 平衡。发动机的启动阻力矩 M' 由机械阻力矩、惯性阻力矩和气缸压缩空气的反力矩构成，正常情况下，前两种阻力矩变化不大，可看作常数，而压缩空气反力矩显然是周期性波动的，在每一缸活塞到达压缩行程上止点时具有峰值，若阻力矩增加，电磁转矩 M 便暂时小于阻力矩 M'，起动机转速 n 下降，随着 n 下降，反电动势 E' 将减小，而电机电流 I_s 将增大。于是电磁转矩 M 随之增加，直到与阻力矩 M' 达到新的平衡。若阻力矩降低，则起动机加速旋转，转速 n 增大，反电动势 E' 随之增大，从而电枢电流及 I_s 转矩 M 减小，直到 M 和 M' 平衡。由此可见，发动机启动时，压缩压力的波动引起了起动机启动工作电流的波动，电流波动的峰值与气缸压缩压力成正比。如果能确定某一电流峰值所对应的气缸，如第一缸，按点火次序即可确定各缸所对应的启动电流峰值，其大小可代表该缸气缸压缩压力值。用示波器记录的起动机启动电流曲线见图 2-8。如果在测发动机启动电流的同时，用缸压传感器(如图 2-9 所示)测出任一气缸(例如 1 缸)的气缸压缩压力值，则其他各缸的气缸压缩压力值可按其启动电流波形峰值计算而得。

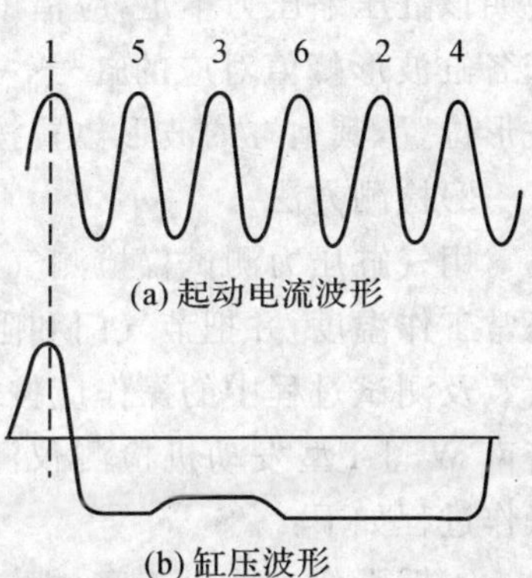

图 2-8　启动电流与缸压波形图

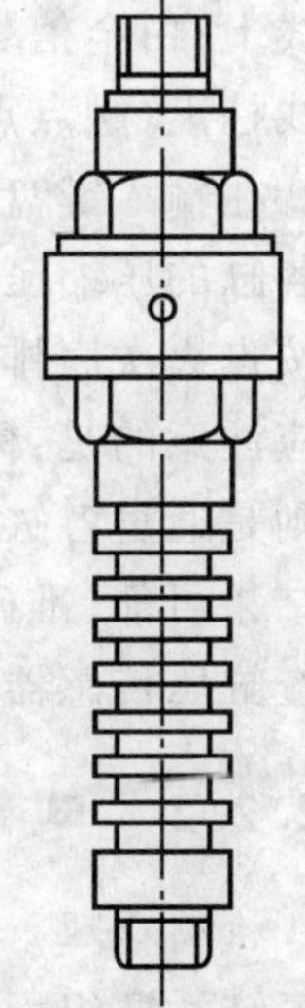
图 2-9　缸压传感器

起动机工作电流 I_s 与蓄电池端电压 V 的关系为

$$V=E-I_s\times R$$

式中：E——蓄电池电动势(V)；

R —蓄电池内阻(D)。

因此，由气缸压缩空气阻力矩引起的起动机工作电流波动会导致蓄电池端电压的波动。启动电流增大时，端电压降低，即启动电流与电压降成正比。如前所述，启动电流峰值与气缸压缩压力

成正比，因此，启动时蓄电池的电压降也与气缸压缩压力成正比。所以，可以通过测量蓄电池的启动电压降检测气缸压缩压力。

根据上述原理制成的气缸压缩压力测试仪，称为启动电流式或启动电压降式气缸压缩力测试仪。有的测试仪可以显示各缸压缩压力的具体数值，甚至可显示各缸压缩压力的具体数值，并能与标准值对照；有的仅能定性显示“合格”或“不合格”；也有的只能显示波形。对于后者，如果检测时显示的各缸波形振幅一致，峰值又在规定范围内，说明各缸压缩压力符合要求。若各缸波形振幅不一致，对应某缸电流峰值低于规定范围，则说明该缸压缩压力不足，应借助其他方法测出压缩压力的具体数值，以便分析判断。至于各缸波形峰值对应的缸号，一般是通过点火传感器或喷油传感器（柴油机）确定1缸波形位置，其他缸的波形位置按点火次序确定。

2）检测方法

用气缸压力测试仪检测气缸压力时，发动机亦应首先运转至正常工作温度，并把节气门和阻风门置于全开位置。其传感器的安装及测试过程中的操作应按测试仪使用说明书的要求进行。用济南WFJ-I型发动机检测仪测试气缸压力时，传感器的安装和操作过程如下：

①拆下任一缸火花塞，把缸压传感器安装在火花塞孔中。

②把电流传感器夹在蓄电池的搭铁线上，传感器上箭头指向蓄电池负极，两爪对正、密合，如图2-10所示，转速传感器安装于分缸线上；白金信号红色夹夹在点火线圈“－”极接线柱上或分电器接线柱上（触点点火系统），白金信号黑鱼夹搭铁。

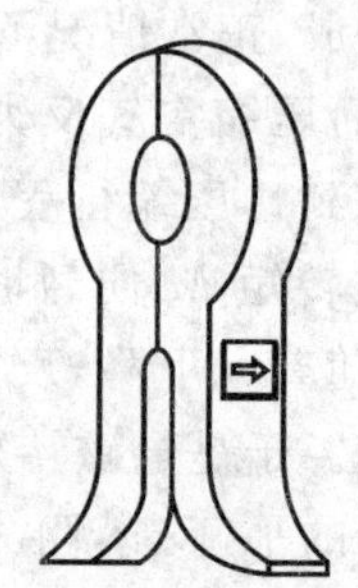

图2-10 电流传感器

③在输入键盘上键入操作码06，用起动机带动发动机运转4～6s，仪器将会自动打印出各缸的压缩压力值。缸压传感器所在缸为标准缸，其余各缸的压缩压力值从标准缸以下按点火次序排列。

应注意的是：标准缸的气缸压缩压力值是由缸压传感器直接测出的，其余各缸的压力值则是通过各缸启动电流峰值与标准缸启动电流峰值相比较而得到的。因此，为保证测试结果可靠、准确，应经常用气缸压力表的检测值与用缸压传感器的检测值相比较，以检查缸压传感器是否准确。

2.2.2 曲轴箱漏气量检测

1. 检测原理

气缸活塞组配合副磨损、活塞环弹性下降或粘结均会使密封性下降，工作介质和燃气将会从不密封处窜入曲轴箱。窜入曲轴箱的气体量越多，表明气缸与活塞、活塞环间不密封的程度越高。窜入曲轴箱的废气可以溢出的通道有：加机油口、机油尺口和曲轴箱强制通风阀，如图 2-11 所示。

显然，曲轴箱漏气量与使用工况有关。但在确定工况下，曲轴箱漏气量，可反映气缸活塞组的技术状况或磨损程度。图 2-12 表明曲轴箱漏气量与功率和油耗的关系。

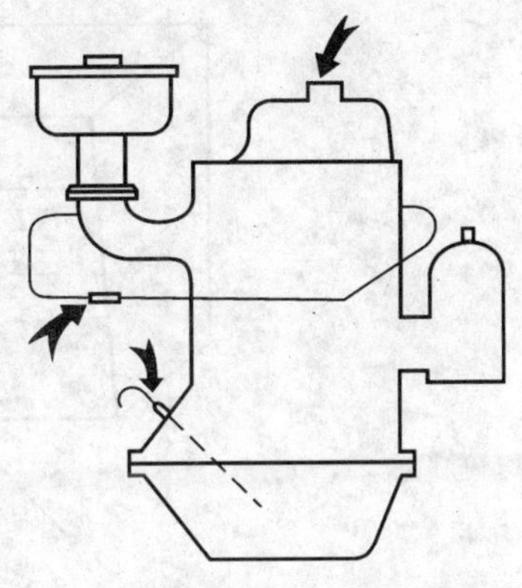

图 2-11　曲轴箱废气可以溢出的通道

因此，检测发动机工作状态下单位时间内窜入曲轴箱的气体量，可评价气缸活塞配合副的密封性。

2. 检测方法

由于从曲轴箱窜出的气体具有温度高、量小、脉动、污浊的特点，因而检测难度较大。曲轴箱窜气量可采用曲轴箱窜气量检测仪检测。早期生产的检测仪由气体流量计及与之相连的软管、集气头构成。曲轴箱窜出的废气经集气头、软管输送到气体流量计，并测出单位时间流过气体流量计的废气流量。目前，曲轴箱窜气量检测仪使用微压传感器。当废气流过取样探头孔道时，在测量小孔处产生负压，微压传感器检测出负压并将其转变成电信号。流过集气头孔道的废气流量越大，测量小孔处产生的负压越大，微压传感器输出的电信号越强。该信号输送到仪表箱，由仪表指示出大小，以反映曲轴箱窜气量的大小。曲轴箱窜气量检测仪如图 2-13 所示。

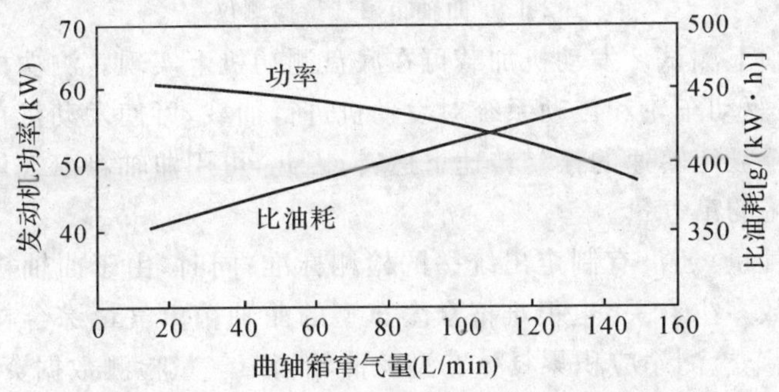

图 2-12　曲轴箱窜气量与功耗、油耗的关系

测试步骤如下：

①打开电源开关，按仪器使用说明书的要求对检测仪进行预调。

②密封曲轴箱，即堵塞机油尺口、曲轴箱通风进出口等，将取样探头插入机油加注口内。

③启动发动机，待其运转平稳后，仪表箱仪表的指示值即为发动机曲轴箱在该转速下的窜气量。

曲轴箱窜气量除与发动机气缸活塞副技术状况有关外，还与发动机转速和负荷有关。因此在检测时发动机应加载，节气门全开（或柴油机最大供油量），在最大转矩转速

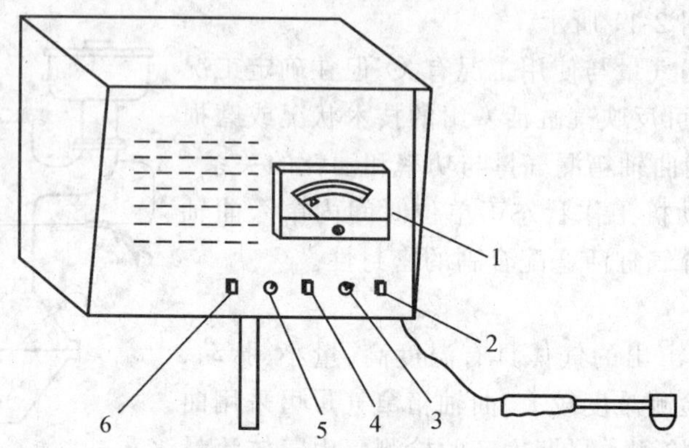

1—指示登记表；2—预测按钮；3—预调按钮；
4—挡位开关；5—调零旋钮；6—电源开关
图 2-13 曲轴箱窜气量检测仪

(此时窜气量最大)下测试。发动机加载可在底盘测功机上实现。测功机的加载装置可方便地通过滚筒、驱动车轮和传动系统对发动机进行加载，可使发动机在全负荷工况下从最大转矩转速至额定转速的任一转速下运转，因此，可用曲轴箱窜气量检测仪检测出任一工况下曲轴箱的窜气量。

对曲轴箱窜气量，还没有制定出统一的检测标准；同时，由于曲轴箱窜气量大小还与缸径大小和缸数多少有关，也很难把众多车型的曲轴箱窜气量综合在一个检测标准内。维修企业和汽车检测站应积累具体车型的曲轴箱窜气量检测数据资料，经分析整理制定企业标准，以作为检测依据。

曲轴箱窜气量大，一般是因气缸、活塞、活塞环磨损量大、配合间隙增大或活塞环对口、结胶、积炭、失去弹性、断裂及缸壁拉伤等原因造成，要结合使用、维修和配件质量等情况进行分析判断

2.2.3 气缸漏气量(率)检测

气缸的漏气量也可用于对气缸密封性进行检测。检测时，发动机不运转，活塞处于压缩行程上止点；若把具有一定压力的压缩空气从火花塞或喷油器孔充入气缸，通过压力的变化即可检测气缸的密封性。

1. 检测原理

图 2-14 所示为常用 QIY-1 型气缸漏气量检测仪原理图。测试时，检测仪的充气嘴安装于所测气缸的火花塞孔上，该缸活塞处于上止点位置。外接气源的压力应相当于气缸压缩压力，一般为 0.6～0.8MPa，其具体压力值由进气压力表显示；经调压阀调压至某一确定压力 p_2(0.4MPa)后，压缩空气经过校正孔板上的量孔及快换管接头、充气嘴

进入气缸。当气缸密封不严时，压缩空气就会从不密封处逸漏出去，校正孔板量孔后的空气压力下降为 p_2。p_2 和 p_1 的关系为

$$p_1 - p_2 = \frac{\rho \cdot Q^2}{2\varphi^2 \cdot A^2}$$

式中：Q——空气流量；

A——量孔截面积；

ρ——空气密度；

φ——流量系数，$\varphi = 1/\sqrt{1+\varepsilon}$，$\varepsilon$ 为量孔局部阻力系数。

(a) 仪器外形图

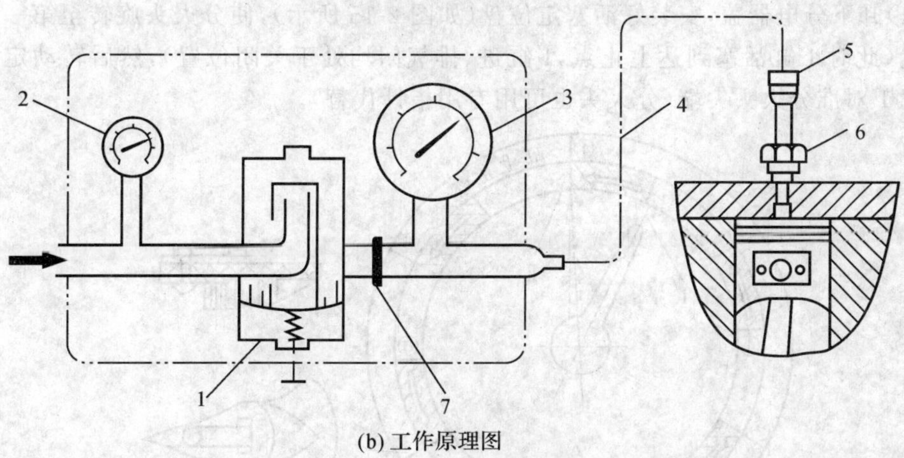

(b) 工作原理图

1—调压器；2—进气压力表；3—测量表；4—橡胶软管；5—快换接头；6—充气嘴；7—校正孔板

图 2-14　气缸漏气量检测仪

当校正孔板量孔截面积和结构一定时，A 和 φ 为常数；而进气压力及测试 p_1 时的环境温度一定时，空气密度 ρ 亦为常数，因此校正孔板量孔后的压力值（由测量表指示）取决于经过量孔的空气流量 Q。显然，空气流量 Q 的大小（漏气量）与气缸的密封程度有关。由于气缸、活塞、活塞环和气门、气门座等处磨损过大或因故障密封不良时，漏气

量 Q 增大而使测量表指示压力 p_2 低于进气压力 p_1 的量增大。因此，根据测量表压力下降值即可判断气缸的漏气量，并据此检测气缸的密封性。

通过气缸漏气量检测，发现某一缸的密封性不良后，可进一步在化油器、排气消声器出口、水箱加水口和机油加注口等处，查听有无漏气声，以判断气缸的漏气部位。

对于气缸漏气率检测，无论所使用的是何种仪器、检测方法，还是何种判断故障的方法，都与气缸漏气量的检测基本一致。所不同的是气缸漏气量的测量表以 kPa 或 MPa 为单位，而气缸漏气率测量表的标定单位为百分数，即：密封仪器出气口，漏气率为 0 时，测量表指针指示 0；而引开仪器出气口，表示气缸内压缩空气完全漏掉，测量表指针指示值为 100%。测量表指示值在 0 和 100%之间均匀分度，并以百分数表示。这样，把原表盘的气压值标定为漏气的百分数，就能直观地指示气缸的漏气率了。

2. 检测方法

(1)发动机预热至正常工作温度。

(2)用压缩空气吹净火花塞周围，清除脏物，然后拧下所有气缸的火花塞，并在火花塞孔上装好充气嘴。

(3)接好压缩空气源，在检测仪出气口堵塞的情况下，用调压阀调节进气压力，使测量表指针指示 0.4MPa。

(4)卸下分电器盖，安装好活塞定位盘(如图 2-15 所示)，使分火头旋转至第一缸跳火位置(此时 1 缸活塞到达上止点，1 缸进、排气门均处于关闭位置)，然后转动定位盘使刻度 1 对准分火头尖端(分火头也可用专用指针代替)。

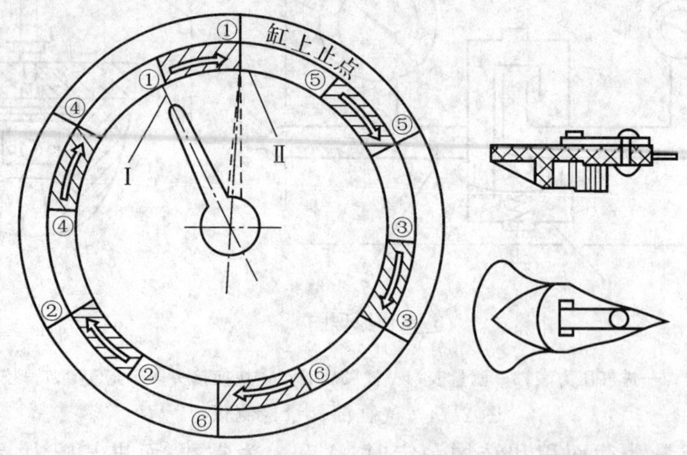

图 2-15　活塞定位盘

(5)为防止压缩空气推动活塞使曲轴转动，变速器挂高速挡，拉紧手制动。

(6)把 1 缸充气嘴接上快换管接头，向 1 缸充气，此时测量表上的压力读数便反映了该缸的密封性。

(7)摇转曲轴，使分火头(或指针)对准活塞定位盘上下 1 缸刻度线，按以上方法检测下一缸的漏气量。

(8)比较以上方法和点火次序检测其余各缸的漏气量，为使检测结果可靠。各缸应重复检测一次。

3. 检测标准

气缸漏气量(率)检测标准应根据发动机种类、缸径、磨损情况等因素通过试验确定。对于缸行程为 102mm 左右的汽油发动机，用 QLY-1 型气缸漏气量检测仪检测时，若测量表上的压力指示值大于 0.25MPa，则密封性良好；而当测量表压力值小于 0.25MPa时，说明密封件较差，应进一步察听漏气部位，找出故障原因。气缸漏气率检测标准可参考表 2-3。当气缸漏气率达 30%～40%时，若能确认进排气门、气缸衬垫、气缸盖等处均不漏气，则说明气缸活塞摩擦副的磨损临近极限值。

表 2-3　气缸漏气率参考值

气缸密封状况	仪器读数值(%)
良　好	0～10
一　般	10～20
较　差	20～30
换环或镗缸	30～40

2.2.4　进气歧管真空度的检测

1. 检测原理

进气管真空度指进气管内的进气压力与外界大气压力之差。通过检测发动机进气歧管真空度来评价发动机的气缸密封性，主要是针对汽油机而言。

汽油机负荷采用“量”调节，即依靠节气门开度变化控制进入气缸混合气的量，改变发动机输出功率。怠速时，节气门开度小，进气节流作用大，进气管中真空度较高；节气门全开时，进气管中真空度较小。由此可见，进气管真空度首先取决于发动机工作状态。检测进气管真空度，大多数是在怠速条件下进行，因为技术状况良好的汽油机怠速时，进气管真空度有一较为稳定的值(化油器式发动机约为 57～70kPa)，同时怠速时进气管真空度高，对因进气管、气缸密封性不良引起的真空度下降较为敏感。

进气管真空度还与发动机技术状况有关，可以反映气缸活塞组和进气管的密封性。若进气管垫、真空点火提前机构等处密封不良，气缸活塞组、配气机构因磨损或故障间隙增大，以及点火系统和供油系统的调整等都会影响发动机进气管的真空度。因此，通过对进气管真空度的检测也可发现这些部位的故障。

2. 检测方法

检测进气管真空度的真空表由表头和软管构成，软管一头固定在真空表上，另一头

可方便地连接在进气管上的检测孔上(真空助力或真空控制装置从进气管取真空的孔,即可作为检测孔)。检测步骤如下:

(1)发动机预热至正常工作温度。

(2)把真空表软管与进气歧管上的检测孔连接。

(3)变速器置于空挡,发动机怠速稳定运转。

(4)在真空表上读取真空度读数。

3. 检测结果分析

通过对进气管真空度检测结果的分析,可判断发动机的技术状况和故障。

(1)在海平面高度发动机怠速运转时,若真空表指针稳定在 57～70kPa 之间,表明气缸密封性正常,海拔高度每升高 500m,真空度应相应降低 4～5kPa。当迅速开启、关闭节气门时,指针应能随之在 6.7～84.5kPa 范围内摆动。

(2)怠速时,指针在 50.66～67.55kPa 间摆动,表示气门黏滞或点火系统有故障。

(3)怠速时,指针低于正常值,主要是由于活塞环、进气管或化油器衬垫漏气造成;若指针在 20kPa 以下,主要是由于进气管漏气,此时若突然加大或关闭节气门,指针指示值降至零且回跳不到 84.5kPa。

(4)怠速时,指针在 40.53～60.80kPa 间缓慢摆动,表示化油器调整不良。

(5)怠速时,指针在 33.78～74.31kPa 间缓慢摆动,且随转速升高而加剧摆动,表示气门弹簧弹力不足、气门导管磨损或气缸垫泄漏。

(6)怠速时,若指针指示值有规律地下跃几千帕或十几千帕,表明气门密封不严、气门烧蚀或有结胶。

(7)怠速时,指针指示值逐渐下降至零,表示排气消声器或排气系统堵塞。

(8)怠速时,指针快速摆动;升速时,指针反而稳定,这表示进气门、气门导管磨损松旷。

进气管真空度检测是一种综合性检测,能检测多种故障现象,而且检测时不需要拆下火花塞,因此是较实用、快速的检测方法;但不足之处是往往不能确定故障的具体原因。

4. 检测标准

根据 GB/T 15746.2—1995《汽车修理质量检查评定标准 发动机大修》的规定、大修竣工的汽油发动机在怠速时,进气歧管真空度应在 7～70kPa 范围内。进气歧管真空度波动;六缸汽油机不超过 3kPa,四缸汽油机不超过 5kPa(大气压力以海平面为准)。进气管真空度随海拔高度升高而降低。在海拔 1000 m 高度真空度将降低 10kPa 左右。因此检测发动机进气管真空度时海拔每升高 1000 m,真空度将降低应根据当地海拔高度修正检测标准。

2.3　点火系的检测和诊断

汽油机在不同工况下工作时，不仅需要一定数量和浓度的可燃混合气，而且需要按点火次序适时地供给强电火花，以点燃可燃混合气，使发动机产生动力。如果汽油机点火系技术状况不佳，甚至出现了故障，不但严重影响发动机的动力性、经济性、排气净化性，而且无法正常工作。

实践证明，点火系是汽油机各机构、系统中故障率最高者之一，往往是诊断与检测的重点对象。

2.3.1　常见故障及诊断方法

点火系常见故障有缺火、断火、错火和火弱等故障。故障的部位分为一次(初级)线路和二次(次级)线路两部分。

2.3.2　点火波形观测方法

已如前述，汽油机点火示波器可专门用来检测、诊断汽油机点火系的技术状况。它能将每个气缸的点火电压随时间的变化关系用波形的形式直观地表现出来，以便于观察、分析和判断。使用点火示波器显示点火系波形，除了操作简单和测试迅速外，另一个重要优点是能描绘出点火的全过程。下面以传统点火系(带机械式断电器触点，下同)为例，介绍点火波形的观测、分析方法。

示波器屏幕显示的波形，在垂直方向上表示电压，在水平方向上表示时间，走向从左至右，并且，以基线为基准，向上为正电压，向下为负电压。

1. 标准单缸点火波形

图 2-16 所示为点火示波器显示的传统点火系单缸一次、二次电压随时间变化的标准波形。它描绘了从断电器触点打开开始，经过闭合至再次打开为止(一个完整的点火循环)的电压随时间变化的过程。

(1)二次标准波形

二次标准波形如图 2-16(b)所示，波形各段含义如下：

AB 段：在断电器触点打开的瞬间，由于一次电流迅速下降，点火线圈内一次线圈的磁场迅速消失，在二次线圈中感应出的高压电动势急剧上升。当二次电压还没有达到最大值时，就将火花塞间隙击穿。击穿火花塞间隙的电压称为击穿电压(点火电压)，*AB* 线也称为点火线。*B* 点的高度，表明点火系克服火花塞间隙、分火头间隙和高压导线各电阻并将可燃混合气点燃的实际二次电压。

BC 段：在一举击穿火花塞间隙后，二次电压骤然下降，*BC* 为此时的放电电压。

CD 段：火花塞间隙被击穿后，通过火花塞间隙的电流迅速增加，致使两电极间隙间引起火花放电。火花放电电压比较稳定。在示波器屏幕上，*CD* 的高度表示火花放电的电压，*CD* 的宽度表示火花放电的持续时间。据资料介绍，当发动机转速为2000r/min时，火花放电持续时间约为 0.001s，即使一个完整的点火循环，对于六缸发动机来说也不过 0.01s。*CD* 线称为火花线。

在火花塞间隙被击穿的同时，储存在 C_2（系指分布电容，即点火线圈匝间、火花塞中心电极与侧电极间、高压导线与机体间所具有的电容量总和）中的能量迅速释放，故 *ABC* 段称为“电容放电”。其特点是放电时间极短（1μs），放电电流很大（可达几十安培）。所以，*A*，*C* 两点基本上是在同一垂线上。电容放电时，伴有迅速消失的高频振荡，频率约为 106～107Hz。但电容放电只消耗了磁场能的一部分，剩余磁场能所维持的放电称为“电感放电”。其特点是放电电压低，放电电流小，持续时间长，但振动频率仍然较高。所以，整个 *ABCD* 段波形为高频振荡波形。

DE 段：当保持火花塞间隙持续放电的能量消耗完毕，电火花在 *D* 点消失，点火线圈和电容器中的残余能量以低频振荡的形式耗完。此时电压变化为一连续的减幅振荡，波峰一般在 4～5 个以上。

EF 段：断电器触点闭合，点火线圈一次电路又有电流通过，二次电路导致一个负压。

FA 段：触点闭合后，先是产生二次闭合振荡，尔后二次电压由一定负值逐渐变化到零。当至 *A′* 点时，断电器触点又打开，二次电路又产生击穿电压。

从图 2-16(b)中可以看出，由左至右，从 *A* 点至 *E* 点为断电器触点张开时间，从 *E* 点至 *A′* 点为断电器触点闭合时间。张开时间加闭合时间等于一个完整的点火循环，亦即等于一个完整的多缸发动机各缸间的点火间隔。断电器触点的张开时间、闭合时间和点火间隔，一般用分电器凸轮轴转角表示。多缸发动机的点火间隔，4 缸发动机为 90°，6 缸发动机为 60°，8 缸发动机为 45°。所以，断电器触点的张开时间和闭合时间又可分别称之为触点张开角和触点闭合角。上述角度如果用曲轴转角表示，对于四冲程发动机来说必须乘以 2。

(2)一次标准波形

一次标准波形如图 2-16(a)所示。它是从跨接在断电器触点（俗称白金）上得到的，又称为白金波形。当断电器触点打开时，一次电压迅速增加，二次电压也迅速增长，两电压之和击穿火花塞间隙，如 *ab* 线所示。当火花塞两电极间出现火花时，随之出现的高频振荡，由于点火线圈一、二次间的变压器效应，也出现在一次波形中，所以图中 *abd* 段为高频振荡波形。当二次点火放电完了时，点火线圈和电容器中的残余能量要继续释放，一次电路中出现低频振荡波形，如图 *de* 段所示。同样，由于点火线圈一、二次间的变压器效应，低频振荡波形也出现在二次波形上，这就是图 2-16(b)中 *DE* 段波形。

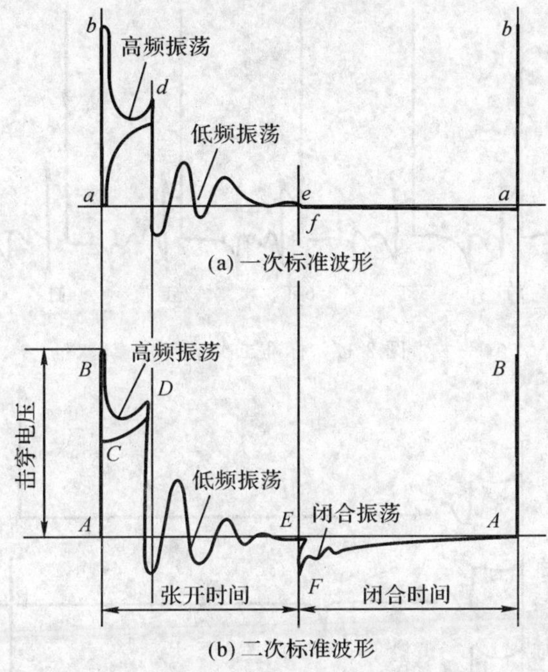

图 2-16　单缸标准波形

de 段波形振荡终了时为一段直线，高于基线的距离表示施加于一次电路上断电器触点两端的电压。触点从 *e* 点闭合。闭合后的一次电压几乎降至零，显示如一条直线，一直延续到断电器触点下一次打开，如 *fa* 段所示。当下一次点火时，点火循环将在下一个气缸重复开始。

2. 波形排列形式

点火示波器采集到点火信号后，通过不同排列，以多缸平列波、多缸并列波、多缸重叠波和单缸选缸波 4 种排列形式，分别显示点火系波形，以便于检测人员从不同排列形式波形中观测、分析、判断点火系技术状况。

(1)多缸平列波

在示波器屏幕上，从左至右按点火次序将所有各缸点火波形首尾相连的一种排列形式，称为多缸平列波。6 缸发动机的标准二次平列波，如图 2-17 所示。

(2)多缸并列波

在示波器屏幕上，从下至上按点火次序将所有各缸点火波形之首对齐并分别放置的一种排列形式，称为多缸并列波。6 缸发动机的标准二次并列波，如图 2-18 所示。有的点火示波器，将各缸点火波形按点火次序以三维的排列形式显示出来，可称之为三维多缸并列波。

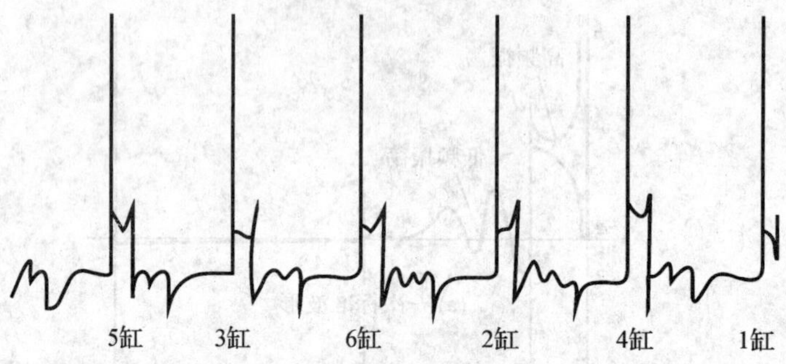

图 2-17　标准二次平列波

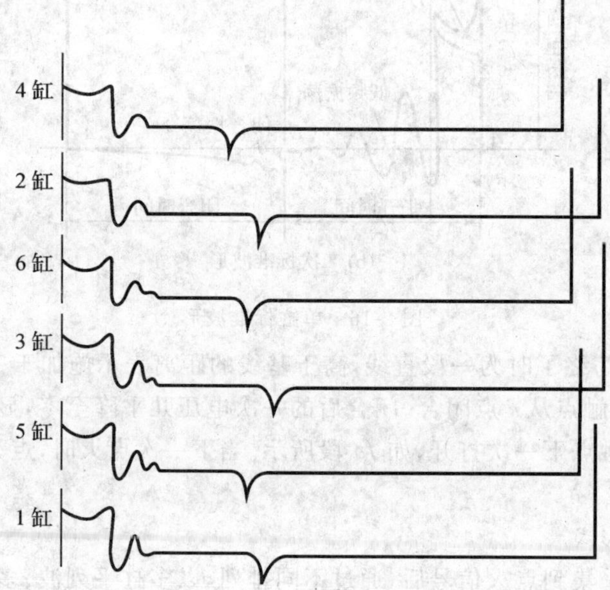

图 2-18　标准二次并列波

(3)多缸重叠波

在示波器屏幕上，将所有各缸点火波形之首对齐并重叠在一起的排列形式，称为多缸重叠波。6 缸发动机的标准二次重叠波如图 2-19 所示。

(4)单缸选缸波

在示波器屏幕上，根据需要选出的任何一缸的单缸点火波形，称之为单缸选缸波形。

由于点火系又有一次线路和二次线路之分，因此上述四种波形排列形式又有一次多缸平列波、一次多缸并列波、一次多缸重叠波、一次单缸选缸波和二次多缸平列波、二次多缸并列波、二次多缸重叠波、二次单缸选缸波之分。

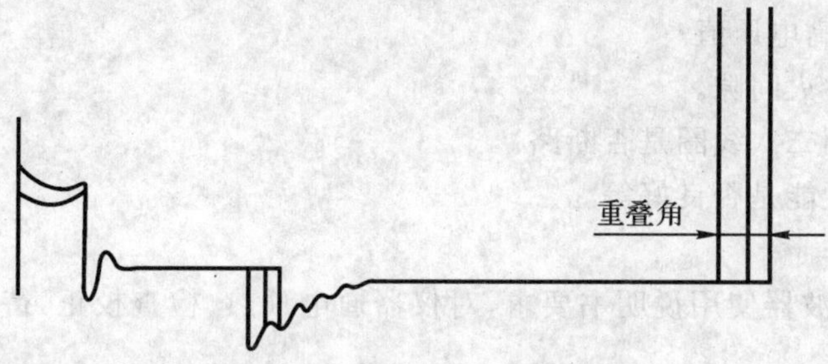

图 2-19　标准一次重叠波

3. 点火波形上的故障反映区

当点火示波器与发动机联机后，如果实测点火系点火波形与标准波形相比有差异，说明点火系有故障。传统点火系在点火波形上有 4 个故障反映区，如图 2-20 所示。

图 2-20 中 A 区为断电器触点故障反映区，B 区为电容器、点火线圈故障反映区，C 区为电容器、断电器触点故障反映区，D 区为配电器、火花塞故障反映区。

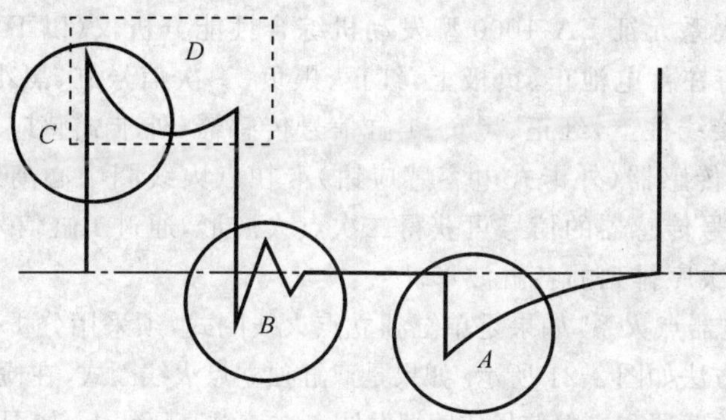

图 2-20　波形上的故障反映区

4. 点火示波器使用方法

(1)观测项目

利用发动机点火示波器，可观测、分析、判断传统点火系的下列项目：

1)断电器触点闭合角。

2)各缸波形重叠角。

3)点火提前角。

4)断电器触点是否烧蚀。

5)断电器活动触点臂弹簧弹力是否正常。

6)火花塞是否“淹死”或断续点火。

7)各缸点火高压值。

8)火花塞加速特性。

9)点火系最高电压值。

10)分火头跳火间隙。

11)点火线圈二次线圈是否断路。

12)电容器性能是否良好等。

(2)准备工作

1)按点火示波器使用说明书要求,对仪器通电预热、检查校正,待符合要求后再投入使用。

2)启动发动机,预热到正常工作温度。

(3)点火示波器与发动机联机

主要是点火示波器点火传感器(包括夹持器等)与发动机点火系有关部位的连接。传统点火系一次点火信号是从断电器触点两端采集的,二次点火信号是从点火线圈高压总线上采集的,具体连接方法请见点火示波器使用说明书。元征 EA-1000 型发动机综合性能分析仪(带有点火示波器功能)的联机方法如下。

1)将传统点火系元征 EA-1000 型发动机综合性能分析仪(以下简称为"分析仪")的电源夹持器夹持在蓄电池正、负极上,红正、黑负;一次信号红、黑小鳄鱼夹分别夹在点火线圈的一次接线柱上,红正、黑负;1 缸信号传感器(外卡式感应钳)卡在第 1 缸高压线上;二次信号传感器(外卡式电容感应钳)卡在点火线圈中心高压线上,如图 2-21 所示。通过二次信号传感器的信号可获得二次点火波形,通过 1 缸信号传感器信号的触发,可获得按点火次序排列的各缸波形。

2)对于无分电器点火系,如果是单缸独立点火线圈式,须采用分析仪的金属片式二次信号传感器,连接方法如图 2-21 所示。如果是双缸独立点火线圈式,在检测任一缸点火波形时,必须将缸信号传感器和二次信号传感器共同卡在该缸高压线上,如图 2-22 所示。

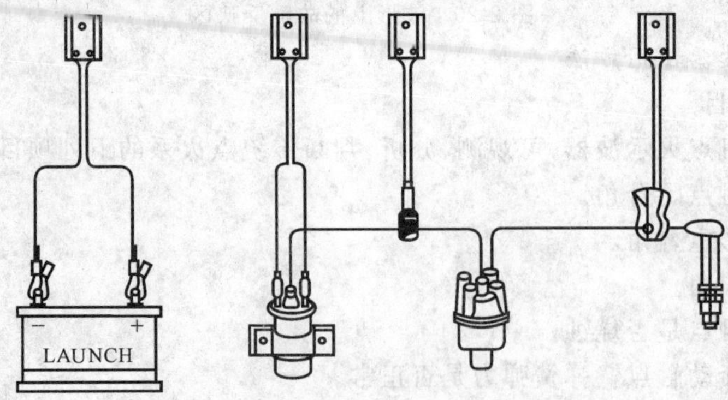

图 2-21 分析仪传感器与传统点火系联机方法

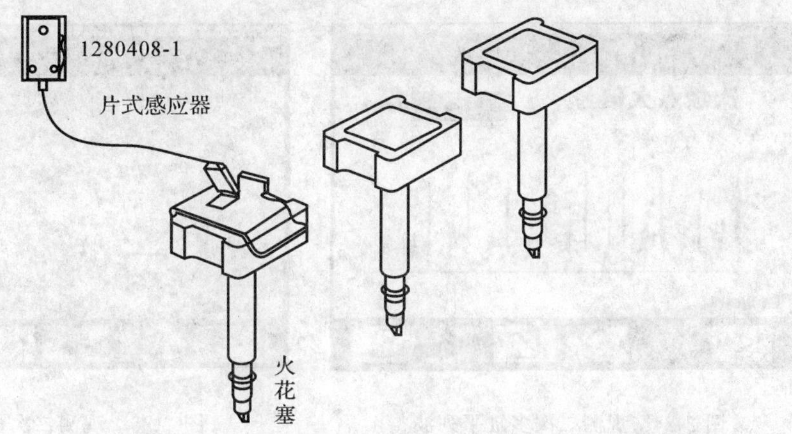

图 2-22　分析仪传感器与单缸独立点火线圈式点火系的联机方法

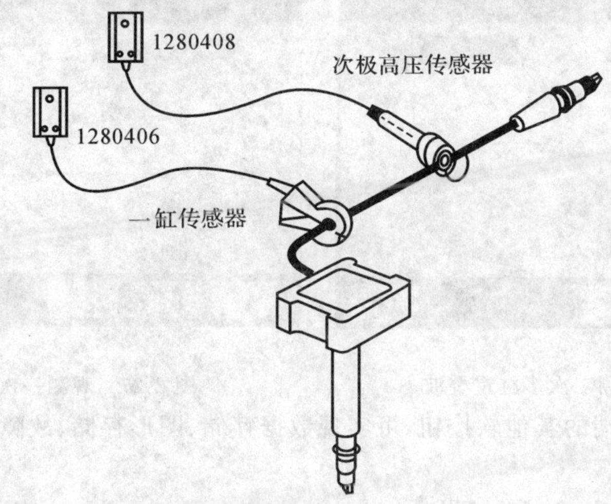

图 2-23　分析仪传感器与双缸独立点火线圈式点火系的联机方法

(4)使用方法

1)在分析仪主菜单上选择“汽油机”,在副菜单上选择“点火系统”,在点火系统的下级菜单中选择“次级点火信号”,于是分析仪屏幕显示点火系次级检测界面。

2)点击界面下端的波形切换软按钮,可分别观测到二次多缸平列波、二次多缸并列波(三维波形)和二次多缸重叠波,如图 2-24、图 2-25 和图 2-26 所示。需要指出的是,显示屏幕上击穿电压的坐标刻度具有智能性,当击穿电压值大于 20 kV 时,量程会自动更换为 40 kV。

3)在点火系统的下级菜单中选择“初级点火信号”,于是分析仪屏幕显示点火系初级检测界面,如图 2-27 所示。

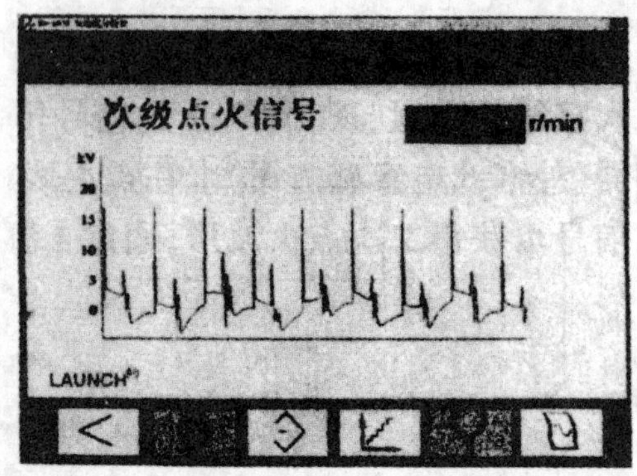

图 2-24 观测二次多缸平列波

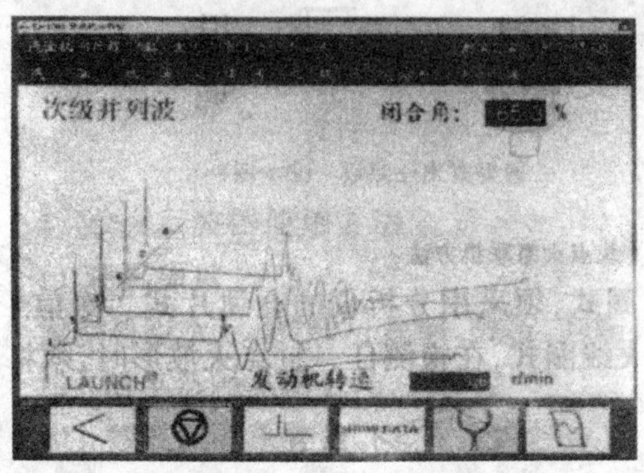

图 2-25 观测二次多缸并列波

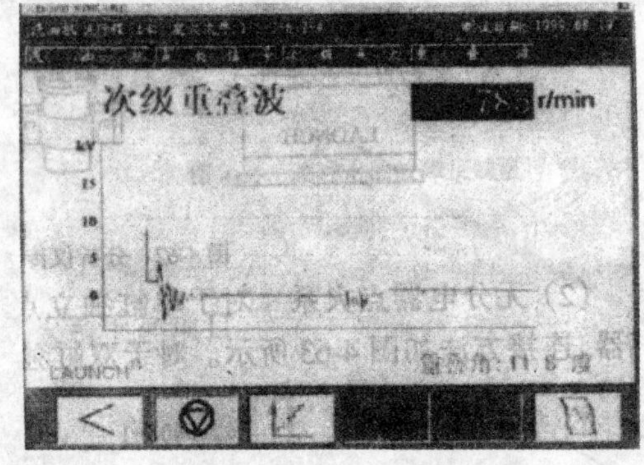

图 2-26 观测二次多缸重叠波

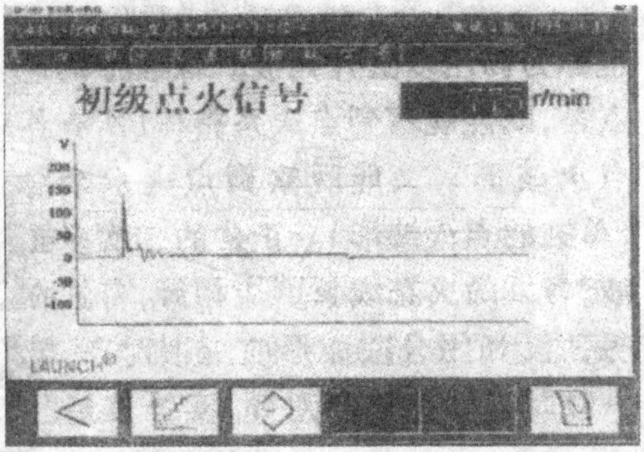

图 2-27 观测一次点火波形

4)点击界面下端的其他软按钮,可实现数据存储、图形存储、故障诊断、图形打印和返回主菜单功能。

5. 点火波形观测、分析的方法

通过观测波形,可直观、快速地分析、判断点火系的技术状况。对于不同功能、不同型式的点火示波器,一般通过按键、输入操作码、菜单选择等方法,即可在示波器屏幕上显示出被测发动机的一次或二次多缸平列波、多缸并列波、多缸重叠波和单缸选缸波,并通过旋钮或按键使屏幕的亮度、对比度、波形位置、波形幅度等符合观测要求。观测波形时,凡是有转速要求的,应使发动机在规定转速下运转。

被测发动机点火波形显示后,首先应与标准波形对照。如果实测点火波形完全同于标准波形,说明点火系技术状况良好;如果实测波形有异常,说明点火系有故障,应按照点火波形的 4 个故障反映区,观察异常波形处在哪个反映区内,即可诊断出故障。

(1)二次多缸平列波

二次多缸平列波也称为高压多缸平列波。利用该波形可完成下一列参数测量和故障诊断。

1)各缸点火高压值测量:可从 kV 刻度尺上直接读出各缸击穿电压值。击穿电压值应符合原厂规定。国产货车击穿电压值一般为 6～8 kV 或 8～10kV,进口及国产轿车击穿电压值一般为 10～20kV 。各缸击穿电压值应一致,相差不大于 2 kV。某国产货车的二次平列波如图 2-28 所示。

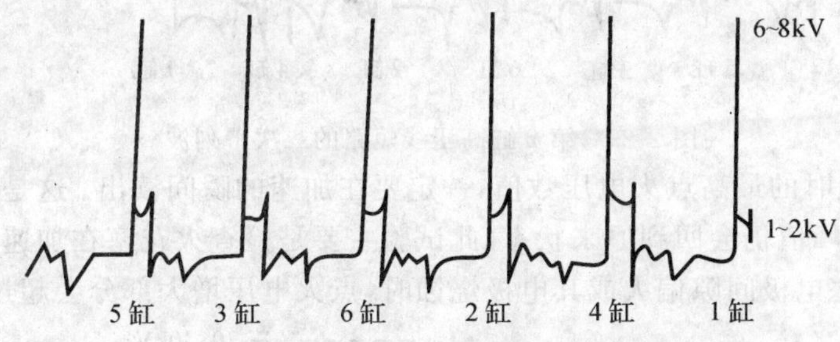

图 2-28　某国产货车的二次平列波

各波形位置按点火次序从左至右排列。下面分为四种情况进行故障分析、判断:

①如果各缸点火电压均过高,超过规定值上限,则可能是由于混合气过稀、分电器中央高压线端部未插到底或分电器盖插孔脏污严重、分火头与分电器盖插孔电极间隙太大或各缸火花塞间隙均偏大等原因造成的。

②如果个别缸点火电压过高,则可能是由于该缸高压分线端部未插到底、分电器盖插孔脏污严重、分电器盖插孔电极与分火头不同心以致造成分火头与该缸高压分线插孔电极间隙太大或火花塞间隙太大等原因造成的。

③若各缸点火电压均过低,低于规定值下限,则可能是混合气过浓、各缸火花塞间隙过小、火花塞电极油污、蓄电池电压不足或电容器容量不足等原因造成的。

④如果个别缸点火电压过低,则可能是该缸火花塞间隙太小、火花塞电极油污或火花塞绝缘性能差等原因造成的。

2)单缸短路高压值测量:可将某缸火花塞上的高压分线拔下对机体短路,该缸点火电压应小于规定值(国产货车应小于 5 kV)。否则,说明分火头与分电器盖插孔电极间隙过大或该缸高压分线与分电器盖插孔接触不良。某国产货车第 2 缸高压分线短路的二次平列波,如图 2-29 所示。

3)单缸开路高压值测量:将某缸高压线从火花塞上拔下而不短路,该缸点火高压值应达到 20～30kV,即达到点火系的最大电压值。否则,说明高压线、分电器盖绝缘不良或点火线圈、电容器性能不良。某国产货车 2 缸高压线开路测量时,击穿电压上升的情况如图 2-30 所示。

4)火花塞加速特性测量:使发动机转速稳定在 800 r/min 左右,突然开大节气门使发动机加速运转。此时,各缸点火电压相应增大,但增大部分不应超过 3 kV,否则应更

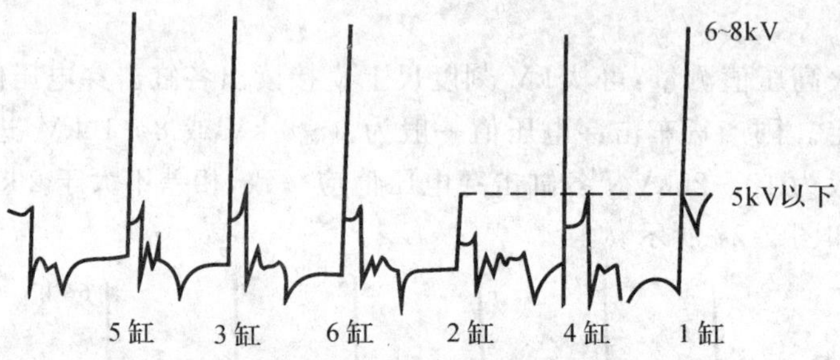

图 2-29 第 2 缸高压线短路的二次平列波

换火花塞。加速时的最高点火电压数值，一定要在加速的瞬间读出。这是因为当转速稳定下来后，点火峰值仍会回到原来状态。此试验主要是检查火花塞在加速工况下的工作性能。当火花塞电极间隙偏大或其电极烧蚀时，点火电压增大部分会超过 3kV。

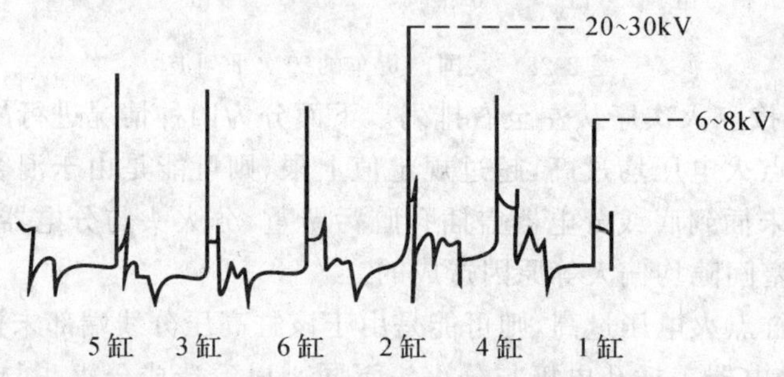

图 2-30 第 2 缸高压线开路的二次平列波

(2)二次多缸并列波

二次多缸并列波也称为高压多缸并列波。该波形的最大优点是，既能观察到点火系整体(所有各缸的点火波形)，又能观察到点火系个别(每个单缸的点火波形)。在正常的二次多缸并列波中，各缸的火花线长度应相等，各缸的低频振荡波和闭合段波形应上下对齐，振幅应一致。与标准波形对照，实测波形上异常之处即反映点火系有故障。

利用二次多缸并列波，可获得单缸选缸波，并能进行下列参数测量和故障诊断。以元征 EA-1000 型发动机综合性能分析仪为例，介绍如下。

1)可观测到单缸选缸波按 F3 键或图 2-25 下方从左向右第 3 个软键，可按点火次序分别得到各缸点火波形，其他缸波形消失，以便于单独观测。

2)可进行下列参数测量

①可测得各缸断电器触点闭合角值(见图 2-25)，被测发动机的断电器触点闭合角(以下简称“闭合角”)已显示在检测界面上，按 F3 键，可显示出各缸的闭合角值。测得的闭合角值要与标准值对照。在点火系技术状况良好的情况下，各缸闭合角应占点火间隔的百分比和对应的分电器凸轮轴转角如下：

4 缸发动机 45％～50％(40°～45°分电器凸轮轴转角)；

6 缸发动机 63％～70％(38°～42°分电器凸轮轴转角)；

8 缸发动机 64％～71％(29°～32°分电器凸轮轴转角)。

有些点火示波器显示的是百分比，有些点火示波器显示的是分电器凸轮轴转角。

如果测出的闭合角太小，说明断电器触点间隙太大。这不仅有可能使点火时间提前，而且造成高速时点火高压不足。若测出的闭合角太大，则说明断电器触点间隙太小。这不仅有可能使点火时间推迟，而且造成某些缸由于断电器触点张不开而缺火。因此，应调整断电器触点间隙为 0.35～0.45mm，使闭合角符合要求。但调整断电器触点间隙后，点火提前角也随之改变，因而还应重新校正点火正时，以保证发动机的动力性、经济性和排气净化性符合要求。

②可测得各缸的击穿电压值、火花电压值和火花持续时间按下 F4 热键或图 2-25 检测界面下方的“SHOW DATA”软键，可动态显示出各缸的击穿电压值、火花电压值和火花持续时间(ms)。当各缸的这些数值不一致时，可对照有关缸的异常波形，找出点火系故障。

3)可进行下列常见故障的诊断。由于资料来源的关系，以下二次多缸并列波是以单缸波形的形式出现的。需要提请注意的是，不少故障是出现在二次多缸并列波上每一缸波形上的，也有些故障是出现在某一单缸波形上的，要具体故障具体分析。

①如果二次并列波反置，如图 2-31 所示，说明点火系一次线路接反。

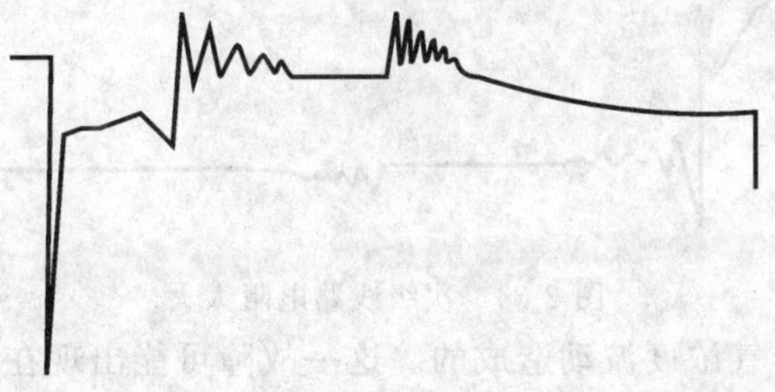

图 2-31　一次线路接反

②如果二次并列波触点闭合处有杂波，如图 2-32 所示，说明断电器触点电阻太大(烧蚀)。

③如果二次并列波在断电器触点断开处出现小平台，如图 2-33 所示，说明电容器漏电。

④如果二次并列波击穿电压过高，且没有良好的放电过程，火花的持续阶段较为陡峭，如图 2-34 所示，说明次级线路电阻太大，可能系次级线路开路、接触不良或火花塞间隙过大等原因造成。

⑤如果二次并列波火花电压有波动现象，如图 2-35 所示，说明电喷系统喷油器工

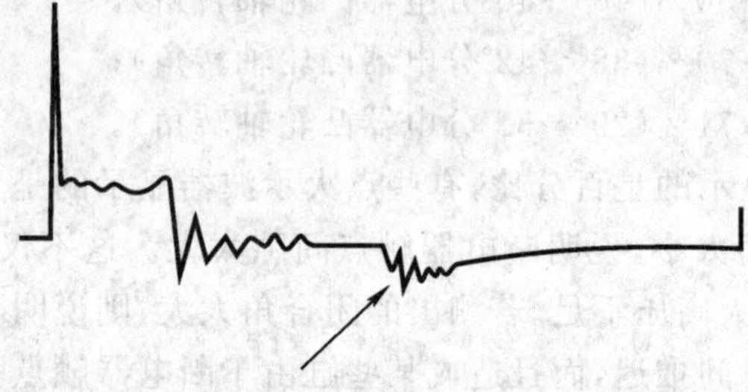

图 2-32 断电器触点电阻太大

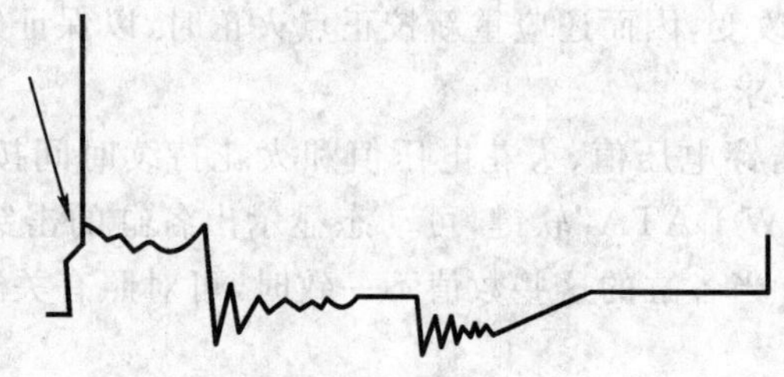

图 2-33 电容器漏电

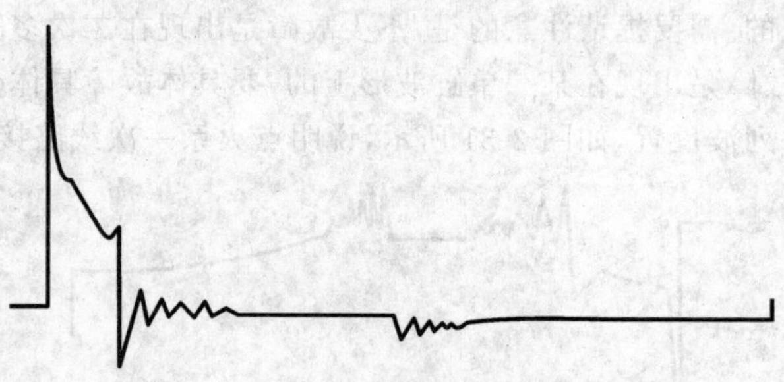

图 2-34 次级线路电阻太大

作不良,引起可燃混合气浓度波动造成的。这一故障可能出现在每一缸波形上,也可能出现在某一缸波形上。

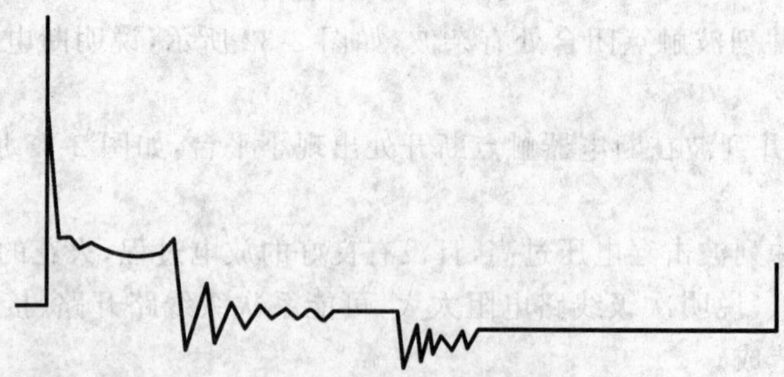

图 2-35 电喷系统喷油器工作不良

⑥如果二次并列波火花电压较低，如图 2-36 所示，可能是可燃混合气过浓或火花塞漏电造成的。当可燃混合气过浓时，虽然点火初期的离子电离程度小，击穿电压高，但在火花持续阶段离子电离程度提高，火花电压有所降低。当火花塞漏电时，火花电压也降低。

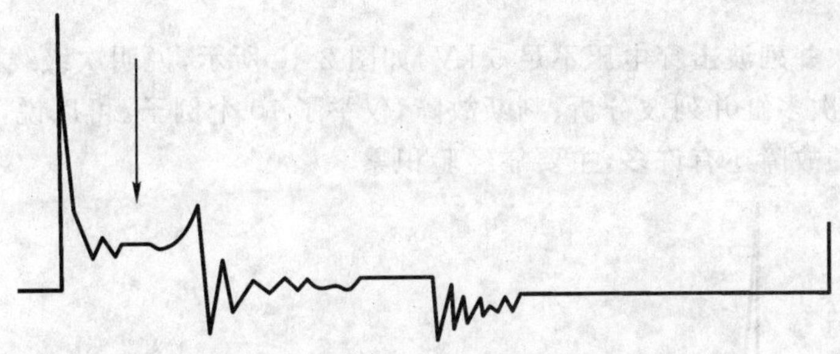

图 2-36　可燃混合气过浓或火花塞漏电

⑦如果二次并列波火花电压较低，如图 2-37 所示，也可能是可燃混合气过稀或气缸压力太低造成的。这是由于可燃混合气过稀或气缸压力太低时，都会引起可燃混合气密度降低，易产生碰撞电离现象，无须多高电压就可将火花塞间隙击穿，故火花电压有下降现象。

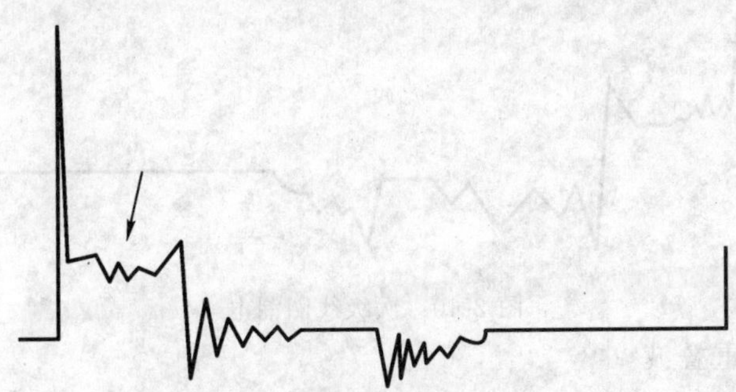

图 2-37　可燃混合气过稀或气缸压力太低

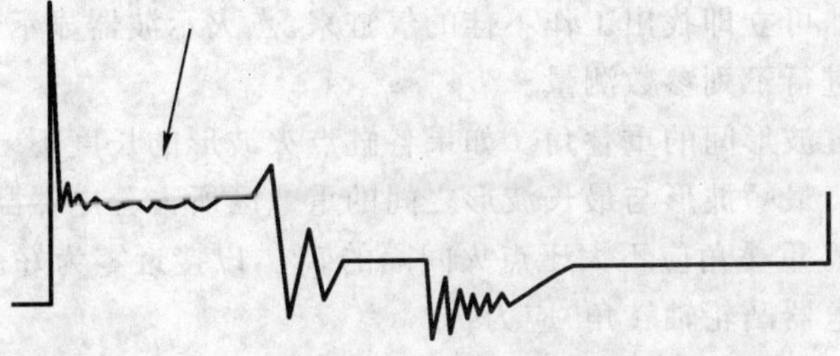

图 2-38　火花塞积炭或间隙太小

⑧如果二次并列波火花电压较低，如图 2-38 所示，也可能是火花塞积炭或间隙太小造成的。由于积炭是具有电阻的导体，消耗了一部分电能，引起火花电压降低。火花塞间隙太小，也会引起火花电压降低。

⑨如果二次并列波不时有上下平移现象，如图 2-39 所示，说明次级线路有间歇性断电现象。

⑩如果二次并列波击穿电压不足 5 kV，如图 2-40 所示，说明次级线圈漏电。

以上，用二次多缸并列波分析、判断故障，仅举了 10 个例子。可以说，用二次多缸并列波能观测到的故障还有许多，主要靠经验积累。

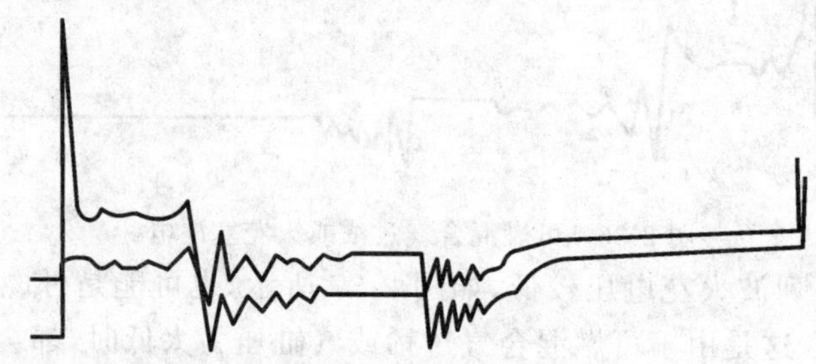

图 2 39　次级线路有间歇性断电现象

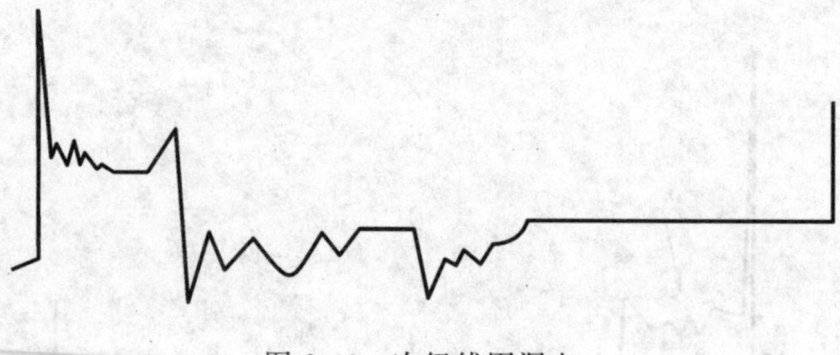

图 2-40　次级线圈漏电

(3)二次多缸重叠波

该波形由于是各缸点火波形的叠加，因而可评价各缸工作的一致性。各缸工作一致的重叠波就像一个单缸波形，只要其中任一缸工作不佳，其波形就会偏离重叠波，届时通过逐缸单缸断火，可立即找出工作不佳的气缸来。点火示波器显示出被测发动机二次多缸重叠波后，可进行下列参数测量。

(1)可测得各缸波形间的重叠角。如果各缸点火波形的长度不一致，表明各缸点火间隔不一致。此时，最短波形与最长波形之间的重叠区所占分电器凸轮轴转角，称为各缸波形间的重叠角。重叠角应不大于点火间隔的 5%，以接近零为好。根据这一原则，重叠角的标准值(分电器凸轮轴转角)应为：

4 缸发动机不大于 4.5°；

6 缸发动机不大于 3.0°；

8缸发动机不大于2.25°。

重叠角的大小,可以表明多缸发动机点火间隔的一致程度。重叠角越大,越说明点火间隔不均匀。重叠角太大,是由于分电器凸轮制造不准、磨损不均或分电器凸轮轴磨损松旷、弯曲变形等原因造成的。

(2)可测得各缸触点闭合角的平均值。断电器触点闭合期间对应的分电器凸轮轴转角,称为触点闭合角。在重叠波上,由于各缸波形重叠在一起,无法测得每缸触点闭合角值,所以只能测得各缸触点闭合角的平均值。

在实测的二次重叠波上,如果波形异常,可与标准波形对照,也可以进行一些故障分析与判断,方法同于上述二次多缸并列波。

(4)一次平列波

标准波形如图2-41所示。该波形不常用,有时用在单缸选缸转速降测量中作为短路指示用。

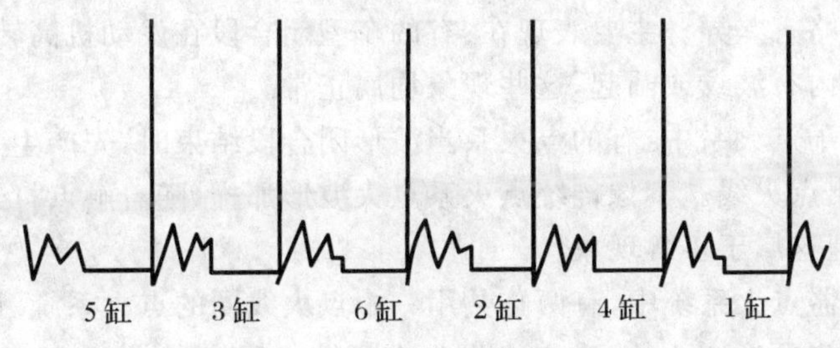

图2-41 标准一次平列波

(5)一次并列波和一次重叠波

该两种波形测量的项目及反映的故障,与二次并列波和二次重叠波一致,不再赘述。

(6)单缸选缸波

在观测、分析点火系波形过程中,有时为了仔细观察某一缸的点火波形,可将该缸点火波形单独选出(其他缸波形消失),并适当增加其垂直幅度和水平幅度。单缸选缸波形常常在二次并列波或一次并列波上进行。此时应通过按键或菜单先获得二次并列波或一次并列波,再通过选缸键获得所需缸的二次单缸选缸波或一次单缸选缸波。

6. 无触点电子点火系点火波形的特点

以上是以传统的点火系为例介绍了标准波形、波形排列形式、波形上的故障反映区和波形观测方法等内容。随着电子技术在汽车上的应用,无触点电子点火系一经问世,就在提高发动机的动力性、经济性和减少排气污染等方面显示出了优越性,从而得到广泛应用。无触点电子点火系波形与传统点火系波形相比有以下相同点和不同点。

(1)相同点

1)无触点电子点火系波形的排列形式、波形观测方法与传统点火系相同。

2)无触点电子点火系的一次点火波形、二次点火波形基本上与传统点火系的点火波形相同。波形上也有高频振荡波(点火线、火花线)、低频振荡波和二次闭合振荡波,也有张开段和闭合段,点火线和火花线的解释也同于传统点火系。

(2)不同点

1)无触点电子点火系波形上低频振荡波异常时,仅表示点火线圈的技术状况不佳,而与电容器无关,这是因为电子点火系无电容器的缘故。

2)无触点电子点火系波形上闭合点处和张开点处的波形,虽然与传统点火系极为相似,但不是什么断电器触点闭合和张开造成的,而是晶体三极管或晶闸管的导通与截止电流造成的。

3)无触点电子点火系波形上闭合段的长度、形状,与传统点火系波形不完全相同,甚至车型之间也略有差异。主要表现在:有的车型闭合段在发动机高转速时加长,二次点火波形闭合段内有波纹或凸起,这些现象均属正常。

4)无触点电子点火系中,有的点火系当波形闭合段结束时,先产生一条锯齿状的上升斜线,然后导出点火线。不像传统点火系点火波形那样,随着触点打开产生一条急剧上升的点火线,但这属于正常现象。

5)在无分电器点火系统中,有两缸共用一个点火线圈的点火系统。该类点火系统在一个气缸中会发生两次点火:一次点火发生在压缩行程终了,为有效点火;另一次点火发生在排气行程终了,为无效点火。在有效点火波形上,因气缸内可燃混合气电离程度低,所以击穿电压和火花电压都较高。在无效点火波形上,因气缸内废气电离程度高,所以击穿电压和火花电压都较低。这些,均属正常现象。

利用示波器观测点火波形是实现快速检测诊断的重要方法之一,在国外应用十分普遍。其中,特别是观测二次波形,认为是一项综合检测。这是因为,如果被测发动机的二次波形没问题,说明点火系、供油系均无问题。

2.3.3 点火正时的检测

点火正时是指具有正确的点火时间。点火时间一般用点火提前角(曲轴转角或凸轮轴转角)表示。当点火时间正确时,点火提前角处于最佳状态。然而,最佳点火提前角是随着转速、负荷和汽油的辛烷值等因素的变化而变化的。对于传统点火系,随转速和负荷的变化,其是在动态情况下由分电器上的离心式调节器和真空式调节器自动调节的;随辛烷值的变化,则是在静态情况下通过获得最佳初始点火提前角,亦即获得最佳分电器固定位置得到的。当使用的汽油辛烷值改变时,发动机的初始点火提前角亦即分电器壳的固定位置也需要随之改变。

初始点火提前角也称为初始点火正时，是点火提前自动调节装置进入工作状态前的基础。在离心式调节器和真空式调节器工作正常的情况下，发动机最佳点火提前角往往决定于初始点火提前角。

发动机的点火正时是非常重要的，它将直接影响到发动机的动力性、燃料经济性和排气净化性。

1. 检测点火正时应掌握的原则

化油器式发动机的点火正时，在使用中并不是一成不变的。应及时根据汽车的技术状况、燃料和运行条件等方面的变化，及时进行检查及校正。掌握的原则如下。

(1)使用辛烷值较高的汽油时，应将点火时间略微提前；反之，应将点火时间略微推迟，以防爆燃。

(2)混合气成分不同，直接影响燃烧速度。根据试验测定，当过量空气系数为 0.8～0.9 时燃烧速度最快，此时点火提前角应小一些；当过量空气系数大于或小于此值时，即混合气过稀或过浓时，都会使燃烧速度减慢，此时点火提前角应大些。

(3)容易产生爆燃的发动机，点火提前角应小一些。

(4)在高原地区，因为大气压力低，因而发动机的进气压力和压缩终了的压力均降低，影响了汽油的雾化和混合气的涡流运动，对混合气的形成不利，造成混合气燃烧速度变慢。与平原地区相比，在相同的混合气成分下，在高原地区运行的汽车，点火提前角应大些。

(5)外界温度的变化对汽油的雾化有一定的影响。因此，气候寒冷时，点火时刻应略微提前；而气候炎热时，点火时刻应略微推迟。

(6)发动机已接近大修，气缸压缩压力降低时，点火时间可略微提前。

(7)由于对排气净化的要求愈来愈严格，不能再以发动机功率的大小作为检查及校正点火正时的依据，而是应该适当推迟点火时间，以减少排放污染物为首要目的。

发动机点火工时的检测方法有经验法、闪光法和缸压法三种。

2. 用闪光法检测点火正时

用闪光法检测点火正时，须采用闪光正时检测仪进行。

(1)闪光正时检测仪基本结构与工作原理

用闪光法制成的点火正时检测仪系利用闪光时刻与 1 缸点火同步的原理，测出发动机的点火提前角。闪光正时检测仪一般由正时灯(氖灯或氙灯)、传感器、中间处理环节和指示装置等组成，在汽车维修企业应用比较广泛。

正时灯是一种频率闪光灯，每闪光一次表示 1 缸火花塞跳火一次，因此闪光与 1 缸点火同步。当正时灯对准发动机 1 缸压缩终了上止点标记，并按实际跳火时间进行闪光时，可以看到运转中的发动机在闪光的照耀下，其转动部分(飞轮或曲轴传动带盘)上的标记还未到达固定指针，即 1 缸活塞还未到达压缩终了上止点。此时，若调整正时灯上的电位器，使闪光时刻逐渐推迟至转动部分上的标记正好对准固定指针时，那么推迟闪光时刻的时间就是点火提前角的时间，将其显示在表头上，便可读出要测的点火提前角。需要说明的是，有些表头指示的角度是分电器凸轮轴转角，对于四行程发动机来说，换算成曲轴转角需要乘以2。用闪光法制成的点火正时检测仪，既可以制成单一功能便携式，又可以和其他仪表组合成多功能综合式。其指示装置既可以是指针式，也可以是带显示屏的数码式，带有打印功能的还可以打印输出。指示装置应有显示瞬时转速的功能，以便在规定的转速下测得点火提前角。

(2)闪光正时检测仪使用方法

1)准备工作

● 仪器准备

①将闪光正时检测仪(以下简称“正时仪”)的两个电源夹，夹到蓄电池(12V)的正、负电极上，红正、黑负。

②将正时仪的外卡式传感器，卡在1缸的高压线上。

③将正时仪的电位器退回到初始位置，打开开关，正时灯应闪光，指示装置应指示零位。

图2-42 闪光灯正时检测仪检测点火正时

● 发动机准备

①事先擦拭飞轮或曲轴传动带盘上1缸压缩终了上止点标记，以便在闪光照耀下看清。

②发动机运转至正常工作温度。

2)检测方法

①发动机在怠速下稳定运转，打开正时灯并对准飞轮或曲轴传动盘上的标记，如图2-42所示。

②调整正时仪上的电位器，使飞轮或曲轴传动带盘上的活动标记逐渐与固定指针对齐，此时正时仪指示装置上的读数即为发动机怠速运转时的点火提前角。

③用同样的方法，分别测出发动机不同工况时的点火提前角。

若测出的点火提前角符合规定，对于传统点火系来说，说明初始点火提前角调整正确，同时也说明离心式调节器和真空式调节器工作正常。如果需要分别测量离心提前角和真空提前角，可拆下分电器真空管进行测量。

在发动机怠速运转时由于传统点火系离心式和真空式调节器未起作用或起作用很小，此时测得的离心提前角实为初始提前角。在拆下真空管(要堵塞通化油器的管道)的情况下，发动机在某转速下测得的提前角减去初始提前角，即可得到该转速下的离心提前角；反之，在连接真空管的情况下，在同样转速下测得的提前角减去离心提前角和初始提前角，则又可得到真空提前角。

④如果需要检测并调试汽车实际运行中的点火提前角，须路试或在底盘测功试验台上(见图 2-43)进行。

⑤检测完毕，关闭正时灯，取下外卡式传感器和两个电源夹。

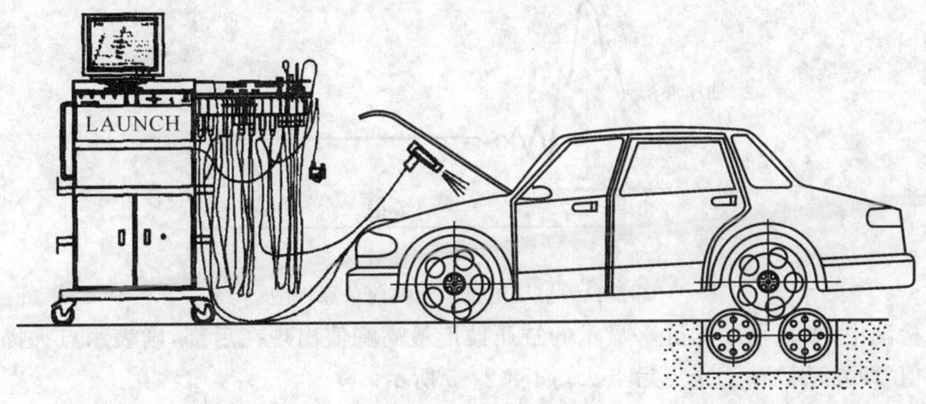

图 2-43　在底盘测功试验台上检测并调试点火正时

3. 用缸压法检测点火正时

用缸压法检测点火正时，须采用缸压正时检测仪进行。

用缸压法制成的点火正时检测仪，由缸压传感器、点火传感器、中间处理环节和指示装置等组成。如果带有油压传感器，还可以检测柴油机供油提前角。测量的基本原理是，采用缸压传感器找出被测缸压缩压力的最大点作为活塞上止点，同时用点火(油压)传感器找出同一缸的点火(供油)时刻，二者之间的凸轮轴转角即为点火提前角，如图 2-44 所示。用缸压法制成的点火正时检测仪，即可以制成单一功能便携式，又可以和其他仪表组合成多功能综合式。

用缸压法检测点火提前角时，发动机应运转至正常工作温度，拆下发动机任意一缸的火花塞，装上缸压传感器。在拆下的火花塞上仍接上原高压线，在高压线与火花塞之间插接点火传感器或在高压线上卡上外卡式点火传感器，然后将火花塞放置在机体上使之良好搭铁。启动发动机使之运转。由于被测缸不能点火工作，因而缸压传感器采集的是气缸压缩压力信号，其压力最大点就是活塞压缩终了上止点。拆下的火花塞虽在缸外但仍在跳火，其上的点火传感器可采集到点火开始的信号。此时输入操作指令，即可从指示装置得到怠速、规定转速或任意转速下的点火提前角及对应转速，按下打印键还可以打印出检测结果。

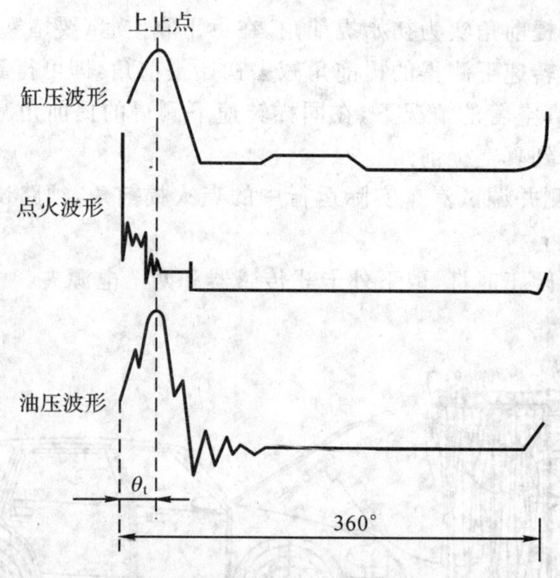

图 2-44 缸压测量点火提前角原理图

检测中，如果示波器屏幕显示的缸压波形最高峰值出现在后部，则表示点火提前角为负值，即发动机在上止点后点火，如图 2-45 所示。

缸压法和闪光法一样，可测得传统点火系初始提前角和不同工况下的总提前角、离心提前角及真空提前角。测出的点火提前角应与规定值进行对照。如不符合要求，应在点火正时仪监测的情况下进行调整，必要时应进行修理或更换，直至符合要求。

检测点火正时时，一般仅测得 1 个缸（如 1 缸或最末缸）的结果就可以了，其他缸的点火提前角是否符合要求，则决定于点火间隔。点火间隔可从示波器屏幕上显示的重叠波和并列波上得到（微机控制式点火示波器可直接显示点火间隔）。然后根据被测缸的点火正时和各缸的点火间隔，即可算出其他缸的点火提前角。当测得的各缸波形的重叠角很小时，可认为各缸间的点火间隔是相等的，因而其他缸的点火提前角与被测缸相等，此时被测缸的点火提前角可以认为是被测发动机的点火提前角。

4. 电控燃点火系统发动机点火提前角的检测

电控燃油喷射发动机由电子控制器 ECU 控制点火系统，其点火提前角包括初始点火提前角、基本点火提前角和修正点火提前角三部分。其中，基本点火提前角是点火提前角中最主要的部分，其大小取决于发动机工况。不同的发动机工况，基本点火提前角的大小也不一样。汽车运行中，ECU 根据发动机转速、进气量（或进气管压力）等信

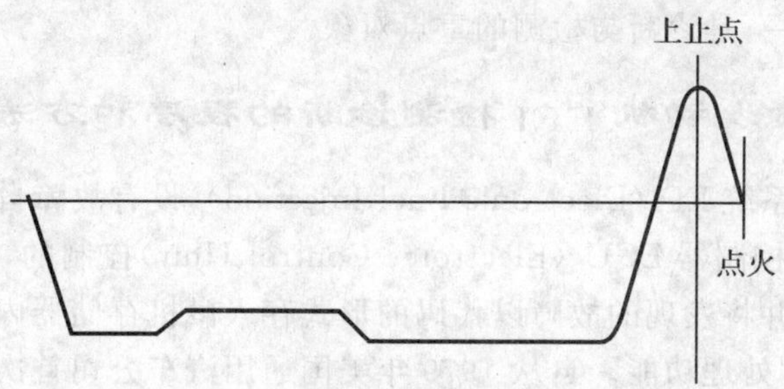

图 2-45　点火提前角为负值时的缸压波形

号，从存储器中查取该点火提前角。该点火提前角是在设计发动机电控系统时，根据发动机性能要求并通过大量实验、优化处理而获得的，并预先存储在 ECU 内微机的只读存储器 ROM 的一个存储单元中，以此构成点火提前角脉谱图。汽车运行中只须用传感器检测出发动机的实际工况（转速与负荷），然后由中央处理器 CPU 查询点火提前角脉谱图并调出与此工况相对应的基本点火提前角，再根据其他有关传感器信号加以修正，就获得了最佳点火提前角。

电控燃油喷射发动机的点火提前角，一般是不可调的，特别是直接点火系统（DIS）。检测点火提前角的目的往往是为了在发现点火提前角不符合要求时确定是微处理器损坏还是传感器失效。在基本检查中，对通用、福特、丰田等公司的某些车型检查点火正时时，需采用跨接线连接检查连接器有关端子的方法，使系统进入场地维修模式（Field Service Mode），以测得怠速下的点火提前角。例如，丰田凌志 LEXUS LS400 汽车就是如此，其方法如下：

(1)暖机到发动机正常工作温度。

(2)将变速器换到“N”挡位。

(3)使发动机保持怠速运转。

(4)用 SST（跨接线）连接检查连接器的 TE1 和 E1 端子。

(5)使用正时灯检查点火正时。怠速时，应在上止点前 8°～12°。

使用闪光正时检测仪检测电控燃油喷射发动机点火提前角的方法，与传统发动机相同。

2.4　汽油机燃料系的诊断与检测

汽油机燃料系具有连续输送清洁空气和燃油，根据发动机不同工况需求配制一定数量和适当浓度的可燃混合气，送入气缸燃烧并将废气排入大气的功能。如果燃料系技术状况不佳，甚至出现了故障，将难以保证以上功能，不但严重影响发动机的动力性、经济性和排气净化性，而且无法正常工作。燃料系和点火系一样，它是发动机各机构、系统中故障率最高者之一，是诊断与检测的重点对象。

2.4.1 电喷发动机EFI检测诊断的程序和方法

电控燃油喷射系统EFI(Electronic Fuel Injection)，设有故障自诊断系统。故障自诊断系统是由电子控制器ECU (Electronic Control Unit)控制的，能时刻监测电控系统各部件工作情况并将发现的故障以代码的形式存入微机存储器内的一种自我诊断系统，具有故障诊断和处理功能。自从1979年美国通用汽车公司首次在电控燃油喷射系统中正式使用故障自诊断系统以来，美、欧、日等国相继采用，给越来越复杂的电控系统的故障诊断带来了方便。故障自诊断系统在检测到故障后，一方面通过一定的显示方式通知汽车驾驶员，告知发动机电控系统出现了故障，另一方面立即启用应急备用系统，对喷油、点火等按预先编好的程序进行简单控制，以利驾驶员把车开回(带故障运行)汽车修理厂或驻地。下面介绍用故障自诊断系统检测诊断故障的程序和方法。

电控燃油喷射发动机出现故障时，在进行必要的倾听用户意见和外观检查之后，只要显示诊断代码，就应首先按诊断代码的含义和指示的方法进行快速诊断。

1. 故障自诊断系统的工作原理

发动机电控系统工作时，电子控制器ECU输入、输出信号的电平是在规定范围内变化的。如果某一输入信号超出规定范围，ECU就判定该路信号出现故障。

(1)微机系统的故障自诊断工作原理

微机系统一般不容易发生故障，但偶尔发生故障时会影响控制程序正常运行，使汽车不能正常行驶。为此，在电控系统中设有监视回路，用来监视微机的工作是否正常。在监视回路中还设有监视计时器，用以在正常情况下按时对微机复位。当微机系统发生故障时，控制程序不能正常巡回，这时如果监视计时器的定期清除不能按时使微机复位，则微机显示溢出，表明微机系统发生故障并予以显示。在微机系统中还设有应急回路，当该回路收到监视回路发出的异常信号时，立即启用应急备用系统，使汽车保持一定运行能力。

(2)传感器的故障自诊断工作原理

运转中的发动机如果电控系统的传感器出了故障，其输出信号就超出了规定范围。比如，水冷发动机的水温传感器，水温范围设定在－30℃～120℃。正常工作时，输出的信号电压为0.3～4.7V。当水温传感器发生故障时，其向ECU输出的信号电压就会小于0.3V(水温高于120℃)或大于4.7V(水温低于－30℃)。ECU接收到的信号电压超出规定范围时，就判定水温传感器信号电路有短路或断路故障。

ECU判断出电控系统产生故障后，立即采取三项措施：其一，输出控制信号，使驾驶室组合仪表板上的“发动机报警灯(CHECK ENGINE)”点亮，通知驾驶员电控系统出现故障；其二，将水温传感器的故障信息以代码的形式存入微机存储器，以便检修人员调出诊断代码，快速诊断出故障，及时进行维修；其三，采用预先存储的正常水温（如 80℃）对发动机进行控制，使发动机仍能维持运转。

有时，即使水温传感器本身没有故障，但线路开路，自诊断系统同样会显示水温传感器有故障。因此，在判断故障时，除了检查传感器本身外，还要检查线束、接插件（连接器）和传感器与 ECU 之间的电路。

需要指出的是，自诊断系统对于偶尔出现一次的不正常信号，并不能立即判定是故障，只有不正常信号保持一定时间后才可被视为故障。

（3）执行器的故障自诊断工作原理

执行器是在 ECU 不断发出各种指令情况下工作的。如果执行器出现了问题，监视回路把故障信息传输给 ECU，ECU 会作出故障显示、故障存储，并采取应急措施，确保发动机维持运转。例如，当点火器中的功率三极管出现故障时，点火器内的点火监视回路就不能将功率三极管正常工作（不断地导通和截止）的信号反馈到 ECU，如果 ECU 得不到这一反馈信号（IG_f），就判定点火系发生故障，除了采取故障显示和故障存储的措施外，并立即向喷油器发出停止喷油的指令，使喷油器停止喷油，以防可燃混合气进入三元催化转换器而将其烧毁。

同样需要说明的是，ECU 只有在 6 次得不到反馈信号 IG_f 后，才判定点火系发生了故障。

2. 故障自诊断系统显示故障的方式

故障自诊断系统诊断出故障后要进行显示，由于厂牌、车型和生产厂家的不同，因而显示的方式也不相同。有用发动机报警灯显示的，有用红、绿发光二极管显示的，还有用数码管显示的。上述方式显示的诊断代码，有一位数的、两位数的、三位数的，也有四位或五位数的。

用发动机报警灯显示故障的情况如下：

大多数汽车的发动机在组合仪表板上设有发动机报警灯，用于故障报警和就车显示诊断代码。发动机启动前点火开关打开时，该灯应点亮。不亮，说明灯或灯的电路有问题。发动机启动后当转速高于 500 r/min 时，该灯应熄灭，说明发动机无故障；如果该灯继续点亮或在运行中点亮，说明 ECU 检测到电控系统出现了故障，并以此方式向驾驶员发出报警信号，使驾驶员知道发动机出现了故障。另外，还能通过该灯以不同的频率的闪烁，将微机存储器中存储的诊断代码调出，以便检修人员就车读取诊断代码，诊断、排除故障。故障排除后，通过消除诊断代码，该灯才不再点亮。

3. 进入故障自诊断系统的方法

由于汽车厂牌、车型和生产厂家的不同，因而进入发动机故障自诊断系统的方法也不相同，有以下几种方法：

（1）用跨接线进入。用跨接线连接检查连接器有关的插孔，通过驾驶室组合仪表板上发动机报警灯或LED的闪烁,就车读取诊断代码。

(2)用按压“诊断按钮开关”法进入,就车读取诊断代码。

(3)用转动微机控制装置上的“诊断开关”法进入,就车读取诊断代码。

(4)用同时按下空调控制面板上的“OFF”和“WARM”键的方法进入,就车读取诊断代码。

(5)用点火开关ON→OFF→ON→OFF→ON循环一次的方法进入,就车读取诊断代码。

(6)用读码器、解码器、扫描仪、电控专用检测仪或发动机综合性能分析仪等仪器进入,用仪器显示诊断代码。

目前,像丰田、日产、三菱、马自达、福特、通用(凯迪拉克除外)、宝马、菲亚特、标致等汽车,是通过跨接线的方法进入,由发动机报警灯显示诊断代码的;奔驰、奥迪、沃尔沃等汽车也是通过跨接线的方法进入,由LED显示诊断代码的;凯迪拉克和林肯·大陆等汽车是通过同时按下空调控制面板上的“OFF”和“WARM”键的方法进入的;而克莱斯勒公司的电控汽车是通过点火开关ON→OFF→ON→OFF→ON循环一次的方法进入的。绝大多数汽车都可通过解码器等专用或通用的仪器进入自诊断系统并解读诊断代码。

4.故障自诊断系统的测试模式

采用上述方法进入故障自诊断系统后,诊断故障的测试模式一般有两种:

(1)静态测试模式

静态测试模式即在点火开关打开、发动机处于静止状态下进行检测诊断的一种模式,简称KOEO (Key On Engine OFF)模式。该种模式主要用于提取存储在存储器中的间歇性故障的诊断代码和在静态下发生故障的诊断代码。

(2)动态测试模式

动态测试模式即在点火开关打开、发动机处于运转状态(包括汽车路试)下进行检测诊断的一种模式,简称KOER(Key On Engine Run)模式。该种模式主要用于提取存储在存储器中的动态下发生故障的诊断代码或进行混合气成分的检测分析。

有些汽车,如丰田系列汽车,也将静态称为正常状态,将动态称为试验状态。

5.用故障自诊断系统检测诊断故障的程序和方法

如前所述,大多数电控燃油喷射发动机在组合仪表板上设有发动机报警灯,用于故障报警和显示诊断代码。发动机启动后(转速高于500 r/min)如果该灯熄灭,说明发动机无故障;如果该灯继续点亮或在运行中点亮,说明ECU检测到电控系统出现了故障。在此种情况下,检修人员在倾听用户意见和对发动机进行外观检查后,应首先使用故障自诊断系统检测诊断故障。检修人员按照一定方法进入故障自诊断系统后,可就车读取诊断代码或通过解码器等仪器显示诊断代码,然后在汽车维修手册或解码器等仪器中查阅该诊断代码的全部含义，并按指示的程序和方法，对有关电路进行检查和测量，直至分析、判断出故障并将其排除。

用故障自诊断系统诊断故障的具体方法，以丰田凌志 LEXUS LS400 型汽车为例介绍如下。

丰田汽车诊断故障的测试模式，是将前述的静态称为正常状态，将前述的动态称为试验状态。进入自诊断系统后，只要检测到故障，两种状态都能点亮“CHECK”发动机报警灯，都能读取诊断代码，故障排除后发动机报警灯都能熄灭，但诊断代码都仍然存储在 ECU 的存储器中，要通过一定的方法才能清除存储的诊断代码。

试验状态与正常状态相比，检测诊断故障的灵敏度更高一些（如对接触不良的检测），功能也更多一些。例如，它不仅能检测诊断出正常状态下的故障项目，而且还能检测诊断出下述电路、元件中的故障：起动机信号电路、1 号和 2 号凸轮轴位置传感器、节气门位置传感器 IDL 接触信号、空调器信号和空挡起动开关信号等。

(1)正常状态（静态）下检测诊断故障的程序和方法

1)检查“CHECK”发动机报警灯是否正常

①将点火开关转到 ON，发动机不启动，“CHECK”发动机报警灯应点亮。如果不亮，说明灯有问题，应检查组合仪表。

②启动发动机，“CHECK”发动机报警灯应熄灭。如果灯继续亮，说明自诊断系统已检测出故障或灯本身不正常。

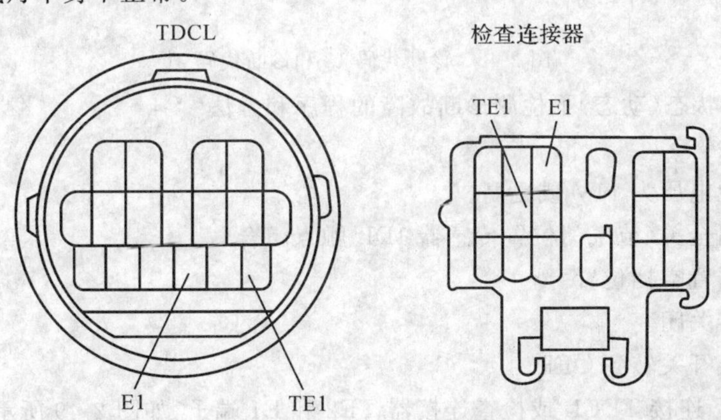

图 2-46　TDCL 与检测连接器

2)调出诊断代码

①将点火开关转到 ON。

②用专用维修工具 SST（跨接线）将故障诊断通信连接器 TDCL 或检查连接器的端子 TE1 与 E1 连接，如图 2-46 所示。

③从“CHECK”发动机报警灯的闪烁中就车读出诊断代码。正常代码、诊断代码 12

和诊断代码31的闪烁形式，如图2-47和2-48所示。当显示两个或更多的诊断代码时，从较小代码开始显示，然后依次逐渐增大代码数。

④读取诊断代码，按汽车维修手册的指示，仔细检查电路故障。

⑤完成诊断检查后，脱开TE1和E1端子，关闭点火开关。

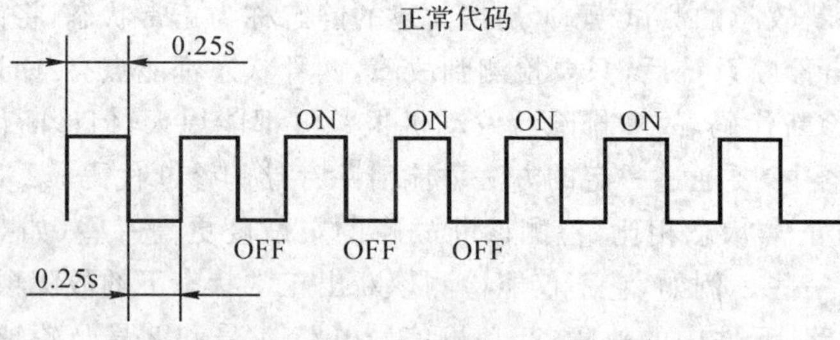

图2-47 正常代码

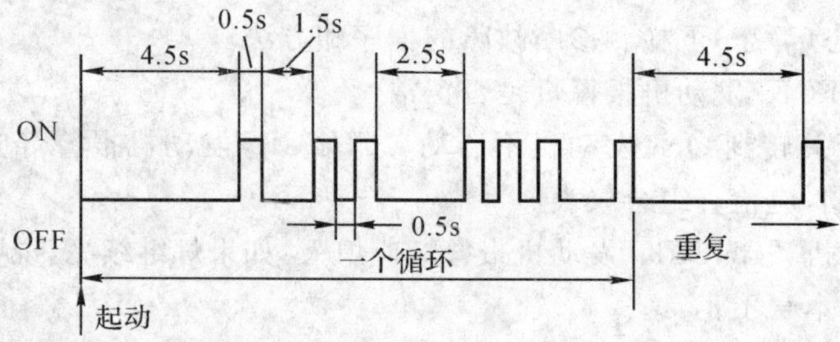

图2-48 诊断代码12和诊断代码31

(2)试验状态(动态)下检测诊断故障的程序和方法

1)初始状态

①蓄电池电压为11V或更高。

②节气门全关(节气门位置传感器1DL触点闭合)。

③变速器置空挡位置。

④空调器关闭。

2)将点火开关转到OFF。

3)用SST连接TDCL或检查连接器TE2和E1端子，如图2-49所示，以启动试验状态。

4)将点火开关转到ON，检查“CHECK”发动机报警灯是否闪烁。闪烁，可确认已进入试验状态；不闪，检查TE2端子电路。

5)启动发动机。

6)在发动机运转中或汽车路试中，再现用户叙述的故障现象。

7)再现故障的试验结束后，用SST连接TDCL或检查连接器的端子TE1和E1，参见图 2-49。

8)从组合仪表上“CHECK”发动机报警灯的闪烁中就车读取诊断代码。

9)完成检查后，脱开 TE1，TE2 和 E1 端子，关闭点火开关。

不同车辆的诊断代码不完全相同，这里我们以凌志 LEXUS LS400 型作为实例，不同车辆的诊断代码请从相关的技术手册中查找。从“CHECK”发动机报警灯的闪烁中就车读取诊断代码后，应到诊断代码表中查取该诊断代码的全部情况，可得到故障所在的系统和要诊断的主要内容等信息，然后按该车型维修手册指示的诊断流程图和电路检查顺序，对电路进行检查。

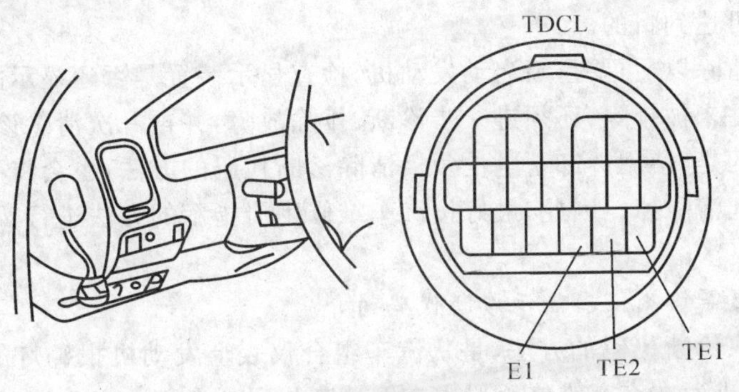

图 2-49　TDCL 的端子

当读取的诊断代码为 12，17，18 时，通过查诊断代码表得知，它们分别属于转速信号、1 号凸轮轴位置传感器信号和 2 号凸轮轴位置传感器信号的故障，都需要诊断为什么“信号不送至 ECU”的故障，因此需要检查这三种信号的电路。

查维修手册电路说明可知，发动机转速传感器(NE 信号)和凸轮轴位置传感器(G1 和 G2 信号)，各由一块信号板和一只感应线圈组成。如果只显示诊断代码 17，则要检查 1 号凸轮轴位置传感器电路；如果只显示诊断代码 18，则要检查 2 号凸轮轴位置传感器电路；如果只显示诊断代码 12，则要检查发动机转速传感器，1 号和 2 号凸轮轴位置传感器电路；如果诊断代码 12，17，18 按顺序全部显示，则要首先检查与诊断代码 12 有关的电路。对于诊断的每一步，都要对电元件和电路进行深入检查和测量，才能将故障诊断出来。例如：在进行“检查发动机转速传感器、1 号和 2 号凸轮轴位置传感器”时，应脱开发动机转速传感器的连接器、1 号和 2 号凸轮轴位置传感器的连接器，用欧姆表检测电阻。它们三者的正常电阻值均应为 950～1250Ω。

在故障诊断中，有时在正常状态下可读取到 13，22，24，41，47(查诊断代码表知，诊断代码 13 系转速信号电路，诊断代码 22 系水温传感器信号电路，诊断代码 24 系进气温度传感器信号电路，诊断代码 41 系节气门位置传感器信号电路，诊断代码 47 系副节气门位置传感器信号电路)5 个诊断代码，但经查相应的电路并未显示不正常现象，此时应进行瞬时电路检查。通过瞬时电路检查,可查出因接触不良而出现瞬时断路或短路的部位。已如前述,试验状态对不正常现象的检测能力比正常状态高,因而可在试验状态下采用故障征兆模拟方法,人为地使故障在瞬态下明显再现,将接触不良的部位检测诊断出来。故障排除后,应清除诊断代码。

6. 故障诊断代码清除方法

发动机电控系统的故障排除以后,必须清除诊断代码,显示装置才不再显示故障信号。就大多数汽车而言,断开通往电控系统的电源线或熔断器即可清除存储在微机存储器内的诊断代码。一般把蓄电池负极拆下或把电控系统的熔断器拔下10~30s(视车型不同而定),即可达到目的。

诊断代码清除以后,要重新启动发动机,检查显示装置是否还显示故障信号。如果显示说明故障并未被排除,还须进一步诊断、排除故障,并再一次清除诊断代码。

需要指出的是,使用拆卸蓄电池负极清除诊断代码的方法,也会将石英钟和音响等装置的内存一起清除掉。因此,最好按汽车维修手册指示的方法进行,不可随意拆卸蓄电池负极。

7. 用解码器等检测仪器显示诊断代码简介

前述的读取诊断代码的方法,是从汽车组合仪表上发动机报警灯的闪烁中就车读取诊断代码的,进而在汽车维修手册中查取诊断代码的全部含义和诊断流程,对电路进行深入检测,然后诊断出故障的原因和部位,从而将故障排除。这一过程对于检修人员来说,比较费时费力,影响生产效率。近些年国内外发展起来的电控系统检测仪器,包括解码器、扫描器、电控专用诊断仪、示波器、发动机综合性能分析仪、信号模拟器等,都具有读码、解码、清码等功能。其中,解码器的使用比较普遍。

解码器是在读码器的基础上发展起来的。它除了具有读码、清码功能外,还增加了显示诊断代码内容的功能,即具有解码功能。因此,使用解码器无须再从汽车维修手册中查取诊断代码的全部含义,增加了使用的方便性。

2.4.2 电子控制器ECU及主要传感器执行器的检测方法

对于电子控制器ECU及其传感器、执行器的技术状况,可以通过汽车万用表检测其电压、电阻或通过汽车专用示波器观测其波形等方法进行分析、判断。

1. 电子控制器ECU的检测方法

(1)电压测量

点火开关置ON,蓄电池电压不低于11V,用电压表测量ECU导线连接器在接插状态下每个接头的电压。丰田凌志LEXUS LS400型汽车1UZ-FE型发动机ECU的标准电压如表2-4所列。

表 2-4　1UZ-FE 型发动机 ECU 导线连接器各端子的标准电压值

<table>
<tr><th>端　子</th><th colspan="2">测　量　条　件</th><th>标准电压(V)</th></tr>
<tr><td>BATT-E1</td><td colspan="2" rowspan="3">点火开关置 ON</td><td rowspan="3">10～14</td></tr>
<tr><td>IGSW-E1</td></tr>
<tr><td>+B(+B1)-E1</td></tr>
<tr><td>IDL-E2</td><td rowspan="4">点火开关置 ON</td><td>节气门开</td><td>4～6</td></tr>
<tr><td>VC-E2</td><td></td><td>4～6</td></tr>
<tr><td rowspan="2">VTA-E2</td><td>节气门全关</td><td>0.1～1.0</td></tr>
<tr><td>节气门全开</td><td>3～5</td></tr>
<tr><td rowspan="2">KS-车身接地</td><td colspan="2">点火开关置 ON</td><td>4～6</td></tr>
<tr><td colspan="2">盘转或运转</td><td>2～4</td></tr>
<tr><td>VC-车身接地</td><td colspan="2">点火开关置 ON</td><td>4～6</td></tr>
<tr><td>THA-E2</td><td rowspan="2">点火开关置 ON</td><td>进气温度 20℃</td><td>1～3</td></tr>
<tr><td>THW-E2</td><td>冷却水温度 80℃</td><td>0.1～1.0</td></tr>
<tr><td>10#-E1</td><td colspan="2" rowspan="4">点火开关置 ON</td><td rowspan="4">10～14</td></tr>
<tr><td>20#-E1</td></tr>
<tr><td>30#-E2</td></tr>
<tr><td>40#-E2</td></tr>
<tr><td>STA-E1</td><td colspan="2">发动机运转</td><td>6～14</td></tr>
<tr><td>ISC1-E1</td><td colspan="2" rowspan="4">点火开关置 ON</td><td rowspan="4">9～14</td></tr>
<tr><td>ISC2-E1</td></tr>
<tr><td>ISC3-E1</td></tr>
<tr><td>ISC4-E1</td></tr>
<tr><td>IGT-E1</td><td colspan="2">怠　速</td><td>0.7～1.0</td></tr>
<tr><td>W-E1</td><td colspan="2">发动机无故障(发动机故障指示灯熄灭)运转</td><td>8～14</td></tr>
<tr><td>A/C-E1</td><td colspan="2">空调开关位地 ON</td><td>0～2</td></tr>
<tr><td rowspan="2">TE1-E1</td><td rowspan="2">点火开关置 ON</td><td>检查连接器的端子 TE1 与 E1 不连接</td><td>4～6</td></tr>
<tr><td>检查连接器的端子 TE1 与 E1 连接</td><td>0～1</td></tr>
<tr><td rowspan="2">NSW-E1</td><td rowspan="2">点火开关置 ON</td><td>换至 P 挡或 N 挡</td><td>0～1</td></tr>
<tr><td>除 P 或 N 挡外</td><td>10～14</td></tr>
</table>

(2)电阻测量

1)欧姆表测针应从导线一侧插进线路端的接头,拆卸 ECU 线路接头。

2)测量线路接头每个端子间的电阻值。丰田凌志 LEXUS LS400 型汽车 1UZ-FE 型发动机 ECU 的标准电阻值如表 2-5 所列。

表 2-5 1UZ-FE 型发动机 ECU 的标准电阻值

端　　子	测量条件	标准电阻(Ω)
-10# +B(+B1)-20# -30# -40#		0.05～1.78
+B(+B1)-PR		30～50
+B(+B1)-EGR		30～50
+B(+B1)-HT1 +B(+B1)-HT2		5.1～6.3
-ISC1 -ISC2 +B(+B1)-ISC3 -ISC4		10～30
+B(+B1)-BK		∞
LDL1-E2	节气门开	∞
	节气门全关	0～2300
THW-E2	水温 80℃	200～400
THA-E2	进气温度 20℃	200～300
VTA1-E2	节气门全开	2800～8000
	节气门全关	200～800

2. 主要传感器的检测方法

(1)空气流量计

常用的空气流量计有叶片式、热线式和卡门旋涡式三种类型。本节仅以丰田子弹头 2JZ-FE 发动机叶片式空气流量计为例，介绍空气流量计的检测方法。

丰田子弹头 2JZ-FE 发动机叶片式空气流量计的测量图，如图 2-50 所示。

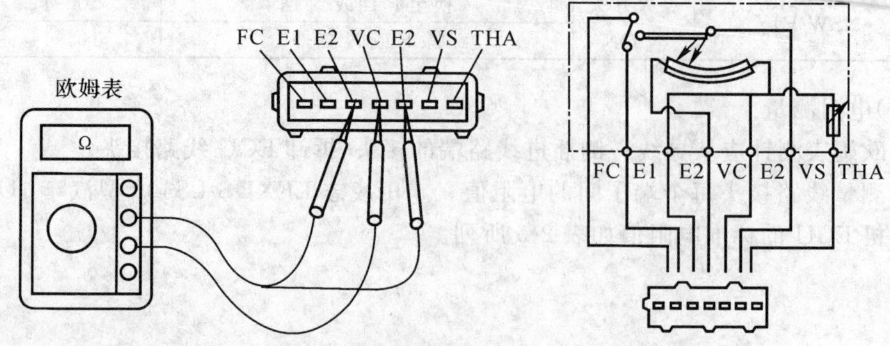

图 2-50 2JZ-FE 发动机叶片式空气流量计测量图

1)电压测量

使用电压表测量 ECU 端 VC-E2 端子和 VS-E2 端子,其标准电压值如表 2-6 所列。如果无电压,说明叶片式空气流量计有故障。

表 2-6　2JZ-FE 发动机叶片式空气流量计标准电压值

<table>
<tr><th>端　子</th><th>故　障</th><th colspan="2">测　量　条　件</th><th>标准电压(V)</th></tr>
<tr><td>VC-E2</td><td rowspan="5">无电压</td><td rowspan="3">点火开关置 ON</td><td></td><td>4～6</td></tr>
<tr><td rowspan="4">VS-E2</td><td>测量板全关</td><td>3.7～4.3</td></tr>
<tr><td>测量板全开</td><td>0.2～0.5</td></tr>
<tr><td>怠速</td><td></td><td>2.3～2.8</td></tr>
<tr><td>3000r/min</td><td></td><td>0.3～1.0</td></tr>
</table>

2)电阻测量

在车上进行就车检测时,应先脱开叶片式空气流量计的导线连接器,再用电阻表检测叶片式空气流量计上各端子间的电阻值。各端子间的标准电阻值,如表 2-7 所列。在车下检测电阻时,应先拆下叶片式空气流量计,再用电阻表根据测量板不同开度检测 FC-E1,VS-E2 端子间的电阻值。各端子间的标准电阻值如表 2-8 所列。

表 2-7　2JZ-FE 发动机叶片式空气流量计(车上检测)标准电阻值

端　子	标准电阻值	温　度(℃)
VS-E2	200Ω～600Ω	
VC-E2	200Ω～400Ω	
THA-E2	10kΩ～20kΩ	－20
	4kΩ～7kΩ	0
	2kΩ～3kΩ	20
	0.9～1.3kΩ	40
	0.4kΩ～0.7kΩ	60
FC-E1	无穷大	

表 2-8　2JZ-FE 发动机叶片式空气流量计(车下检测)标准电阻值

端　子	标准电阻值(Ω)	测量板位置
FC-E1	无穷大	全关闭
	0	非关闭
VS-E2	200～600	全关闭
	20～1200	从全关到全开

不管在车上还是在车下检测电阻值,只要电阻值不符合要求,就应更换叶片式空气流量计,并重新连接好导线连接器。

(2)进气歧管压力传感器

丰田皇冠 3.0 汽车 2JZ-GE 发动机半导体式进气歧管压力传感器的电路图如图 2-51所示,检测图如图 2-52 所示。

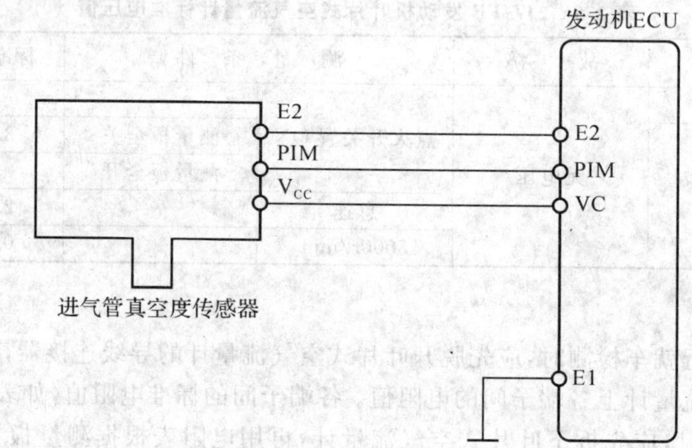

图 2-51 2JZ-GE 发动机半导体进气歧管压力传感器电路图

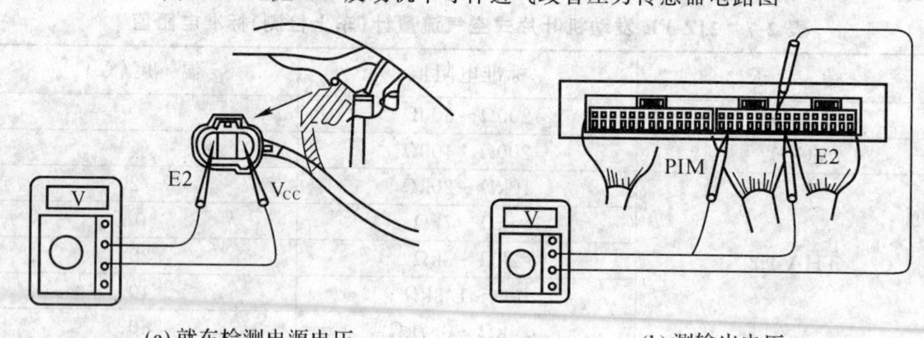

图 2-52 2JZ-GE 发动机半导体式进气歧管压力传感器测量图

1)电源电压测量

点火开关置 ON,用电压表测量进气歧管压力传感器的电源电压,如图 2-52(a)所示,VCC 端子与 E2 端子间的标准电压应为 4.5～5.5V。

2)输出电压测量

点火开关置 ON,拆下进气歧管处的真空软管,用电压表测量进气歧管压力传感器 ECU 端连接器 PIM 与 E2 端子间在大气压力下的输出电压。然后,用真空泵对进气歧管压力传感器施加 13.3～66.7 kPa 的真空度,再测 ECU 端连接器 PIM 与 E2 端子间的电压降。该电压降应符合表 2-9 中所列值,否则应更换进气歧管压力传感器。

表 2-9　2JZ-GE 发动机半导体式进气歧管压力传感器在不同真空度下的电压降

真空度(kPa)	13.3	26.7	40.0	53.5	66.7
电压降(PIM-E2 间电压)(V)	0.3～0.5	0.7～0.9	1.1～1.3	1.5～1.7	1.9～2.1

(3)进气温度传感器

1)电压测量

点火开关置 ON,ECU 的 THA 端子与 E2 端子在 20℃时应有 0.5～3.4V 的电压。如无电压,说明进气温度传感器有故障。丰田皇冠 3.0 汽车 2JZ-GE 发动机进气温度传感器的电路图如图 2-53 所示。

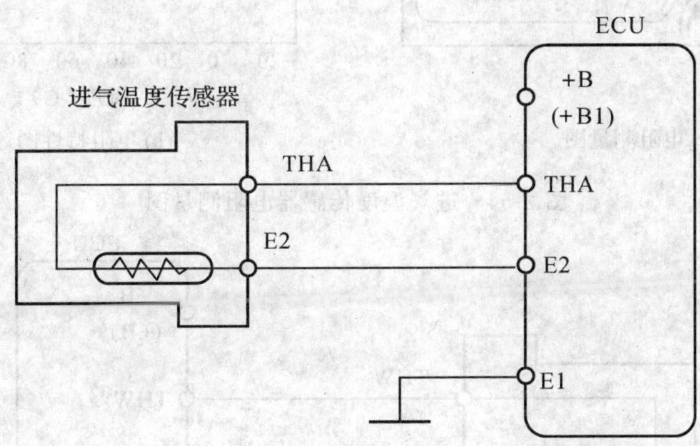

图 2-53　2JZ-FE 发动机进气温度传感器电路图

2)电阻测量

脱开进气温度传感器的导线连接器,用欧姆表测量其接头间的电阻值,如图 2-54 所示。其电阻值应符合图 2-54(b)所示。如果不符合要求,应更换进气温度传感器。

(4)水温传感器

1)电压测量

点火开关置 ON,ECU 的 THW 端子与 E2 端子在 80℃应有 0.2～1.0V 的电压。如无电压,说明水温传感器有故障。丰田皇冠 3.0 汽车 2JZ-GE 发动机水温传感器的电路图如图 2-55 所示。

2)电阻测量

拆下蓄电池负极接头,放出冷却液,脱开水温传感器导线连接器,从发动机上拆下水温传感器,用欧姆表在不同水温条件下测量其电阻值,如图 2-56(a)所示。测得的电阻值应在图 2-56(b)两条曲线之间。如果电阻值在两条曲线之外,应更换水温传感器。

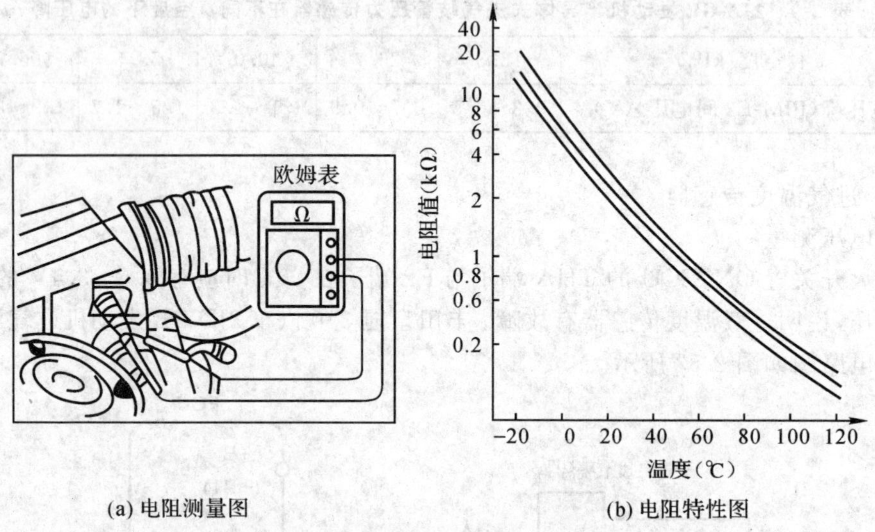

(a) 电阻测量图　　(b) 电阻特性图

图 2-54　进气温度传感器电阻测量图

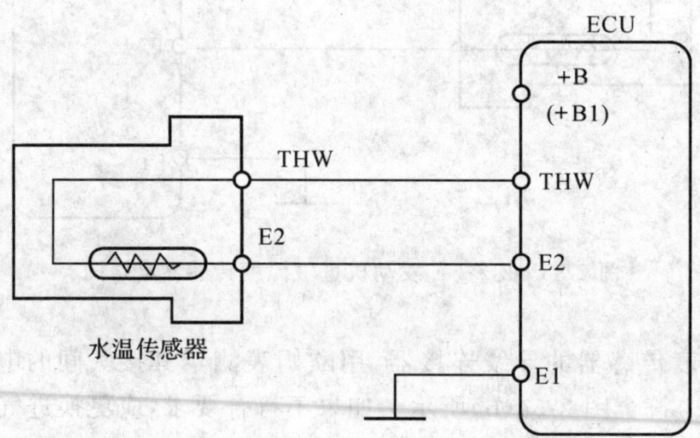

图 2-55　2JZ-FE 发动机水温度传感器电路图

(5)节气门开度传感器

1)电压测量

点火开关置 ON,在节气门开度传感器连接器接插良好的情况下,ECU 连接器上 IDL, VC,VTA 三个端子处应有电压。如无电压,则节气门开度传感器有故障。丰田皇冠 3.0 汽车 2JZ-GE 发动机节气门开度传感器的电路图如图 2-57 所示,标准电压值如表 2-10 所列。

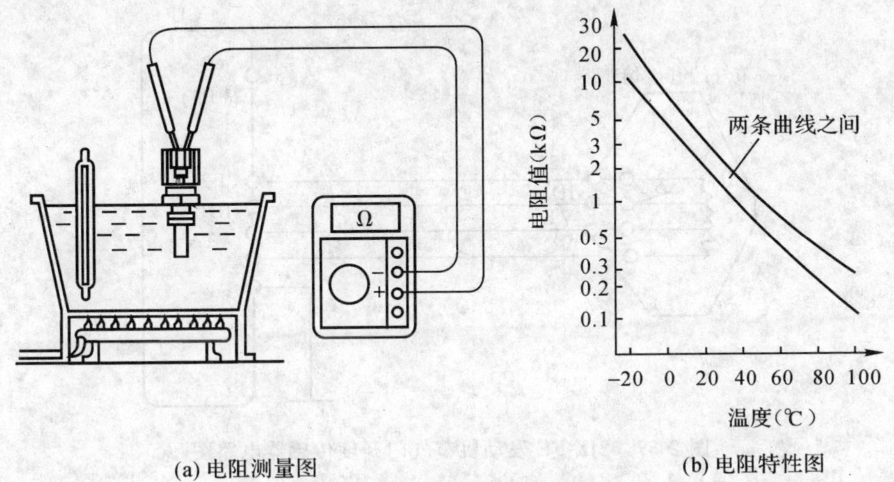

(a) 电阻测量图　　(b) 电阻特性图

图 2-56　2JZ-FE 发动机水温度电阻测量图

表 2-10　2JZ-GE 节气门开度传感器标准电压值

端　子	检　测　条　件		标准电压(V)
IDL-E2	点火开关置 ON	节气门开	9～14
VC-E2			4.0～5.5
VTA-E2		节气门全开	0.3～0.8
		节气门开	3.2～4.9

2)电阻测量

检查前先脱开节气门开度传感器导线连接器,用塞尺检查节气门止动螺钉与止动杆间的间隙,用欧姆表测量节气门开度传感器导线连接器端子间的电阻值。丰田皇冠 3.0 汽车 2JZ-GE 发动机节气门开度传感器的电阻测量图如图 2-58 所示,间隙和电阻值应符合表 2-11。

表 2-11　2JZ-GE 发动机节气门开度传感器各端子间的电阻值

止动螺钉与止动杆间的间隙(mm)	端子名称	电阻值(kΩ)
0	VTA-E2	0.34～6.3
0.45	IDL-E2	0.5 或更小
0.55	IDL-E2	无限大
节气门全开	VTA-E2	2.4～11.2
	VC-E2	3.1～7.2

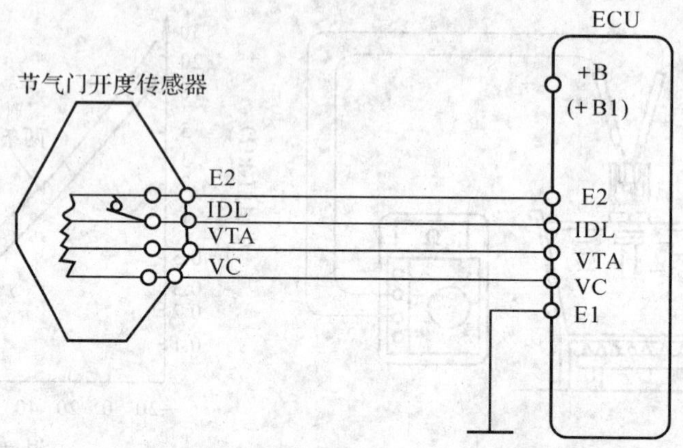

图 2-57 2JZ-FE 发动机节气门开度传感器电路图

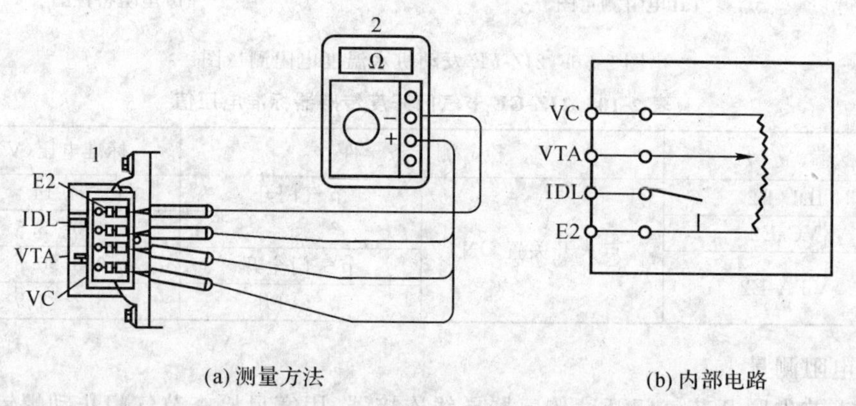

1—节气门开度传感器导线连接器;2—欧姆表

图 2-58 2JZ-FE 发动机节气门开度传感器电阻测量图

(6)曲轴位置传感器

丰田皇冠 3.0 汽车 2JZ-GE 发动机曲轴位置传感器电路图如图 2-59 所示。

1)电阻测量

脱开曲轴位置传感器的导线连接器,用欧姆表测量曲轴位置传感器端子间的电阻。电阻值应符合表 2-12 中给定值。如果不符合要求,应更换曲轴位置传感器。

2)输出信号检查

脱开曲轴位置传感器的导线连接器,使发动机处于运转中,用汽车专用示波器观测曲轴位置传感器上 G_1—G⊖, G_2—G⊖,N_e—G⊖端子间应有脉冲信号输出。如无脉冲信号输出,应更换曲轴位置传感器。

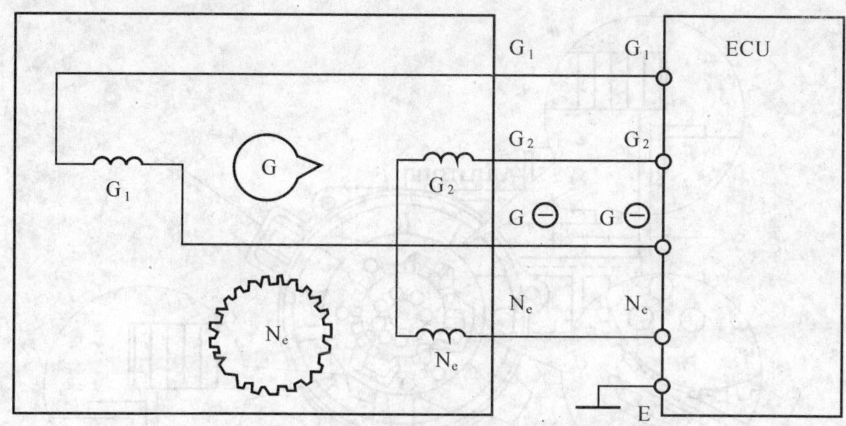

图 2-59　2JZ-FE 发动机曲轴位置传感器电路图

表 2-12　曲轴位置传感器端子间的电阻值

端　　子	条　　件	电阻值(Ω)
G_1—G⊖	冷态	125～200
	热态	160～235
G_2—G⊖	冷态	125～200
	热态	160～235
N_e—G⊖	冷态	155～250
	热态	190～290

3)间隙检查

用塞尺检查传感线圈凸出部分与信号转子之间的空气间隙,如图 2-60 所示。其间隙应为 0.2～0.4mm。如果不符合要求,应更换分电器壳体。

(7)凸轮轴位置传感器和发动机转速传感器

以丰田凌志 LEXUS LS400 型汽车 1UZ-FE 发动机凸轮轴位置传感器和发动机转速传感器为例,其电路图如图 2-61 所示。如果发现故障,可对各传感器的电阻进行检查,具体方法是:脱开各传感器导线连接器,用欧姆表测量 1 号凸轮轴位置传感器、2 号凸轮轴位置传感器和曲轴位置传感器的电阻值。它们的电阻值应为

冷态(－10℃～50℃)时,均为 835～1400 Ω;

热态(50℃～100℃)时,均为 1060～1645 Ω。

对于同一机型不同时期生产的发动机,上述数据可能略有差异,使用时应查阅该车型维修手册。

(8)爆震传感器

丰田系列发动机爆震传感器的电路图如图 2-62 所示。

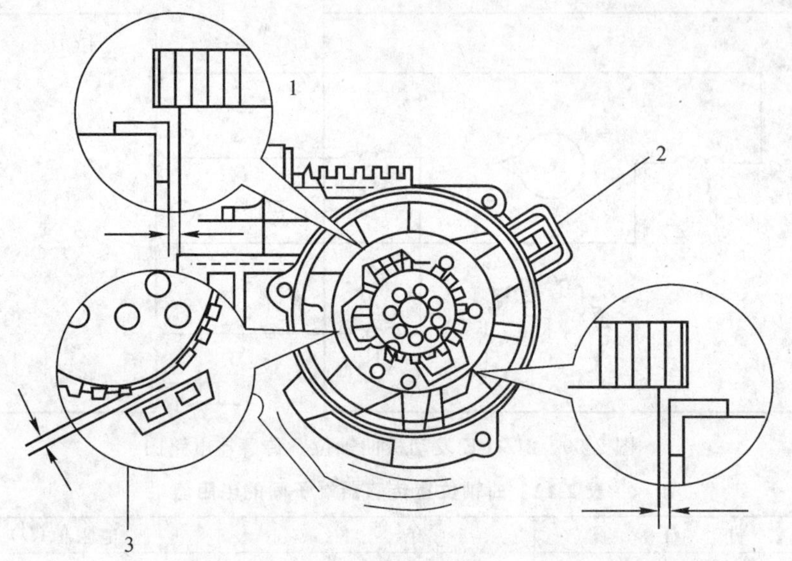

1—G1 传感器线圈；2—G2 传感线圈；3—Ne 传感线圈

图 2-60　检查传感器线圈与信号转子之间的空气间隙

1)电阻测量

脱开爆震传感器导线连接器，用欧姆表测量接线端子与外壳间的电阻值。如果电阻为 0Ω，即已经导通，应更换爆震传感器。

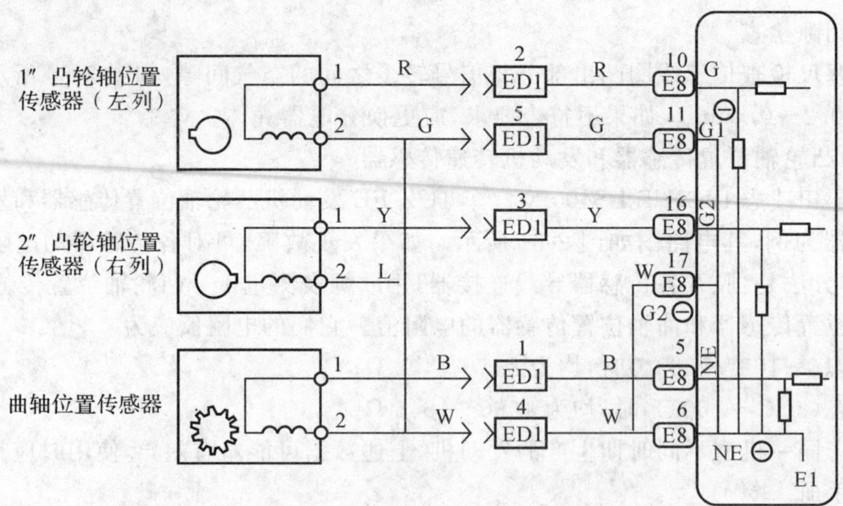

图 2-61　1UZ-FE 发动机凸轮轴位置传感器和
发动机转速传感器电路图

2)输出信号观测

脱开爆震传感器导线连接器,用示波器观测接线端子与接地间应该有脉冲波形输出。否则,应更换爆震传感器。

(9)氧传感器

氧传感器的电路图如图 2-63 所示。

1)电阻测量

脱开氧传感器的导线连接器,用欧姆表测量氧传感器的端子 1 与 2 之间的电阻值。该电阻值一般在暖机后约为 300kΩ,在正常温度下应为无穷大,具体数据应查阅汽车维修手册。

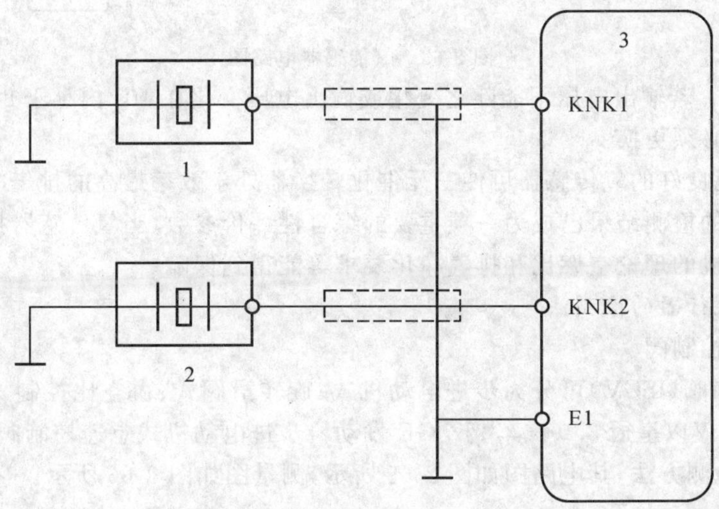

1—1 号爆震传感器;2—2 号爆震传感器;3—发动机 ECU

图 2-62　爆震传感器电路图

2)输出电压测量

①装回氧传感器的导线连接器。

②启动发动机运转,使氧传感器达到工作温度(149℃以上),并使发动机的转速保持在 2500 r/min。

③用电压表测量氧传感器端子 3 与 4 的输出电压。其电压值应为 0.45 V 左右。如果在改变节气门开度过程中输出电压无变化(氧传感器输出电压的变化范围为 0.1～0.9V),表明氧传感器不良。氧传感器输出电压随可燃混合气混合比变化的关系,如图 2-64 所示,用示波器可观测到这一波形。

④试验中如果拔掉一根发动机真空管使混合气变稀,氧传感器输出电压应降低至 0.3～0.1V;如果堵住空气滤清器的进气口使混合气变浓,氧传感器输出电压应增大至

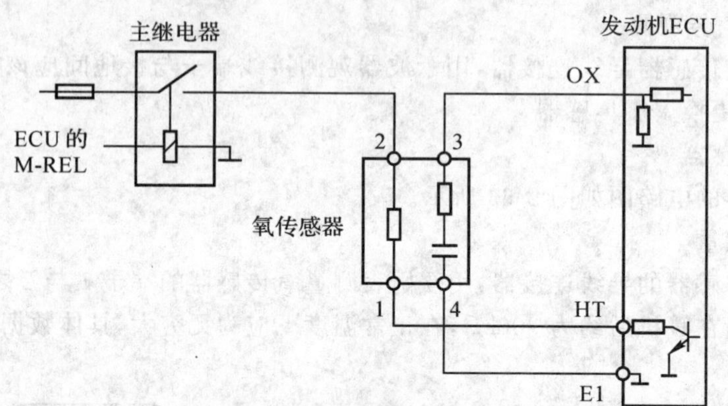

图 2-63 氧传感器电路图

0.8 ～ 0.9 V。若输出电压不能随之变化或输出电压变化在 10s 内小于 8 次，表明氧传感器有故障，必须更换。

技术状况良好的氧传感器可使三元催化转换器处于效率最高的排气净化状态。因此，氧传感器的检测结果已成为一项重要的综合性评价参数。当氧传感器技术状况符合要求时，发动机的理论空燃比和排气净化要求等能得到保障。

3. 主要执行器的检测法

(1)怠速控制阀

怠速控制阀(ISCV)可分为步进电动机式、旋转滑阀式、占空比控制式和开关控制式多种。本节仅以皇冠 3.0 汽车 2JZ-GE 发动机步进电动机式怠速控制阀为例，介绍怠速控制阀的检测方法，其电路图如图 2-65 所示，测量图如图 2-66 所示。

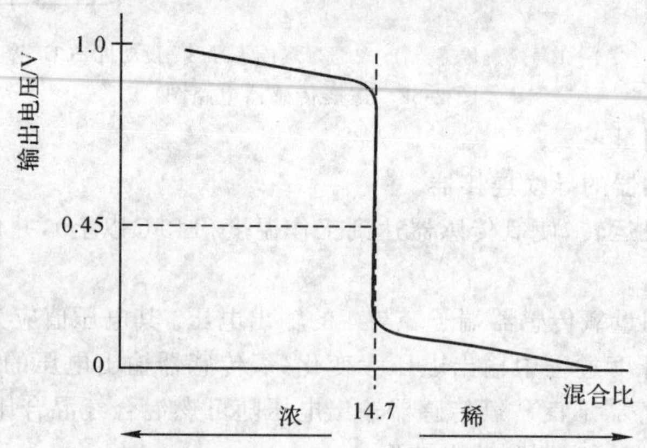

图 2-64 氧传感器输出电压随可燃混合气混合比变化的波形图

1)电阻测量

用欧姆表测量 ISCV 上各端子间的电阻值。其 B1-S1,B1-S3,B2-S2，B2-S4 端子间的标准电阻值,均应为 10～30Ω。

2)开闭情况检查

在把 B1,B2 端子与蓄电池正极连接的情况下,如果把 S1，S2，S3，S4 端子按顺序与蓄电池负极连接(搭铁)，ISCV 阀应逐渐关闭(图 2-66(b))；如果把 S4,S3,S2,S1 端子按顺序与蓄电池负极连接(搭铁),ISCV 阀应逐渐开启(图 2-66(c))。

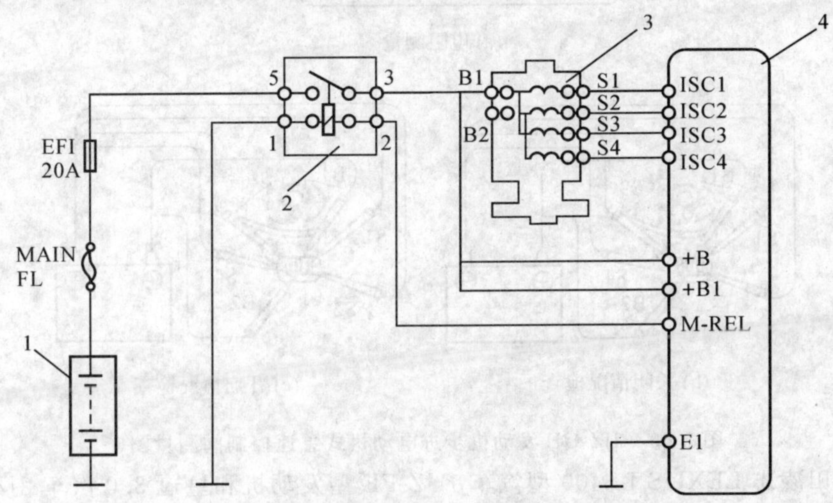

1—蓄电池；2—EFI 主继电器；3—ISCV 阀；4—发动机 ECU

图 2-65　2JZ-GE 发动机步进电动机式怠速控制阀电路图

3)电源电压测量

如果在确认 ISCV 阀单体是止常的情况下怠速控制仍有故障,须检查使 ISCV 阀动作的电源电压。具体方法是：

①点火开关置 ON,测量 ISCV 阀的接线端 B1,B2 与接地间的电压,电压值应为 12V。

②如果电源电压正常,再在发动机停机的几秒钟内检查 ECU 对 ISCV 阀的控制信号。可用数字万用表脉冲信号(Hz)挡检查 ECU 的 ISC1—ISC4 与机壳接地间是否有脉冲信号发生。也可采用示波器观测 ECU 的 ISCV 信号输出是否正常。若输出信号不正常或无信号输出,则检查有关传感器及其连线。如果有关传感器及其连线也无问题,则故障在 ECU 内部。

(2)电动燃油泵

电动燃油泵按结构可分为滚柱式、旋涡式和次摆线式三种型式。一般使用的电动燃油泵,在外加电压为 12V,排出油压为 250 kPa 的情况下,排出流量为 100L/h,消耗电流在 5A 以下。其中,排出流量随电压的变化而变化。

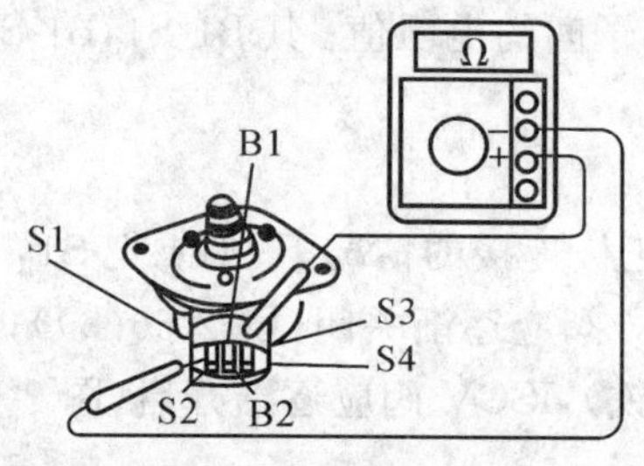

(a) 电阻测量

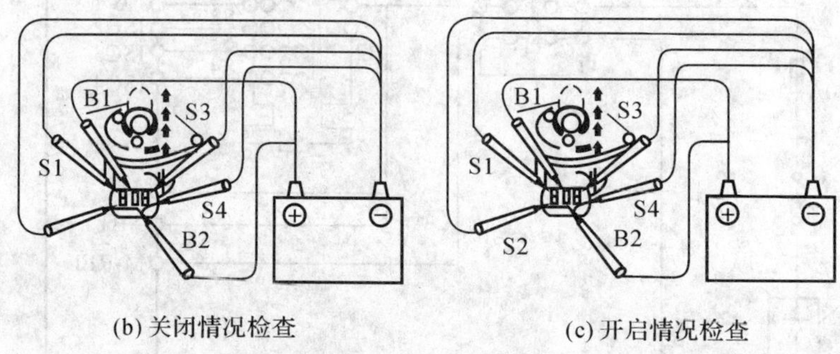

(b) 关闭情况检查 (c) 开启情况检查

图 2-66 2JZ-GE 发动机步进电动机式怠速控制阀测量图

以丰田凌志 LEXUS LS400 型汽车 1UZ-FE 型发动机和皇冠 3.0 汽车 2JZ-GE 发动机的电动燃油泵为例。该两种发动机的最大特点是,除了具备发动机 ECU 外,还专门设置了电动燃油泵 ECU。这种电动燃油泵 ECU 对泵油量的控制,是通过控制电动燃油泵不同的电源电压,进而控制电动燃油泵的转速来达到控制泵油量的。

皇冠 3.0 汽车 2JZ-GE 发动机电动燃油泵电路图如图 2-67 所示。

1)工作情况检查

①用跨接线连接检查连接器的+B 和 FP 端子。

②点火开关置 ON,但不启动发动机。

③用手捏住电动燃油泵进油软管,应该能感到有压力脉动,并且听到汽油的回流声。

④点火开关置 OFF。

⑤取下跨接线。

经检查,如果软管无油压,再检查 EFI 主继电器易熔丝、EFI 熔断器、EFI 主继电器、电动燃油泵 ECU、电动燃油泵、发动机 ECU 和各线束连接器等有无问题。

2)燃油压力检查

①蓄电池电压应不低于 12V。

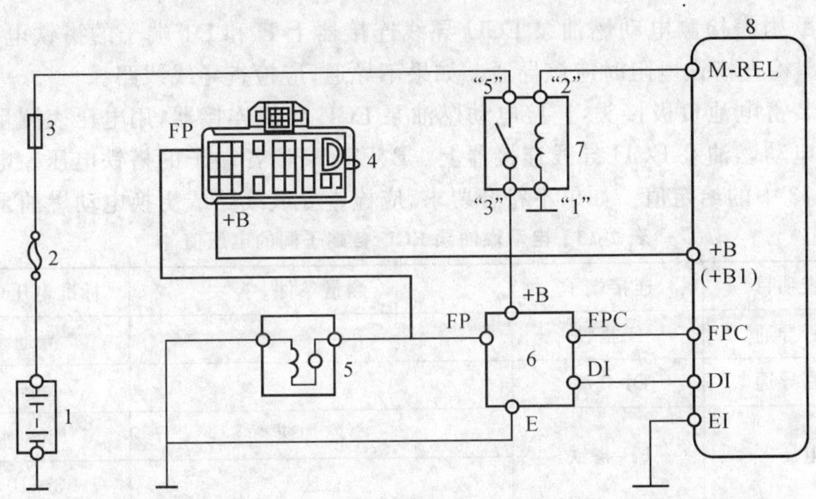

1—蓄电池;2—易熔丝;3—EH 熔断器;4—检查连接器;5—电动燃油泵;

6—电动燃油泵 ECU;7—EFI 主继电器;8—发动机 ECU

图 2-67　2JZ-GE 发动机电动燃油泵电路图

②拆下蓄电池负极接头。

③拆下输油管与总输油管的连接螺栓,安装燃油压力表,螺栓扭矩为 42 N·m。

④用跨接线连接检查连接器的+B 和 FP 端子。

⑤安装蓄电池的负极接头。

⑥点火开关置 ON。

⑦读取燃油压力值。其标准油压应为 265~304 kPa。如果油压过高,应更换汽油压力调节器;如果油压过低,可检查各部件、软管及接头有无渗漏现象及检查电动燃油泵、燃油滤清器、燃油压力调节器等有无问题。

⑧点火开关置 OFF,拆下跨接线。

⑨启动发动机运转,读取燃油压力值。怠速时标准燃油压力应为 196~235 kPa。拆下燃油压力调节器上的真空软管,塞住管口。此种情况下,怠速时标准燃油压力应为 265~304kPa。若压力不符合要求,则应检查真空软管和燃油压力调节器。

⑩发动机熄火,检查燃油压力表的剩余压力 5 min 内应不低于 147 kPa。否则,应检查电动燃油泵、燃油压力调节器和喷油器。

⑪点火开关置 OFF,拆下蓄电池负极接头,再拆下燃油压力表,用两个新密封垫圈和接头螺栓,把输油管安装在总输油管上。

⑫装蓄电池负极接头。

3)电动燃油泵 ECU 的检查

①拆下蓄电池负极接头,脱开电动燃油泵 ECU 的导线连接器。

②用欧姆表检测电动燃油泵 ECU 导线连接器上 E 和 D1 端子的搭铁电阻,如图2-68所示。检查搭铁电阻时应该导通。如果不导通,应检查导线线路。

③安装蓄电池负极接头,连接电动燃油泵 ECL 导线连接器,用电压表测量各种测量条件下电动燃油泵 ECU 导线连接器上＋B、FP、FPC 各端子的搭铁电压。电压值应符合表 2-13 中的给定值。如果不符合要求,应检查导线线路或更换电动燃油泵 ECU。

表 2-13 电动燃油泵 ECU 各端子间的电压值

检查项目	连接端子	测量条件	标准电压(V)
是否导通	E-搭铁		导通
是否导通	DI-搭铁		导通
电压	FP-搭铁	突然加速	12～14
		怠速	8～10
电压	＋B-搭铁	点火开关置 ON	9～14
电压	FPC-搭铁	突然加速到 6000 r/min 或更高	4～6
		怠速	2.5

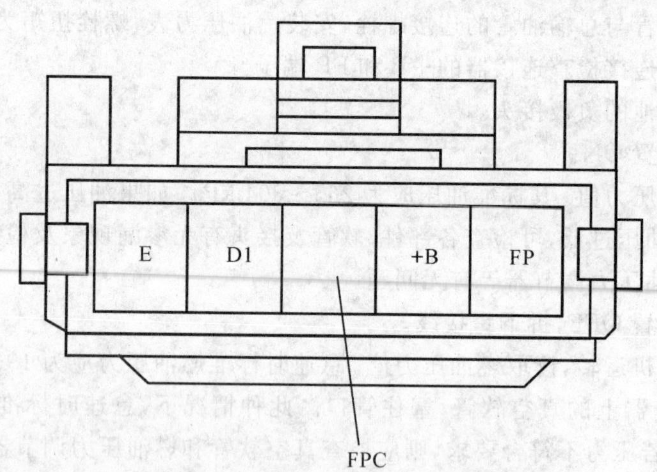

图 2-68 电动燃油泵 ECU 导线连接器

4)电动燃油泵车下检查

①脱开电动燃油泵导线连接器,把电动燃油泵从车上拆下。

②用欧姆表测量电动燃油泵两个接线端子之间的电阻(即泵内电机线圈的电阻)。其电阻值在 20℃时应为 0.2～0.30Ω。如果不符合要求,应更换电动燃油泵。

③将电动燃油泵与蓄电池连接(注意极性),并远离蓄电池。为防止烧坏电机线圈,

每次接通时间不超过 10s。若泵内电机不转动，则应更换有关组件。

5)电动燃油泵密封性检查

电动燃油泵经过维护、修理之后，应进行密封性检查，方法如下：

①用跨接线把检查连接器的 FP 与 +B 端子连接起来。

②点火开关置 ON，但不启动发动机。

③用钳子夹住回油软管，汽油管内的汽油达到最大压力，检查电动燃油泵各部是否有漏油之处。

(3)喷油器

喷油器和检查连接器的电路图如图 2-69 所示。

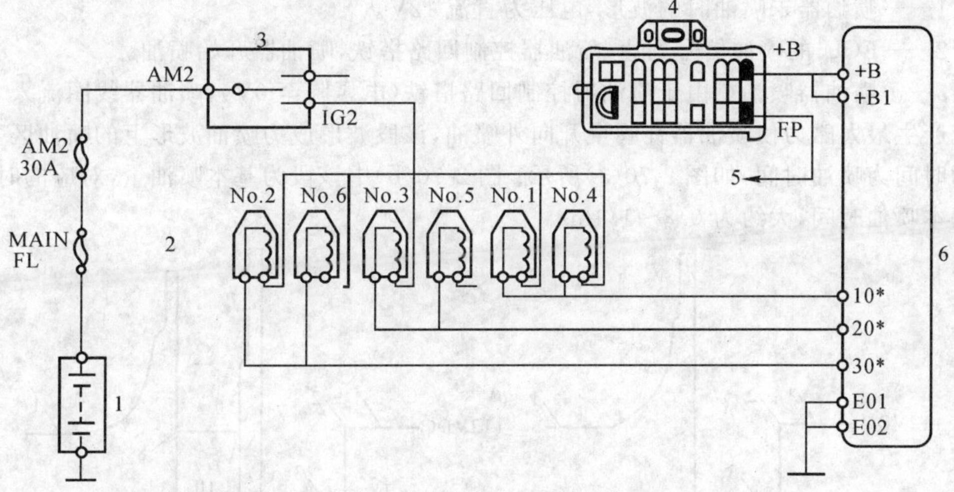

1—蓄电池；2—喷油器；3—点火开关；4—检查连接器；5—接电动燃油泵；6—发动机 ECU

图 2-69　喷油器和检查连接器的电路图

1)工作情况检查

①在发动机启动或正常运转时，把听诊器按在喷油器上，逐缸听诊喷油器是否有喷油声及喷油声频率与发动机转速频率是否相一致。

②也可用手捏住喷油器，通过感觉到的振动来判断其是否工作。如果听诊不到声音或感觉不到喷油器是在工作，则应检查导线连接及接头情况、喷油器电磁线圈的电阻和 ECU 发来的喷油信号等项目。

2)电阻测量

①脱开喷油器导线接头，用欧姆表测量接头之间的电阻。在 20℃时电阻值应为 13.4～14.2Ω。如果电阻值不符合要求，应更换喷油器。

②测量之后连接好喷油器导线接头。

3)喷油量测量

用带流量测定功能的专用喷油器清洗器进行。标准喷油量为(50～70cm^3)/15s,各喷油器喷油量之差不大于9cm^3,且喷油器不得有滴漏现象。

4)观测喷油波形

用示波器可以观测到喷油器的喷油波形(电压随时间变化的波形),其标准波形如图2-70所示。图(a)为饱和开关型喷油器标准喷油波形,该种喷油器多适用于多点燃油喷射系统;图(b)为峰值保持型喷油器标准喷油波形,该种喷油器多适用于单点燃油喷射系统。

①标准喷油波形上各段的含义如下:

1——喷油器未喷油时的波形,电压为直流12V。

2——ECU的喷油信号到达,喷油器控制回路搭铁,喷油器开始喷油。

3——喷油器喷油。由于喷油器控制回路搭铁(电压降至0V),喷油器线圈流入4A电流产生最大磁力使喷油器针阀全开向外喷油,该段波形成为喷油波形上的喷油区,对应的时间为喷油时间,如图2-70(a)所示。图2-70(b)中该段为基本喷油量,对应的时间为基本喷油时间,大约为0.8～1.1ms。

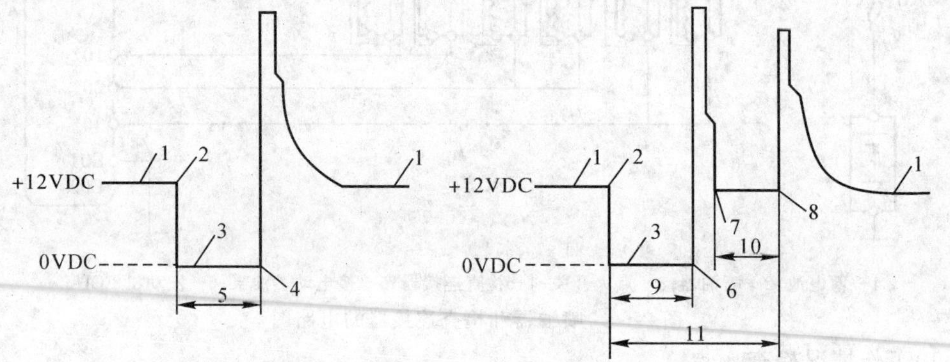

(a)饱和开关型喷油器标准喷油波形 (b)峰值保持型喷油器标准喷油波形

1—喷油器关闭;2—喷油器开始喷油;3—喷油器喷油;4—喷油结束,喷油器线圈产生自感脉冲;5—喷油时间;6—基本喷油量结束,喷油器线圈产生自感脉冲;7—喷油器开始加浓补偿量喷油;8—喷油器加浓补偿量喷油结束,喷油器线圈产生自感脉冲;9—基本喷油时间;10—加浓补偿量喷油时间;11—总喷油时间

图2-70 喷油器标准喷油波形

4——ECU停止喷油信号到达,喷油器控制回路电流切断,喷油结束,喷油器线圈因内部电场消失而产生自感脉冲,幅值约为35V。

5——喷油时间。当燃油控制系统能正确控制混合气浓度时,喷油时间将根据发动机的工况和氧传感器的输出电压发生变化。通常情况下,怠速下的喷油时间一般为1～

6ms；启动时或大负荷时的喷油时间一般为 6～35 ms。

6——峰值保持型喷油器基本喷油量结束，喷油器控制回路的电流由 4A 立即转换到一个带限流电阻的电路，使电流减小到 1A 但仍维持喷油器针阀在开启中，以便转人加浓补偿量喷油。由于电流的减小，引起喷油器内线圈电场的减小，故产生自感脉冲，幅值约为 35V，

7——峰值保持型喷油器在加速、大负荷和大气修正等工况时开始加浓补偿量喷油。

8——ECU 停止喷油信号到达，加浓补偿量喷油结束，喷油器线圈产生自感脉冲，幅值约为 30V。从开始加浓补偿量喷油到加浓补偿量喷油结束，对应的时间为加浓补偿量喷油时间，约为 1.2～2.5ms。

9——基本喷油时间。

10——加浓补偿量喷油时间。

11——总喷油时间。峰值保持型喷油器的总喷油时间应从图 2-70(b)中的 2 开始算起，至 8 结束，包括其中间产生的自感脉冲对应的时间段。中间产生的自感脉冲并不影响喷油器的针阀处于开启中，且自感脉冲对应的时间正是电脑运算增加或减少喷油时间的时间段。峰值保持型喷油器总喷油时间在怠速、启动或大负荷时的长度，同于饱和开关型喷油器的喷油时间长度。

②示波器与发动机联机示波器 COM 测针在发动机上搭铁或连接蓄电池负极，CH1 测针连接在喷油器插座控制信号线上。

③观测并分析喷油波形，各段的含义如下：

1——启动发动机，在 2500 r/min 下运转 2～3 min，直至发动机达到正常工作温度，并使燃油控制系统进人闭环状态。检查氧传感器，技术状况应正常。

2——关闭空调系统和其他用电设备，变速杆挂 P 挡或 N 挡，操作节气门缓慢改变发动机转速，如果燃油控制系统工作正常，被测波形上喷油时间(对于峰值保持型喷油器应为加浓补偿量喷油时间，下同)应该有相应的变化。当发动机转速增加时，喷油时间增加；反之，喷油时间减小。

3——当把丙烷喷入进气管或适当遮盖空气滤清器使混合气变浓时，如果燃油控制系统工作正常，被测波形上喷油时间应缩短，以试图使变浓的混合气变稀。

4——当拔下某一真空软管使混合气变稀时，如果燃油控制系统工作正常，被测波形上喷油时间应延长，以试图使变稀的混合气变浓。

5——发动机在 2500 r/min 下稳定运转，可以看到许多被测波形上喷油时间在稍宽与稍窄之间来回变换，变换时间在 0.25～0.5 ms 之间，说明燃油控制系统能使混合气在正常浓、稀之间转换。

可以看出，观测并分析喷油波形，不仅可以观测出喷油器的技术状况，而且可以分

析、判断出燃油控制系统的工作是否正常。

(4)冷启动喷油器

以丰田凌志 LEXUS LS400 型汽车 1UZ-FE 型发动机冷启动喷油器为例,其电路图如图 2-71 所示。

1)电阻测量

脱开冷启动喷油器的导线连接器,用欧姆表测量冷启动喷油器"1"与"2"端子间的电阻值。该标准电阻值在 20℃时应为 2～4Ω。如果不符合要求,应更换冷启动喷油器。更换后连接好导线连接器。

2)温度时间开关检查

脱开温度时间开关导线连接器,用欧姆表测量温度时间开关各端子间的电阻值,其电阻值应符合表 2-14 的给定值。如果不符合要求,应更换温度时间开关。

表 2-14　温度时间开关各端子间的电阻值

端　子	标准电阻值(Ω)	冷却液温度(℃)
STA-STJ	25～45	15 以下
	65～85	30 以下
STA-搭铁	25～85	

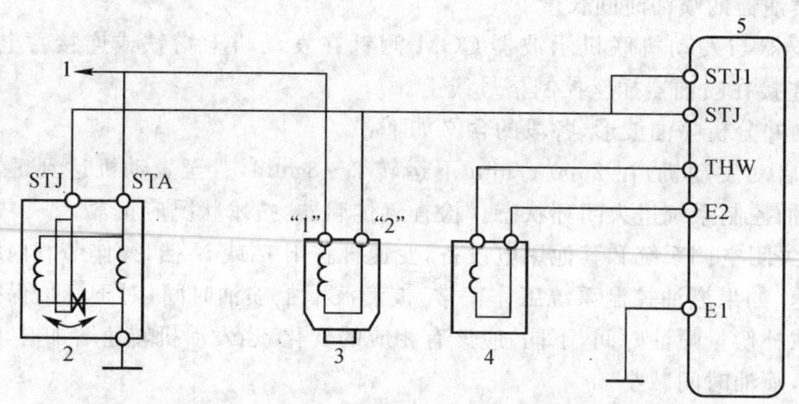

1—起动机继电器;2—温度时间开关;3—冷启动喷油器;4—水温传感器;5—发动机 ECU

图 2-71　1UZ-FE 型发动机冷启动喷油器电路图

2.4.3　OBD-Ⅱ国际标准

为了限制汽车排放,提高燃料的燃烧性能,减少大气污染、光化学烟雾和燃料消耗量,世界上许多国家相继制定了一些法律和法规,采取了愈来愈严厉的限制,汽车厂商也纷纷研制新的措施。1979 年美国通用汽车公司首次在电控燃油喷射系统中使用了随车诊断系统,1985 年美国加州空气资源协会(CARB)开始对汽车提出了应能监测排放系统性能及指示器件失灵的要求，即对汽车增设随车诊断系统提出了要求。

当时要求汽车增设随车诊断系统的目的是：在车辆的排放系统有故障时提示车主注意，并使维修技术人员快速地找到故障来源，以减少汽车废气对大气的污染。可以看出，当时增设随车诊断系统的主要目的是为了监测排放系统，减少废气对大气的污染，并希望为故障诊断带来方便。

1993 年以前的电控自诊断系统为第一代自诊断系统，各厂家采用不同的诊断座、不同的诊断代码和不同的诊断功能，给检测诊断带来不便。OBD-Ⅱ是随车电脑自诊断系统第二代（On Borad Diagnostics-Ⅱ）的简称。它是由美国汽车工程学会（SAE）制定的，经由美国环境保护机构（EPA）及美国加州资源协会（CARB）登记的一套汽车标准。美国加州要求销售到该地区的车辆，不论欧、美、日等国均必须符合该标准。该标准要求各汽车厂家提供统一的诊断模式、统一的诊断座、统一的诊断代码，只要一台诊断仪器就可检测诊断所有车种。

在 OBD-Ⅱ标准公布后，世界各汽车厂家纷纷采用，形成了国际标准。1994 年约有 10％的汽车厂家采用了这一标准，1995 年约有 50％，而 1996 年几乎全部厂家都在考虑采用这一标准。美国政府要求，1998 年后销往美国的电控汽车都必须加装 OBD-Ⅱ诊断系统。因此，了解、掌握和使用 OBD-Ⅱ国际标准，将大大简化汽车检测诊断、维护修理工作。

1. OBD-Ⅱ随车诊断系统的目标

(1)统一诊断座。OBD-Ⅱ诊断座如图 2-72 所示。

(2)统一诊断座位置。

(3)解码器和车辆之间采用标准通讯规则。

(4)统一诊断含义。

(5)具有行车记录器功能。

(6)监控排放控制系统。

(7)解码器能够读码、记录数值、清码等。

(8)标准的技术缩写术语，定义系统的工作元件。

美国汽车工程师学会（SAE）还制定了一条类似国际标准 ISO 1941 的通讯标准 J1850，建立了用于汽车传送信息到解码器的标准。此外，SAE 还制定了解码器软件标准 J1979。

从图 2-72 可以看出，OBD-Ⅱ诊断座统一为 16 针（Pin）。

2. OBD-Ⅱ随车诊断系统诊断代码的组成与结构

OBD-Ⅱ随车诊断系统代码由 1 位字母和 4 位数字组成，结构如下。

(1)第 1 位为英文字母，表示诊断代码的系统划分，分配的字母有 4 个，划分如下：

B——车身系统；

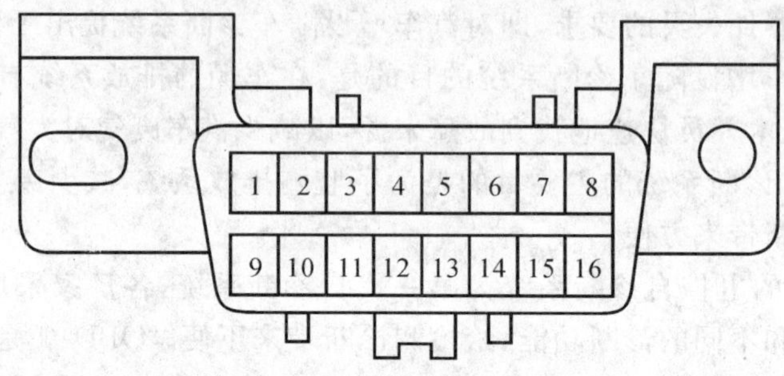

图 2-72　OBD-Ⅱ诊断座

C——底盘系统；

P——动力系统；

U——未定义。

(2)第 2 位为数字，表示诊断代码类型，共计 4 个数字，类型如下：

0——美国汽车工程师学会(SAE)定义的(通用)诊断代码；

1——汽车生产厂家定义的(扩展)诊断代码；

2，3——随系统划分 B，C，P，U 的不同而不同，在 P 系统中，2 或 3 由 SAE 留作将来使用；在 B 或 C 系统中，2 为生产厂家保留，3 由 SAE 保留。

(3)第 3 位为数字表示故障的系统识别(System Identification)，共计 10 个数字，识别如下：

1——燃油或进气系统故障；

2——燃油或进气系统故障；

3——点火系统故障；

4——排放控制系统故障；

5——速度控制系统故障；

6——电或输出电路故障；

7——变速器控制系统故障；

8——变速器控制系统故障；

9——SAE 未定义；

10——SAE 未定义。

(4)第 4，5 位为数字，两位数字结合在一起使用，表示对具体故障的代码界定(Code definition)。SAE 把不同的传感器、执行器和电路分配了不同区段的两位数代码，即通用故障码；较大的数字表示扩展故障码。扩展故障码较通用故障码更为具体些，诊断的针对性更强些。例如，美国通用(GM)汽车 OBD-Ⅱ诊断代码“P0116 发动机水温传感器电压信号不良”、“P0117 发动机水温传感器电压信号太高”与“P0118 发动机水温传感器电压信号太低"就说明了这一问题。P0116 是通用故障码,只表明水温传感器电压信号不良;P0117 与 P0118 是扩展故障码,P0117 进一步表明水温传感器电压信号太高,P0118 进一步表明水温传感器电压信号太低。所以,扩展故障码比通用故障码更具体些,针对性更强些。

OBD-Ⅱ随车诊断系统规定的诊断代码的组成与结构,对于任何厂牌、车型都是适用的,其中某车型的部分诊断代码如表 2-15 所列。

表 2-15 OBD-Ⅱ随车诊断系统某车型的部分诊断代码

诊断代码	诊断代码含义	诊断代码	诊断代码含义
P0100	空气流量计线路故障	P0500	车速信号始终收不到
P0101	怠速时空气流量计电压不良	P0505	怠速(步进电机)控制不良
P0102	空气流量计信号太低	P0750	换挡电磁阀 A 不良
P0201	第一缸喷油器线路不良	P0751	换挡电磁阀 A 卡在全开位置
P0202	第二缸喷油器线路不良	P0753	换挡电磁阀 A 短路或断路
P301	第一缸有间歇性不点火	P0755	换挡电磁阀 B 不良
P0325	前爆震传感器信号不良	P0756	换挡电磁阀 B 卡在位置
P0400	EGR 阀控制系统不良	P0758	换挡电磁阀 B 短路或断路
P0421	三元催化转换器不良	P0770	变矩器离合器电磁阀不良

3. OBD-Ⅱ随车诊断系统

OBD-Ⅱ随车诊断系统诊断代码的显示(读取)方法,既可以使用解码器等专用检测仪器显示,也可采用如下方法就车显示。

(1)通用(GM)车系跨接 OBD-Ⅱ诊断座第 5,6 孔,由仪表板"发动机报警灯"显示诊断代码。

(2)福特(FORD)车系跨接 OBD-Ⅱ诊断座第 5,13 孔,由仪表板"发动机报警灯"显示诊断代码。

(3)克莱斯勒(CHRYSLER)车系将点火开关置 ON,等待 5～10s 后,由仪表板"发动机报警灯"显示诊断代码。

(4)沃尔沃(VOLVO)车系按图 2-73 所示跨接 LED 灯,将 A 搭铁 1s 后脱开,即可显示 1 个诊断代码,搭铁 5s 后可清除该诊断代码。

(5)丰田车系跨接 OBD-Ⅱ诊断座第 5,6 孔,由仪表板"发动机报警灯"显示诊断代码。

(6)三菱车系可显示以下系统的诊断代码:

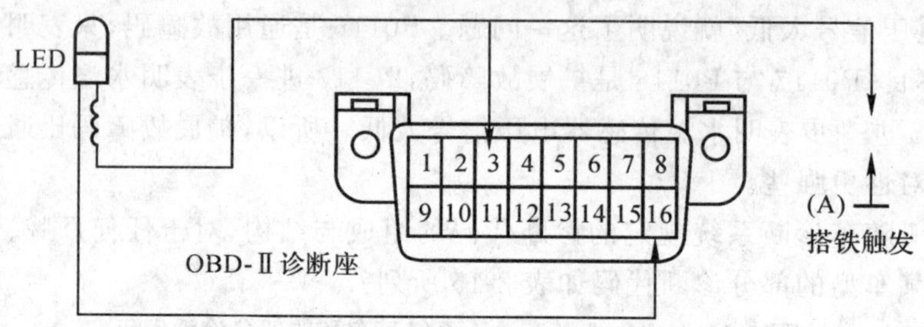

图 2-73 沃尔沃车系诊断代码显示方法

跨接 OBD-Ⅱ诊断座第 5,1 孔,由仪表板“发动机报警灯”显示发动机电控系统诊断代码。

用 LED 灯跨接 OBD-Ⅱ诊断座第 4,6 孔,由 LED 灯显示变速器电控系统诊断代码。用 LED 灯跨接 OBD-Ⅱ诊断座第 8,4 孔,由 LED 灯显示 ABS 电控系统诊断代码。

2.5 柴油机燃料系的检测与故障诊断

柴油机供给系的功用是根据柴油机的工作要求,正时、定量、定压地将雾化良好的柴油按一定的喷油规律喷入燃烧室,并使其与空气迅速而良好地混合和燃烧。供给系若发生故障,将对发动机的动力性、经济性、排气净化性和工作可靠性产生直接的影响。本节将主要介绍柴油机供给系的常见故障及经验诊断法,以及通过燃料供给系统参数及波形的检测来进行故障诊断的方法。

2.5.1 常见故障及经验诊断法

柴油机供给系的常见故障有启动困难或启动不着、功率不足、运转不稳、排气烟色不正常和飞车等。故障的原因是多种多样的,它们的外部表现也是错综复杂的,某一故障的原因会产生多种故障现象。同样,一种现象也可能由多种原因引起。因此,要迅速准确地诊断故障,就必须从故障现象入手,根据故障出现的时机、特征以及伴随的现象,结合结构和工作原理进行分析判断,直至诊断出故障的部位和原因。

1. 启动困难

(1) 故障现象

柴油机启动时无着车征兆,或虽有着车征兆但多次启动仍发动不起来,启动过程中排气管冒烟极少或不冒烟;启动时排气管冒白烟或灰白烟。

(2) 故障原因

当柴油机启动不着或启动困难时,故障可能原因可考虑为三大方面:启动系、燃料系和汽缸压缩压力。

启动系存在的故障主要有蓄电池电力不足、起动机或启动线路不良、飞轮牙齿断裂或齿圈松动等。

燃料系低压油路存在的故障主要有：油箱存油量太少或无油、油箱开关未打开、油箱的吸油管损坏、输油泵供油量不足、燃料滤清器堵塞或油管堵塞、破裂、接头松动或管内有空气等。

燃料系高压油路存在的故障主要有：喷油泵柱塞及套磨损严重、供油提前角不准、出油阀卡住不开、供油拉杆卡在不供油位置、喷油器喷油嘴堵塞、喷油器针阀卡住、喷油压力过低喷雾不良等。

气缸压缩压力方面存在的故障主要有：空气滤清器太脏，气门脚间隙太大，造成进气不足、气门漏气、气缸垫漏气、活塞与缸壁漏气、分隔式燃烧室的预热塞失效。

(3) 故障诊断

柴油发动机启动不着或启动困难的故障诊断程序，见图 2-74。

2. *功率不足*

(1)故障现象

汽车行驶中柴油机运转无力，加速不灵敏，车辆达不到最高车速，车辆行驶无力，即使把加速踏板踩到底也无力并且加速不良，需经常换低挡位行驶，车辆爬坡困难。

(2)故障原因

当柴油机出现功率不足的故障现象时，其故障原因主要有三方面：进气量不足、供油量不足和气缸压力不足。

产生进气量不足的主要原因有：空气滤清器太脏，使空气通道缩小；增压器压气力下降、漏气、阻塞；配气不准时；气门间隙过小或过大；气门弹簧折断，使气门关闭不严；排气管道积炭严重，使排气阻力增大；发动机温度过高。

产生供油量不足主要原因有：输油泵供油不足；柴油滤清器堵塞；燃料系内有空气；供油拉杆与柱塞的装配不当；喷油泵柱塞与柱塞套磨损漏油；出油阀与阀座不密封；喷油器油量不足，雾化质量差；喷油准时不当。

产生气缸压力不足的主要原因有：气门与气门座不密封；气缸盖螺栓紧力不足、气缸盖变形、气缸垫损坏而漏气；活塞与气缸壁之间漏气；喷油器安装孔密封垫圈损坏而漏气

(3) 故障诊断

柴油机功率不足的故障诊断程序如下：

①加大油门时，发动机转速提不高，为油路有故障。

②启动发动机，中速运转，拆下一只缸上的喷油器观察喷油情况。如果喷油无力且雾化不良，再拆下喷油泵进油管看出油情况。出油量充足，故障在高压油路；出油量少，故障在低压油路。

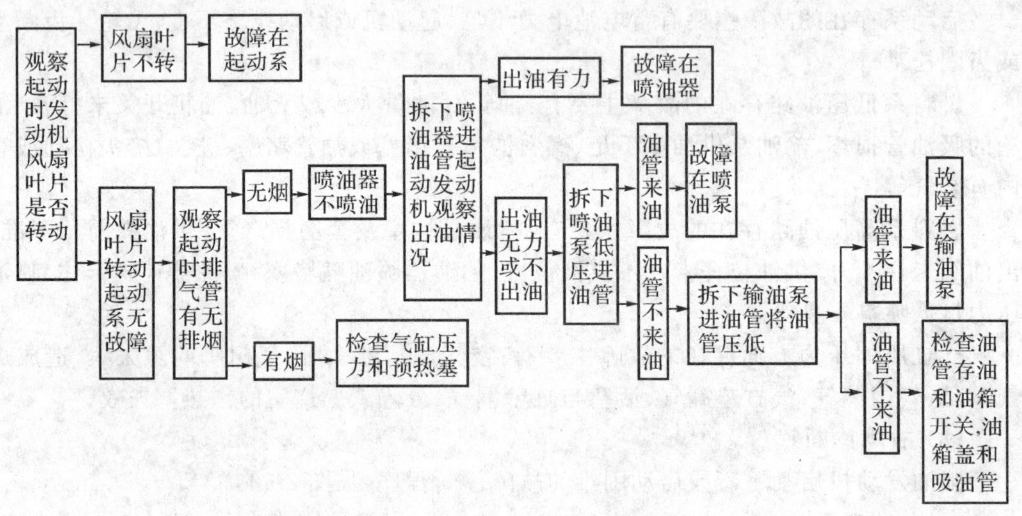

图 2-74 启动不着或启动困难的故障诊断程序图

3. 运转不稳定

(1)故障现象

柴油机运转不稳定,机体抖振严重,功率不足,并伴随有熄火现象。

(2)故障原因

引起柴油机运转不稳且有熄火现象的主要因素包括柴油质量差或油中有水、燃料供给系有故障、调速器有故障、有个别气缸不工作。

涉及燃料供给系故障的主要原因有:油管中有空气,使供油过程不均;供油拉杆运动不灵活,时快时慢;个别柱塞弹簧折断或出油阀弹簧折断;各缸喷油泵供油不一致;个别喷油器喷油质量不好。

涉及调速器故障的主要原因有:调速器联动机件松脱;调速弹簧变形;飞锤运动不灵活;调速拨叉固定螺栓松动。

(3)诊断方法

柴油机运转不稳且伴有熄火现象的故障诊断程序见图 2-75。

4. 排气管排放黑烟

(1)故障现象

柴油机在有负荷工作时,正常的排气烟色是淡灰色或深灰色。但由于某些故障造成供油过多,以致燃料与空气混合比失调,燃烧时严重缺氧,燃油燃烧不完全,一部分碳元素成悬浮游离状,随废气一起排出即形成黑烟(柴油机在启动和加速时排黑烟是允许的)。

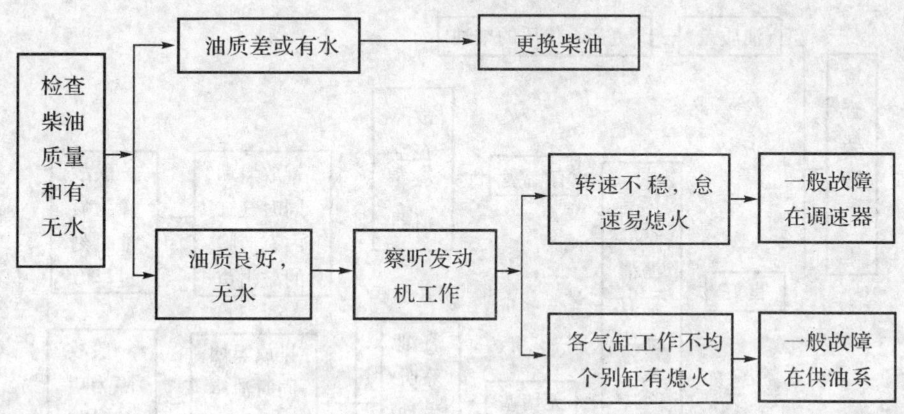

图 2-75　运转不稳且伴有熄火现象的故障诊断程序图

(2)故障原因

引起柴油机排气管排放黑烟的主要原因有：柴油质量太差，空气滤清器严重堵塞；增压柴油机的增压器失效，供气压力不足；循环供油量太大；喷油器喷雾质量差或喷油器滴油；校正加浓供油量太大，经常在超负荷下运行；各缸供油不均匀度太大；喷油时间迟；气缸工作温度低或压缩压力不足；机油进入燃烧室中燃烧。

(3)诊断方法

柴油机排气管排放黑烟的故障诊断程序见图 2-76。

5. 排气管排放白烟

(1)故障现象

柴油工作时，由于某些故障造成有水蒸气或柴油蒸气从排气管中排出，并呈白烟状的现象。

(2)故障原因

引起柴油机排气管放白烟的主要原因有：柴油中有水；缸垫损坏、缸盖变形、缸套突缘密封不良和缸盖螺栓拧紧不足等，使水漏入气缸；喷油压力过低，喷油雾化不良，喷油时刻过迟。

(3)诊断方法

柴油机排气管排放白烟的故障诊断程序见图 2-77。

6. 排气管排放蓝烟

(1)故障现象

柴油机工作时，由于某些故障造成润滑油进入燃烧室参与燃烧，而燃烧不完全呈蓝烟由排气管排出。

(2)故障原因

引起柴油机排气管放蓝烟的主要原因有：油浴式空气滤清器面过高或滤芯堵塞，气

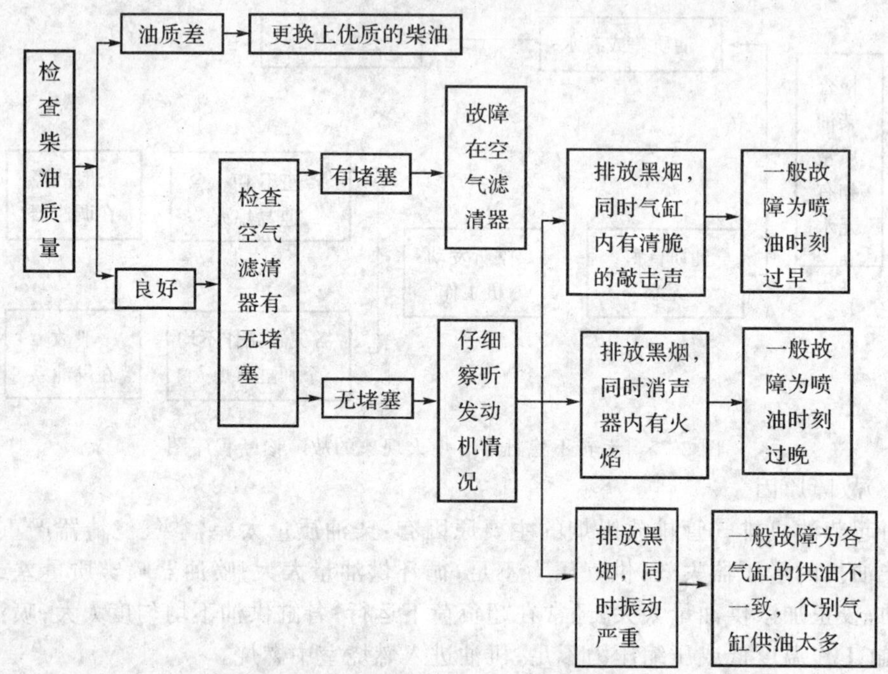

图 2-76　排气管排放黑烟的故障诊断程序

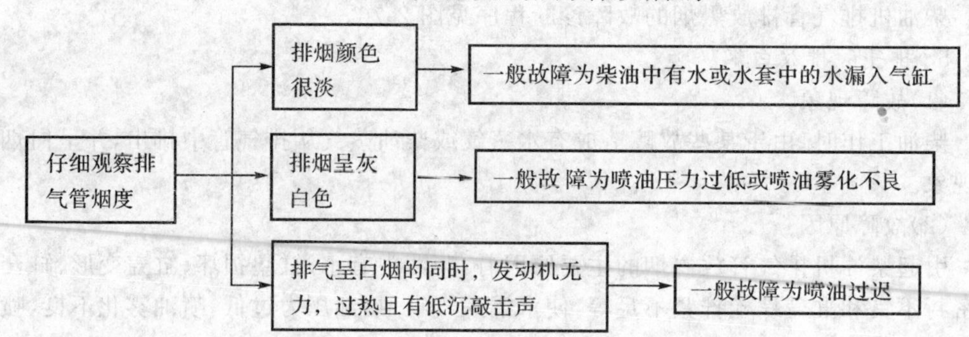

图 2-77　排气管排放白烟的故障诊断程序

门杆与导管配合间隙过大和密封装置损坏；润滑油沿气门杆进入燃烧室，活塞与气缸壁间隙过大，活塞环损坏或装反，油底壳机油过多或油压过高，曲轴箱通风的进气通道堵塞，润滑油从出气管经发动机进气管吸入气缸。

(3)诊断方法

柴油机排气管排放蓝烟的故障诊断程序见图 2-78。

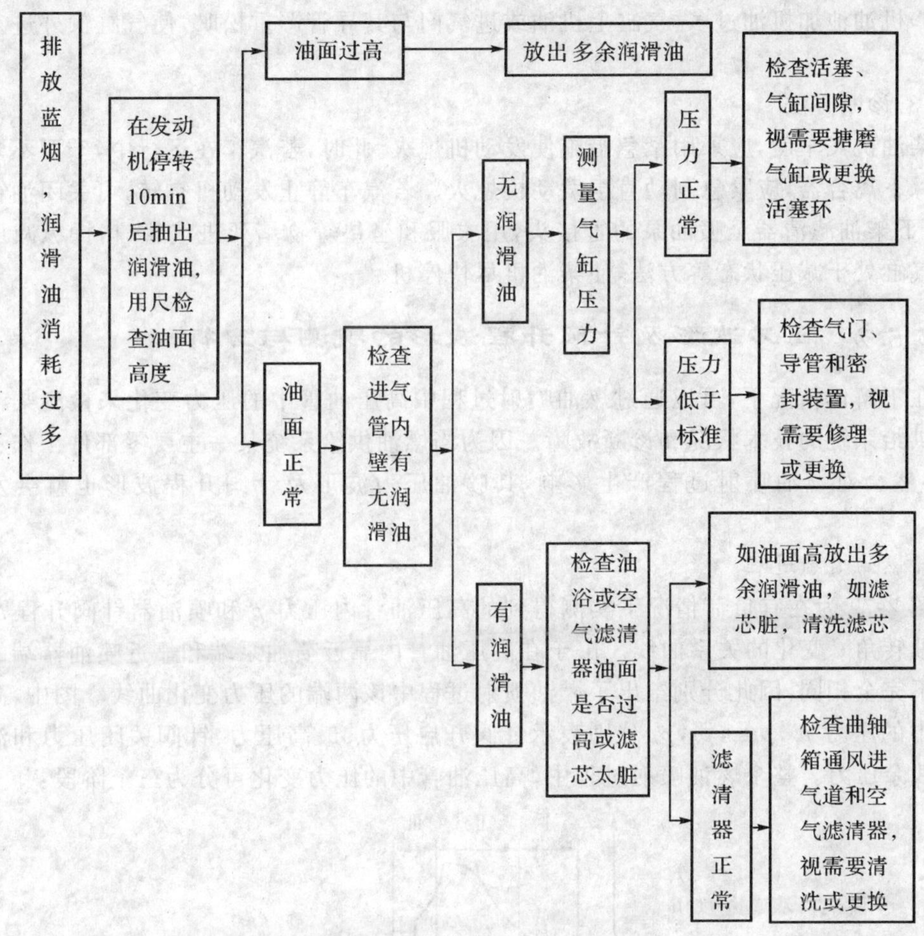

图 2-78　柴油机排气管排放蓝烟的故障诊断程序

7. 飞车

(1) 故障现象

柴油机在汽车高速运行或自身高速空转时，尤其是全负荷或超负荷运转突然卸荷后，转速自动升高超过额定转速而失去控制。

(2) 故障原因

1)喷油泵供油拉杆(或齿杆)卡在额定供油位置不回位。

2)柱塞调节臂与供油拉杆拨叉的连接脱落。

3)供油拉杆(或齿杆)与飞锤组件脱开。

4)调速器飞锤组件因犯卡、锈污或润滑不良等原因，失去效能或效能不佳。

5)调速器内机油过多或过于黏稠。

6)机油池加机油过多,气缸上机油或进气门与其导管严重松旷,使气缸额外进入燃料。

(3)诊断方法

柴油机飞车后,应采用紧急措施使发动机熄火。此时,若汽车在运行中,千万不要脱挡或踩下离合器,应紧急制动直至发动机熄火。若汽车静止发动机空转,可关闭油箱开关,卸下柴油滤清器至喷油泵的管接头,用衣服和坐垫等物堵死进气管口,操纵减压手柄使气缸处于减压状态等方法,使柴油机尽快停机。

2.5.2 压力波形及针阀升程波形的观测与分析

在不解体情况下,可以通过燃油喷射过程中高压油管中的压力变化来检测柴油机燃油供给系统的技术状况和诊断故障。因为当燃油供给系统某一主要零部件工作不良时,必然会对燃油喷射过程产生影响,其喷油压力波形及针阀升程波形也就会发生变化。

1.燃油喷射过程

图 2-79 为在有负荷情况下实测得到的高压油管内压力 p 和喷油器针阀升程 S 随凸轮轴转角 θ 变化的关系曲线。由于在高压油管内靠近喷油泵端和靠近喷油器端的压力并不完全相同,因此分别给出了燃油喷射过程中该两端的压力变化曲线。图中,高压油管中的压力 p_o,p_{max},p_b,p_r 分别表示针阀开启压力、最高压力、针阀关闭压力和油管中的残余压力。整个燃油喷射过程中,高压油管中的压力变化可分为三个阶段:

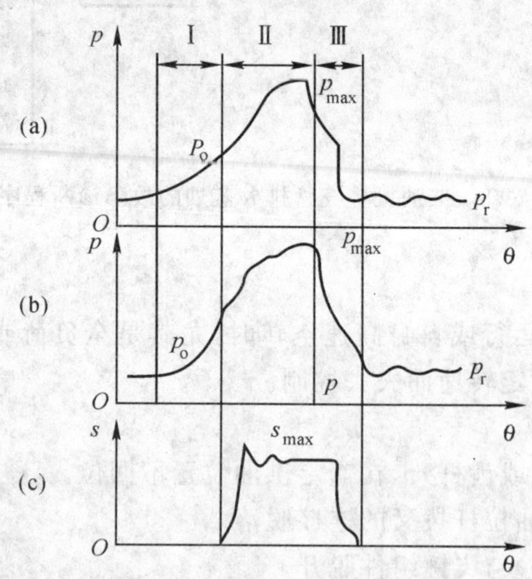

(a)喷油泵端压力曲线 (b)喷油器端压力曲线 (c)针阀升程曲线

图 2-79 高压油管内压力曲线和针阀升程曲线

第Ⅰ阶段为喷油延迟阶段，对应于喷油泵泵油压力上升到超过高压油管内的残余压力 p_r，燃油进入油管使油压升高到针阀开启压力 p_o 的一段时间，即喷油泵供油始点至喷油器喷油始点的一段时间。若针阀开启压力 p_o 过高、高压油管渗漏，出油阀偶件或喷油器针阀偶件不密封而使残余压力 p_r 下降，以及增加油管长度或增加高压油系统的总容积，均会使喷油延迟阶段增长。

第Ⅱ阶段为主喷油阶段，其长短取决于喷油泵柱塞的有效供油行程，并随发动机负荷大小而变化，负荷越大，则该阶段越长。

第Ⅲ阶段为自由膨胀阶段，当柱塞有效行程结束、出油阀关闭后，尽管燃油不再进入油管，但由于油管中的压力仍高于针阀关闭压力 p_b，燃油会继续从喷孔喷出。若油管中最大压力 p_{max} 不足，则该阶段缩短，反之则该阶段延长。

由图可见，喷油泵的实际供油阶段为第Ⅰ、Ⅱ阶段，喷油器的实际喷油阶段为第Ⅱ、Ⅲ阶段。若循环供油量即柱塞有效行程一定，则第Ⅰ阶段延长和第Ⅲ阶段缩短时，喷油器针阀开启所对应凸轮轴转角减少，喷油量减少；反之，若第Ⅰ阶段缩短、第Ⅲ阶段延长，则喷油量增大。因此，压力曲线上三个阶段的长短，对发动机工作状况的好坏会产生影响。对多缸发动机而言，若各缸供油压力曲线上的第Ⅰ、Ⅱ、Ⅲ段不一致，则对发动机工作性能的影响会更大。

2. 压力波形检测

采用柴油机专用示波器和柴油机综合测试仪、汽柴油机综合测试仪等，均能在柴油机不解体情况下，检测各缸高压油管中的压力波形和喷油器针阀升程波形。通过波形分析，不但可以得到最高压力 p_{max}、针阀开启压力 p_o、针阀关闭压力 p_b 以及残余压力 p_r，还可判断喷油泵、喷油器故障和各缸喷油过程的均匀性。高压油管内的压力波形，可选择全周期单缸波、多缸平列波、多缸并列波和多缸重叠波四种方式进行观测。

全周期单缸波是指喷油泵凸轮轴旋转 360°时某单缸高压油管中的压力变化波形，如图 2-80(a)所示；多缸平列波指以各缸高压油管中的残余压力 p_r 为基线，按发火次序把各缸压力波形从左到右首尾相接所形成的波形(见图 2-80(b))，利用该波形可比较各缸的 p_o，p_{max}，p_b 的大小是否一致；多缸并列波是指把各缸压力波形首部对齐、按发火次序在垂直方向上自下而上展开所形成的波形(如图 2-80(c)所示)，通过比较各缸压力波形三阶段面积的大小，即可判断各缸喷油量的一致性；多缸重叠波指将各缸压力波形首部对齐重叠在一起所形成的波形(见图 2-80(d))，利用重叠波可比较各缸压力波形的高度、长度、面积和判断各缸的 p_o，p_{max}，p_b 和 p_r 的一致性。

3. 压力波形分析

分析压力波形可判断柴油机燃料供给系的技术状况，供实测时参考。下面介绍几种常见的故障波形，如图 2-81 所示。

(1)喷油泵不泵油或喷油器针阀在开启位置“咬死”不能关闭。当喷油泵柱塞弹簧折

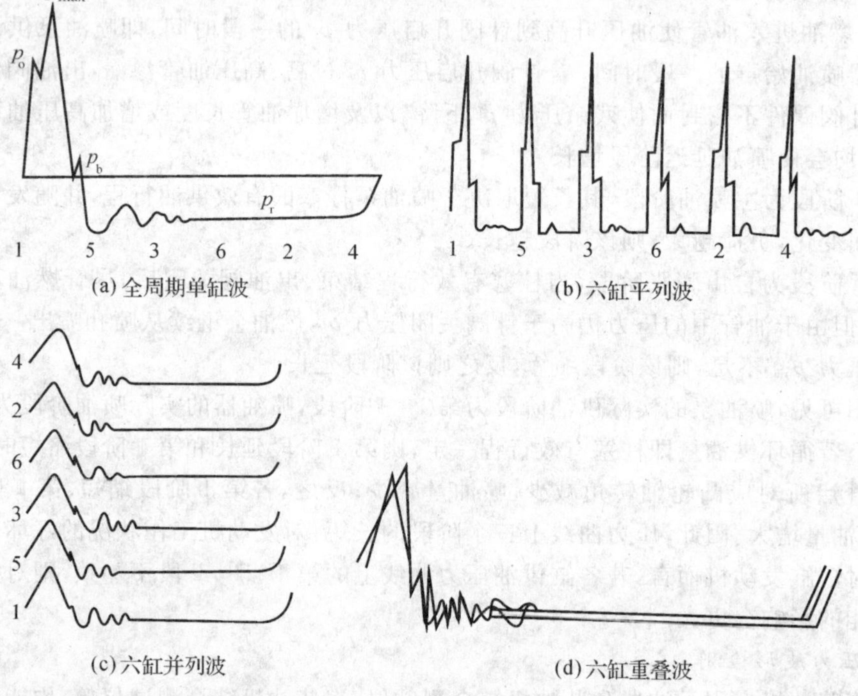

图 2-80 压力波形

断或因其他原因而使喷油泵不泵油或泵油很少时，高压油管内的压力很低；喷油器针阀在开启位置"咬死"不能落座关闭时，高压油管内同样不能建立起足够高的喷油压力，此时的故障波形如图 2-81(a)所示。

(2)喷油器在关闭位置不能开启。产生该故障的主要原因是针阀开启压力调整过高或喷油器针阀被高温烧蚀而"咬死"。此时，喷油泵正常供油但喷油器不喷油，反映在油压波形曲线上，则曲线光滑无抖动，如图 2-81(b)所示。

(3)喷油器喷前滴漏。产生喷前滴漏的主要原因是喷油器针阀密封不严，或者针阀磨损过度，或者脏物粘在针阀密封表面。在油压波形曲线上，表现为压力上升阶段有两个抖动点。如图 2-81(c)所示。

(4)高压油路密封不严。高压油路密封不严时，油压波形曲线残余压力部分呈窄幅振抖并逐渐降低，如图 2-81(d)所示。

(5)隔次喷射。隔次喷射指某次喷射后，油管内残余压力低，而下一次供油量又很小、高压油管中产生的油压不足以使喷油器针阀开启，于是燃油储存在油管中，直到第二次供油时针阀才开启，使两次供油一次喷出。隔次喷射一般在供油量较小、喷油器弹簧压力较高时发生。反映在油压波形曲线上，则残余压力部分上下抖动，如图 2-81(e)

所示。

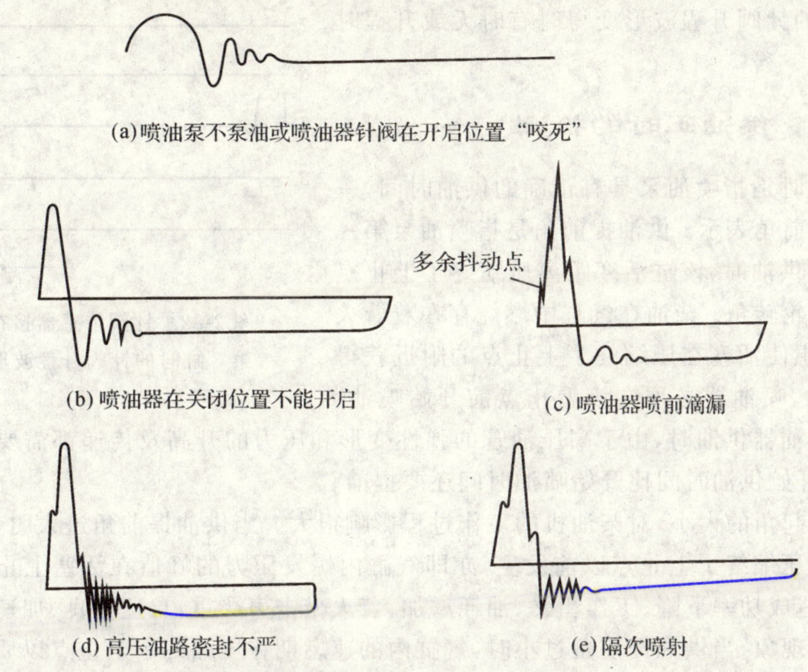

(a)喷油泵不泵油或喷油器针阀在开启位置“咬死”

(b)喷油器在关闭位置不能开启

(c)喷油器喷前滴漏

(d)高压油路密封不严

(e)隔次喷射

图 2-81　几种常见的故障波形

4. 油压检测

为了使柴油发动机有良好的工作性能，在发动机各缸油压波形曲线上观测到的最高压力 p_{max}针阀开启压力 p_o、针阀关闭压力 p_b 和油管中的残余压力 p_r 应基本相等，并符合规定要求。各机型的喷油器喷油压力(针阀开启压力)不同，可参看具体的车型维修手册。若喷油压力低于规定值，应在油泵试验台上对喷油器进行调试。

5. 各缸供油量一致性检测

在各缸压力 p_o，p_{max}，p_b，p_r 基本一致的前提下，可通过波形比较来检测各缸供油量的一致性。波形比较时，先把发动机转速调整至中、高速，而后利用并列波或重叠波比较各缸油压波形的一致性。若波形三阶段的重叠均较好，则说明各缸供油量比较一致，若某一缸波形窄，说明该缸供油量小，若波形宽，则说明该缸供油量大。

6. 针阀升程的检测

将被测缸喷油器顶部的回油管拆下，把针阀传感器旋在喷油器上，当传感器上触杆被顶起时(从方孔中看)，将传感器锁紧。使发动机在中转速下运转，通过按键使屏幕上出现 6 条并列线，被测缸的针阀升程波形出现在对应的并列线上，如图 2-82 所示。

通过针阀升程波形，可检测喷油器针阀的开启、关闭、跳动和喷油器异常喷射等。异常喷射是指喷油器间隔喷射、二次喷射、停喷和针阀抖动等不正常喷射现象。间隔喷射和停喷现象常在喷油量很小的怠速或低速情况下出现，此时的针阀升程波形变得时有时无或升程时大时小。

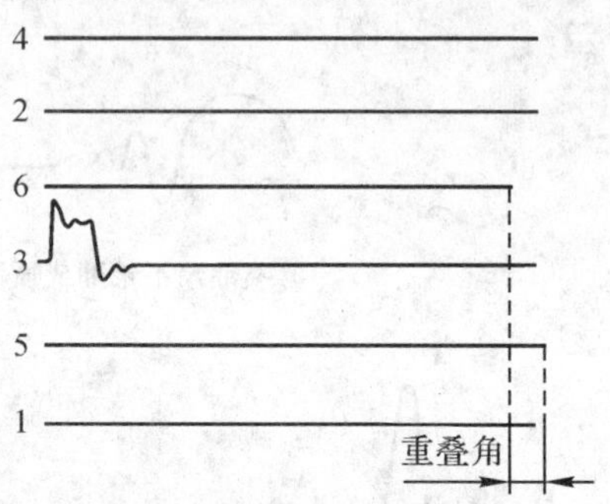

图 2-82　针阀传感器接在第 3 缸时的针阀升程波形

2.5.3　供油正时的检测

供油正时是指喷油泵具有正确的供油时间，一般用供油提前角表示。供油提前角是指喷油泵第一缸柱塞开始供油时，该缸活塞距离压缩终了上止点的曲轴或凸轮转角。柴油在气缸中燃烧存在着着火落后期，要想使活塞在压缩终了上止点的附近获得最大爆发力，喷油器必须在该上止点前开始喷油。喷油泵向喷油器供油时，由于高压油管的弹性变形和压力的升高及传递都需要一定的时间，因而开始供油时间比开始喷油时间还要提前。

供油提起角的大小，对柴油机的工作过程影响很大。当供油提前角过大时，气缸内的速燃期在压缩终了上止点以前发生，亦即气缸内爆发压力的峰值在活塞上止点以前出现，这将造成功率下降、工作粗暴、油耗增加、着火敲击声严重，怠速不良、加速无力及启动困难等现象。当供油提前角过小时，气缸内的速燃期在压缩终了上止点以后较远发生，使爆发压力的峰值降低，同样造成功率下降、油耗增加、加速不灵、发动机过热等现象。因此，柴油发动机具有一个最佳供油提前角是非常重要的。所谓最佳供油提前角，是指在转速和供油量一定的情况下，能获得最大功率、最小耗油率和最佳排气净化的供油提前角。运行中的柴油车，其发动机的最佳供油提前角应随转速和供油量的变化而变化。当转速越高、供油量越大时，最佳供油提前角也应越大。为此，有些柴油机的喷油泵上装有供油提前角自动调节器，能在初始供油提前角的基础上，随转速的变化自动调节；也有些柴油机仅能根据常用工况（转速和供油量）确定一个固定的最佳供油提前角，使用中不会发生变化。

在柴油机使用过程中，如发觉供油正时有问题或喷油泵拆下检修重新装回发动机时，均需检查并校正供油正时，其方法如下。

1. 用经验法检查并校正供油正时

（1）用手摇把摇转柴油机曲轴，使第一缸活塞处于压缩行程中。当固定标记对准飞轮或曲轴传动带轮上的供油提前角记号时，停止摇转。

（2）检查喷油泵联轴器从动盘上刻线记号是否与泵壳前端面上的刻线记号对正，如图 2-83 所示。若两刻线记号正好对正，说明喷油泵第一缸柱塞开始供油时间是正确的；若联轴器从动盘刻线记号还未到达泵壳前端面上的刻线记号，说明第一缸柱塞开始供油时间晚；反之，说明喷油泵第一缸柱塞开始供油时间早。当喷油泵第一缸柱塞开始供油时间过早或过晚，应松开联轴器固定螺钉，在上述一对刻线记号对正的情况下紧固。

3)进行路试。在为检测柴油机供油正时进行路试时，应选择平坦、坚硬的直线道路或专用跑道。汽车走热后以最高挡最稳定车速行驶，然后将加速踏板一下踩到底，使汽车急加速运行。此时，若能听到柴油机有轻微的着火敲击声，且随着车速提高逐渐消失，则为供油正时正确；如果听到的着火敲击声强烈，且车速提高后长时间不消失，则为供油时间过早；如果听不到着火敲击声，且加速不灵，动力不足，则为供油时间过晚。当供油时间过早或过晚时，只要停车松开喷油泵联轴器，使喷油泵凸轮轴逆转动或顺转动少许，反复调试几次就可使供油正时变得准确。

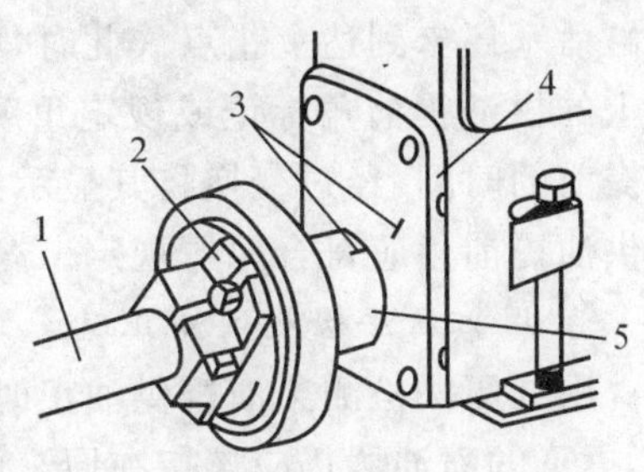

1—驱动轴；2—联轴器主动盘；
3—第一缸开始供油记号；
4—泵壳前端面；5—联轴器从动盘

图 2-83　喷油泵第一缸开始供油记号

检查喷油泵第一缸柱塞开始供油时间，也可以采用下述方法：摇转曲轴使联轴器从动盘上的刻线记号与泵壳前端面的刻线记号对正(此时第一缸柱塞开始供油)，然后观察飞轮或曲轴传动带轮上的供油提前角记号或规定角度与固定标记的相对位置。若供油提前角记号或规定角度与固定标记对正，说明第一缸柱塞开始供油的提前角是正确的；若供油提前角记号或规定角度还未转到固定标记，说明第一缸柱塞开始供油的提前角太大，造成供油太早；反之若供油提前角记号或规定角度转过固定标记，说明第一缸柱塞开始供油的提前角太小，造成供油太迟。

当把喷油泵从车上拆下并经检修、调试后重新装回时，只要摇转曲轴使供油提前角记号或规定角度与固定标记对正，再使联轴器从动盘与泵壳前端面的两刻线记号对正，在此情况下把联轴器装回并旋紧固定螺钉，就能保证第一缸供油正时，如果还有差异，可在路试中调试。

以上是喷油泵第一缸柱塞供油提前角的检查和校正，其他各缸的供油正时是否正确，则取决于各缸供油间隔是否正确。

2. 用闪光法检测供油正时

用闪光法制成的供油正时仪，其组成、结构、工作原理和使用方法与点火正时仪基本相同。

常见的柴油机供油正时仪的油压传感器接在第一缸高压油管与喷油器之间或外卡在高压油管上，可使油压脉冲信号变成电信号，并触发频率闪光灯(正时灯)。正时灯每闪光 1 次表示第一缸供油 1 次，因此闪光和第一缸供油同步。当用正时灯对准柴油机第一缸压缩终了上止点标记，并按实际供油时间闪光时，可以看到运转中的柴油机在闪光的照耀下，若看到其转动部分上的供油提前角记号或规定角度还未到达固定标记，即第一缸活塞还未到达上止点。此时,可调整正时灯上的电位器,使闪光逐渐延迟至转动部分上的供油提前角标记或规定角度正好对准固定标记时,那么延迟闪光的时间就是供油提前的时间,经过变换将其显示到指示装置上,便可读出要测的供油提前角。柴油机的供油提前角应符合原厂规定。

3. 用缸压法检测供油正时

用缸压法检测柴油机供油正时时,须拆下被测缸的喷油器,在其孔内安上缸压传感器,拆下的喷油器仍应连接在原来的高压油管上,并在两者之间串接上油压传感器。对于有些型号的柴油机,缸压传感器也可以装在预热塞孔或空气启动活门处。检测中,缸压传感器可采集到被测缸的压缩压力信号,其最大压力点就是活塞压缩终了上止点;油压传感器还可以采集到供油开始信号,两者之间的曲轴转角即为供油提前角。

2.6 发动机异响的检测和诊断

技术状况良好的发动机,运转中仅能听到均匀的排气声和轻微的噪声,这是正常的响声。如果发动机运转中出现异常响声(即异响),表明发动机存在着不同性质和不同程度的故障,而且其中某些异响还可预告发动机将可能发生的事故性损害等。因此对于有异响的发动机,应根据故障现象,分析产生的原因,找出异响的位置,准确的将故障诊断出来。

2.6.1 发动机异响概述

在发动机上,不同的机件、部位和所处的工况,声源所产生的振动是不同的,因而发出的异响在声调、声频、声强、出现的位置和次数等方面均不相同。

1. 发动机产生异响的原因

发动机产生异响的原因很多,但归纳一下,大致上有如下几点:

(1)爆燃或早燃所引起的声响,是一种金属敲击声。

(2)某些运动件因润滑不良、自然磨损或调整不当使其配合间隙过大,并超出允许限度而引起响声,如活塞与缸壁的敲击响声、连杆轴承与轴颈的敲击声响、气门与调整螺钉的敲击声响等。

(3)某些运动件因紧固不良而引起撞击异响,如飞轮固定螺栓松动、连杆盖螺栓松动,凸轮正时齿轮固定螺母松动等所致的异响。

(4)个别机件损伤而引起异响,如气门弹簧折断,凸轮轴正时齿轮破裂等所引起的异响。

(5)某些机件因维修不当或调整不当,使其配合间隙不准而引起异响,如活塞销(浮式)装配不当、过盈量太小而造成的配合松动,气门间隙调整不当、点火时间过早所引起的异响。

2. 发动机产生异响的相关因素分析

发动机产生异响的相关因素主要包括发动机的工作循环、转速、温度、负荷和润滑条件等。

(1)异响与转速的关系

发动机异响与转速之间存在着一定的对应关系，像有些异响在发动机急加速时出现，如主轴承松旷、连杆轴承松旷发响等；有些异响则在发动机急减速时更明显，如凸轮轴正时齿轮破裂损坏发响、凸轮轴轴向间隙过大发响等；而另有些异响则仅在发动机怠速或低速运转期间出现，当转速提高后则消失，如活塞与缸壁间隙过大、活塞销装配过紧或连杆轴承装配过紧引起的异响。

(2)异响与温度的关系

有些异响与发动机温度有关，而有些异响与发动机温度无关或关系不大。在机械异响诊断中，对于热胀系数大的配合副要特别注意发动机的热状况，最典型的例子是活塞与缸壁间隙过大而产生的敲缸现象。发动机冷启动后，该响声非常明显，然而一旦温度热起，响声即消失或减弱。所以，诊断该响声应在发动机低温下进行。热胀系数小的配合副所产生的异响，如曲轴主轴承响、连杆轴承响、气门响等，发动机温度的变化对异响的影响不大，对温度就无特别要求。

(3)异响与负荷的关系

许多异响与发动机的负荷有关。如曲轴主轴承响、连杆轴承响、活塞敲缸响、气缸漏气响、汽油机点火敲击响等，均随负荷增大而增强，随负荷减少而减弱；柴油机着火敲击声随负荷增大而减少。但是，也有些异响与负荷无关，如气门响、凸轮轴轴承响和定时齿轮响等，负荷变化时异响并不变化。

(4)异响与润滑状态的关系

不论什么机械异响，当润滑条件不佳时，异响一般都显得严重，而且对发动机的损坏也特别严重。因此润滑条件的检查往往成为异响诊断的首要因素。

(5)异响与发动机工作循环的关系

对于四行程发动机来讲，其异响故障，是否与发动机工作循环有关，要视发响机件所处位置和工作状态而定。

①与工作循环有关的异响

在发动机运转过程中，如果曲柄连杆机构内或配气机构中某些运动件发响，则明显与工作循环有关。例如，活塞与缸壁间隙过大所引起的敲击声，曲轴每转一转，就会响一次。这是因为在做功行程中，作用在活塞上的力 P，可分解成为两个力 T 和 N(见图 2-84)。分力 T 传到连杆使曲轴旋转，分力 N 则将活塞压向气缸壁的右边，引起活塞碰击缸壁。而在压缩行程中，分力 N 改变了方向，又将活塞压向气缸壁左边，再引起活塞碰击缸壁，所以曲轴每旋转一周，就会产生一次敲缸声响，同理可推得与工作循环有关的各种声响，通常曲柄连杆机构引起的声响与工作循环有关，均为火花塞跳火一次就发响两次，如活塞销敲击声、连杆轴承松旷响等；而配气机构引起的响声与工作循环有关时，均为火花塞跳火一次就发响一次，如气门响、气门弹簧折断响、凸轮轴正时齿轮响等。

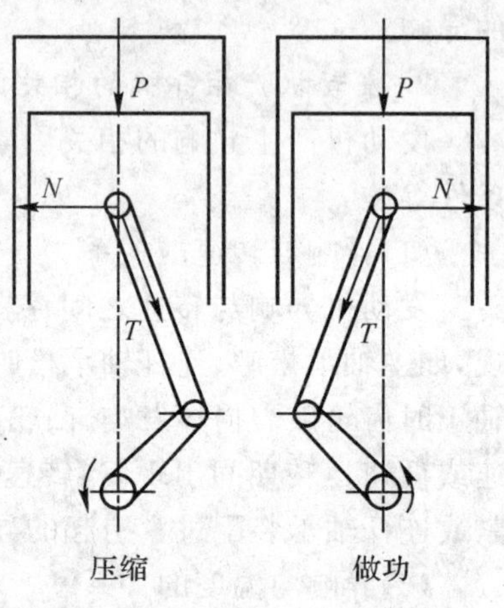

图 2-84 活塞受力简图

②与工作循环无关的异响

在发动机运转过程中，有些异响的发响次数与曲轴转速不成规律。例如发动机怠速运转时所出现的间歇声响，或金属连续摩擦声音或金属连续敲击声响等。查听这类声响，应注意其发响区域。通常与工作循环无关的间隙声响，多为发动机附件故障，其异响为发电机、水泵、空气压缩机等安装不良或其带轮固定螺母松动等引起。

2.6.2 常见异响的人工诊断法

发动机的常见异响主要有曲轴主轴承响、连杆轴承响、活塞销响、活塞敲缸响、气门响、气缸漏气响、定时齿轮响、汽油机点火敲击响和柴油机着火敲击响等。

1. 曲轴主轴承响

(1) 故障现象

1) 发动机在工作时产生一种粗重而沉闷的“哐、哐”异响。该响声是一种有节奏的周期性闷响。一般情况下，发动机在稳定运转时并无这种声响，当发动机转速突然变化时，这种异响就会出现。

2) 发动机转速越高，响声越大；发动机转速由中速向高速过渡时，响声最明显。

3) 此异响声随负荷增大而增大，在中速抖动油门时最明显。

4) 单缸断火时，响声无变化；相邻两缸同时断火，则响声明显降低。

5) 发动机在中、高速运转时，机油压力明显不足。

(2) 故障原因

1) 主轴承盖的固定螺栓松动。

2) 主轴承减摩合金烧蚀或脱落。

3) 主轴承和轴颈磨损过多，或轴向推力装置磨损过大，造成径向和轴向间隙过大。

4) 曲轴弯曲。

5) 机油压力或机油黏度太低。

(3) 故障诊断与排除

发动机在低、中速状态下抖动节气门时，会发出明显的沉闷而连续的敲击声，同时发动机伴随有振抖现象，则可以诊断为曲轴轴承响。

进行单缸断火试验时，声响变化不大；而相邻两缸断火时，声响明显减弱或消失，则可以诊断为两缸之间的曲轴主轴承响。

分别对 1 缸和最末缸进行单缸断火试验，若响声减弱或消失，则分别是曲轴最前端或最后端的主轴承响。

发动机高速运转时，机体振动较大，同时伴有机油压力显著下降的现象，则可诊断为曲轴轴承与轴颈间隙过大或轴承合金脱落。

在发动机转速不高时，机体振动较大，甚至有摆动摇晃现象，同时发出沉重、粗闷而较大的"蹦、蹦"敲击声，则可以诊断为曲轴断裂。

发动机的声响随温度升高而增大，到高速时声响变得杂乱，则可能是曲轴弯曲。

如在低速下采用微抖节气门的方法可听到较沉重的"咯噔、咯噔"响声，踩下离合器后响声减弱或消失，则可以诊断为轴向窜动。

2. 连杆轴承响

(1) 故障现象

1)发动机在怠速、低速和从怠速向低速抖动节气门时，可听到清脆而又连贯的"铛、铛"金属敲击声。

2)做断火试验时，声响明显减弱或消失，但在复火瞬间声响又出现。

3)当发动机负荷增加时，声响也随之增大。

(2)故障原因。

1)连杆轴承盖的紧固螺栓松动。

2)连杆轴承合金烧蚀、脱落。

3)连杆轴承与轴颈的磨损量过大，或径向间隙过大。

4)机油压力过低或机油黏度太低。

(3)故障诊断与排除。

采用微抖节气门的方法，使发动机从低速向中高速，甚至从中速向高速加速空转，找到响声明显的转速，然后在该转速下稳定运转或微抖节气门加速运转，打开加机油口盖听诊；也可以用一字螺丝刀等简单工具在发动机气缸下部听诊。若可以听到"哨、哨"连续而明显、轻而短促的敲击声，则可以初步诊断为曲轴连杆轴承响。

对某缸进行断火试验，若响声减弱或消失，则说明该缸连杆轴承响。

响声发生时，若机油压力不减低(连杆轴承响，并伴随有机油压力降低现象，这有别于活塞销响和活塞敲缸)，说明曲轴内通发响连杆轴承的油道被堵塞或发响轴承的间隙尚不大，也可能是机油黏度太大。

3. 活塞冷态敲缸响

(1) 故障现象

1)活塞在低温时有敲缸声,当温度正常后响声减弱或消失。

2)发动机在怠速、低温或在负荷重、速度低时响声清晰;在温度或转速提高后,响声减弱或消失。

3)发动机在急加速时,响声频率更快,声音更强。

4)有火花塞跳火1次发响2次的规律

5)对某气缸进行单缸断火试验,声响减弱或消失。

(2) 故障原因

1)活塞和缸壁的间隙过大,超过极限值。

2)缸壁润滑不良。

3)机油压力过低。

(3)故障诊断与排除

将发动机转速控制在声响最明显时的转速,查看机油加注口是否冒烟,排气管是否冒蓝烟,并用螺丝刀抵在机油加注口处一侧的缸壁上,然后将耳朵贴在螺丝刀的木柄上,查听是否有振动的敲击声。若有以上状况,则为活塞敲缸响。

逐缸进行断火试验。若某缸断火后其响声减弱或消失;而复火时,其声响在明显增大一二声后,又恢复为原来的声响,且当发动机温度升高后声响减弱或消失,即可诊断为活塞裙部与缸壁敲击。

将有声响气缸的火花塞拆下并注入少量机油,然后装上火花塞并摇转曲轴数转后,再发动发动机进行试验。如声响消失或明显减弱,但不久复现,则可确诊为该缸活塞敲缸。

若发动机仅在冷缸时敲缸,热车后响声消失,则该发动机尚可继续使用,择机再对其进行修理。

4. 活塞热态敲缸响

(1)故障现象

1)发动机在怠速时发出“嗒、嗒”声,在高速时发出“嘎,嘎”的连续金属敲击声,且机体伴有抖动现象。

2)发动机温度升高,响声变大。

3)火花塞有跳火1次发响2次的规律。

4)对某气缸做单缸断火试验,声响很大。

(2)故障原因

1)活塞与缸壁的间隙很小。

2)活塞与活塞销装配过紧而导致活塞变形或呈反椭圆形。

3)连杆轴颈与曲轴轴颈不平行,连杆弯曲,扭曲或连杆衬套轴向偏斜。

(3) 故障诊断与排除

发动机在低温时不响,而在温度升高后,在怠速时出现“嗒、嗒”敲击声,并伴有机体振动现象,且温度越高,响声越大,则可诊断为活塞变形或活塞环过紧,导致活塞与缸壁配合间隙过小且润滑不良。

发动机在低温时不响,而在温度升高后,在中、高速时则发出剧烈而有节奏的“嘎、嘎”声,做断火试验时,其响声变化不大,则可诊断为连杆变形或连杆装配位置不准。

对某缸做断火试验时,该缸声响反而加大,则可诊断为该缸敲缸。

发动机在热启动后敲缸,而单缸断火后声响加大。遇到这类情况应停机检修,以免拉缸或使故障恶化。

5. 活塞冷热态均敲缸

(1) 故障现象

1)发动机在低速时有“嗒、嗒”敲击声,在转速提高后声响消失;或在低速时发出节奏分明的“杠、杠”声响,且该响声有时会短暂消失,但很快又复现,而在转速升高后消失。

2)对某缸做断火试验,声响减弱或者反而加大,并由有节奏的声响变为连续声响。

3)火花塞有跳火 1 次发响 2 次的规律。

(2) 故障原因

1)活塞销与连杆小头的装配过紧。

2)活塞裙部的圆柱度误差过大。

(3) 故障诊断与排除

逐缸做断火试验,若某缸声响减小但不消失,即可诊断为该缸连杆与曲轴或活塞销的装配过紧。

做断火试验时,若某缸的声响加重且由间断声响变为连续声响,则可诊断为活塞磨损变形。

发动机在低速时由“嗒、嗒”敲击声,当转速提高后声响消失,则可诊断为活塞裙部的圆柱度误差过大。

发动机在冷热态均敲缸,一般是活塞连杆组的技术状态恶化所致,应及时恢复其技术性能。

6. 活塞销响

(1)故障现象

1)在发动机处于怠速、低速或从怠速向低速抖动节气门时,若可以听到清晰而又连续的“嗒、嗒”的金属敲击声;当突然加大节气门时,响声也随之加大;发动机在高速时,该响声变得浑浊不清。

2)响声严重时,异响声随转速升高而增大,随负荷增大而加重。

3)在做单缸断火试验时,响声明显减弱或消失,而在复火瞬间,响声又复现。

4)略将点火时间提前,响声加剧。

(2)故障原因。

1)活塞销与连杆衬套磨损过甚而松旷;活塞销与活塞销座孔配合松旷;活塞销锁环脱落而导致活塞销窜动;活塞销折断。

2)润滑不良引起的活塞销严重烧蚀。

(3) 故障诊断与排除

使发动机处于怠速位置,抖动节气门到中速位置,如声响能灵活地随之变化,并且每抖动 1 次节气门,都能听到明显、清晰而连贯地“嗒、嗒”异响声,则可以初步诊断为活塞销响。

将发动机转速控制在声响最明显处,然后对某缸做断火试验。若断火后异响声减轻或消失,复火后异响立即恢复,且在气缸的上、中部听到的响声比在下部听到的响声大,则可以诊断为活塞销响。

响声较严重,且发动机转速越高,响声越大。如在对应响声最大的转速下对有异响的气缸做断火试验,若声响不仅不消失,反而变得更加杂乱,则可以诊断为活塞销与衬套配合松旷。

7. 气门脚响

(1)故障现象

1)发动机在怠速时,在气门室处发出有节奏“嗒、嗒”声响。

2)发动机转速增高,声响也随之增大;在中速以上时,声响往往很嘈杂。

3)发动机有温度变化或做断火试验时,声响不变。

(2)故障原因

1)气门杆端和摇臂之间磨损或调整不当致使气门间隙过大而产生碰击声;

2)气门间隙调整螺钉磨损偏斜;

3)气门弹簧座脱落;

4)气门杆与气门导管之间间隙过大。

(3)故障诊断与排除。诊断气门脚响可以在气门室罩处听诊。

在气门室罩查听频率随发动机转速的变化而出现的变化状况。当发动机有温度变化或做断火试验时,声响并不随之变化,可诊断为气门响。

拆下气门室罩逐个检查气门间隙,一般是间隙过大的气门发响。

调整气门间隙至其规定值后仍发响,则可诊断为气门杆与气门导管磨损过量或气门弹簧座脱落而发响。

2.6.3　发动机异响诊断仪的使用

常见的发动机异响诊断仪器主要为示波器异响诊断仪。利用示波器仪器，可通过观测到的异响产生位置、波形特征和波形幅度等，实现故障诊断定位。

1. 示波器诊断异响的基本原理

把发动机气缸体、气缸盖和油底壳等机件的外表面作为声源的测试部位时，测试信息为主声源发出的二次声源，它们的振动规律（频率，振幅，相位，持续时间等）由主声源的振动规律和该点固有振动频率等因素共同决定。以解放某型号发动机为例，曲轴主轴承的振动频率较低，它在面积较大而固有振动频率也较低的油底壳或曲轴箱侧壁上，能激发出 400Hz 的低频振动；连杆轴承响，则在离其最近的曲轴箱侧壁上激发出 800Hz 的振动；活塞销响，在正对该气缸活塞顶的气缸盖上激发出约 1200Hz 的振动；由于振动方向的原因，活塞敲缸响，则在正对该气缸体左侧（面对发动机）上部产生的振幅最大，振动频率约为 1200Hz；配气机构的响声是比较复杂的，气门落座响，在正对活塞顶的缸盖上激发出约为 2800Hz 的振动。而同一主声源在正对该气门的缸盖上激发出的振动频率会更高。

用示波器诊断发动机异响，就是利用振动传感器，把各种异响对应的振动信号拾取出来，经过选频、放大处理后送到示波器显示出振动波形，对异响进行频率鉴别和幅度鉴别，再辅之以单缸断火（或单缸断油），转速变化等手段，就能迅速准确地判断出异响的种类、部位和严重程度。

2. 异响波形的观测方法

通过专用异响诊断仪，以及国产和一些进口的带有示波器功能的发动机综合性能检测仪均能观测发动机异响波形。下面以 WFJ-1 型微电脑发动机检测仪为例，说明异响波形的观测方法。

(1)曲轴主轴承响

按仪器使用说明书的要求键入规定的操作码，进行异响选择。将加速度传感器抵在发动机油底壳中上部稍前的位置上，如图 2-85(a)中黑点所示。提高发动机转速，找出响声明显的转速，并在该转速下微抖节气门。若示波器屏幕上有瞬时波形出现，发出的响声又沉重有力，说明主轴承响。在不断微抖节气门的情况下按下“存储”键，则主轴承故障波形存储在仪器内，复位后再键入规定的操作码，即可重显已存入的波形。按下“全缸”键，可显示主轴承响全缸波形，如图 2-85(b)所示。从图中可以看出，在 6 缸和 3 缸之间的主轴承波形幅度最高。再按下“单缸”键，依次单独显示出各缸波形，发现是源自 6 缸的波形，显然是靠近 6 缸的主轴承响，如图 2-85(c)所示。在波形存储之前，视需要可结合经验法进行诊断。如当 6 缸断火或与相邻双缸同时断火时，波形减弱或消失，这样不仅可确诊为是主轴承响，而且还可诊断出是与 6 缸相邻的那一道主轴承响。

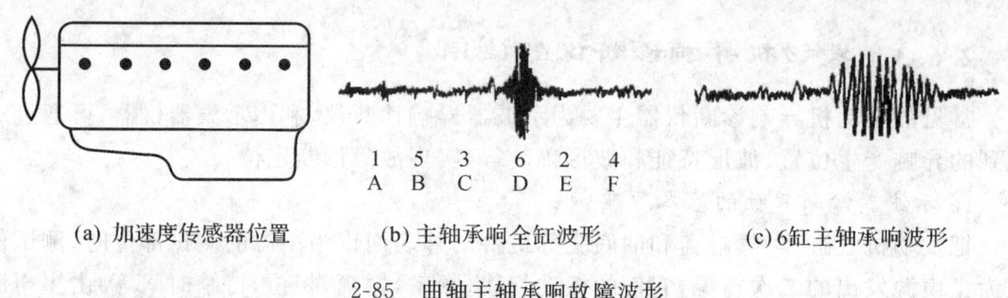

(a) 加速度传感器位置　(b) 主轴承响全缸波形　(c) 6缸主轴承响波形

2-85　曲轴主轴承响故障波形

(2)连杆轴承响

按仪器说明书的要求键入规定的操作码,进行异响选择。将加速度传感器抵在曲轴箱上部对正连杆轴承处。测 1,2,3 缸时抵在 A 点处,测 4,5,6 缸时抵在 B 点处,如图 2-86(a)所示。提高发动机转速,找出响声明显的转速,并在该转速下微抖节气门。若屏幕上有瞬时波形出现,发出的响声较主轴承轻而短促,说明是连杆轴承响。调整电位器使波形清晰,可按照主轴承响的方法进行波形存储,全缸波形重显和缸位判断,并将波形打印出来。视需要可结合经验法诊断。连杆轴承响的全缸波形和 2 缸连杆轴承响的故障波形,如图 2-86(b)和图 2-86(c)所示。

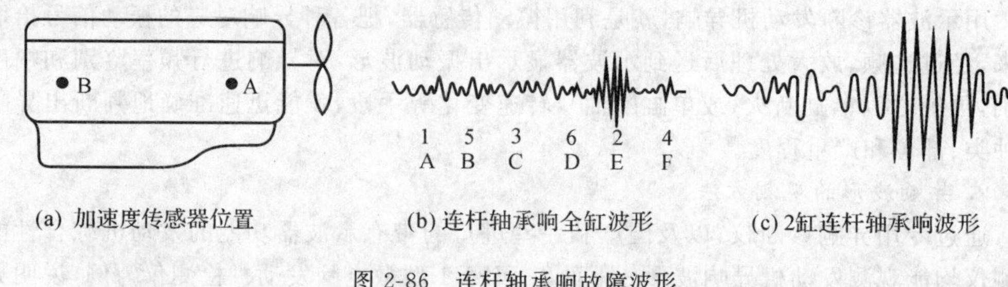

(a) 加速度传感器位置　(b) 连杆轴承响全缸波形　(c) 2缸连杆轴承响波形

图 2-86　连杆轴承响故障波形

(3)活塞敲缸响

按仪器说明书的要求键入规定的操作码,将加速度传感器抵在气缸的上部,如图 2-87(a)所示。在低速下微抖节气门,若屏幕上出现瞬时波形,响声清晰明显,说明是活塞敲缸响。调电位器使波形清晰,与诊断主轴承一样,也可以存储、全缸重显、缸位判断和打印。视需要可结合经验法诊断,如向气缸内加机油确诊等。活塞敲缸响的故障波形如图 2-87(b)和图 2-87(c)所示。

(4)气门落座响

按仪器说明书的要求键入规定的操作码,将加速度传感器抵在缸盖上对应进排气门附近,如图 2-88(a)所示。调电位器使波形清晰,屏幕上出现并列线和进排气门的落座波形,如图 2-88(b)所示。当某个气门落座时有异响时,其波形幅度明显增大,因而很容易判断。如异响波形相对于其他同名气门波形左移,这一般是气门间隙太大造成的。反之,若发现气门落座波形相对于其他同名气门波形右移,这一般是气门间隙太小造成

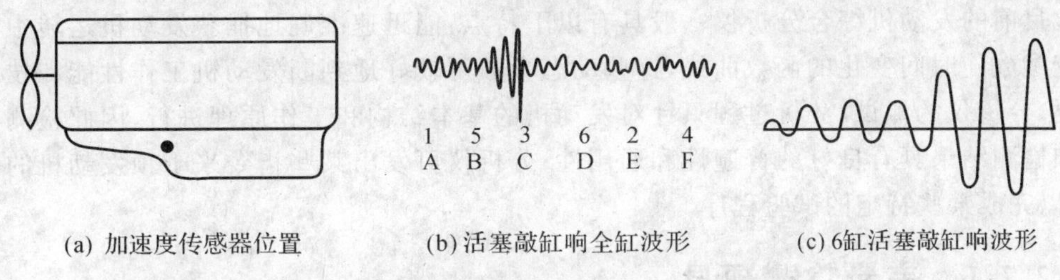

(a) 加速度传感器位置　(b) 活塞敲缸响全缸波形　(c) 6缸活塞敲缸响波形

图 2-87　活塞敲响缸故障波形

的。如前所述，对气门落座波形也可以存储、重显、缸位判断和打印。图 2-89 所示为 1 缸的气门落座波形与缸压波形。

综上所述，用示波器诊断发动机异响时应注意的要点有：在响声明显的转速下稳住或微抖节气门，使发动机稳定运转或反复加速运转；加速度传感器的拾振位置应与异响位置相一致；要始终配合以经验诊断，如听诊法、单缸断火、相邻两缸同时断火等经验诊断法；观察分析示波器上的波形，判断异响。

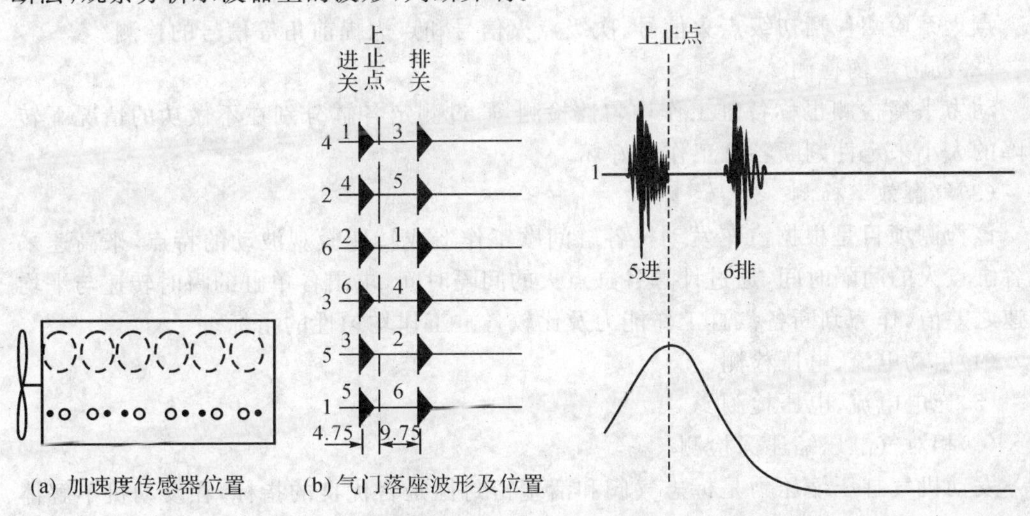

(a) 加速度传感器位置　(b) 气门落座波形及位置

图 2-88　气门落座波形　　图 2-89　在 1 缸的气门落座波形和缸压波形

2.7　发动机综合性能分析仪

发动机综合性能分析仪是发动机检测、诊断仪器中，检测项目最多、功能最全、涉及面最广和技术含量最高的一种仪器，它可检测发动机各系统的工作状态、运行参数及排放性能，可实时采集初、次级点火信号、喷油信号、电控传感器信号、进排气系统等的动态波形，同时可进行性能分析、波形存储和回放、测试结果查询等，从而为发动机的技术状态判断和故障诊断提供依据，因此在汽车综合性能检测中发挥的作用非常的大。

目前的发动机综合分析仪一般具有以下特点：能迅速准确地捕获发动机运转中各瞬变参数随时间变化的函数曲线，这些动态参数可较好地判断发动机工作性能和技术状况；分析仪的测试、分析过程只针对发动机的基本结构和工作原理进行，因此检测方法和检测结果具有良好的普遍性和通用性；分析仪可发出某些指令来干预发动机的工作，以完成某些特定的试验程序。

2.7.1 主要检测项目

发动机综合性能分析仪是以示波器为核心的测试仪器。当配合以多种传感器、夹持器和测试探头时，能实现对多种电量、非电量参数（温度、压力、真空、转速等）的检测、分析和判断。下面以远征 EA2000 发动机综合分析仪为例，简要说明发动机综合分析仪的一些主要检测项目。

1. 汽油机性能检测项目

(1)点火系检测

点火系检测包括初级点火信号、次级点火信号和点火提前角等信号的检测。

(2)动力平衡检测

动力平衡检测也称各缸工作均匀性检测，通过测定各缸分别在不做功的情况下转速降的大小来定性判断各缸工作的好坏。

(3)气缸效率检测

该检测项目是根据汽车发动机各缸间歇工作造成转速微观波动的特点，来高速采集各缸点火的间隔时间，通过计算各缸点火的间隔时间，求出各单缸的瞬时转速与平均转速之差值，作为判断各汽缸工作能力及比较各缸工作均匀性的指标。

(4)启动电流、电压检测

(5)充电电流、电压检测

(6)相对气缸压缩压力检测

发动机气缸压缩压力是标志气阀和活塞密封性是否优良的指标，在发动机不解体的情况下不易得到其具体参数，可通过检测启动电流来检测相对气缸压缩压力的变化量，对各缸压缩压力的均衡性进行判断。

(7)进气管真空度检测

(8)温度检测

(9)废气分析(需附带废气分析仪)

(10)转速稳定性分析

(11)无外载测功

2. 柴油机性能检测项目

(1)喷油压力检测

(2)喷油提前角检测

(3)启动电压、电流检测

(4)充电电压、电流检测

(5)自由加速烟度检测(需附带柴油机烟度计)

(6)转速稳定性分析

(7)无外载测功

3. 电控发动机参数检测

(1)转速传感器检测

(2)温度传感器检测

(3)进气管内真空度传感器检测

(4)节气门位置传感器检测

(5)爆震信号传感器检测

(6)氧传感器检测

(7)车速传感器检测

经过这些项目的检测可得到反映发动机工作状态和技术性能的数据信息。

2.7.2　综合分析仪的测试方法

国产远征 EA2000 型发动机综合分析仪的基本操作方法如下。

1. 测试前的准备工作

(1)使用前应仔细阅读仪器的使用说明书,并且熟悉被测车辆;

(2)使用设备时,应确保其电源系统可靠接地;

(3)在将信号提取系统连接到被测车辆前,先开启并试运行仪器,暖机 20 分钟;

(4)在连接仪器与发动机间的测试线时,发动机必须停止运转,点火开关置于 OFF;

(5)按说明书要求接好测试线和传感器。

(6)启动发动机,预热到正常工作温度,调整发动机怠速,使怠速转速在规定范围内。

2. 主机系统准备工作

开启电源总开关后,电源指示灯亮。打开主机电源开关,WIN98 系统运行完毕后,系统启动并自动执行发动机综合性能分析仪通信伺候服务程序和 EA2000 发动机综合性能分析仪程序,主机将对预处理器通讯、适配器逐一进行自检,通过后,相应适配器图标显示为绿色;检测若有故障,相应适配器图标为红色。

系统通过自检后首先进入主界面,在主界面中点击“检测”图标,进入检测界面,再点击用户资料图标,如图 2-90 所示,提示用户首先输入所测车型的相关资料。

用户输入所测车型的相关资料后，点击“确定”按钮，系统将进入测试项目主菜单，见图2-91。此时根据实际检测的需要选择测试的项目，检测菜单层次结构主要按检测项目进行分类。

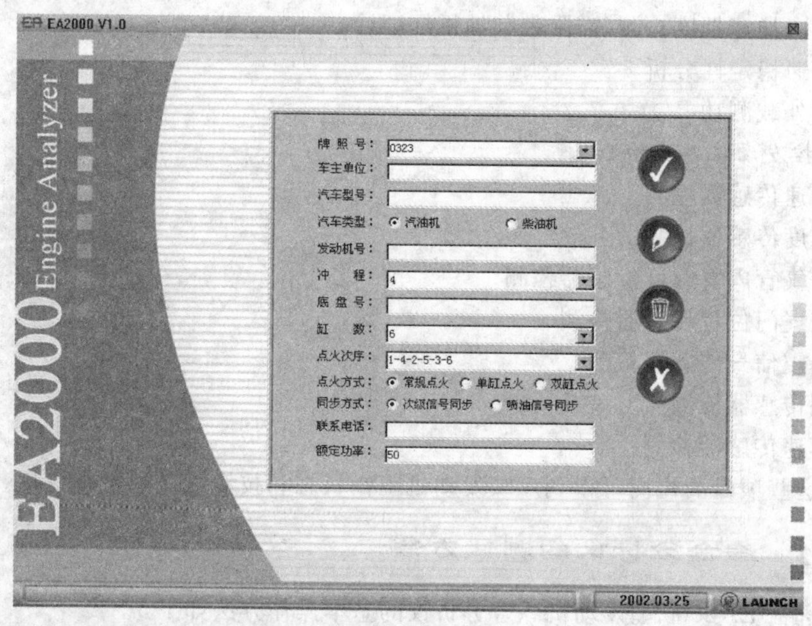

图2-90 用户数据设定

3. 检测方法

下面分别以汽油机、柴油机和电控发动机的部分检测项目为例介绍分析仪的具体检测方法。

(1)汽油机次级点火信号的检测

EA2000发动机综合性能分析仪设备具有强大的点火波形检测、处理和分析能力，能对次级点火波形进行平列波、并列波、阶梯波、重叠波的分析检测，同时还能对次级点火信号的击穿电压、火花电压、火花持续时间、闭合角、重叠角5个特征值的动态过程以直方图、折线图、数据表的形式显示。

1)次级点火信号测试的接线方法

对于常规点火系统，首先将电瓶电压拾取器的红、黑夹分别夹在电瓶的正、负极上，将红色次级信号夹夹在中心高压线上(从适配器1280408的红色BNC头引入设备)，一缸信号钳夹在一缸高压线上，如图2-92所示。

2)平列波

在“汽油机检测”菜单下用鼠标左键点击“次级信号”图标，即进入次级信号测试界面(默认为平列波)，然后启动发动机即可测到次级平列波，如图2-93所示。

图 2-91　检测界面

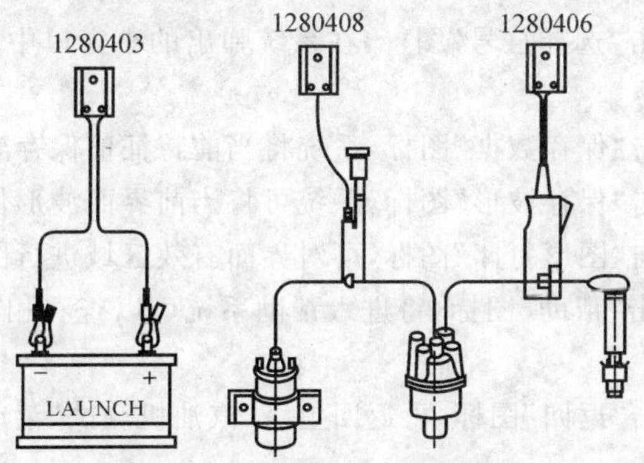

图 2-92　常规点火接线示意图

界面说明如下：

● 用鼠标左键点击“停止”图标（“停止”图标被按下后即变为“测试”图标），系统即停止采集，再点击此图标即可恢复测试（同时“测试”图标恢复为“停止”图标）。

● 用鼠标左键点击“波形选择”图标，系统弹出波形选择窗口，可在其中选择波形显示形式（波形选择窗口中包括“平列波”、“并列波”、“重叠波”、“阶梯波”、“直方图”、“折线图”、“数据表”，不选择时系统默认为平列波）。

● 用鼠标左键点击“显示调整”图标，系统即弹出显示调整窗口，用户可根据需要

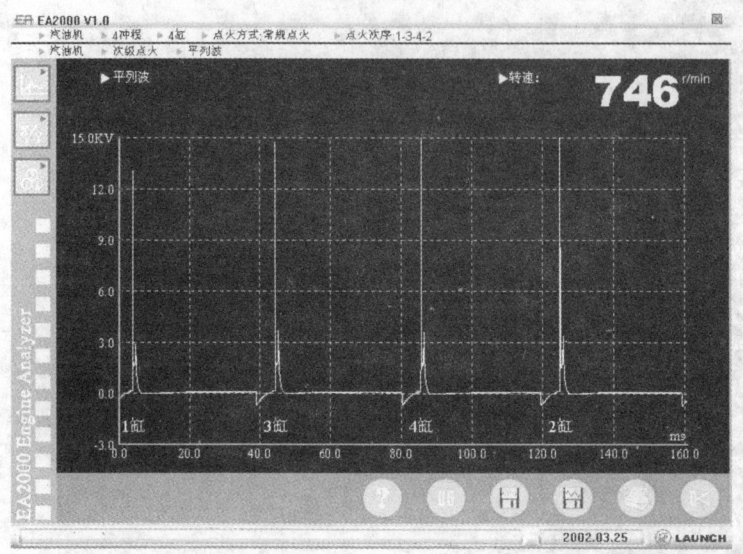

图 2-93 次级平列波

点击相应图标进行 X 轴单位调整(在 ms 和角度之间切换)和将波形进行横、纵向平移和缩放。

- 用鼠标左键点击“选择缸号”图标,在系统弹出的小窗口中可选择显示每一缸或所有缸的次级波形。
- 用鼠标左键点击“保存数据”图标,系统将当前特征值保存到数据库。
- 用鼠标左键点击“保存波形”图标,系统可将当前界面波形保存于指定目录。
- 用鼠标左键点击“图形打印”图标,可对界面有效区域进行图形打印。
- 用鼠标左键点击“帮助”图标,将进入帮助系统可以查看相关正确与故障波形供参考。
- 用鼠标左键点击“返回”图标,可返回上级“汽油机测试”菜单。

3)并列波

在次级点火平列波形界面点击“波形选择”图标,在弹出的窗口中选择“并列波”图标,系统即可切换到并列波测试界面,如图 2-94 所示。

4)重叠波

在次级点火平列波形界面点击“波形选择”图标,在弹出的窗口中选择“重叠波”图标,系统即可切换到重叠波测试界面,如图 2-95 所示。

(2)柴油机喷油压力检测

在测试前,请按图 2-96 所示的方法把喷油压力拾取器及接地线(1280402)夹在柴油机的某一缸高压油管上,启动发动机。

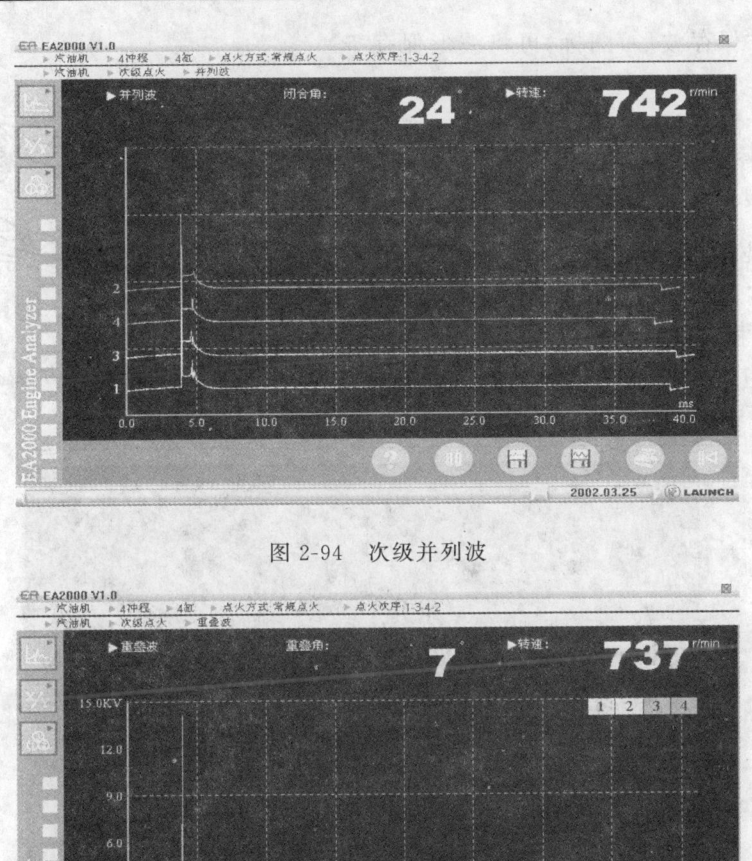

图 2-94　次级并列波

图 2-95　次级信号重叠波

在“柴油机”菜单下用鼠标点击“喷油压力”，进入柴油机喷油压力测试界面。如图 2-97 所示。

界面说明及操作：

- 在喷油压力测试界面点击“选择缸号”图标，依据压力传感器所夹持的油管选定“第几缸”。
- 点击“测试”图标，系统即自动测定发动机的喷油波形及转速并显示。
- 点击“保存数据”图标，可将检测有效结果进行保存。

● 点击“保存波形”图标，可将波形保存于指定目录。

● 点击“图形打印”图标，可对界面有效区域进行图形打印。

● 点击“帮助”图标，可进入帮助系统查询相关技术数据。

● 点击“返回”图标可返回上级菜单。

(3)柴油机转速稳定性

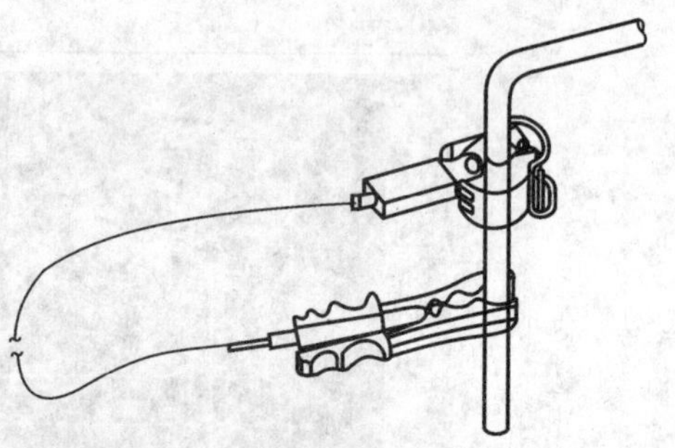

图 2-96 外卡式喷油压力传感器的安装

将喷油压力传感器夹在一缸高压油管上，启动发动机。

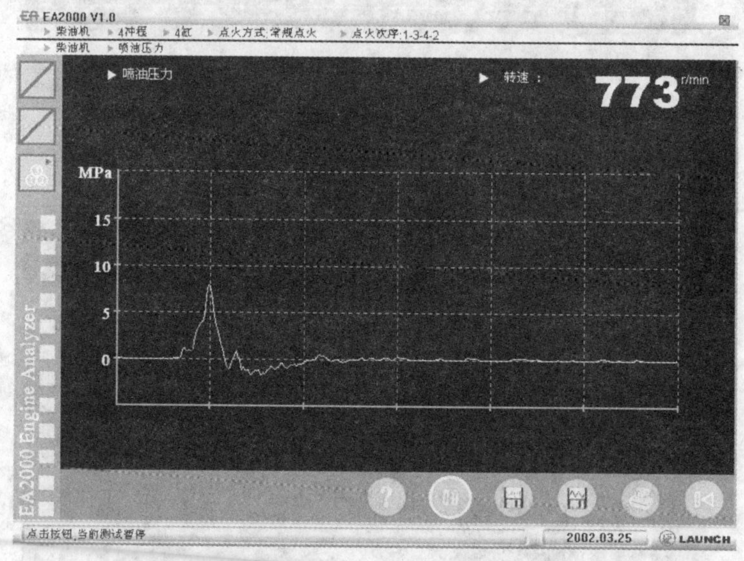

图 2-97 柴油机喷油压力测试

● 在“柴油机” 菜单下点击“转速稳定性分析”图标，系统即进入转速测试状态，并显示发动机的实时转速及在 32 个循环内的最高、最低转速；用户也可自行输入平均循环数值。如图 2-98 所示。

● 用鼠标左键点击“保存数据”图标可将检测有效结果进行保存。

● 点击“帮助”图标可进入帮助系统查看相关技术数据。

● 用鼠标左键点击“返回”图标可返回上级菜单。

(4)电控发动机转速传感器检测

在检测前，用通用探针(1280412)连接转速传感器输出信号线，将一缸信号拾取器(1280406)夹在一缸高压线上。

图 2-98　转速稳定性测试

操作说明如下：

● 在“发动机电控参数”菜单下用鼠标左键点击“转速(相位)”传感器图标，系统可进入转速传感器测试界面并显示所测得的转速传感器波形，如图 2-99 所示。

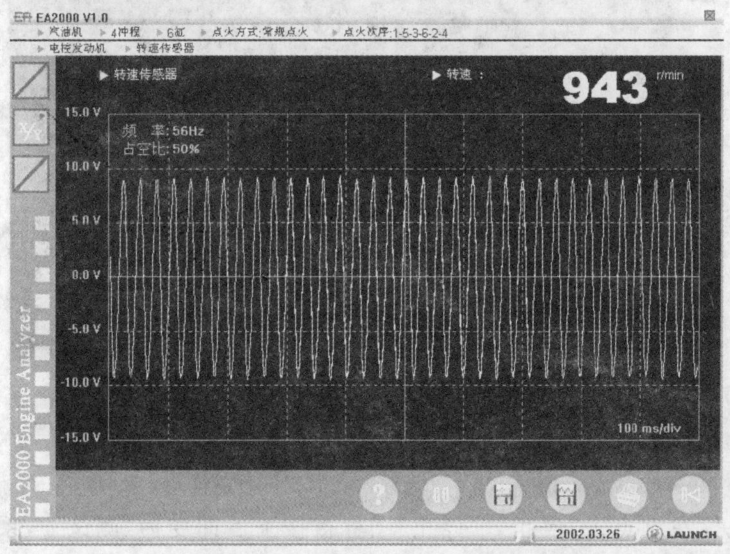

图 2-99　转速(相位)传感器检测

● 用鼠标左键点击“停止”图标(“停止”图标被按下后即变为“测试”图标)，系统即停止采集，再点击此图标即可恢复测试(同时“测试”图标恢复为“停止”图标)。

- 用鼠标点击“显示调整”图标，在弹出的窗口中可点击相应的图标对 X，Y 轴放大、缩小或平移。
- 用鼠标左键点击“保存波形”图标可将波形保存于指定目录。
- 用鼠标左键点击“保存数据”图标可将检测有效结果进行保存。
- 用鼠标左键点击“图形打印”图标可对界面有效区域进行图形打印。
- 显示的转速、占空比、频率与显示的波形实时对应。
- 用鼠标左键点击“返回”图标可返回上级菜单。

用鼠标左键点击“帮助”图标，将进入帮助系统，提供部分标准波形供参考。

(5)电控发动机进气管内真空度传感器检测

将通用探针连接到真空度传感器输出信号线上，将一缸信号拾取器夹在一缸高压线上。

操作说明如下：

- 在“电控发动机参数”菜单下用鼠标左键点击“进气管内真空度”，系统即进入进气管内真空度传感器测试界面并显示所测得的进气传感器波形，如图 2-100 所示。

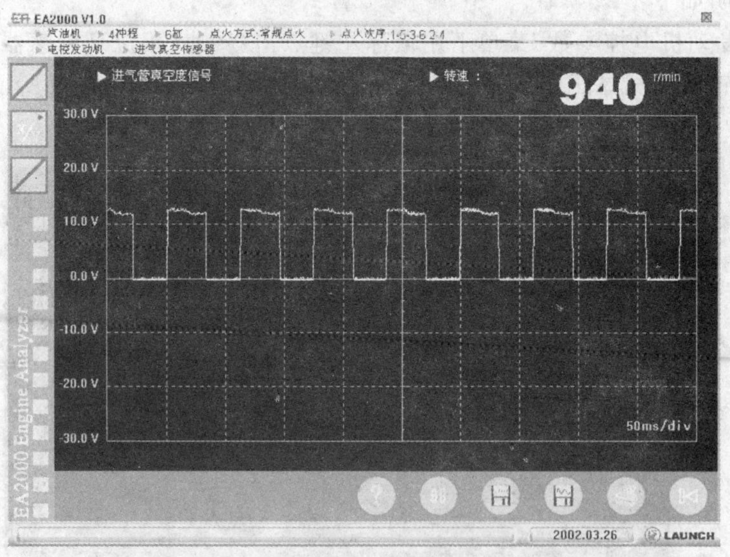

图 2-100 进气管内真空度传感器检测

- 用鼠标左键点击“停止”(“停止”图标被按下后即变为“测试”)，系统即停止测试，再点击此图标即可恢复采集(同时“测试”恢复为“停止”图标)。
- 在停止状态下可点击“显示调整”图标，在弹出的工具窗口中可对 X，Y 轴进行缩放、平移，以便观察。

- 用鼠标左键点击“保存数据”图标可将检测有效结果进行保存。
- 用鼠标左键点击“保存波形”图标可将波形保存于指定目录。
- 用鼠标左键点击“图形打印”可对界面有效区域进行图形打印。
- 点击“帮助”图标可进入帮助系统查看相应技术数据。
- 用鼠标左键点击“返回”可返回上级菜单。

实训题

实训 2-1　汽缸压缩压力检测

1. 实训目的与要求

(1)掌握用经验法、直观法以及测量起动机电流或电压法检查缸压；

(2)熟练掌握用缸压表测量汽缸的压力；

(3)掌握通过缸压分析故障的原因；

(4)能够排除发动机由于缸压引起的故障。

2. 实训仪器设备

(1)气缸压力表一只；

(2)能正常工作发动机一台；

(3)火花塞套筒、扳手等工具若干。

3. 实训内容

(1)按正确的操作规程用汽缸压力表测量汽缸压缩压力；

(2)判断汽缸压力是否符合技术标准；

(3)根据汽缸压缩压力分析故障的原因；

(4)排除故障，保证发动机正常工作。

4. 实训操作要领

(1)发动机应运转至正常工作温度；

(2)拆除全部火花塞或喷油器(柴油机)；

(3)把节气门置于全开位置；

(4)把气缸压力表的锥形橡胶头压紧在被测的火花塞孔内或把螺纹管接头拧在火花塞孔上；

(5)用起动机带动曲轴旋转 3～5s，指针稳定后读取读数，然后按下单向阀使指针回零；

(6)按上述方法依次检测各个气缸。

5. 注意事项

(1)起动机运转时间不能太长,一般为 3～5s;

(2)每个气缸的测量次数应不少于两次,取平均值。

实训 2-2 发动机进气歧管真空度检测

1. 实训的目的与要求

(1)了解真空表的结构与原理;

(2)掌握真空表的使用方法;

(3)能根据指针的位置和动作进行分析,判断出故障的原因;

2. 实训仪器设备

(1)真空表一只;

(2)能正常工作发动机一台;

(3)工具若干。

3. 实训内容

(1)掌握连接真空表的正确方法;

(2)掌握真空表的使用方法;

(3)学会读取真空表的读数和指针漂移位置;

(4)通过对进气管真空度检测结果的分析,可判断发动机的技术状况和故障。

4. 实训操作要领

(1)发动机预热至正常工作温度;

(2)把真空表软管与进气歧管上的检测孔连接;

(3)变速器置于空挡,要求发动机能怠速稳定运转;

(4)在真空表上读取真空度读数。

5. 注意事项

(1)检测时不需要拆下火花塞;

(2)进气管不能有任何漏气现象;

(3)注意操作安全。

实训 2-3 发动机点火波形与点火正时检测

1. 实训目的与要求

(1)了解示波器的工作原理;

(2)掌握使用点火示波器检测点火波形;

(3)能根据电压波形的变化分析点火系统各组成部件的故障;

(4)学会闪光正时检测仪的使用方法;

(5)能根据所测得的角度,计算出初始提前角、离心提前角和真空提前角。

2. 实训仪器设备

(1)汽车专用示波器一台;

(2)点火正时灯一套;

(3)工作良好发动机一台。

3. 实训内容

(1)点火示波器的使用方法,闪光正时仪的使用方法;

(2)运用仪器对发动机的点火系统进行检测;

(3)对检测结果进行分析;

(4)把实际波形和标准波形进行比较,并分析判断故障部位。

4. 实训操作要领

● 点火波形检测

(1)按发动机点火示波器或发动机综合检测仪使用说明书的要求,对仪器通电预热,检查校正。

(2)启动发动机并预热至正常工作温度。

(3)按要求正确联机,把各类传感器连接在发动机有关部位。

(4)通过按键或输入操作码可分别测得发动机的重叠波、并列波、平列波和单缸选缸波。

● 点火正时检测

(1)检测时,先接上正时灯,再把点火脉冲传感器串接在一缸火花塞与高压线间或外卡在一缸高压线上(感应式传感器)。

(2)擦拭飞轮或曲轴带轮使之清晰显露出正时标记。

(3)置发动机于怠速工况下运转,打开正时灯并使之对准正时标记,调整电位计旋钮,使活动标记与固定标记对齐,此时所显示的读数即为怠速工况下的点火提前角。用同样方法可测出不向工况下的点火提前角。

5. 注意事项

(1)检测时,一般应先把发动机罩下的点火正时检验接线柱搭铁,使计算机控制点火提前不起作用。

(2)首先检测基本提前角(即发动机自动控制点火提前装置不起作用时的点火提前角),检测完后再把搭铁导线拆除。

实训 2-4　发动机异响的诊断

1. 实训目的与要求

(1)了解发动机异响的诊断的基本原理；

(2)掌握发动机异响的检测诊断方法；

(3)掌握使用发动机综合测试仪检测发动机异响的程序；

(4)学会对检测结果进行分析。

2. 实训仪器设备

(1)能正常工作发动机一台；

(2)发动机综合分析测试仪一台；

(3)常用工具若干。

3. 实训内容

(1)曲轴主轴承异响的诊断检测；

(2)连杆轴承异响的诊断检测；

(3)气门异响的诊断检测；

(4)活塞销异响的诊断检测；

(5)汽油机爆震响声的诊断检测；

(6)活塞敲缸异响的诊断检测。

4. 实训操作要领

(1)熟悉发动机各类异响产生的原因及故障排除方法；

(2)设置相应的故障，尤其是考虑不能对发动机损害太大同时又相对较容易设置的故障(如气门异响和爆震响声等故障)；

(3)运用经验判断法分析产生异响的部位，听诊异响的性质；

(4)分析由发动机综合分析测试仪和连接相应的振动传感器得到的波形，判断故障发生的部位和严重程度。

5. 注意事项

(1)设置异响故障应以防止损坏发动机为基础；

(2)振动传感器的位置及和仪器的连接应确保合理、安全、正确。

实训 2-5　发动机综合性能诊断检测

1. 实训目的与要求

(1)巩固发动机综合参数测试仪的操作技能；

(2)掌握发动机综合测试仪的特点；

(3)掌握发动机综合性能诊断检测的各个步骤和注意事项。

2. 实训仪器设备

(1)性能良好发动机一台；

(2)发动机综合分析测试仪一台；

(3)常用工具若干。

3. 实训内容

(1)掌握发动机综合测试仪的开启和系统的启动、自检、设置和退出等操作；

(2)根据所要求检测的内容正确连接信号提取线路；

(3)进行测试并对测试的结果进行查询。

4. 实训操作要领

(1)使用前应仔细阅读仪器的使用说明书，并熟悉被测车辆；

(2)使用设备时，应确保其电源系统可靠接地；

(3)在将信号提取系统连接到被测车辆前，先开启并试运行仪器，暖机 20 分钟；

(4)在连接仪器与发动机间的测试线时，发动机必须停止运转，点火开关置于OFF；

(5)按说明书要求接好测试线和传感器；

(6)启动发动机，预热到正常工作温度，调整发动机怠速，使怠速稳定在规定范围内。

5. 注意事项

(1)不同型号的发动机综合分析仪操作方法不尽相同，应注意阅读说明书；

(2)试验时注意操作规范，避免安全事故。

实训 2-6　电喷发动机故障诊断与排除

1. 实训目的与要求

(1)了解电喷发动机发动机常见故障的现象；

(2)掌握电喷发动机常见故障产生的原因和诊断方法；

(3)了解发动机故障诊断和排除方法。

2. 实训仪器设备

(1)故障诊断仪一台，汽车万用表一只；

(2)电喷发动机故障试验台一台；

(3)常用工具若干。

3. 实训内容

(1)电喷发动机不能启动故障的诊断和排除；

(2)电喷发动机启动困难故障诊断和排除；

(3)电喷发动机怠速不良故障诊断和排除；

(4)电喷发动机动力不足故障诊断和排除；

(5)电喷发动机减速不良故障诊断和排除。

4. 实训操作要领

(1)直观诊断。应先对与故障现象有关的部位、部件及其连接导线进行外观检查。查找各个插接器是否插接不到位而引起的接触不良，检查电线是否断开、短路，检查各个传感器和执行器是否有松动、变形等，检查发动机是否有异响，点火器、点火线圈温度是否正常。

(2)仪器诊断。利用一些仪器仪表(如数字万用表、示波器等)或者专用的诊断仪器设备(如发动机综合分析仪、点火分析仪、正时灯等)对电喷发动机故障进行检测、分析和诊断。

5. 注意事项

(1)操作人员对仪器仪表的结构和电路原理必须要有相当的了解；

(2)在排除故障时，如发动机不能启动时，打点火开关的时间不宜过长。

复习思考题

2-1 简述测试发动机功率的意义。

2-2 什么是发动机稳态测功？什么发动机动态测功？

2-3 简述无负荷测功的测量方法及其依据的基本原理。

2-4 汽缸密封性对发动机工作有什么影响？用何方法加以检测？

2-5 点火系统单缸波形有几种？试画出单缸次级标准波形，并指出波形上各段的含义。

2-6 何谓发动机的正常响声和异常响声？

2-7 发动机产生异响的主要相关因素有哪些？

2-8 发动机曲轴主轴承异响的现象是什么？故障原因是什么？如何诊断？

2-9 发动机连杆轴承异响的现象是什么？故障原因是什么？如何诊断？

2-10 发动机活塞销异响的现象是什么？故障原因是什么？如何诊断？

2-11 发动机气门异响的现象是什么？故障原因是什么？如何诊断？

2-12　柴油机燃油供给系的常见故障有哪些？

2-13　柴油机排气管冒蓝烟、黑烟和白烟的可能原因主要有哪些？

2-14　简要分析柴油机无力、功率不足的可能原因。

2-15　柴油机为什么会飞车，遇上飞车该如何处理？

2-16　整个燃油喷射过程中，高压油管中的压力变化可分为哪三个阶段？

2-17　何为供油正时？用经验法检查并校正供油正时的步骤包含哪些？

2-18　发动机综合性能分析仪的主要特点及主要检测项目包含哪些？

2-19　简要说明发动机综合分析仪对汽油机次级点火信号的检测方法。

第3章

汽车底盘的检测与诊断

【学习要求】

理论知识要求

1. 掌握汽车传动系的技术状况的评价；
2. 掌握车轮定位的原理；
3. 掌握车轮平衡度的检测原理；
4. 掌握汽车悬架检测台的结构与工作原理；
5. 掌握常见故障及经验诊断的分析方法。

操作能力要求

1. 能使用仪器进行离合器打滑的检测；
2. 能运用各种方法进行自动变速器故障诊断与检测；
3. 能使用定位仪进行车轮定位检测与调整；
4. 能使用车轮动平衡仪进行轮胎平衡；
5. 能进行悬架装置和转向系各部间隙的检测；
6. 能进行 ABS 故障的诊断与检测。

3.1 传动系的检测与诊断

汽车传动系是汽车底盘的重要组成部分。传动系技术状况的好坏不仅直接关系到发动机的动力传递，而且对汽车的操纵方便性和燃料经济性产生较大的影响。因此，对汽车传动系的整体性能应经常检测，对传动系的故障应及时诊断并排除，确保传动系具有良好的技术状况。

3.1.1　滑行距离和传动系功率消耗的检测

1. 汽车滑行距离的检测

汽车滑行距离是指汽车加速至某一预定车速后挂空挡，利用汽车具有的动能来行驶的距离。汽车滑行距离的长短可反映汽车传动系阻力的大小，据此可判断汽车传动系的总体技术状况。汽车传动系传动效率越高，汽车的滑行距离愈长，则表明传动系总的技术状况越好。滑行距离检测可用路试法或底盘测功机检测。

(1)用路试法检测滑行距离

路试时，用汽车五轮仪作为检测仪器。汽车通常以 30km/h 或 50km/h 的车速进入良好的水平路面后摘挡滑行，同时启动测试仪器，测出汽车滑行距离。为提高检测精度，实测时，一是要确保试验的初始车速为规定车速，二是在试验路段需往返各进行一次滑行距离的检测，取两次检测的算术平均值作为检测结果。

滑行距离的检测标准，与摘挡滑行的初始车速、汽车整备质量及汽车的驱动轴数有关。GB 18565—2001《营运车辆综合性能要求和检验方法》中规定：汽车空载、轮胎气压符合规定值时以初速 30km/h 摘挡滑行，其滑行距离应满足表 3-1 的要求。

表 3-1　车辆滑行距离要求

汽车整备质量 m(kg)	单轴驱动车辆滑行距离(m)	双轴驱动车辆滑行距离(m)
$m<1000$	≥130	≥104
$1000 \leqslant m \leqslant 4000$	≥160	≥120
$4000<m \leqslant 5000$	≥180	≥144
$5000<m \leqslant 8000$	≥230	≥184
$8000<m \leqslant 11000$	≥250	≥200
$m \geqslant 11000$	≥270	≥214

(2)用底盘测功机检测滑行距离

在惯性式底盘测功机上可以进行滑行距离的检测。汽车检测前应运行至正常工作温度，检测时，汽车驱动轮带动滚筒及其飞轮旋转，当驱动车轮达到预定车速时，摘挡滑行，则贮存在底盘测功机旋转质量中的动能、驱动轮及传动系旋转部件的动能释放出来，使汽车驱动轮及传动系旋转部件继续旋转，直至滑行的驱动轮停转。此时，测功机滚筒滚过的圆周长即为汽车的滑行距离，它可通过底盘测功机的测距装置测出。

底盘测功机测出的滑行距离的精度，在很大程度上取决于底盘测功机旋转部件及汽车驱动轮的旋转动能是否与路试时汽车在相应车速下的动能相一致。因为底盘测功机进行滑行距离检测时，尽管汽车驱动轮驱动滚筒旋转，但整车仍处于静止状态。因此，底盘测功机应具有相应转动惯量的飞轮来模拟行驶汽车的动能。

根据行驶汽车的动能与底盘测功机检测时旋转部件动能相等的原则推出的飞轮转动惯量为

$$J=\frac{mv^2+J_K\omega_K^2-J_0\omega_0^2-J_n\omega_n^2}{\omega^2}$$

式中：J,ω——飞轮的转动惯量(kg·m²)和飞轮角速度(rad/s)；

J_0,ω_0——滚筒的转动惯量(kg·m²)和滚筒角速度(rad/s)；

J_n,ω_n——测功器转子的转动惯量(kg·m²)和转子角速度(rad/s)；

J_k,ω_k——从动车轮的转动惯量(kg·m²)和从动轮角速度(rad/s)；

m——汽车质量(kg)；

v——汽车车速(m/s)。

当检测不同车型时，可以通过采用不同的飞轮或飞轮组合来改变底盘测功机旋转质量的动能，使其符合要求。

按 GB 18565—2001《营运车辆综合性能要求和检验方法》规定：当轮胎气压符合标准、传动系润滑油油温不低于 50℃、底盘测功机飞轮转动惯量与被检车辆相适应时，用底盘测功机检测滑行距离，以初速 30km/h 摘挡滑行，其滑行距离应满足表 3-1 的要求。

2. 传动系传动效率的检测

发动机发出的功率 P_e 经传动系传至驱动轮的过程中，若传动系摩擦阻力消耗的功率为 P_T，则传动系的传动效率为

$$\eta_T=\frac{P_e-P_T}{P_e}$$

由上式知，只要测取 P_e 和 P_T，即可求出传动效率 η_T。通常，送检汽车的发动机功率 P_e 及其传动损失功率 P_T，可在底盘测功机上间接测得。需要指出的是，在底盘测功机上测功时，驱动车轮在滚筒上的滚动会产生功率损失，同时底盘测功机在传递动力时也会产生阻力损失功率。因此，在计算时应考虑底盘测功机的测试效率。设底盘测功机测试效率为 η_c，驱动轮输出功率为 P_K，汽车传动系损失功率及底盘测功机测试损失功率为 η_T，则传动效率 η_T 的计算式为

$$\eta_T=\frac{P_e-P_T}{P_e}=\frac{P_K}{(P_K+P_r)\eta_c}$$

底盘测功机正常时，η_c 可取 0.80～0.85，P_K 由测功机测得，而 P_e 可利用底盘测功机对传动系统进行同转速的反拖试验测出，由此，可求出传动系传动效率 η_T。

传动系传动效率可反映汽车传动系统的总体技术状况，其传动效率的正常值见表 3-2。若被检汽车传动系传动效率低于表 3-2 中的数值，则传动系统技术状况较差，说明消耗于传动系的功率增加，其损耗的功率主要消耗在各运动件的摩擦和搅油上。

表 3-2　汽车传动系统传动效率

汽车类型		传动效率 η_T
轿　　车		0.90～0.92
载货汽车和公共汽车	单级主减速器	0.90
	双级主减速器	0.84
4×4 越野汽车		0.85
6×4 载货汽车		0.80

3.1.2　离合器打滑的检测

离合器滑转(俗称打滑)使发动机动力不能有效地传递至驱动轮,汽车动力性下降,摩擦片磨损严重,同时也影响汽车的正常行驶:汽车起步困难;加速时,车速不能随发动机转速的提高而迅速上升;负载上坡传递大转矩时,打滑更为明显,严重时会烧坏摩擦片。

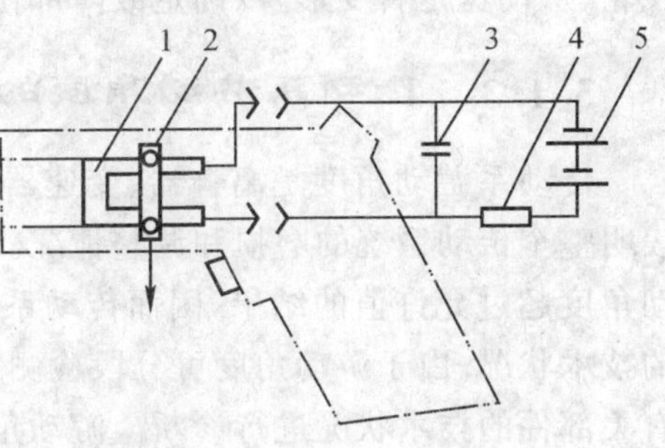

1—闪光灯;2—高压电极;3—电容;4—电阻;5—蓄电池

图 3-1　离合器打滑测定仪

采用离合器打滑测定仪可对离合器打滑进行检测,该仪器由闪光灯、高压电极、电容、电阻等构成,如图 3-1 所示。

离合器打滑测定仪的基本工作原理是频闪原理,即:如果在精确的确定时刻,相对转动零件的转角照射一束短暂(约 1/5000s)的频率与转动零件的旋转频率相同的光脉冲时,由于人们的视觉暂留现象,似乎觉着零件静止不动。测定仪以汽车蓄电池作为电源,由发动机一缸点火高压线通过电磁感应给测定仪的高压电极输入信号脉冲,控制闪光灯的闪光时刻,因此闪光灯的闪光频率与发动机转速成正比。若把闪光灯发出的光脉冲投射到传动轴某一点,传动轴与发动机转速相同时,光脉冲每次照射该点,使人感到传动轴并不旋转。

检测时,可把驱动轮置于底盘测功机或车速表试验台滚筒上,无条件者可支起驱动桥;将汽车变速器挂入直接挡加油门,必要时,可用行车制动器或驻车制动器增加适当负荷,以提高离合器传递转矩便于诊断。此时若离合器不打滑,此时将闪光灯发出的光脉冲投射到传动轴某一点,若传动轴与发动机转速相同,则光脉冲每次照射该点,使人感到传动轴静止不动;若离合器打滑,则传动轴转速比发动机转速慢,因此光脉冲每次照射点均位于上次照射点的前部,使人感觉到传动轴在慢慢转动,显然其转动的快慢即可反映离合器打滑的严重程度。注意:这种诊断方法只适应于具有直接挡的汽车。

由于基本测试原理相同,发动机点火正时灯也可用于离合器打滑的检测。

当离合器打滑时,可按下述方法诊断故障的具体原因:

(1)检查离合器踏板有无自由行程,若无自由行程,则应检查离合器操纵系统是否调整不当、踏板回位弹簧是否疲劳或折断、踏板操纵杆系是否卡滞、分离轴承是否不能回位、分离杠杆内端是否调整过高。

(2)若离合器踏板自由行程正常,则应拆下离合器壳底盖,检查从动盘摩擦片是否有烧损、硬化、铆钉外露或油污等现象。

(3)若从动盘摩擦片完好,则应检查压紧弹簧是否变形损坏或弹力不足,检查压盘、飞轮、从动盘是否变形,以确定故障部位。

3.1.3 传动系游动角度的检测

传动系游动角度是离合器、变速器、万向传动装置和驱动桥的游动间隙之和,它能表明整个传动系统的磨损和调整情况。通常,传动系机件的磨损松旷是由于各部分的游动角度超过允许值的结果,因而传动系游动角度可作为诊断参数来评价汽车传动系统的技术状况。由于游动角度可分段检测,因而还可用总成部件规定的游动角度对传动系有关部件的技术状况进行诊断。游动角度检测仪有指针式、数字式两种,利用传动系游动角度检测仪可对各传动部分的游度角度进行检测。

1. 用数字式游动角度检测仪检测

(1)检测原理

数字式游动角度检测仪由倾角传感器和测量仪两部分组成,二者以导线相连。倾角传感器的作用是将传感器感受到的倾角变化转变为线圈电感量的变化,从而改变检测仪电路的振荡频率。因此,其倾角传感器实际上是一个倾角—频率转换器。其传感器的外壳是一个长方形的壳体,其上部开有"V"形缺口,并配有带卡扣的尼龙带,可方便地固定在传动轴上,检测时可与传动轴同步摆动;传感器的内部结构如图 3-2 所示,核心部件是弧形线圈、弧形磁棒和摆杆。弧形线圈固定在外壳的夹板上,其位置随外壳的摆动而变化,其弧形磁棒通过摆杆和心轴支承在夹板的两轴承上,可绕心轴轴线转动。在重力作用下,摆杆始终偏离垂线某一固定角度 α_0。检测时,若传感器外壳随传动轴摆动,则弧形线圈也随之摆动,因而线圈与弧形磁棒的相互位置发生变化,从而改变了线圈的电感量及电路的振荡频率,其频率的变化量则反映了传动轴的游动角度。

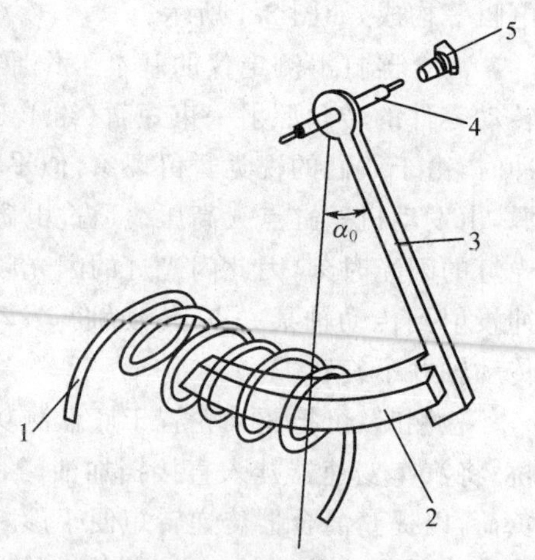

1—弧形线圈;2—弧形磁棒;3—摆杆;
4—芯轴;5—轴承

图 3-2 倾角传感器内部结构示意图

测量仪实际上是一台专用的数字式频率计，其作用是直接显示传感器测出的倾角。测量仪采用数字集成电路，由传感器送出的振荡信号，经计数门进入主计数器，在置成的补数基础上累计脉冲数。计数结束后，在锁存器接收脉冲作用下，将主计数器的结果送人寄存器，并由荧光数码管将结果显示出来。使用中，将游动范围内的两个极限位置的倾角读出，其差值即为游动角度。

(2)检测方法

利用数字式游动角度检测仪检测时，应先将其传感器固定在被测轴上，再左、右转动被测轴至两极限位置，使传感器检测出被测轴游动角度的信号，然后通过测量仪记下传感器在极限位置的倾斜角度，则两角度之差即为被测轴的游动角度。

传动系游动角度的检测，常采用分段检测方法。检测时，传感器始终固定在传动轴上，其各段的检测方法如下：

1)万向传动装置游动角度的检测。将传动轴置于驱动桥游动范围的中间或将驱动桥支起，进行驻车制动，左、右转动传动轴至极限位置，测量仪显示出两个极限位置时传感器的倾斜角度，其两角度之差即为万向传动装置的游动角度。显然该角度不包括传动轴与驱动桥之间万向联轴器的游动角度。

2)离合器和变速器各挡位游动角度的检测。放松驻车制动，变速器挂入选定挡位，离合器处于接合状态，传动轴位于驱动桥游动范围的中间，左、右转动传动轴至极限位置，测量仪显示的两角度之差再减去已测得的万向传动装置的游动角度，即为离合器与变速器在选定挡位下的游动角度之和。

3)驱动桥游动角度的检测。变速器挂入空挡，放松驻车制动，踩下制动踏板，左、右转动传动轴至极限位置，测量仪上显示的两角度之差即为驱动桥游动角度与传动轴至驱动桥之间万向节的游动角度之和。

显然，上述三段游动角度之和即为检测的传动系游动角度。

2. 用指针式游动角度检测仪检测

指针式游动角度检测仪由指针、刻度盘和测量扳手组成，如图 3-3(a)所示。使用时，指针固定在被测轴上，可与轴同步转动；刻度盘则在适当部位固定不动，作为指针的刻度目标，用来显示指针的转动角度；测量扳手用于转动被测轴，而扳手上的刻度和指针，则用于指示转动扳手所施加的力矩。

检测游动角度时，测量扳手将被测轴从一个极限位置转至另一个极限位置，其轴上的指针在固定不动的刻度盘上所转过的角度即为被测轴的游动角度。汽车传动系游动角度的检测应分段进行，先分别检测驱动桥的游动角度、万向传动装置的游动角度、离合器与变速器各挡位的游动角度，然后求和得出传动系的游动角度。检测各段时，应合理地固定指针及刻度盘，图 3-3(b)所示为驱动桥游动角度检测时指针与刻度盘的固定方式。

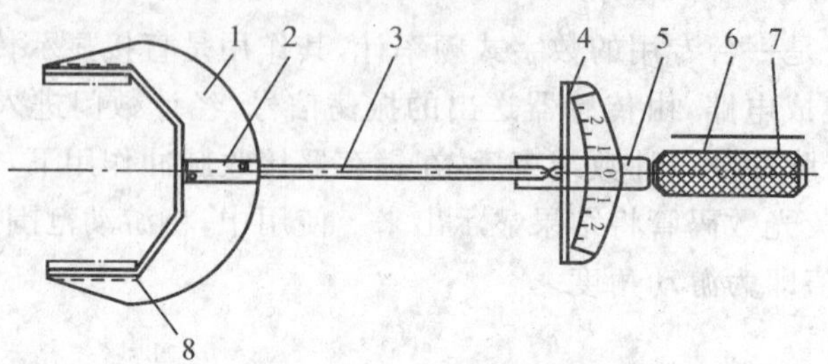

(a) 指针与刻度盘的固定

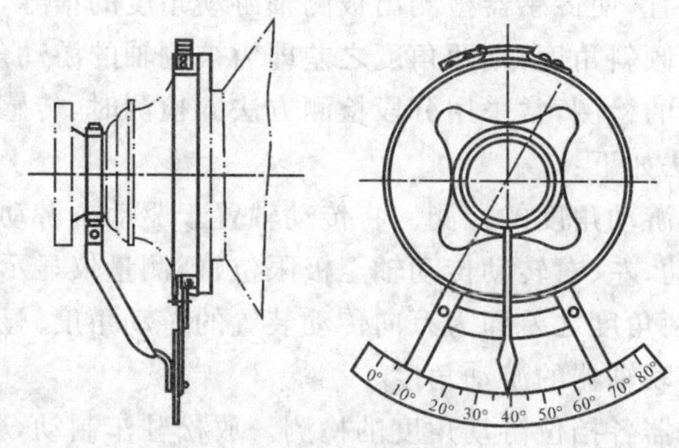

(b) 测量扳手

1—卡嘴；2—指针座；3—指针；4—刻度盘；5—手柄；6—手柄套筒；7—定位销；8—可换钳口

图 3-3 指针式游动角度检测仪

3. 检测结果分析

传动系游动角度是传动系各传动副间隙的总体反映，这些间隙主要是变速器、主减速器、差速器中的齿轮啮合间隙，变速器输入轴、传动轴、半轴的花键连接间隙，十字轴颈与滚针轴承的间隙以及滚针轴承与万向联轴器间的间隙。这些间隙因长期的动力传递及传动副的相对滑移而逐渐增加。研究表明，传动系各总成和机件的磨损与其游动角度有着密切关系，其传动系总的游动角度随汽车行驶里程的增加而呈线增加。当传动系游动角度过大时，传动系统的工作条件将会恶化，将加速零件的磨损并增大传动的噪声，使传动系传动效率降低。因此，应控制传动系的游动角度，使其在规定的范围之内。通常中型载货汽车传动系游动角度及各分段的游动角度应不大于表 3-3 所列数据。

表 3-3 游动角度诊断参考数据

传动系部位	游动角度	传动系部位	游动角度
离合器与变速器	≤5°～15°	驱动桥	≤55°～65°
万向传动装置	≤5°～6°	传动系	≤65°～86°

利用上述检测仪尽管能检测传动系及各总成的游动角度，但不能检测像单个齿轮的缺陷、齿轮啮合不良、传动轴弯曲及滚动轴承损坏等故障。因此，除利用游动角度检测仪检测外，还应配合其他检测方法，对传动系的常见故障进行诊断。

3.1.4　电子控制自动变速器的检测与诊断

电子控制自动变速器通常由液力变矩器、齿轮变速系统、电子控制系统、液压系统和辅助系统组成，结构较为复杂。其故障排除的效率取决于对故障特征的合理检测以及对故障部位的确切诊断。尽管自动变速器的型号各异、结构不同，但它们的工作原理基本相同，所以对各种电子控制自动变速器进行检测与诊断也是有规律可循的。

1. 电子控制自动变速器检测与诊断的基本原则

进行电子控制自动变速器检测与诊断时的基本原则如下：

(1)保证自动变速器工作基本条件。在对变速器进行故障检测诊断前，应保证自动变速器能有正常工作的基本条件，即发动机、底盘、变速器操纵机构以及自动变速器油等均应正常，并向汽车用户了解故障的现象、出现的时机和条件，否则容易产生对自动变速器的误诊，造成不必要的损失。

(2)常见的故障部位优先考虑，先易后难、逐步深入。自动变速器的故障是多种多样的，有复杂少见的，有简单常见的。自动变速器内部机、液系统出现故障的概率较小，而外部的电控系统线路插接器松动及损坏、液压系统出现漏油、变速器油位不当或油质变差等故障现象则为常见，这些都会引起自动变速器工作不正常。按照故障的难易程度，从最简单、最容易检查的部位人手；从最易于接近、最易被忽视的部位和影响较大的因素开始；最后深入到实质性故障的诊断；在拆检后才能确诊的故障，应是故障诊断的最后步骤。

(3)充分利用故障自诊断系统，尽量缩小故障范围。电子控制自动变速器电控单元ECU 具有故障自诊断功能，一旦系统出现故障，在 ECU 中将存储一个相应的故障码。应尽可能通过诊断仪获取诊断系统储存的故障信息，为自动变速器故障的诊断和排除提供依据。此外自动变速器故障涉及面广，有机械、电控、液压各个系统，检测诊断时应根据故障的现象，缩小其范围，以便于确诊故障。自动变速器故障的范围可分为机械部分、液压部分、电控制部分、外部直接检查部分和内部拆开诊断部分等。

(4)尽量利用试验数据诊断故障的原则。自动变速器的各项试验项目可提供大量的数据，将这些数据与标准数据比较，可以确定自动变速器的故障所在。

2. 电子控制自动变速器的检测

电子控制自动变速器的检测一般可分为修前检测和修后检测。修前检测是为了诊断故障和确定修理部位，通常在车上进行。通过检测，可判断故障类型和故障部位，因而修前检测是自动变速器故障诊断的基础。修后检测是为了检查修后质量是否达到技术性能指标而进行的检测，一般在专用台架上进行。

自动变速器的检测内容可分为基础检查、手动换挡试验和机械试验等三大项目。

(1)基础检查

自动变速器的油位不当、油质不佳、操纵机构调节不当及发动机怠速不正常，是引起自动变速器故障的最常见原因。通常把这些部件的检查与重新调整，称为自动变速器的基础检查。

基础检查的目的是检验自动变速器是否在正常前提条件下进行工作。通过基础检查，常常可以解决许多故障，并避免误判自动变速器的故障，故基础检查必不可少。其基础检查的主要项目如下：

1)发动机怠速的检查

发动机怠速过高或过低，均可导致自动变速器工作不正常。当怠速过低时，挡位转换易引起车身振动，严重时可导致发动机熄火；而怠速过高时，则会产生过度的换挡冲击。

检查发动机怠速时，将自动变速器操纵手柄置于空挡(N 位)或驻车挡(P 位)位置，其怠速转速应符合原车规定，过高或过低均应调整。

2)节气门全开的检查

节气门能否全开直接关系到发动机输出功率是否正常，若加速踏板踩到底而节气门不能全开，则会引起发动机加速不良、全负荷时发动机输出功率不足及汽车的最高车速下降。检查时，加速踏板踩到底，节气门应全开；松开加速踏板，节气门应回到怠速位置。否则应予以调整。

3)节气门拉索的检查

节气门拉索的调整是否合适直接关系到发动机负荷是否被适当地传至节气门阀。若拉索调整过松，则节气门阀控制的液压会低于正常值，引起换挡点过低从而导致功率消耗；若拉索调整过紧，则会使节气门阀控制液压过高，引起换挡点过高从而导致换挡冲击。

检查时，将节气门全开，使拉索的标记在规定的位置，其拉索的松紧程度应合适，否则应重新调整。

4)空挡启动开关的检查

操纵手柄的位置与自动变速器阀体中手动阀的位置相对应，会造成在空挡使自动变速器工作异常，此时应对空挡启动开关进行检查。

检查时，点火开关置于 ON 位置，将操纵手柄拨至各个挡位，观察挡位位置指示灯与操纵手柄位置是否一致；将操纵手柄依次置于各个挡位，启动发动机，看在 P 位和 N 位时，发动机能否启动，R 位时倒车灯是否亮起。

正常情况时，挡位位置指示灯的显示应与操纵手柄所处的位置一致，操纵手柄只有在 P 位和 N 位时，发动机才可以启动，而在其他任何位置都不能启动，操纵手柄置于 R 位时，倒车灯应亮。检查时如果不符合上述要求，则应调整。

5）自动变速器油面高度的检查

油面的高低对自动变速器性能的影响极大。若油面过低，变速器油泵吸入空气，使空气混入自动变速器油内，会降低液压控制装置的液压，从而导致变速器中的离合器和制动器容易打滑，使加速性能变坏；油面过低时还会加速自动变速器油的氧化，加速降低自动变速器油的品质，使变速器内齿轮润滑不良而易于损坏。油面过高时，容易造成自动变速器油异常发热，使油质变差，导致润滑不良，从而加快变速器齿轮的磨损；过多的变速器油容易引起控制阀体上的排油孔阻塞而造成排油不畅，影响离合器、制动器的平顺分离，使换挡不稳定；另外油面过高，在车速很高时自动变速器内部压力将会过高，使变速器油容易泄漏。

检查时，将汽车置于平路上，发动机及变速器处于正常工作温度，在发动机怠速运转时，将操纵手柄在所有挡位上都停留片刻，再回到 P 位，然后拔出油尺查看液位。其油面应在规定的刻度上，过高时应将多余的油液放掉，过低时应添加适当油液。

6）自动变速器油品质的检查

在检查自动变速器油面高度的同时可检查其油品质，先观察油尺中自动变速器油滴的颜色，再嗅一下油液的气味，然后用手指捻一下油液，则可根据油的颜色及其污染程度判断自动变速器油的品质。当油液透明、呈粉红色且不含杂质或颗粒时，油质正常。

变速器油品质变差将会使自动变速器不能正常工作和导致变速器损坏。自动变速器油的状况是自动变速器工作状态的集中反映，因而可根据自动变速器油品质的变化情况，判断自动变速器是否有故障。具体判断方法如下。

①当自动变速器油有金属屑或黑色颗粒时，说明自动变速器齿轮、离合器或制动器有严重磨损。

②当自动变速器油有烧焦味时，说明自动变速器工作时，油液的温度太高，应检查油面是否过高或过低，自动变速器油冷却器、滤清器或管路是否堵塞，自动变速器离合器及制动器是否打滑。

③当自动变速器油变成深褐色、棕色时，说明自动变速器部件高负荷运转，或某些部件打滑、损坏、引起变速器过热；或说明自动变速器油使用时间过长。

上述三种情况，均表明自动变速器油的品质恶化，应及时更换。自动变速器油底壳内若有少量金属颗粒或摩擦材料属正常现象，但自动变速器油中若金属颗粒多、油液烧焦较为严重，则说明自动变速器技术状况恶化，应更换自动变速器总成。

（2）手动换挡试验

手动换挡试验是指人为地使电子控制自动变速器脱离车上自动变速器电子控制单元 ECU 的控制，由测试人员手动进行的各挡位换挡试验。

1)试验目的

区别故障存在于电子控制系统还是机械系统(包括液力变矩器、齿轮变速系统和换挡执行器)或液压控制系统,缩小故障的检测范围。

2)试验方法

①脱开自动变速器的所有换挡电磁阀线束插头,使ECU不能通过换挡电磁阀来控制换挡。

②确定自动变速器操纵手柄位置与挡位的关系,不同车型的电子控制自动变速器,在脱开换挡电磁阀线束插头后,挡位和换挡操纵手柄的关系不完全相同,应参照本车型维修资料确定其对应关系。

③启动发动机进行路试或台架试验,将操纵手柄置于不同挡位,观察操纵手柄位置与各挡位车速的变化情况。

3)性能分析

试验时,若每一挡动作都正常,其操纵手柄位置与各挡位车速具有正确的对应关系,则说明故障在电子控制系统;若某挡位动作异常或前进各挡很难区分,则说明故障在自动变速器机械系统和液压控制系统部分。

(3)机械试验

自动变速器的机械试验是在进行基础检查、手动换挡试验后确认是机械系统和液压控制系统故障后进行的试验,目的是区分故障到底是由机械系统引起,还是由液压控制系统引起,并同时诊断出故障的具体部位。机械试验的主要内容有失速试验、时滞试验、液压试验、道路试验。

1)失速试验

失速试验测试的是发动机处于失速工况下所能达到的最高转速,即失速转速。失速工况是指操纵手柄处于前进挡或倒挡位置条件下,踩住制动踏板并完全踩下加速踏板时,发动机运转所处的工况。很显然,在失速工况下,自动变速器的输出轴转速为零,而变矩器壳体及泵轮随发动机飞轮一起转动,因此,发动机就处于最大转矩工况。

①试验目的

根据失速转速来诊断发动机的整体性能和自动变速器的综合性能。主要是检查发动机的输出功率、变矩器性能、自动变速器的离合器及制动器是否打滑。

②试验方法

失速试验时,注意:发动机及自动变速器应热机至正常工作温度;自动变速器油面高度应符合标准;在升高发动机转速时不要换挡;从加速踏板踩下到松开整个过程的时间不得超过5s,否则自动变速器油会因温度过高而变质,变速器的密封件等零件会因油压过高而损坏。其失速试验的步骤如下:

a. 用三角木抵紧车轮,同时采取可靠的驻车制动。

b. 在发动机上安装转速表。

c. 启动发动机,将操纵手柄置于前进挡(D 位)。

d. 将制动踏板和加速踏板踩到底(时间控制 5s 以内),并迅速记下发动机转速,该转速即为失速转速。

e. 放松加速踏板和制动踏板,将操纵手柄置于 N 位或 P 位,使发动机怠速运转 1 min。

f. 在 3, 2, 1 和 R 位置,重复上述测试,并记下其失速转速。

③性能分析

下面以日产天籁 VQ23DE 发动机型号和 VQ35DE 发动机型号的自动变速器为例进行说明。

a. 不同车型的自动变速器都有其失速转速标准值(日产天籁 VQ23DE 发动机型号: 2400～2900 r/min;VQ35DE 发动机型号: 2500～3000 r/min),若失速转速与标准值相符,说明自动变速器的油泵、主油路油压及各个换挡执行元件工作基本正常。

b. 若 D 位和 R 位的失速转速相同,均低于规定值时,则有可能发动机功率不足、变矩器导轮单向离合器工作不良。但若失速转速低于规定转速值 600r/min 以上,则变矩器可能损坏。

c. 若 D 位和 R 位的失速转速都超过规定值时,则有可能主油路压力过低、自动变速器油量不足、油质过差、离合器打滑、超速挡单向离合器工作不良。

d. 在位置 D, 3, 2, 或 1 失速转速过高:在 1 挡发生打滑,但是在 2 挡和 3 挡却没有,则低速挡单向离合器打滑;在 D 位置的 1 挡至 3 挡以及变速杆在位置 3 时,发动机制动起作用或在 2 位置的 1 挡和 2 以及加速踏板完全释放时,发动机制动起作用(节气门完全关闭),则前进挡离合器或前进挡单向离合器打滑。

e. R 位置失速转速过高 : 若在 1 挡位置发动机制动不起作用,则低速挡和倒挡制动器打滑;若在 1 位置发动机制动起作用,则倒挡离合器打滑。

f. 失速转速在技术参数范围内:若车辆不能达到 80km/h 以上的速度,则液力变矩器壳体内的单向离合器卡住;若在 D 位置的 3 挡和 4 挡发生打滑 ,则高速挡离合器打滑;若在 D 位置的 2 挡和 4 挡打滑,则制动带打滑;在 D 位置的 2 挡和 3 挡,2 位置的 2 挡,以及 1 位置的 1 挡,发动机制动不起作用,则超速离合器打滑。

2)时滞试验

自动变速器换挡滞后时间是指在发动机怠速运转时,将操纵手柄从 N 位换到 D 位或 R 位开始至感觉到轻微振动时为止的一段时间。时滞试验就是测量自动变速器换挡的滞后时间。

①试验目的

根据滞后时间的长短来判断自动变速器离合器制动器磨损情况和控制油压是否正常。

②试验方法

a. 使发动机及自动变速器油温正常，拉紧驻车制动，将操纵手柄置于 N 位，使发动机怠速运转。

b. 将操纵手柄从 N 位换到 D 位，同时用秒表测量从移动操纵手柄至有振动感时止的时间，该时间称为 N—D 滞后时间。

c. 将操纵手柄从 N 位换到 R 位，用秒表测出滞后时间，该时间称为 N—R 滞后时间。两项检测各测 3 次取平均值，每次检测间隔时间至少 1min，以使离合器、制动器恢复至原始状态。

③性能分析

滞后时间的大小取决于自动变速器油路油压、油路密封情况以及离合器和制动器的磨损情况，因此可根据滞后时间的长短来判断主油路油压及换挡执行元件的工作是否正常，下面以配 VQ23DE 型号和 VQ35DE 型号发动机的日产天籁自动变速器为例进行说明。

a. 换挡滞后时间应是：N—D 滞后时间小于 1.2s，N—R 滞后时间小于 1.5s。

b. 若 N—D 滞后时间过长，则有可能：主油路油压过低、前进挡离合器摩擦片磨损过甚或超速挡单向离合器工作不良。

c. 若 N—R 滞后时间过长，则有可能：主油路油压过低、直接挡离合器磨损严重、一挡倒挡制动器磨损严重或超速挡单向离合器工作不良。

3)液压试验

液压试验是在自动变速器运转时，对液压控制系统油路中的油压进行测量，来判断液压控制系统工作状况是否正常的一种方法，它为分析自动变速器的故障提供依据，以便有针对性地进行修复，还可以进一步验证失速试验、时滞试验、道路试验的判断结果。

①试验目的

利用其测量的液压压力判断自动变速器各种泵、阀的技术状况、密封性能和节气门阀拉索的调整状况。

②试验方法

液压试验的方法因其试验内容及自动变速器型号的不同而略有差异，其试验内容多为主油路油压、速控阀油压、节气门阀油压、R 位制动器油压及各挡离合器油压的测量。按其测量要求，多在壳体上有各自的测压孔，其多少因机型而异。其液压试验方法如下。

a. 让汽车运行，使发动机及自动变速器达到正常工作温度。

b. 将车辆停放在水平面上，检查发动机怠速和自动变速器油的液位高度，如不正常，应予以调整。

c. 在相应的孔上接上液压表。

d. 用三角木抵紧车轮，同时采取可靠的驻车制动。

e. 进行主油路油压测量：启动发动机，用力踩住制动踏板，分别测量 D 位和 R 位的怠速与失速工况的油压。

注意：每测完一次应让发动机在空挡怠速运转 1min 以上时间；节气门全开持续时间不能超过 5s。

f. 按其他项目的要求和规定的发动机工况测量油压。

③ 性能分析

标准的油路压力是自动变速器正常工作的先决条件，油压过高，会使自动变速器出现严重的换挡冲击，甚至损坏控制系统；油压过低，会造成换挡执行元件打滑，加剧其摩擦片的磨损，甚至使换挡执行元件烧毁。因此，必须保证有标准的油路压力。不同车型自动变速器各种试验项目的规定油压不完全相同，通常以厂家提供的数据为标准。

将测得的压力与相应的标准值比较，若油路油压不正常，说明其油泵、阀或控制系统有故障。

4)道路试验

自动变速器的道路试验是诊断、分析自动变速器故障的最有效手段之一。它是通过测试自动变速器操纵手柄位于不同位置时的汽车行驶状况，来检查自动变速器总体工作情况的。

①试验目的

检查自动变速器的换挡点、换挡冲击、振动、噪声和打滑等方面的情况，为诊断自动变速器的故障提供依据。另外，道路试验还可用于检验修复后的自动变速器的工作性能和修理质量。

②试验方法

路试前自动变速器的基础检查必须合格，其发动机和底盘应无故障，并让汽车适当运行使发动机和自动变速器达到正常的工作温度。道路试验时，将模式开关置于普通模式或经济模式位置。试验时应使变速器在每个选挡位置都使用，以便检查各挡的使用性能。道路试验应在平直的路面上进行，其试验方法如下：

a. 升挡的检查。将换挡操纵手柄拨至 D 位，踩下加速踏板，使节气门保持在 1/2 开度左右，让汽车起步加速，检查自动变速器的升挡情况。自动变速器在升挡时发动机会有瞬时的转速下降，同时车身有轻微的冲击。检测人员则可根据车身冲击及车速变化的感觉来进行升挡检查。自动变速器工作正常时，汽车起步后随着车速的升高，检测人员能感觉自动变速器顺利地依次由最低挡升至最高挡。若自动变速器不能升至高速挡(3

挡或4挡),则说明自动变速器电控制系统或换挡执行元件有故障。

b. 换挡点的检查。换挡点是指自动变速器升挡或降挡的时刻,通常用换挡时的车速来表征。因此,检查换挡点实际是检查换挡时的车速。由于换挡点与节气门的开度有一定关系,因此,换挡点检查也就是查看及感觉在不同节气门开度和不同车速时,有无换挡动作。由于降挡时刻在汽车行驶中不易察觉,因此在道路试验中一般很少检查自动变速器的降挡车速,通常只通过升挡车速来判断自动变速器有无故障。其升挡点车速检查如下:将换挡操纵手柄置于D位,踩下加速踏板,并使节气门保持在某一固定开度,让汽车起步加速。当察觉到自动变速器升挡时,记下升挡车速。通常自动变速器维修手册给出了多种节气门开度的各挡换挡点车速,表3-4为日产天籁VQ23DE发动机型号的自动变速器各升挡点车速的标准值。也可根据各种自动变速器的换挡图,求出不同节气门开度下自动变速器的升挡车速作为标准。但由于不同车型自动变速器各挡位的传动比大小都不尽相同,因而其升挡车速的标准值也不完全一样。路试时应将换挡点车速检测值与原车提供的标准值比较来判断换挡点是否正确。当升挡车速保持在标准范围内,而且汽车行驶中加速良好,无明显的换挡冲击,则说明其换挡点正确。若汽车行驶中加速无力,升挡车速明显低于标准范围,说明升挡车速过低(即过早升挡),其控制系统(如节气门位置传感器等)存在故障;若汽车行驶中有明显的换挡冲击,升挡车速明显高于标准范围,则说明升挡车速过高(即太迟升挡),其控制系统及换挡执行元件可能存在故障。

表3-4 换挡表

节气门位置	换挡模式	VQ23 km/h(MPH)					
		$D_1 \to D_2$	$D_2 \to D_3$	$D_3 \to D_4$	$D_4 \to D_3$	$D_3 \to D_2$	$D_2 \to D_1$
节气门全开	舒适型	52—60 (32—37)	97—105 (60—65)	153—161 (95—100)	149—157 (93—98)	87—95 (54—59)	41—49 (25—30)
	自适应型	52—60 (32—37)	97—105 (60—65)	153—161 (95—100)	149—157 (93—98)	87—95 (54—59)	41—49 (25—30)
节气门半开	舒适型	30—38 (19—24)	58—66 (36—41)	116—124 (72—77)	69—77 (43—48)	34—42 (21—26)	5—13 (3—8)
	自适应型	38—46 (24—29)	72—80 (45—50)	116—124 (72—77)	69—77 (43—48)	43—51 (27—32)	5—13 (3—8)

c. 换挡质量的检查。在进行换挡点检查的同时还应进行换挡质量的检查,主要检查换挡时有无换挡冲击。正常的自动变速器只能有不太明显的换挡冲击,特别是电子控制自动变速器的换挡冲击应十分微弱。若换挡冲击太大,说明自动变速器的控制系统或换挡执行元件有故障,其原因可能是油路油压过高或换挡执行元件打滑,应作进一步检查。当发动机转速在非换挡时有突然升速现象,则说明换挡执行元件打滑。

d. 锁止离合器工作状况的检查。液力变矩器中的锁止离合器，其锁止(接合)时的车速与发动机节气门开度有关(表 3-5 为配备 VQ23DE 发动机的日产天籁自动变速器所示锁止车速)，当车速过低时，锁止离合器将处于分离状态。因此，路试检查时，让汽车加速至超速挡，以高于 80km/h 的车速行驶，并让节气门开度保持在低于 1/2 开度的位置，使液力变矩器进入锁止状态。此时，快速将加速踏板踩下至 2/3 开度，同时检查发动机转速的变化情况。若发动机转速没有太大的变化，说明锁止离合器处于锁止状态；反之，若发动机转速猛增，表明锁止离合器没有锁止，其原因通常是锁止控制系统存在故障。

表 3-5　锁止离合器工作车速

节气门位置	变速杆位置	换挡模式	VQ23 km/h(MPH)	
			锁止“ON”	锁止“OFF”
2.0/8	位置 D	舒适型	86—94(53—58)	51—59(32—37)
		自适应型	86—94(53—58)	51—59(32—37)
	3 挡位置	舒适型	86—94(53—58)	83—91(52—57)
		自适应型	86—94(53—58)	83—91(52—57)

e. 发动机制动作用的检查。检查自动变速器有无发动机制动作用时，应将换挡操纵手柄置于前进低挡(2 位、1 位)位置，在汽车以 2 挡或 1 挡行驶时，突然松开加速踏板，检查是否有发动机制动作用。若松开加速踏板后车速即随之下降，则说明发动机有制动作用；否则，说明控制系统或前进挡离合器及强制制动器有故障。

f. 强制降挡功能的检查。检查自动变速器的强制降挡功能时，应将换挡操纵手柄置于 D 位，保持节气门开度为 1/3 左右，在以 2 挡、3 挡或超速挡行驶时突然将加速踏板完全踩到底，检查自动变速器是否被强制降低一个挡位。在强制降挡时，发动机转速会突然上升至 4000r/min 左右，并随着加速升挡，转速逐渐下降。若踩下加速踏板后没有出现强制降挡，则说明强制降挡功能失效；若在强制降挡时发动机转速升高反常，达 5000～6000r/min，并在升挡时出现换挡冲击，则说明换挡执行元件打滑，应拆修自动变速器。

g. 其他挡位的检查。1 挡检查：将换挡操纵手柄置于 1 位，汽车以最大节气门开度从静止开始加速，正常时，自动变速器应无异响，离合器不打滑，自动变速器不应跳高挡。R 位检查：停车后，将换挡操纵手柄置于 R 位，将加速踏板猛踏到底，汽车能无异响地迅速倒车而不打滑为好。P 位检查：先将车辆停放在规定坡度值的坡道上，然后将操纵手柄置于 P 位，并放松驻车制动器，此时汽车应不滑动。

3. 电子控制自动变速器的故障诊断

自动变速器工作性能的好坏取决于发动机、变速器机械系统、液压控制系统和电子控制系统。因此，当自动变速器工作异常或出现故障时，不要急于给故障下结论，更不要盲目地分解自动变速器，而是应按一定的程序和步骤，通过对自动变速器的检测，弄清故障的现象，缩小故障存在的范围，确定故障存在的系统部位，然后按系统进行故障的诊断和排除。

(1)电控系统故障的诊断

自动变速器电子控制系统主要由电子控制单元 ECU、传感器及控制电磁阀组成。其传感器的作用是反映车速、节气门开度、操纵手柄位置及发动机冷却液温度等信息并以电信号的形式送给 ECU，而 ECU 则根据各种传感器发来的信号确定换挡时刻和锁止时刻，并相应地控制液压控制系统的电磁阀，从而实现对换挡时刻和锁止时刻的精确控制。因此，当电控系统出现故障时，其故障存在的部位应为传感器、ECU、控制电磁阀及其控制电路。现代汽车电子控制自动变速器都具有故障自诊断功能，当自动变速器电控系统出现故障时，自动变速器 ECU 自诊断系统能将其故障以故障码的形式存入电控单元存储器，以便于对故障的检测和诊断。故障诊断时维修人员应尽量利用系统的自诊断结论进行故障排除，当无故障码而故障又确实存在于电控系统时，则应根据故障现象进行故障诊断。

1)利用汽车故障电脑诊断仪诊断

电子控制自动变速器电控系统的故障可以利用汽车故障电脑诊断仪诊断。汽车故障电脑诊断仪实际上是一个小型电子计算机，其软件存储有各种不同车型的电控单元及其控制系统的检测程序和数据资料，并配有各种专用的检测插头。诊断时，将诊断仪和汽车上的专用故障诊断插座连接，点火开关置于 ON 位置，输入汽车的型号和车辆识别码，诊断仪就能从软件中调出相应的检测程序，按检测人员的要求进行如下工作：

①故障码的读取。按照一定的操作方式进入系统的自诊断模式，调出自动变速器的故障码。通过故障码的读取，可对自动变速器电控系统中大部分传感器及开关线路的短路、断路以及传感器或开关损坏所导致的无输出信号等故障进行诊断。

②故障码的清除。当自动变速器电控系统故障排除后，应清除电控单元存储器中的故障码。其故障码的清除可通过汽车故障电脑诊断仪发出指令来进行，免除了人工清除故障码造成的众多麻烦。

③电子控制系统工作过程的检测。诊断仪可对自动变速器电控单元及其控制电路、传感器、执行器及开关等进行检测，并可将电控单元的运行情况和各输入、输出电信号瞬时值，如各传感器的信号、电控单元的计算结果、控制模式以及向各执行器发出的控制信号等电路诊断参数在屏幕上显示出来，使自动变速器整个电控系统的工作情况一目了然。检测人员可将检测数据与标准值进行比较，从而准确地判断出故障发生的部位。

④对汽车进行模拟试验。通过诊断仪向电控单元发出指令，对汽车进行模拟试验，

例如：模拟汽车加速、换挡等各种行驶状态，检测电子控制自动变速器的 ECU 发出的换挡控制、锁止控制、油压控制等各种控制信号是否正常；或模拟某个电磁阀工作，检查其性能是否正常等。这种功能特别适合于诊断自动变速器电控系统执行器及其控制电路的故障。

⑤路试诊断。在汽车行驶过程中，利用汽车故障电脑诊断仪诊断故障效果较好。行驶时，诊断仪检查 ECU 发出换挡控制信号的时刻，可以准确地判断 ECU 的换挡控制是否正常。若换挡控制不正常，发出换挡信号的时刻太早、太迟或没有发出换挡信号，则说明控制系统的 ECU、传感器或控制电路有故障；若换挡控制信号正常，但 ECU 发出信号后自动变速器没有响应，则说明换挡电磁阀或控制电路有故障；若 ECU 发出换挡信号后自动变速器有响应，但出现打滑现象，则可以准确地判断出打滑的是哪一个挡位或哪一个换挡执行元件，从而有针对性地进行拆修。

2)利用故障码表进行故障诊断

当无汽车故障电脑诊断仪时，可以利用人工方法进入电控系统的自诊断模式进行故障码的读取，然后根据故障码的含义进行故障诊断。

①故障码的读取与清除

通常，不同公司电子控制自动变速器故障码的人工读取与清除方法不同，其故障码的含义也不尽相同。下面以日产天籁 VQ23DE 发动机型号和 VQ35DE 发动机型号的自动变速器为例为例说明其故障码的读取、清除方法及故障码的含义。

当电子系统出现故障时，将点火开关打到 ON 位置，使 A/T 检查指示灯亮两秒。为探测故障所在，输入自诊断启动信号激活记忆信息，由闪烁的 A/T 检查指示灯显示故障。

诊断步骤：

a. 将变速杆转到位置 P，启动发动机，暖机全正常工作温度。

b. 将点火开关转到 OFF 位置，等待 5 秒钟。将点火开关转到 ON 位置，勿启动发动机。A/T 检查指示灯(图 3-4)点亮大约 2 秒钟。

c. 将点火开关转到 OFF 位置，按下换挡锁释放钮，并保持住。

d. 释放制动踏板，然后将变速杆从“P”移向“3”位置，将点火开关转到 ON 位置，勿启动发动机，等待三秒钟。

e. 将变速杆转到位置 2，释放制动踏板，将变速杆转到位置 1。

f. 释放制动踏板，然后将变速杆从“P”移向“3”位置。

g. 踩下制动踏板，踩下加速板。

h. A/T 检查指示灯开始闪烁。

i. 检查自诊断码 检查 A/T 检查指示灯。其故障码的显示规律则是：故障码的长闪的形式显示。如图 3-5 所示的故障码分别为正常(t_1＝2.5 秒 t_2＝2.0 秒 t_3＝1.0 秒 t_4＝

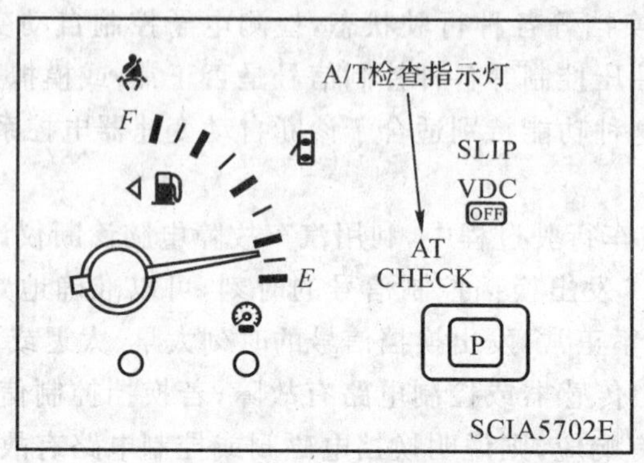

图 3-4 A/T 检查指示灯

1.0 秒)、故障码 1(1 位闪烁比其他时间长)、故障码 11。

②故障码的清除

自动变速器电控系统故障排除后,应清除故障码,其步骤如下:

a. 若点火开关经过维修后仍处于 ON,一定将其关闭。等待至少 5 秒钟后,将其转至 ON。

b. 执行"Diagnostic Procedure without CONSULT-Ⅱ"。

c. 将点火开关转到 OFF 位置,自诊断结果将被擦除。

③利用故障码表进行诊断

读取故障码后,可根据故障码表,找出故障的症状及可能的原因,并进行故障的诊断和排除。

目前,在每种车型原车的维修手册中,对于电子控制自动变速器故障码中的故障都有故障的可能原因、部位和详细的故障诊断流程及诊断方法可查。因此,对于有这种资料的检测人员来说,利用故障码中提供的方法进行故障诊断,显然是最好的选择。这种方法就是利用随车自诊断系统读取的故障码,根据车型在其维修手册中查找故障码对应的故障、故障部位和检查方法,然后进行故障诊断,主要是对电路进行诊断。诊断时,要严格按照维修手册中方法、步骤进行。一般说来,目前自动变速器故障码表上的故障原因是一个范围,其故障到底是什么具体原因引起,其电控系统的自诊断无法确定。因此,每种故障码的真正故障诊断还是得依靠检测人员通过一些常用工具和电路的标准诊断参数,根据故障诊断流程及诊断方法来进行诊断。

3)根据故障现象进行故障诊断

目前,电子控制自动变速器的自诊断系统还不能检测出电控系统中所有类型的故障,特别是部分执行器的故障以及传感器精度误差引起的故障。因此,在无故障码或不能取得故障码的情况下,对自动变速器电控系统的故障,则要根据故障现象进行故障分析,并通过检测工具和一定的检测手段以及被测车型的详细维修技术资料进行故障诊

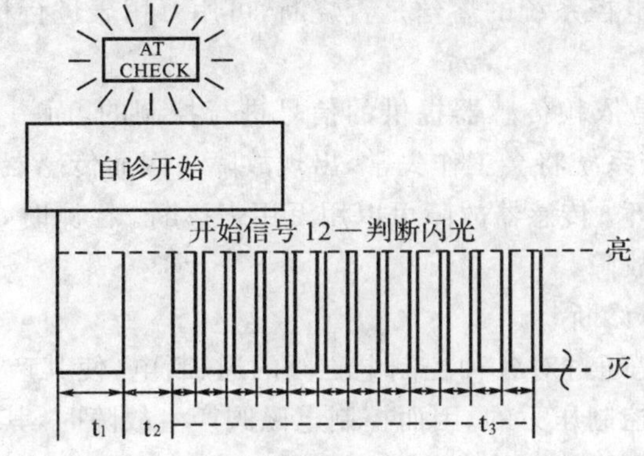

(a) 自诊断正常

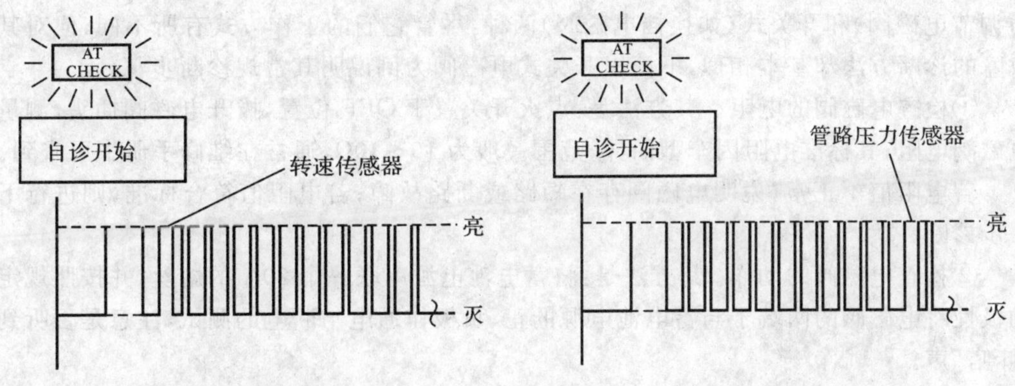

(b) 转速传感器电路短路或断开　　(c) 管路压力电磁阀电路短路或断开

图 3-5　故障码读取读取示例

断。例如，在电子控制自动变速器控制电路中，其 ECU 插头的端子都有规定的测量条件及相应端子参数标准，当电控系统发生故障时，其测量参数将会发生变化，此时利用常用检测工具可测出其电压条件的变化，从而诊断故障；利用检测工具检测控制电路的短路、断路情况以及控制元件的性能参数，从而确诊故障部位。

一般主要是检查与电路有关的外表、外观、常出故障部位，而这些部位对自动变速器电控系统的正常工作影响较大。通过对这些部位的检查，有时可以迅速排除自动变速器电控系统的故障。其检查如下：

①检查蓄电池电压，其电压应符合标准。

②自动变速器电控系统外观检查，主要检查导线是否破裂、损坏，接线柱、插接器、接地线是否腐蚀、松动、接触不良。这些可通过万用表电阻挡检查导通状况，当系统工作时可通过万用表电压挡测量电压降以及目检来诊断。

③检查自动变速器电控系统的熔丝是否烧断，可用万用表进行精确检查。

(2)传感器故障诊断

自动变速器ECU是依赖传感器提供的信号进行控制的，而一旦传感器损坏或工作不正常，则变速器电控系统将会工作失常，出现故障。因而传感器故障的诊断是电控系统故障诊断的重要一环。传感器故障可以用万用表诊断。检测时，利用专用的检测接线盒插孔可以快速诊断故障。

(3)控制电磁阀故障诊断

自动变速器ECU是通过对各种控制电磁阀的通、断电，使其产生动作从而改变液压系统中的控制油路或控制压力的。因而控制电磁阀产生故障时，其自动变速器不能正常工作。导致控制电磁阀不能正常工作的原因主要是：电磁阀线圈短路或断路；电磁阀阀芯卡滞；电磁阀电源或控制信号异常。自动变速器控制电磁阀的类型有脉冲式（如压力调节电磁阀）和开关式（如换挡电磁阀）两种，尽管它们的工作方式有所不同，但对其故障的诊断方法却基本相似，下面以开关式电磁阀为例说明其常规诊断步骤。

①检查电磁阀的电阻。其方法是：点火开关置于OFF位置，拔开电磁阀插头，测量电磁阀电阻，其标准电阻因车型而异，范围一般为10～40Ω，通常在维修手册中可查到。

若电阻值不正常，说明电磁阀存在短路或断路故障；若电阻值符合标准，则进行下一步诊断。

②检查电磁阀的动作。其方法是：将蓄电池电源串联一个20A的熔丝，并按照规定的极性将电磁阀的两端子与蓄电池电源的正、负极作通电与断电的测试，注意是否听到“咔嗒”声。

若无声音，则表示电磁阀不能动作，原因是卡滞或损坏，存在机械故障；若有“咔嗒”声，动作灵敏，则表示电磁阀的机械性能正常，其电磁阀本身无机、电故障，可进行下一步诊断。

③检查电磁阀插头电源。其方法是：点火开关置于ON位置，测量换挡电磁阀插头电源端子的对地电压，其标准电压应为蓄电池电压。若电压符合标准，则故障可能在ECU或电磁阀的控制信号不正常；若无电压或电压很低，则进行下一步诊断。

④检查电磁阀线路。其方法是：点火开关置于OFF位置，拔开自动变速器ECU插接器，再将点火开关置于ON位置，测量ECU用来控制其电磁阀的端子的对地电压，应为蓄电池电压。若电压无或很低，则应检查ECU电源，若ECU电源正常，则需更换ECU后再进行重试；若电压正常，则电磁阀至ECU之间的线路存在短路或断路故障。

⑤路试检查。当上述诊断正常或排除故障后，可进行路试检查。有的电磁阀在节气门小开度时工作很好，但当压力增加后会渗漏。路试中，自动变速器若在小节气门开度时换挡优良，而在重载或节气门全开时换挡粗暴，则电磁阀可能存在渗漏故障。

注意：脉冲式电磁阀由于其线圈电阻较小（约为1～6Ω），因而在进行电磁阀的动作检查时,应将蓄电池电源串联一个 8～10W 的灯泡,不可直接与蓄电池电源相连,否则会烧毁电磁阀线圈。

(4)自动变速器 ECU 故障诊断

ECU 通常具有较高的工作可靠性,出故障的概率较小,但 ECU 出故障时将导致自动变速器电子控制系统完全失常。ECU 故障诊断的常用方法如下:

1)利用 ECU 端子标准参数进行诊断

ECU 端子标准参数,是指自动变速器处于正常工作状态时,在规定的测量条件下,其 ECU 各端子具有的电压值。利用 ECU 端子的标准参数进行诊断,就是通过测量 ECU 各端子的工作电压来判断 ECU 工作是否正常的一种方法。通常,ECU 端子的标准参数,由原厂提供,各种车型的标准参数也不尽相同。因此,利用这种方法诊断,需要有详细的技术资料为依据。为了便于诊断,这些资料应包括:被测车型的 ECU 各端子标准参数、电路图及检测规范。其诊断方法如下:

①点火开关置于 ON 位置。

②按照规定的测量条件,操作自动变速器。

③用电压表测试笔从 ECU 插接器的背部(即线束侧)插入,测试各端子与接地线间的电压。

将测试值与各自相应的标准值进行比较从而诊断故障,若在检测中发现某一端子的实际工作电压与标准值不符,则表明 ECU 或控制电路存在故障;通过检测,若输入传感器、开关部分、执行器及控制线路正常,则表明 ECU 存在故障。

在测试 ECU 端子的工作电压时应注意:检测前,应将各插头、ECU 电源确切可靠地连接,并确保蓄电池电压正常;必须使用高阻抗的电压表,低阻抗的电压表可能会损坏 ECU。

2)通过比较法诊断

所谓比较法是指利用性能良好的同型号的自动变速器 ECU 替换可疑 ECU 而进行故障诊断的一种方法。替换后,若控制电路的工作状态由异常变为正常,则表示原 ECU 有故障;若换上良好的 ECU 之后,其电控系统仍然工作不正常,则原 ECU 可能无故障。该法是诊断 ECU 的主要方法,在实际检测中得到了广泛的应用。

3)通过检测 ECU 输出信号诊断

若 ECU 的输入信号正常而输出信号不正常,则 ECU 可能存在故障。

正常情况下,ECU 发出的换挡信号电压与换挡的挡位具有严格的对应关系,其规律是,随着挡位的升高,万用表的指示电压将作阶跃性增大,每次电压增大的时刻即为 ECU 发出升挡控制信号的时刻。若换挡时测出的信号电压与规定的标准电压不符,则说明换挡控制信号不正常。若 ECU 输入信号正常,则可能 ECU 存在故障或控制电路存在故障。

4. 机械及液压控制系统的故障诊断

在确认自动变速器控制电控系统无故障后，而自动变速器仍然不能正常工作，则表明机械或液压控制系统存在故障。机械及液压控制系统的故障多集中在液压控制机构的堵、漏、卡和执行元件的磨损、失调等方面。通常，其故障可通过机械试验，即失速试验、液压试验、时滞试验及道路试验加以区分和诊断。

尽管每种车型的电子控制自动变速器的具体结构有所差异，但它们的工作原理及控制方法是基本相同的，造成每种故障的原因，特别是一些常见故障的原因，都具有一定的范围。因此可通过参考常见故障的诊断方法来进行各种故障诊断。通常将自动变速器机械及液压控制系统常见故障的诊断方法制成诊断表，人们可参考故障诊断表进行故障诊断。各种车型自动变速器的诊断表可由原车维修手册提供。只要根据不同车型、不同故障来灵活运用故障诊断表，就可以缩小故障的诊断范围，减少故障的诊断时间，提高故障的诊断效率。

有些机械或液压控制系统故障可能有多种原因引起或者说有多个产生故障的部位，其故障的诊断通常比较复杂，因而要做到真正的确诊故障，必须要熟悉其结构、原理、诊断标准及故障机理分析。

3.2 转向系的检测与诊断

转向系性能的好坏直接关系到汽车行驶的安全性和稳定性。因此，在汽车使用过程中应加强对转向系的检测与诊断。

3.2.1 转向盘自动转动量和转向力的检测

转向系的技术状况常用转向盘自由转动量、转向盘转向力来诊断，因此转向系的常规检测项目主要是转向盘自由转动量、转向盘转向力。

1. 转向盘转向力的检测

操作稳定优良的汽车，具有适度的转向轻便性。若转向沉重，则不仅增加驾驶员的劳动强度，而且还不能及时敏捷地转向而影响行车安全；若转向太轻，则驾驶员会感到失去“路感”，觉得“发飘”、难以控制汽车行驶方向，同样不利于行车安全。

转向轻便性可用一定行驶条件下作用在转向盘上的转向力(即作用在转向盘外缘的切向力)的大小来表示。其转向力可用转向参数测量仪进行检测，图 3-6 为一转向参数测量仪的简图，它主要由操纵盘、主机箱、连接叉和定位杆四部分组成。操纵盘由螺栓固定在三爪底板上，底板经转矩传感器与三个连接叉相连，每个连接叉上都有一只可伸缩长度的活动卡爪，其活动卡爪与被测转向盘相连接。主机箱固定在底板中央，其内装有转矩传感器、接口板、微机板、显示器、打印机和电池等。定位杆从底板下伸出，经磁力座吸附在驾驶室内的仪表盘上，定位杆的内端连接有光电装置。当转向参数测量仪在被测转向盘上安装调整好后，转动操纵盘的转向力则通过底板、转矩传感器、连接叉传递到被测转向盘上，使转向盘转动以实现汽车转向。此时，转矩传感器将转向转矩转变成电信号，而定位杆内端连接的光电装置则将转角的变化转变为电信号。这两种电信号由微机自动完成数据采集、转角编码、运算、分析、存贮、显示和打印。该仪器可进行转向盘转向力、转向盘转角及转向盘自由转动量的检测。

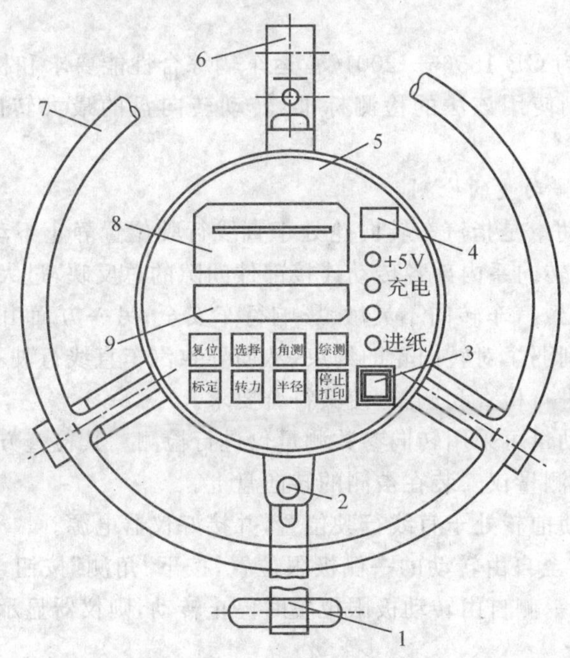

1—定位杆；2—固定螺栓；3—电源开关；4—电压表；5—主机箱；
6—连接叉；7—操纵盘；8—打印机；9—显示器

图 3-6　转向参数测量仪

检测转向力时，将转向参数检测仪安装在被测的转向盘上，按下"转力"键，并输入转向盘半径，然后按规定条件缓慢地转动转向盘，则可测出转向盘的转向力。

无转向参数检测仪时，也可通过弹簧秤沿切向拉动转向盘的边缘来测量转向力。转向力的检测方法有多种，目前在实际上应用最多的有如下两种。

(1)路试转向力检测

将转向参数测量仪安装在被测的转向盘上，让汽车在平坦、硬实、干燥和清洁的水泥或沥青路面上，以 10km/h 的速度在 5s 内沿螺旋线从直线行驶过渡到直径为 24m 的圆周行驶，测出施加于转向盘外缘的最大切向力数值，该数值即为转向盘转向力。

这种检测方法为 GB 7258—1997《机动车运行安全技术条件》推荐使用的方法，其检测标准:转动转向盘的最大转向力应小于或等于 245N。

(2)原地转向力检测

1)将转向参数测量仪或测力弹簧安装在被测车辆的转向盘上。

2)将汽车转向轮置于转角盘上。

3)通过测力装置转动转向盘,使转向轮能达到原厂规定的最大转角。

4)在转向轮转动的全过程中,用测力装置测得的最大数值即为车轮原地转动的转向盘转向力。

这种检测方法为 GB 18565—2001《营运车辆综合性能要求和检验方法》中规定使用的方法,营运车辆使用该法的检测标准:转动转向盘的最大转向力应小于或等于 120N。

2. 转向盘自由转动量的检测

转向盘自由转动量是指汽车转向轮处于直线行驶位置静止不动时,转向盘可以自由转动的角度。它是转向系内部各传动连接部件间隙的总反映,过大的转向盘自由转动量,一方面将直接导致汽车转向不灵敏,影响行车安全;另一方面由于转向系内存在着较大的传动间隙而削弱了对转向轮的约束,从而导致汽车直线行驶不稳定。因此对转向盘的自由转动量应进行检查和调整,使其符合要求。

转向盘自由转动量可采用转向参数测量仪进行检测。其检查方法如下:

(1)将转向参数测量仪安装在被测的转向盘上。

(2)停放汽车,使前轮处于直线行驶位置,并接好仪器电源。

(3)将转向盘转至自由转动的一侧极限位置,按下"角测"按钮,再按相反方向缓慢转动转向盘,直至另一侧自由转动极限位置时停止转动,则仪器显示的角度即为转向盘自由转动量。

根据 GB 7258—1997《机动车运行安全技术条件》的规定:机动车转向盘的最大自由转动量从中间位置向左或向右均不得大于 10°(设计车速 100≥km/h)或 15°(设计车速小于 100km/h)。

在没有转向参数测量仪的情况下,可用简易的转向盘自由转动量测量仪进行检测。这种简易测量仪由刻度盘和指针组成,如图 3-7 所示。检测时将刻度盘和指针分别固定在转向盘轴管和转向盘边缘上,使前轮位于直线行驶位置,在转向盘转至自由转动的一侧极限位置时调整指针对零,再向另一侧轻轻转动转向盘,当手感变重时指针所扫过的角度即为转向盘的自由转动量。

3.2.2　车轮定位的检测

车轮定位的检测,包括转向轮(通常为前轮)定位的检测和非转向轮(通常为后轮)定位的检测。转向轮和非转向轮定位的检测,也即前轮和后轮定位的检测,统称为四轮

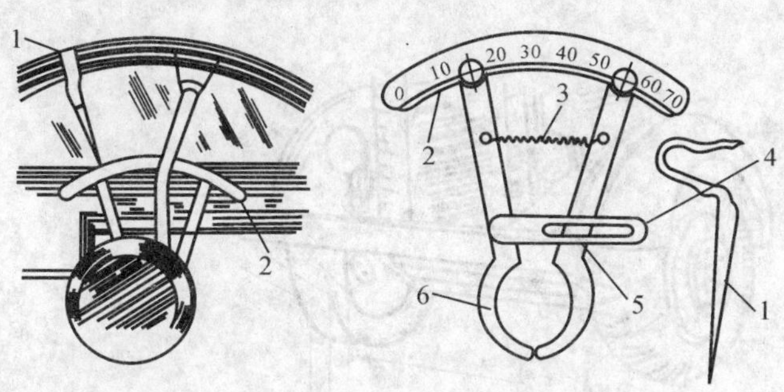

1—指针；2—刻度盘；3—弹簧；4—连接板；5—固定螺钉；6—夹臂

图 3-7　简易转向盘自由转动量检测仪

定位的检测，汽车前轮定位，包括前轮外倾、前轮前束、主销后倾和主销内倾，是评价汽车前轮直线行驶稳定性、操纵稳定性、前轴和转向系技术状况的重要诊断参数。后轮定位主要有后轮外倾和后轮前束，可用于评价后轮的直线行驶稳定性和后轴的技术状况。因此，车轮定位值的检测是十分必要的。

汽车车轮定位的检测方法，有静态检测法和动态检测法两种类型。

静态检测法是在汽车静止的状态下，根据车轮旋转平面与各车轮定位间存在的直接或间接的几何关系，用专用检测设备对车轮定位进行几何角度的测量。使用的检测设备一般有气泡水准式、光学式、激光式、电子式和微机式等前轮定位仪或四轮定位仪（统称为车轮定位仪）。动态检测法是在汽车以一定车速行驶的状态下，用检测设备检测车轮定位产生的侧向力或由此引起的车轮侧滑量。为了确知车轮前束和外倾配合是否恰当，可使用动态检测法检测前轮的侧滑量。使用的检测设备有滑动板式侧滑试验台和滚筒式车轮定位试验台两种。国内大多采用滑板式侧滑试验台进行动态检测。

本章主要介绍车轮定位参数的静态检测。

车轮定位参数的静态检测可利用水准车轮定位仪或四轮定位仪进行，在检测车轮定位之前，应先检查被测车辆，使其满足下列各项条件：轮胎充气压力符合规定值、轮胎尺寸一致；车轮轴承间隙正常；悬架系统的球头销无过大间隙；制动器制动可靠；油液加满，汽车空载。

1. 车轮定位的检测

(1)车轮前束的检测

汽车同轴上的两轮（左右轮），其前端距离小于后端距离的现象，称为车轮前束。车轮前束检测点的位置如图 3-8(a)所示，一般都在车轮水平中心线的截面上，其高度等于车轮中心的离地高度；其径向位置（见图 3-8(a)），各汽车制造厂的规定不完全一致，因此检测时应根据说明书的要求，在规定位置进行测量。若实测时改变了原厂前束检测点的位置，则必须对原厂规定的前束允许值按改变后的检测位置进行换算，否则会出现

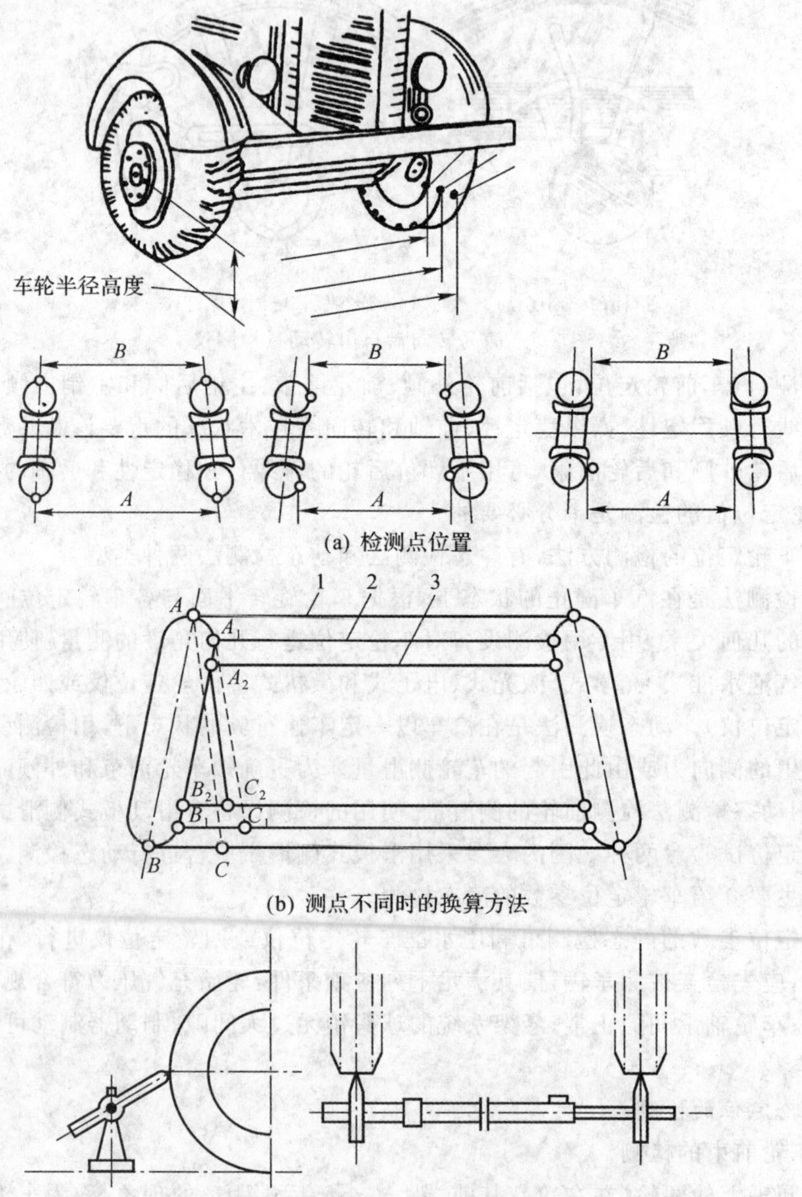

(a) 检测点位置

(b) 测点不同时的换算方法

(c) 用指针式前束尺测量车轮前束

1—两胎面中心线前端间距；2—两轮胎内侧突出点前端间距；3—两轮辋内侧的外缘前端间距

图 3-8 车轮前束的检测

较大的检测误差。具体换算方法如图 3-8(b)所示，其换算后的前束允许值为 E，则

$$E=\frac{\text{实测检测点的径向尺寸}\times\text{原位置前束允许值}}{\text{原检测点的径向尺寸}}$$

车轮前束可用简单实用的检测工具如前束尺进行测量。当检测点在胎冠中心线位置时，其前束可用图 3-8(c)所示的指针式前束尺检测，该前束尺由一根带套管的尺杆和指针等组成，它可以伸缩以适应不同间距的测试。其检测方法如下：

①将汽车停放在水平坚硬的场地上，并用举升器顶起汽车前桥，使车轮能够自由转动。

②用手平稳地转动车轮并在轮胎胎冠中心处画出一条中心线。

③将举升器下降使车轮落地，并将汽车向前推动少许，使汽车处于直行状态。

④调整前束尺的两个指针，使之分别指向左、右转向车轮前方的胎冠中心线，且指针尖端距地面高度应等于被测车轮的半径；再调整前束尺的刻度标尺，使之对准“0”位；然后将前束尺移至左、右两转向车轮的后方，调整前束尺的长度，使两指针分别指向转向车轮后方胎冠中心线，此时前束尺标尺上的刻度读数(注意正负)即为被测车轮的前束值。

车轮前束还可以用光学前束测量仪进行测量，但其安装比较复杂，实测时较少采用。

当无专用前束测量工具时，还可用钢卷尺进行测量。此时一般有“架车法”和“推车法”两种。“架车法”为：将前轮架起离开地面少许，使前轮处于直行位置，用粉笔在轮轴中心线高度上的左右轮胎或轮辋边缘划上记号，量出两记号之间距离，然后将左右车轮转 180°其记号则转至前轴后面，再量出两记号之间距离，其后端间距与前端间距之差即为前束值；“推车法”与“架车法”基本相似，只是应将汽车停放于平直路面上，测量完轮胎前端间距后，向前推动汽车再测量轮胎后端间距。

(2)车轮外倾角的检测

车轮外倾角的检测以气泡水准车轮定位仪检测为例进行说明。该仪器一般由水准仪、支架和转角仪等组成，可直接测量车轮外倾角，当有外倾角的车轮处于直线行驶位置时，垂直于车轮旋转平面安装的水准仪上的测外倾角的气泡管，也垂直于车轮旋转平面，气泡管与水平面的夹角即为车轮外倾角。如图 3-9 所示。此时，气泡管中的水泡偏移车轮一侧，将气泡管调于水平位置时，气泡的位移量或角度调节量即反映了外倾角。

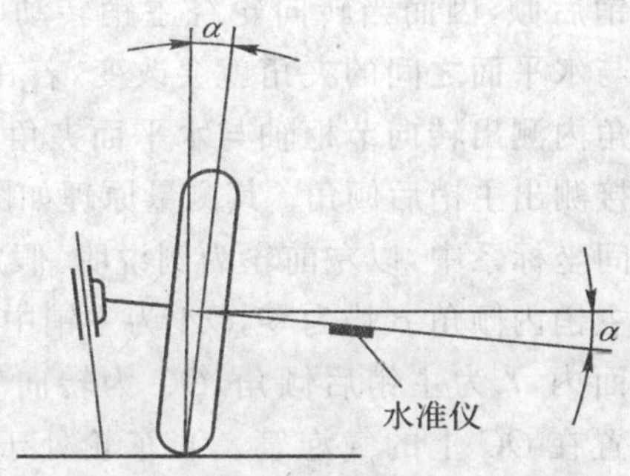

图 3-9　外倾角测量原理

车轮外倾角的检测步骤如下：

①将车轮处于直线行驶位置。

②将水准仪的支架正确地安装在前轮的轮辋上。

③将水准仪上测 α,γ 插销插入支架的中心孔内,并使水准仪在左右方向上大致处于水平状态。然后,轻轻拧紧锁紧螺钉以固定水准仪,如图 3-10 所示。

④转动水准仪上的 α 调节盘,直到对应的气泡管内的气泡处于中间位置为止,此时其 α 调节盘红线所指的角度值即为车轮外倾角。

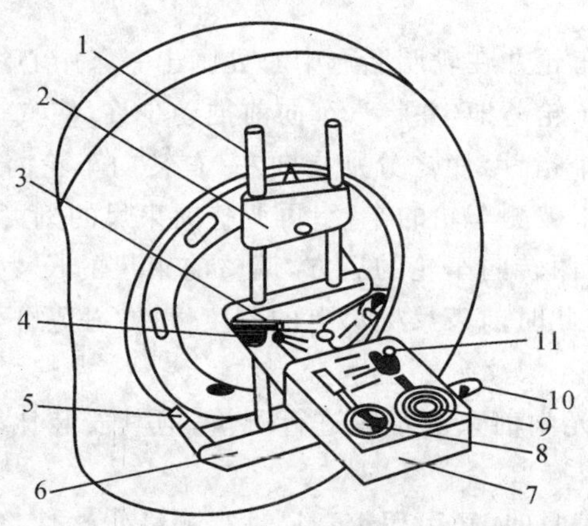

1—导轨;2—活动支架;3—调整支座;4—调节螺钉;5—固定脚;6—固定支架;7—水准仪;8—α 调节盘;9—γ、β 调节盘;10—定位销;11—旋钮

图 3-10 车轮外倾角的检测

(3)主销后倾角的检测

主销后倾角不能由水准仪直接测量,而只能利用转向轮绕主销转动时的几何关系进行间接测量。由于主销后倾,因而当转向轮绕主销转动时,其转向节枢轴与水平面之间的夹角就会改变,若在转向轮规定的转角内测出转向节枢轴与水平面夹角的变化量,则可间接测出主销后倾角。其测量原理如图 3-11 所示,在空间坐标系中,以左前轮为例说明。假定前轮外倾角 α 和主销内倾角 β 均为零,OA 为主销中心线,位于 Oyz 平面内,γ 为主销后倾角,OC 为转向节枢轴,MN 为放置在 OC 上的气泡管。当车轮处于直线行驶位置时,OC 与 Ox 轴重合；当车轮右转转至规定角度 φ 时,则转向节枢轴轴线 OC 转至 OC',OC 扫过的平面

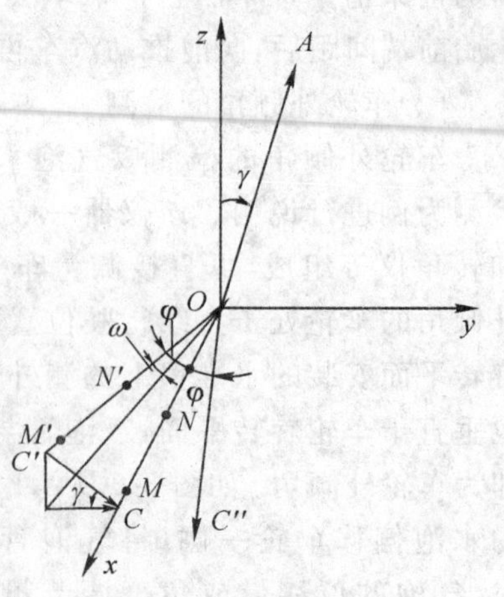

图 3-11 主销后倾角测量原理

OCC'与水平面的夹角为γ,OC'与水平面的夹角为ω。此时,气泡管由MN移至$M'N'$,气泡管与水平面倾斜的角度也为ω,气泡管的气泡向M'移动,其位移量取决于ω角的大小。而ω角取决于前轮转角φ和主销后倾角了。当φ为一定值时,ω角与γ角一一对应,而气泡管中气泡位移量与ω角也一一对应,因而通过气泡位移量的标定即可反映γ值的大小。

实际转向轮具有主销内倾角β和转向轮外倾角ω。为消除β对主销后倾角测试结果的影响,测量时先将转向轮向内(对于左前轮则向左转,对于右前轮则向右转,下同)转动φ角(通常为20°),把水泡管调至水平位置,然后向相反方向回转2φ角。这样由于转向节枢轴OC从直线行驶位置分别向外和向内转动相同的角度,因而角β在转向轮内外转动时对测量值的影响数值相等,方向相反,并相互抵消。同时,测量时车轮转动2φ的角度,其气泡位移量则增大了一倍,因而提高了仪器测试的灵敏度和精度。至于前轮外倾角α由于影响甚微可以忽略不计。

用水准车轮定位仪检测主销后倾角时,需要车轮转角仪的配合使用,其主销后倾角的检测步骤如下。

①将被测汽车的两前轮分别置于两车轮转角仪上,使主销轴线的延长线基本上通过转盘中心,当车轮处于直线行驶状态时,转角仪的指针应与刻度盘上的"0"刻度对齐;并将后轮置于与转角仪同高的台架上,以保证各车轮都处于同一水平面。

②将水准仪支架安装在前轮上,并调整支架,使支架中心孔轴线与车轮轴线同轴。

③把水准仪测α,γ的插销插入支架的中心孔内。

④转动方向盘,使被测前轮向内转20°转角,并将被测车轮保持在该位不动。

⑤调整水准仪,使水准仪在垂直于测α,γ插销方向上处于水平状态,然后拧紧锁紧螺钉予以固定。

⑥转动水准仪上的γ,β调节盘,使其上的指示红线与蓝、红、黄刻度盘零线重合。调整对应气泡管的旋钮,使气泡管的气泡处于中间位置。

⑦转动方向盘,使被测前轮回转40°的转角,并固定在该位不动。

⑧重新转动水准仪上的γ,φ调节盘,直到气泡管的气泡又处于中间位置。此时,在蓝盘上读出γ,β盘红线所指示之值,该值即为实测的主销后倾角γ。

(4)主销内倾角的检测

主销内倾角β不能直接测出,而只能利用转向轮绕主销转动时的几何关系进行间接测量。由于主销内倾,因而当转向轮绕主销转动一定角度时,其转向节连同转向轮将会绕转向节枢轴轴线转过一个角度,测出该角度,即可间接测出主销内倾角。其测量原理如图3-12所示,在空间坐标系中,以左前轮为例说明。假定前轮外倾角α和主销后倾角γ为零,则主销中心线OA在Oxz平面内,OA与Oz的夹角为主销内倾角,转向轮处于直线行驶位置时,转向节枢轴OC与Ox轴重合,当转向轮在制动状态向右转过φ角时，由于主销内倾角 β 的存在，使得转向节枢轴 OC 转至 OC'，形成圆锥面 OCC'。若在转向节枢轴的前部放置一平行于水平面且与 OC 轴线垂直的气泡管 EF，则在转向轮偏转过程中，气泡管 EF 将绕转向节枢轴轴线转动，随着 OC 移至 OC'，则 EF 移至 $E'F'$。此时气泡管与水平面的夹角为 θ，其 θ 的大小取决于转向轮转角 φ 和主销内倾角 β。若 Φ 为定值，则 θ 角和 β 角具有一一对应关系。由于 β 角的出现导致了气泡管 EF 中气泡的位移，因此通过对气泡位移量的标定即可反映主销内倾角的大小。

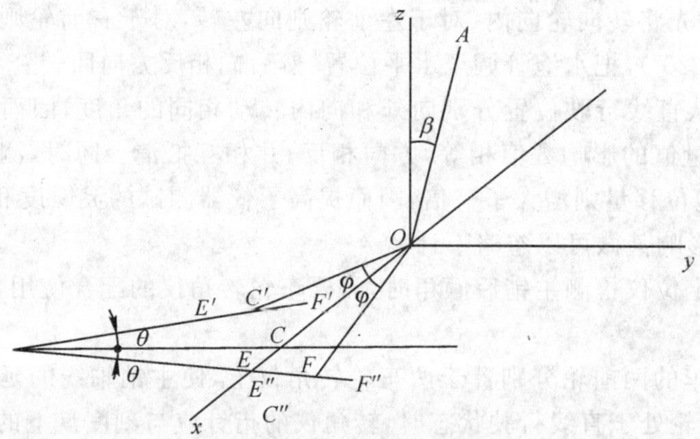

图 3-12 主销内倾角测量原理

为了消除主销后倾角对测量值的影响以及提高测量的灵敏度和精度，测量时将转向轮先向内转一定角度 φ(通常为 20°)，再把其水泡调至水平位置，然后向相反方向回转 2φ 的角度。

用水准车轮定位仪检测主销内倾角时，需要车轮转角仪的配合使用，其主销内倾角的检测步骤如下：

①，②同主销后倾角检测。

③将水准仪测 β 的插销(见图 3-10)装在支架中心孔内并予以固定。

④用制动踏板抵压器压下制动踏板，使前轮处于制动状态，以减少测量误差。

⑤转动转向盘，使被测前轮向内转 20°转角，并将被测车轮保持在该位不动。

⑥松开锁紧螺钉，使水准仪在垂直于 β 插销的方向处于水平状态，然后拧紧锁紧螺钉。

⑦转动水准仪上的 γ，β 调节盘，使其上的指示红线与蓝、红、黄刻度盘零线重合。调整对应气泡管的旋钮，使气泡管的气泡处于中间位置。

⑧转动转向盘，使被测前轮回转 40°转角，并固定在该位不动。

⑨重新转动水准仪上的 γ，β 调节盘，直到气泡管的气泡重新处于中间位置。

此时，γ，β 调节盘红线在红刻度盘(测右转向轮)或黄刻度盘(测左转向轮)所指示之值，即为主销内倾角。

2.车轮定位检测标准及检测结果分析

汽车车轮定位值的大小是根据汽车的设计要求确定的，不同的车型其值有所不同。因此，汽车车轮定位的检测标准应是该车技术条件规定的车轮定位参数值。

若车轮定位参数的检测结果不符合检测标准，则说明该车存在着某种故障：或者悬架杆件变形、磨损；或者转向节、车桥、悬架等部件装配不良；或者车轮定位调整不当。此时应查明原因，排除故障，使车轮定位值符合检测标准。

3.四轮定位仪检测简介

四轮定位仪是专门用来测量车轮定位参数的设备。它极适用于不但具有前轮定位，而且还具有后轮定位汽车的四轮定位参数检测。四轮定位仪可检测的项目包括车轮前束及前张角、车轮外倾角、主销后倾角、主销内倾角、转向 20°时的前张角、推力角和左右轴距差等，如图 3-13 所示。尽管四轮定位仪的形式有多种多样，但它们的基本测量原理却是一致的，只是采用的测量方法（或使用的传感器类型）及数据记录与传输的方式有所不同。

(1)四轮定位仪测量原理

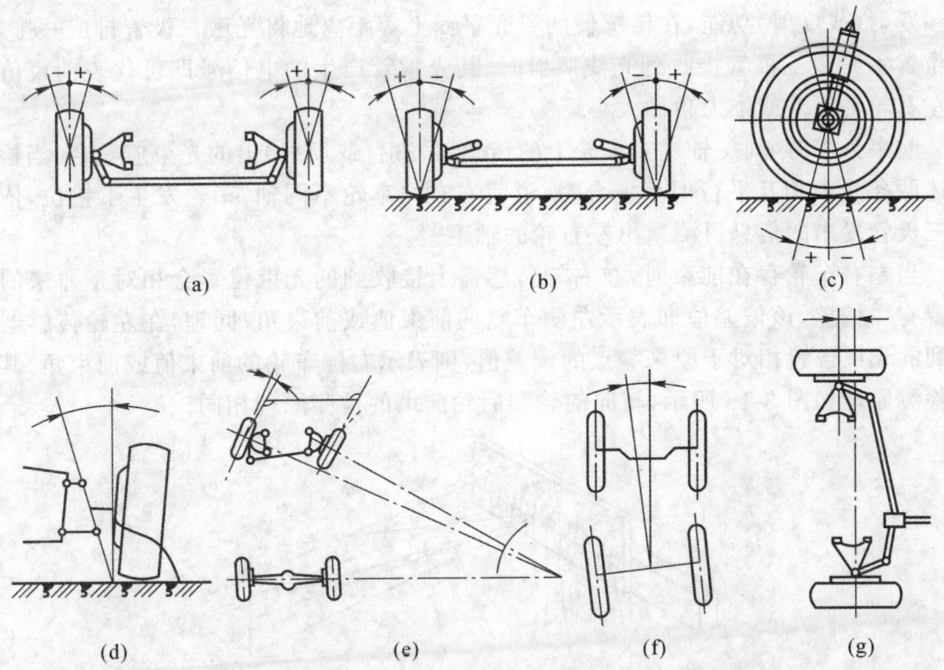

(a)车轮前束角和前张角；(b)车轮外倾角；(c)主销后倾角；

(d)主销内倾角；(e)转向 20°时的前张角；(f)推力角；(g)左右轴距差

图 3-13　四轮定位仪的检测项目

1)前束、轴距差、推力角检测原理

为提高测量精度，检测前，依四轮定位仪的类型常通过拉线或光线照射及反射等方式形成一封闭的直角四边形，如图 3-14 所示。检测时，应将车体摆正并使车轮处于直线行驶位置，通过安装在车轮上的传感器进行前束、轴距差、推力角的检测。安装在车轮上的传感器有不同的类型，现以光敏三极管式传感器为例说明其检测原理。

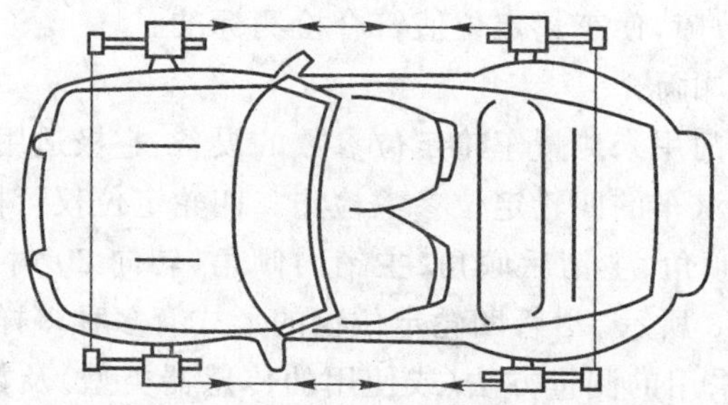

图 3-14 八束光线形成封闭四边形

安装在两前轮和两后轮上的光敏三极管式传感器(又称定位校正头)均有光线的接收和发射(或反射)功能，在传感器的受光平面上等距离地将光敏三极管排成一排，在不同位置上光敏三极管接收到光线照射时，其光敏管产生的电信号即可代表前束值(角)或左右轮轴距差或推力角的大小。

前束为零时，同一轴左右车轮上的传感器发射(或反射)出的光束应重合。当检测出上述两条光束相互平行但不重合时，说明左右两车轮不同轴，车轮发生了错位，依据光敏三极管发出的信息可测量出左右轮的轴距差。

当左右车轮存在前束时，在右轮传感器上接收到的光束位置会相对于原来的零点位置有一偏差，该偏差值即表示左侧车轮的前束值或前束角；同理，在左轮传感器上接收到的光束位置相对于原来零点的偏差值，则表示右侧车轮的前束值或前束角。其前束的检测原理如图 3-15 所示，转向前轮和后轮前束的检测原理相同。

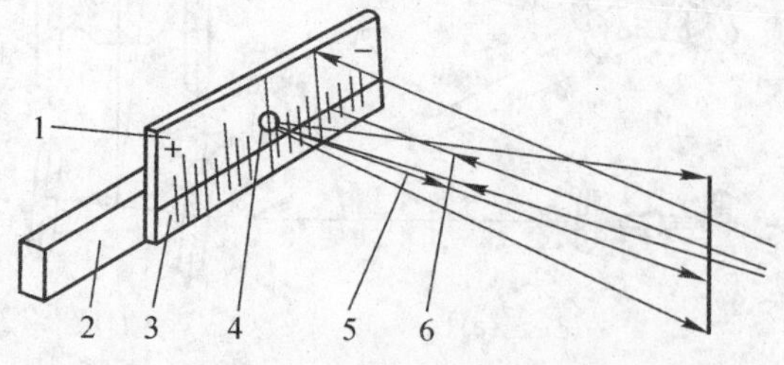

1—刻度板；2—投射器支臂；3—光敏三极管；4—激光器；5—投射激光束；6—接收激光束

图 3-15 车轮前束检测原理

推力角的检测原理如图 3-16 所示，若推力角 δ 为零，则前后轴同侧车轮上的传感

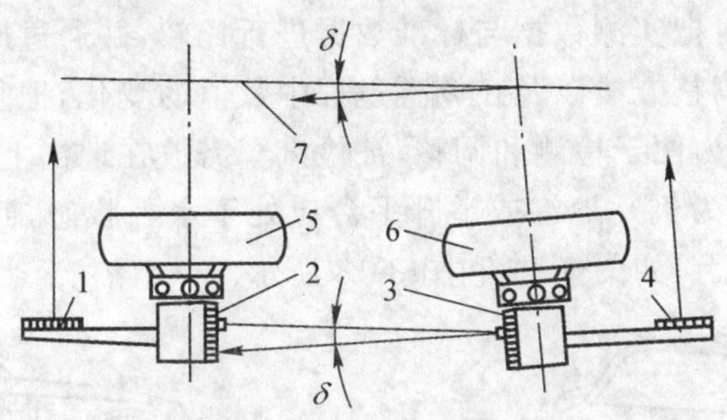

1,2,3,4—光线接收器;5—前轮;6—后轮;7—汽车纵轴线;δ—推力角

图 3-16　推力角检测原理

器发射或接收的光束重合;若两条光束出现夹角而不重合,则说明推力角方不为零。因此,可以通过安装在汽车前轮上的传感器接收到的同侧后轮传感器所发射光束相对于零点位置的偏差值来检测汽车推力角 δ 的大小。

2)车轮外倾角检测原理

车轮外倾角可在车轮处于直线行驶位置时直接测得。在四轮定位仪上的传感器(定位校正头)内装有角度测量仪(如电子倾斜仪),把传感器装在车轮上,可直接测出车轮外倾角。

3)主销后倾角和主销内倾角检测原理

主销后倾角和主销内倾角不能直接测出,通常是利用转向轮转动时建立的几何关系进行间接测量主销后倾角可利用传感器内的角度测量仪,通过转向轮内转一定角度的和外转一定角度的两个位置时,测量转向轮平面倾角的变化量来间接测出。

主销内倾角可利用传感器内的角度测量仪,通过转向轮内转一定角度的和外转一定角度的两个位置时,测量转向节枢轴绕其轴线转动的角度来间接测出。

4)转向 20°时前张角的检测原理

检测前张角时,使被检车辆转向轮停在转角仪的转盘中心处,车轮处于直线行驶位置,转动转向盘使右转向轮向右转 20°后,读取左转向轮下转盘上的刻度值 λ_1,则 $20°-\lambda_1$ 即为向右转向 20°时的前张角;使左转向轮沿直线行驶方向向左转 20°后,读取右转向轮下转盘上的刻度值 λ_2,则 $20°-\lambda_2$ 即为向左转向 20°时的前张角。

目前,电脑四轮定位仪受到广大用户的青睐。电脑四轮定位仪一般由主机、彩色显示器、操作键盘、高精度传感器、支架、转盘、打印机、遥控器等组成,往往制成可移动的。这种仪器 般由安装在车轮上的传感器,把车轮与定位角之间的几何关系转变成电信号或光信号,送入电脑分析判断,然后由显示屏或打印机输出。采用电脑四轮定位仪进行车轮定位参数检测,可一次顺序完成前后轮前束、前后轮外倾角、主销内倾角与主销后倾角等多项测量,其测试速度快,测量精度高。现代先进的电脑四轮定位仪,不仅采用了先进的测量系统和科学的检测方法,而且储存了大量常见车型的四轮定位标准数据,在检测过程中，可随时把实测数据与标准数据进行比较，并通过屏幕用图形和数字显示出需要调整的部位、调整方法以及在调整过程中数值的变化，把复杂四轮定位的检测调整简化成依图操作。为便于检测和调整，被检汽车需放在地沟上或举升平台上(以下以汽车放在举升平台上为例)，地沟或举升平台应处于水平状态，四轮定位仪部分安装在地沟两旁或举升平台上，如图 3-17 和图 3-18 所示。

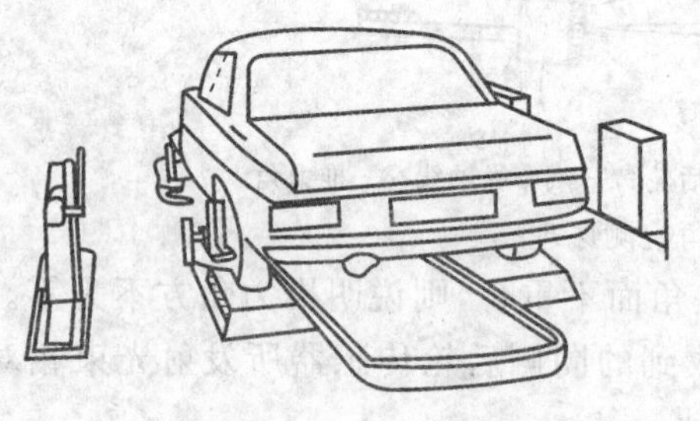

图 3-17 定位仪安装在地沟旁

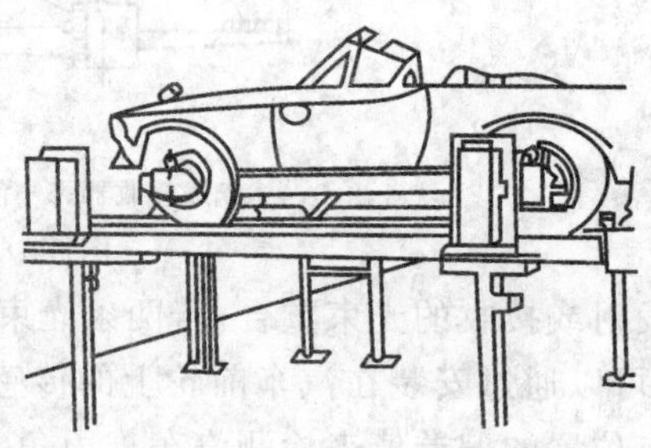

图 3-18 定位仪安装在地沟旁

(2)对被检车辆的基本要求

在检测汽车的前轮定位时，被检车辆应满足以下要求

1)前后轮胎气压及胎面磨损基本一致。

2)前后悬架系统的零部件完好、不松旷。

3)转向系统调整适当，不松旷。

4)前后减振器性能良好，不漏油。

5)汽车前后高度与标准值的差不大于 5mm。

6)制动系统正常。

(3)检测步骤

1)检测前准备

①把汽车开上举升平台，托起四个车轮，把汽车举升半米(第一次举升)。

②托起车身适当部位，把汽车举升至车轮能够自由转动(第二次举升)。

③拆下各车轮，检查轮胎磨损情况。

④检查轮胎气压，不符合标准时应充气或放气。

⑤作车轮的动平衡，动平衡完成后，把车轮装好。

⑥检查车身高度，检查车身四个角的高度和减振器技术状况，如车身不平应先调平；同时检查转向系统和悬架是否松旷，如松旷则应先紧固或更换零件。

2)检测步骤

①把传感器支架安装在轮辋上，再把传感器(定位校正头)安装到支架上，并按使用说明书的规定调整。

②开机进入测试程序，输入被检汽车的车型和生产年份。

③轮辋变形补偿。转向盘位于直行位置，使每个车轮旋转一周，即可把轮辋变形误差输入电脑。

④降下第二次举升器，使车轮落到平台上，把汽车前部和后部向下压动5次，使其作压力弹跳。

⑤用刹车锁压下制动踏板，使汽车处于制动状态。

⑥把转向盘左转至电脑发出“OK”声，输入左转角度；然后把转向盘右转至电脑发出“OK”声，输入右转角度。

⑦把转向盘回正，电脑屏幕上显示出后轮的前束及外倾角数值。

⑧调正转向盘，并用转向盘锁锁住转向盘使之不能转动。

⑨把安装在四个车轮上的定位校正头的水平仪调到水平线上，此时电脑屏幕上显示出转向轮的主销后倾角、主销内倾角、转向轮外倾角和前束的数值。

⑩调整主销后倾角、车轮外倾角及前束，调整方法可按电脑屏幕提示进行。若调整后仍不能解决问题，则应更换有关零部件。

⑪进行第二次压力弹跳，将转向轮左右转动，把车身反复压下后，观察屏幕上的数值有无变化，若数值变化应再次调整。

⑫若第二次检查未发现问题，则应将调整时松开的部位紧固。

⑬拆下定位校正头和支架，进行路试，检查四轮定位检测调整效果。

(4)注意事项

1)使用前，检查四轮定位仪所配附件是否与使用说明书上列出的清单相符，设备安装时要遵循使用说明书所提出的各项要求。

2)对于光学式四轮定位仪中的投影仪(或投光器)应细心维护，并经常进行调整；传感器是电脑式四轮定位仪的重要元件，使用前要进行校正，以保证测试精度。

3)传感器应正确地安装在传感器支架上，在不使用时应妥善保管，避免受到损坏；电测类传感器应在接线完毕后再通电，以避免带电接线引起电磁振荡而损坏。

4)移动四轮定位仪时，应避免使其受到振动，否则可能使传感器及电脑受到损坏。

5)四轮定位仪应半年标定一次，标定时应使用购买时所带专用标定器具，并按规定程序进行标定。

6)在检测四位定位前，须进行车轮传感器偏摆补偿，否则会引起大的测量误差。

3.3　车轮平衡度的检测

随着道路质量的提高和高速公路的出现，汽车行驶速度越来越高，因此对车轮平衡度的要求也愈来愈高。如果车轮不平衡，在其高速旋转时，不平衡质量将引起车轮上下跳动和横向振摆。这不仅影响了汽车的行驶平顺性、乘坐舒适性和操纵稳定性，使车辆难以控制，而且也影响了汽车行驶的安全性。此外，还因加剧了轮胎及有关机件的磨损和冲击，缩短了汽车使用寿命，增加了汽车运输成本。因此，车轮平衡问题愈来愈引起人们的重视，车轮平衡度已成为汽车检测项目之一。

3.3.1 车轮平衡度概述及检测原理

1. 车轮平衡度概述

(1)车轮静不平衡

支起车轴，调整好轮毂轴承松紧度，用手轻转车轮，使其自然停转。在停转的车轮离地最近处作一标记，然后重复上述试验多次。如果每次试验标记都停在离地最近处，则车轮静不平衡。这个车轮上所作的标记点称为不平衡点或垂点。

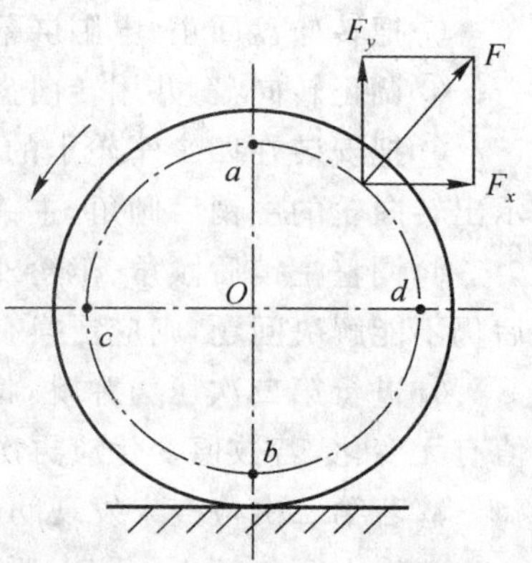

图 3-19 车轮静不平衡示意图

对于静平衡的车轮，其重心与旋转中心重合；对于静不平衡的车轮，其重心与旋转中心不重合，在旋转时产生离心力，如图 3-19 所示。

$$F=m\cdot\omega^2\cdot r$$

式中：m——不平衡点质量；

ω——车轮旋转角速度，$\omega=2\pi n/60$；

n——车轮转速；

r——不平衡点质量离车轮旋转中心的距离。

从式中可以看出，车轮转速 n 越高，不平衡点质量 m 越大，不平衡点质量离车轮旋转中心的距离 r 越远，则离心力 F 越大。

离心力 F 可分解为水平分力 F_x 和垂直分力 F_y。在车轮转动一周中，垂直分力 F_y 有两次落在通过车轮中心的垂线上，一次在 a 点，一次在 b 点，方向相反，均达到最大值，使车轮上、下跳动，并由于陀螺效应引起前轮摆振。水平分力 F_x 有两次落在通过车轮中心的水平线上，一次在 c 点，一次在 d 点，方向相反，均达到最大值，使车轮前后窜动，并形成绕主销来回摆动的力矩，造成前轮摆振。当左、右前轮的不平衡质量相互处于180°位置时，前轮摆振最为严重。

(2)车轮动不平衡

即使静平衡的车轮，即重心与旋转中心重合的车轮，也可能是动不平衡的。这是因为车轮的质量分布相对车轮纵向中心面不对称造成的。在图 3-20(a)中，车轮是静平衡的。在该车轮旋转轴线的径向相反位置上，各有一作用半径相同质量也相同的不平衡点 m_1 与 m_2，且不处于同一平面内。对于这样的车轮，其不平衡点的离心力合力为零，而离心力的合力矩不为零，转动中产生方向反复变动的力偶 M，使车轮处于动不平衡中。动不平衡的前轮绕主销摆振。

如果在 m_1 与 m_2 同一作用半径的相反方向上配置相同质量 m_1' 与 m_2'，则车轮处于动平衡中，如图 3-20(b)所示。动平衡的车轮肯定是静平衡的，因此对车轮主要应进行动平衡检验。

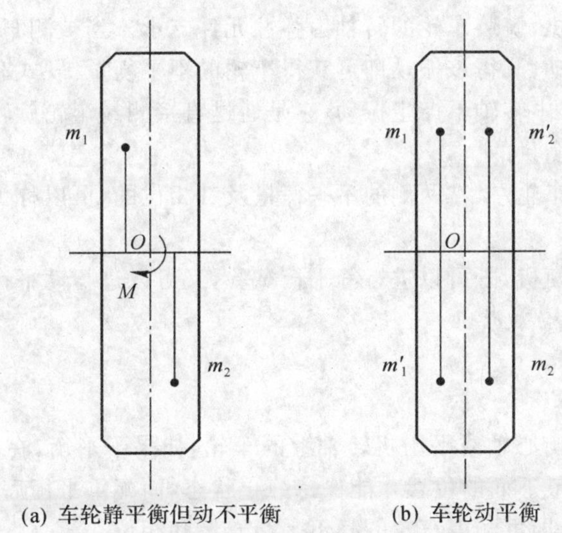

(a) 车轮静平衡但动不平衡　(b) 车轮动平衡

图 3-20　车轮平衡示意图

(3)车轮不平衡原因

1)轮毂、制动鼓(盘)加工时轴心定位不准、加工误差大、非加工面铸造误差大、热处理变形、使用中变形或磨损不均。

2)轮胎螺栓质量不等、轮辋质量分布不均或径向圆跳动、端面圆跳动太大。

3)轮胎质量分布不均、尺寸或形状误差太大、使用中变形或磨损不均、使用翻新胎或垫、补胎。

4)并装双胎的充气嘴未相隔 180°安装，单胎的充气嘴未与不平衡点标记(经过平衡试验的新轮胎，往往在胎侧标有红、黄、白或浅蓝色的□、△、◯或◇符号，用来表示不平衡点位置)相隔 180°安装。

5)轮毂、制动鼓(盘)、轮胎螺栓、轮辋、内胎、衬带、轮胎等拆卸后重新组装成车轮时，累计的不平衡质量或形位偏差太大，破坏了原来的平衡。

(4)车轮平衡机类型

车轮平衡度应使用车轮平衡机检测。车轮平衡机也称为车轮平衡仪。车轮平衡机有以下类型：如果按功能分，车轮平衡机可分为车轮静平衡机和车轮动平衡机两类；如果按测量方式分，车轮平衡机可分为离车式车轮平衡机和就车式车轮平衡机两类；如果按车轮平衡机转轴的形式分，车轮平衡机又可分为软式车轮平衡机和硬式车轮平衡机两类。

使用离车式车轮平衡机时，是把车轮从车上拆下安装到车轮平衡机的转轴上检测其平衡状况的。而就车式车轮平衡机，无需从车上拆下车轮，就车即可测得车轮的平衡状况。

软式车轮平衡机，安装车轮的转轴由弹性元件支承。当被测车轮不平衡时，该轴与其上的车轮一起振动，测得该振动即可获得车轮的不平衡量。硬式车轮平衡机的转轴由刚性元件支承，工作中转轴不产生振动，它是通过直接测量车轮旋转时不平衡点产生的离心力来确定不平衡量的。

凡是可以测定车轮左、右两侧的不平衡量及其相位的，可以称为二面测定式车轮平衡机。

就车式车轮平衡机，既可以进行静平衡试验，又可以进行动平衡试验。

2. 车轮不平衡检测原理

(1)静不平衡

1)离车式

安装在特制平衡心轴或平衡机转轴上的车轮，如果不平衡，在自由转动状态下，其不平衡点只有处于最下面的位置才能保持静止状态，而配重平衡后则可停于任一位置。利用这一基本原理，即可测得车轮的静不平衡质量和相位。

2)就车式

用就车式车轮平衡机检测车轮静不平衡的原理，如图 3-21 所示。支离地面的车轮如果不平衡，转动时产生的上下振动通过转向节或悬架传给检测装置的传感磁头、可调支杆和底座内的传感器。传感器变成的电信号控制频闪灯闪光，以指示车轮不平衡点位置，并输入指示装置指示不平衡度(量)。从图中可以看出，当传感磁头传递向下的力时频闪灯就发亮，所照射到的车轮最下部的点即为不平衡点。

(2)动不平衡

1)离车式

以硬支承平衡机为例，由于其转轴支承装置刚度大，固有振动频率高，振幅小，因而车轮的惯性力可忽略不计。

车轮不平衡所产生的离心力是以力的形式作用在支承装置上的，只要测出支承装置上所受的力或由此而产生的振动，就可得到车轮的不平衡量。电测式车轮平衡机检测原理如图 3-22 所示。图中 m_1,m_2 为车轮不平衡质量，F_1,F_2 为对应的离心力，N_L,N_R 为左右支承测得的动反力。该测量法的测量点在支承处，不平衡的校正面在轮辋边缘，它们轮辋边缘至右支承的距离；轮辋宽度；左右支承存在动平衡关系。根据力的平衡条件有

$$N_R-N_L-F_1-F_2=0 \quad 和 \quad F_1(a+c)+F_2(a+b+c)-N_Rc=0$$

可得　$F_1 = N_L(a+b+c)/b - N_R(a+b)/b$

$F_2 = N_L(a+c)/b - N_R a/b$

可以看出，不平衡点质量产生的离心力仅与支承处的动反力及尺寸 a，b，c 有关。支承处的动反力或由此而引起的振动，可以通过相应传感器变成电信号后测出，各位置尺寸中 c 是常数，a，b 可通过测量后输入运算电路的方法得出。因此，通过运算即可根据动反力确定出车轮两个校正面上的离心力，再根据离心力确定出两个校正面上的平衡量。

2)就车式

检测原理与图 3-21 所示静不平衡检测原理相同，只不过传感磁头固定在制动底板上，检测的是横向振动。横向振动通过传感磁头、可调支杆传至底座内的传感器，传感器转变成的电信号控制频闪灯闪光，以指示车轮不平衡点位置，并输入到指示装置指示车轮不平衡度(量)。

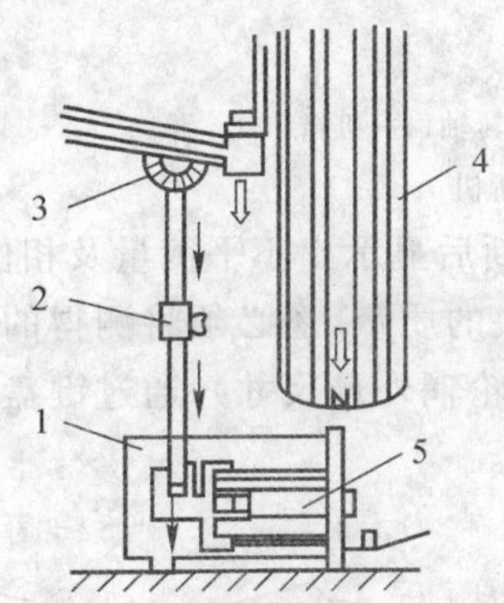

图 3-21　就车式车轮平衡机不平衡检测原理

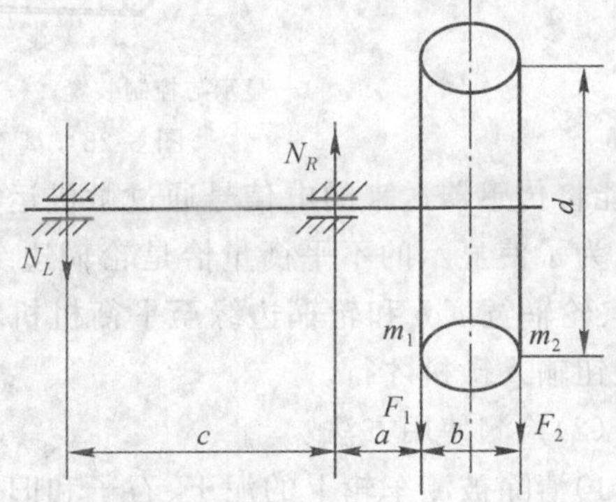

图 3-22　电测式车轮平衡机检测原理

3.3.2　车轮动平衡的检测与校正方法

1. 离车式车轮动平衡机及检测方法

(1)结构简介

离车式车轮动平衡机如图 3-23 所示。目前应用最多的是硬式两面测定车轮动平衡机。该动平衡机一般由驱动装置、转轴与支承装置、显示与控制装置、制动装置、机箱和车轮防护罩等组成。驱动装置一般由电动机、传动机构等组成，可驱动转轴旋转。转轴由两个滚动轴承支承，每个轴承均有一能将动反力变为电信号的传感器。转轴的外端通过锥体和大螺距螺母等固装被测车轮。驱动装置、转轴与支承装置等均装在机箱内。

车轮防护罩可防止车轮旋转时其上的平衡块或花纹内夹杂物飞出伤人。制动装置可使车轮停转。近年来生产的车轮动平衡机多为微机式，具有自动判断和自动调校系

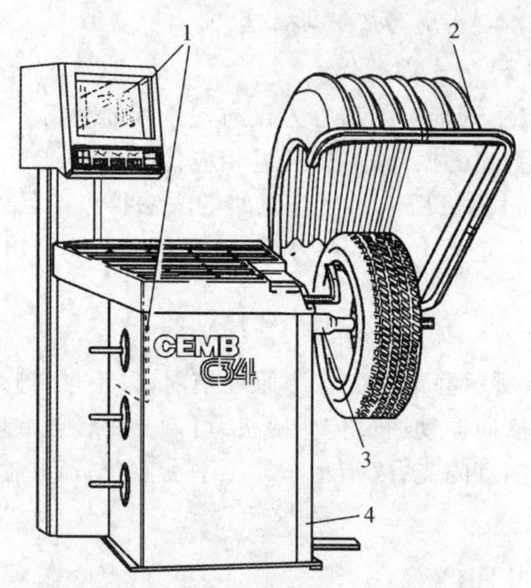

1—显示与控制装置;2—车轮防护罩;3—转轴;4—机箱

图 3-23 离车式车轮动平衡机

统,能将传感器送来的电信号通过微机运算、分析、判断后显示出不平衡量及相位。

为了使显示的不平衡量恰是轮辋边缘所加平衡块的质量,还必须将测得的轮辋直径 d、轮辋宽度 b 和轮辋边缘至平衡机机箱的距离 a(轮辋外悬尺寸),通过键盘或选择器旋钮输入微机才行。

(2)检测使用方法

1)清除被测车轮上的泥土、石子和旧平衡块。

2)检查轮胎气压,势必要充至规定值。

3)根据轮辋中心孔的大小选择锥体,仔细地装上车轮,用大螺距螺母上紧

4)打开电源开关,检查指示与控制装置的面板是否指示正确。

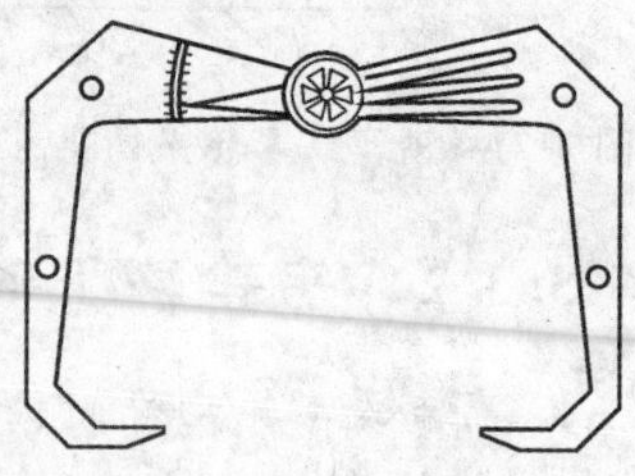

图 3-24 动平衡机专用卡尺

5)用卡尺测量轮辋宽度 b、轮辋直径 d(也可由胎侧读出),用平衡机上的标尺测量轮辋边缘至机箱距离 a,再用键入或选择器旋钮对准测量值的方法,将 a,b,d 值输入指示与控制装置中去。离车式车轮动平衡机的专用卡尺如图 3-24 所示,a,b,d 三尺寸如图 3-25 所示。

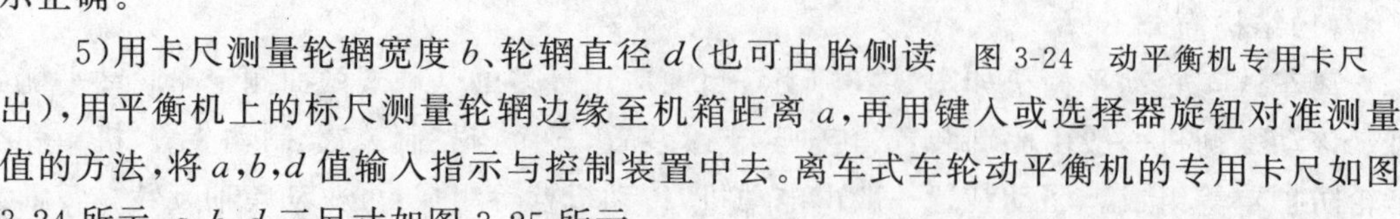

为了适应不同计量制式,平衡机上的所有标尺一般都同时标有英制和公制刻度。

6)放下车轮防护罩,按下启动键,车轮旋转,平衡测试开始,微机自动采集数据。

7)车轮自动停转或听到“笛”声按下停止键并操纵制动装置使车轮停转后,从指示

装置读取车轮内、外两侧不平衡量和不平衡位置。

8)抬起车轮防护罩,用手慢慢转动车轮。当指示装置发出指示(音响、指示灯亮、制动、显示点阵或显示检测数据等)时停止转动。在轮辋的内侧或外侧的上部(时钟12点位置)内、外侧要分别进行平衡块,装卡要牢固。

9)安装平衡块后有可能产生新的不平衡,应重新进行平衡试验,直至不平衡量<5g,指示装置显示"00"或"OK"时才结束。

10)测试结束,关闭电源开关

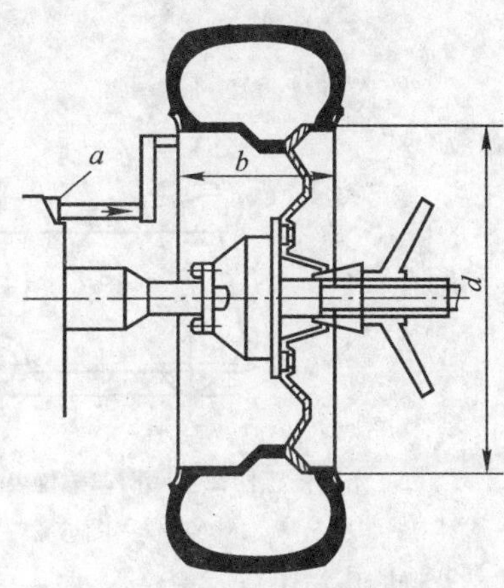

图3-25　车轮在平衡机上的安装

2. 就车式车轮动平衡机及使用方法

(1)结构简介

就车式车轮动平衡机一般由驱动装置、测量装置、指示与控制装置、制动装置和小车等组成,其示意图如图3-26所示,工作图如图3-27所示。驱动装置由电动机、转轮等组成,能带动支离地面的车轮转动。测量装置由传感磁头、可调支杆、底座和传感器等组成。它能将车轮不平衡量产生的振动变成电信号,送至指示与控制装置。指示与控制装置由频闪灯、不平衡度表或数字显示屏等组成。频闪灯用来指示车轮不平衡点位置,不平衡度表或数字显示屏用来指示车轮的不平衡量,一般有两个挡位。第一挡一般用于初查时的指示,第二挡一般用于装上平衡块后复查时指示。制动装置用于车轮停转。除测量装置外,车轮动平衡机的其余装置都装在小车上,可方便地移动。

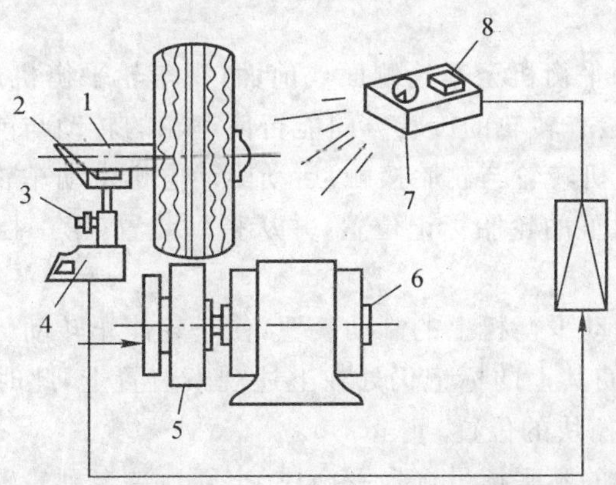

1　转向节;2—传感磁头;3—可调支杆;4—底座;5—转轮;6—电动机;7—频闪灯;8—不平衡度表

图3-26　就车式车轮动平衡机示意图

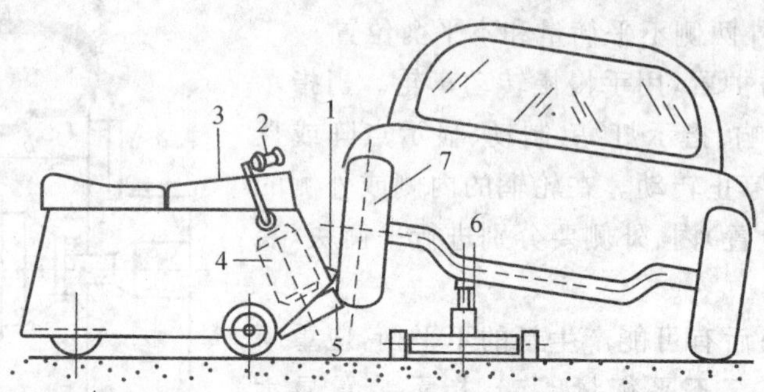

1—光电传感器；2—手柄；3—仪表板；4—驱动电机；5—摩擦轮；6—传感器支架；7—被测车轮

图 3-27 就车式车轮动平衡机工作图

(2)使用方法

1)准备工作

①用千斤顶支起车轴，两边车轮离地间隙要相等。

②清除被测车轮上的泥土、石子和旧平衡块。

③检查轮胎气压，视必要充至规定值。

④检查轮毂轴承是否松旷，视必要调整至规定松紧度。

⑤在轮胎外侧面任意位置上用白粉笔或白胶布做上记号。

2)从动前轮静平衡

①用三角垫木塞紧对面车轮和后轴车轮，将就车式车轮动平衡机的测量装置推至被测前轮一端的前轴下，传感磁头吸附在悬架下或转向节下，调节可调支杆高度并锁紧。

②推就车式车轮动平衡机至车轮侧面或前面(视车轮平衡机形式不同而异)，检查频闪灯工作是否正常，检查转轮的旋转方向能否使车轮的转动与前进行驶时方向一致。

③操纵车轮动平衡机转轮与轮胎接触，启动驱动电机带动车轮旋转至规定转速。

④观察频闪灯照射下的轮胎标记位置，并从指示装置(第一挡)上读取不平衡量数值。

⑤操纵就车式车轮动平衡机上的制动装置，使车轮停止转动。

⑥用手转动车轮，使其上的标记仍处在上述观察位置上，此时轮辋的最上部(时钟12 点位置)即为加装平衡块的位置。

⑦按指示装置显示的不平衡量选择平衡块，牢固地装卡到轮辋边缘上。

⑧重新驱动车轮进行复查测试，指示装置用二挡显示。

若车轮平衡度不符合要求，应调整平衡块质量和位置，直至符合平衡要求。

3)从动前轮动平衡

①将传感磁头吸附在经过擦拭的制动底板边缘平整处。

②操纵就车式车轮动平衡机转轮，驱动车轮旋转至规定转速，观察轮胎标记位置，读取不平衡量数值，停转车轮找平衡块加装位置，加装平衡块和复查等，方法与静平衡相同。

4)驱动轮平衡的调整方法

①对面车轮不必用三角垫木塞紧。

②用发动机、传动系驱动车轮，加速至 50～70km/h 的某一转速下稳定运转。

③测试结束后，用汽车制动器使车轮停转。

④其他方法同从动轮动、静平衡测试。

3.4　悬架装置的检测

悬架装置是汽车行驶系组成之一。悬架装置主要由弹性元件、导向装置和减振器三部分组成。其功能是传力、缓和并迅速衰减车身与车桥之间因路面不平引起的冲击和振动，保证汽车具有良好的行驶平顺性、操纵稳定性、舒适性和行驶安全性。因此，悬架装置的技术状况和工作性能，对汽车整体性能有重要影响。

3.4.1　悬架装置检测的目的与方法

1. 汽车悬架装置的检测目的

当悬架装置工作不正常时，出现汽车行驶中跳跃严重，车轮轮胎有 30%的路程接地力减少，汽车转向盘发飘，弯道行驶时车身晃动加剧，制动时易发生跑偏或侧滑，轮胎磨损异常，乘坐舒适性降低，有关机件磨损速度加快等不良后果。

随着道路条件的改善，尤其是高速公路的发展，不仅小轿车的行驶车速已大大提高，就是货车和大客车以 100km/h 车速行驶的情况也很常见。在高速行驶状态下，汽车的操纵稳定性和安全性尤为重要，并与悬架装置有着直接的关系。所以，悬架装置工作性能的检测是十分重要的。

2. 检测方法简介

汽车悬架装置工作性能的检测方法，有经验法、按压车体法和试验台检测法三种类型。

(1)经验法

经验法是通过人工外观检视的方法，主要从外部检查悬架装置的弹簧是否有裂纹，弹簧和导向装置的连接螺栓是否松动，减振器是否漏油、缺油和损坏等项目。

(2)按压车体法

按压车体法(即以人工或试验台的动力按压车体。当采用试验台动力按压车体时，试验台如图 3-28 所示)是使车体上下运动，观察悬架装置减振器和各部件的工作情况，凭经验判断是否需要更换或修理减振器和其他部件。

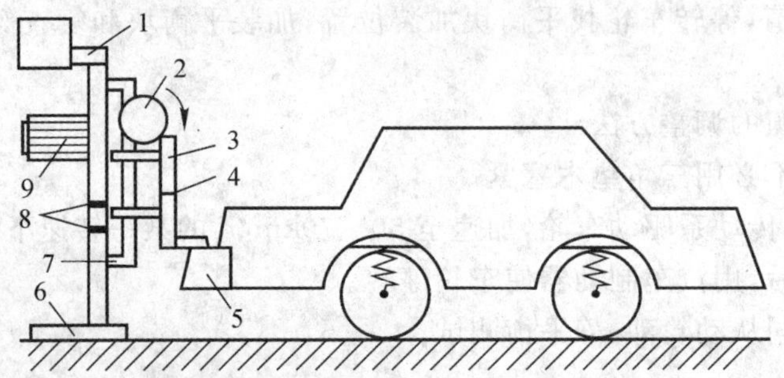

1—支架；2—凸轮；3—推杆；4，8—光脉冲测量装置；
5—汽车保险杠；6—水平导轨；7—垂直导轨；9—电动机

图 3-28 按压车体法试验台

显然，上述两种方法主要是靠检查人员的经验，因此存在主观因素大、可靠性差，只能定性分析、不能定量分析等问题。

(3)试验台检测法

在 20 世纪 80 年代，国际上出现了能快速检测、诊断悬架装置工作性能的悬架装置检测台。根据激振方式不同，悬架装置检测台可分为跌落式(见图 3-29)和共振式(见图 3-30)两种类型。其中，共振式悬架装置检测台根据检测参数的不同，又可分为测力式和位移式两种类型。

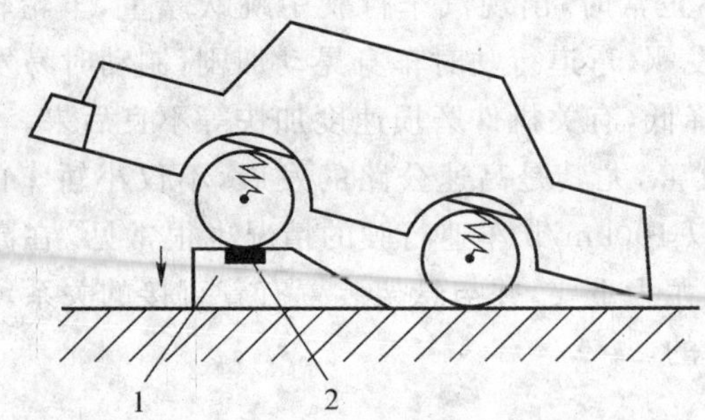

1—垫块；2—测量装置

图 3-29 跌落式悬架检测台

1)跌落式悬架装置检测台

测试中先通过举升装置将汽车升起一定高度，然后突然松开支撑机构或撤去垫块，车辆落下产生自由振动。用测量装置测量车体振幅或者用压力传感器测量车轮对台面的冲击压力，对振幅或压力分析处理后，评价汽车悬架装置的工作性能。

2)共振式悬架装置检测台

通过检测台的电动机、偏心轮、蓄能飞轮和弹簧组成的激振器，迫使检测台台面及

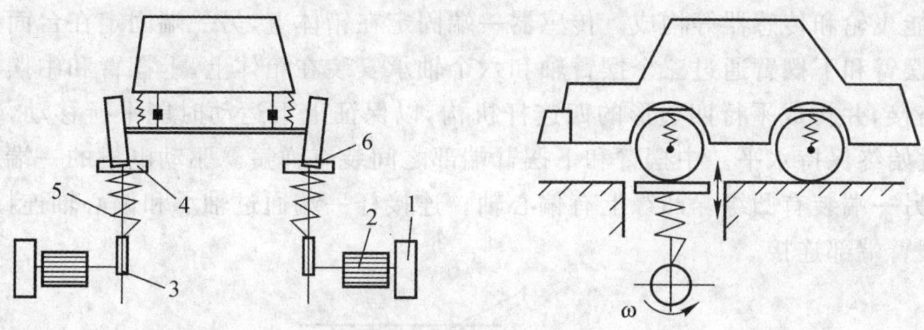

1—蓄能飞轮；2—电动机；3—凸轮；4—台面；5—激振弹簧；6—各测量装置

图 3-30　共振式悬架检测台

其上被检汽车悬架装置产生振动。在开机数秒后断开电机电源，从而由蓄能飞轮产生扫频激振。由于电机的频率比车轮固有频率高，因此蓄能飞轮逐渐降速的扫频激振过程总可以扫到车轮固有振动频率处，从而使台面—汽车系统产生共振。通过检测激振后振动衰减过程中力或位移的振动曲线，求出频率和衰减特性，便可判断悬架装置减振器的工作性能。测力式悬架装置检测台和测位移式悬架装置检测台，一个是测振动衰减过程中的力，另一个是测振动衰减过程中的位移量，它们的结构简图如图 3-31 所示。由于共振式悬架装置检测台性能稳定、数据可靠，因此应用广泛。

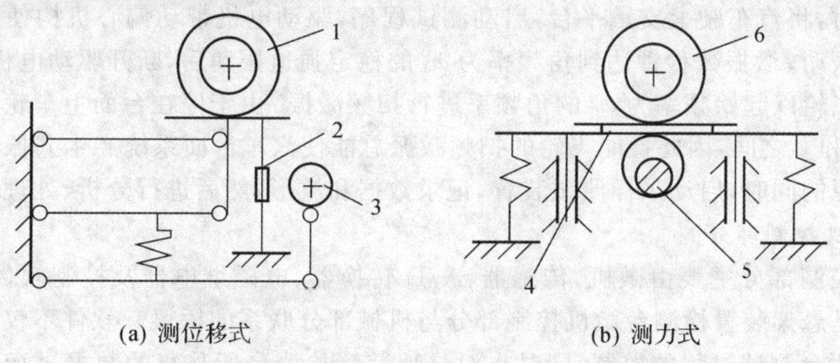

1、6—车轮；2—位移传感器；3—偏心轮；4—力传感器；5—偏心轴

图 3-31　测力式和测位移式悬架装置检测台结构简图

3.4.2　共振式悬架装置检测台结构与工作原理

共振式悬架装置检测台，一般由机械和微机控制两部分组成。

1．机械部分

共振式悬架装置检测台的机械部分，由箱体和左右两套相同的振动系统构成，结构简图如图 3-32 所示。图中所示为检测台单轮支承结构。这是因为一套振动系统左右对称，故另一侧省略。每套振动系统由上摆臂、中摆臂、下摆臂、支承台面、激振弹簧、驱动电机、蓄能飞轮和传感器等构成。传感器一端固定在箱体上，另一端固定在台面上。上摆臂、中摆臂和下摆臂通过三个摆臂轴和六个轴承安装在箱体上。上摆臂和中摆臂与支承台面连接，并构成平行四边形的四连杆机构，以保证上下运动时能平行移动，以及台面受载时始终保持水平。中摆臂和下摆臂端部之间装有弹簧。驱动电机的一端装有蓄能飞轮，另一端装有凸缘。凸缘上有偏心轴。连接杆一端通过轴承和偏心轴连接，另一端和下摆臂端部连接。

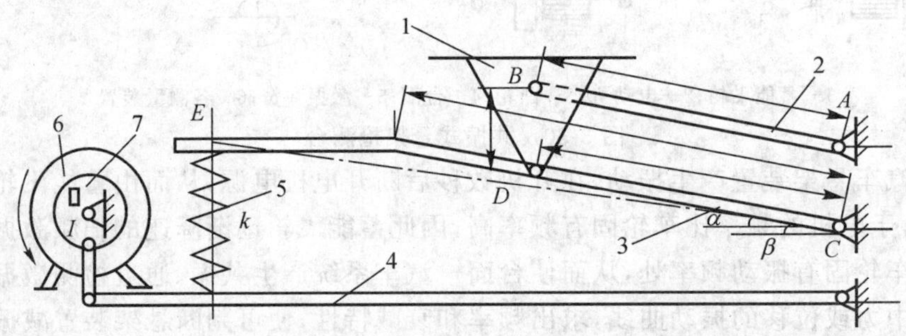

1—支承台面；2—上摆臂；3—中摆臂；4—下摆臂；
5—激振弹簧；6—驱动电机；7—偏心惯性结构

图 3-32 共振式悬架装置检测台单轮支承结构简图

检测时，将汽车驶上支承平台，启动测试程序，驱动电机带动偏心机构使整个汽车台面系统振动。激振数秒钟达到角频率为 ω_0 的稳定强迫振动后，断开驱动电机电源，接着由蓄能飞轮以起始频率为 ω_0 的角频率进行扫频激振。由于停在台面上车轮的固有频率处于 ω_0 和 0 之间，因此蓄能飞轮的扫频激振总能使汽车台面系统产生共振。断开驱动电机电源的同时，启动采样测试装置，记录数据和波形，然后进行分析、处理和评价。

2. 微机控制部分

微机控制部分主要由微机、传感器、A/D 转换器、电磁继电器及控制软件等组成。控制软件是悬架装置检测台微机控制部分与机械部分联系的桥梁。软件不仅实现对悬架装置检测台测试过程的控制，同时也对悬架装置检测台所采集的数据进行分析和处理，并最终将检测结果显示并打印出来。

3. 诊断参数标准

车轮接地性指数可以表征悬架装置的工作性能，因而可以作为诊断参数。车轮接地性指数的定义是：汽车行驶中车轮与路面间最小法向作用力与其法向静载荷的比值。即，代表了车轮与路面间的最小相对动载，用 $A\%$ 表示，在 0%～100%范围内变化。车轮接地性指数表明了悬架装置在汽车行驶中确保车轮与路面相接触的最小能力。汽车行驶中，所有车轮的接地性指数是不一样的。这是因为各轮悬架装置工作性能不一、各轮承受载荷不一、各轮轮胎气压不一和各轮路面冲击不一等原因造成的。如果在检测台上，人为使各轮承受的载荷、轮胎气压和各轮台面冲击是一致的。那么，车轮接地性指数就主要决定于悬架装置的工作性能。因此,完全可以用车轮接地性指数评价悬架装置的工作性能。

在国家标准 GB/T 17993—1999《汽车综合性能检测站通用技术条件》中,将悬架特性列入检测项目,但属于选择执行项目,不属于必须执行项目,因此也没有明确的诊断参数和诊断参数标准。欧洲使用的悬架装置检测台,也是由驱动电机、偏心轮、蓄能飞轮、弹簧、台板和力传感器等组成的。检测中,检测台台板连同其上的被检汽车按正弦规律作垂直振动,振幅固定而频率变化。力传感器感应到车轮作用到台板上的垂直作用力,并将力信号存入存储器。当对全车所有车轮悬架装置检测完后,微机将力信号进行分析和处理,便可获得车轮的接地性指数。

悬架装置检测台测得的车轮接地性指数,是与刚性台面(相对轮胎)的振幅有关的。车轮接地性指数是刚性台面振幅的函数。因此,为获得一个好的测量结果可比性,检测台台面的振幅最好保持不变。

欧洲减振器制造协会(EUSAMA)推荐的评价车轮接地性的参考标准,如表 3-6 所列,可供我国检测悬架装置工作性能时参考。

需要指出的是,表中的车轮接地性指数是在悬架装置检测台台面振幅为 6mm 测得的,这也是大部分悬架装置检测台使用的激振振幅。

表 3-6　车轮接地性参考标准

车轮接地性指数/%	车轮接地状态	车轮接地性指数/%	车轮接地状态
60～100	优	20～30	差
45～60	良	1～20	很差
30～45	一般	0	车轮与路面脱离

表 3-6 中的参考标准,适用于大多数汽车,但非常轻的小轿车和微型车例外。这是因为这一类汽车的其中一个轴(一般为后轴)的两个车轮接地性指数非常低,而它们的悬架装置是正常的。

3.4.3　悬架装置和转向系各部间隙的检测

汽车悬架装置和转向系各部间隙在使用中会逐渐增大,致使汽车行驶中出现跳动增加、横摆加剧、转向盘自由行程加大、转向轮摆头、轮胎磨损异常和各种冲击增强等现象,严重地影响了汽车操纵稳定性、行车安全性和使用寿命。因此,汽车悬架装置和转向系的间隙是一个综合性的诊断参数,能表征悬架装置和转向系的技术状况。

悬架装置和转向系间隙的检测,须采用悬架装置和转向系间隙检测仪进行,如图 3-33 所示。

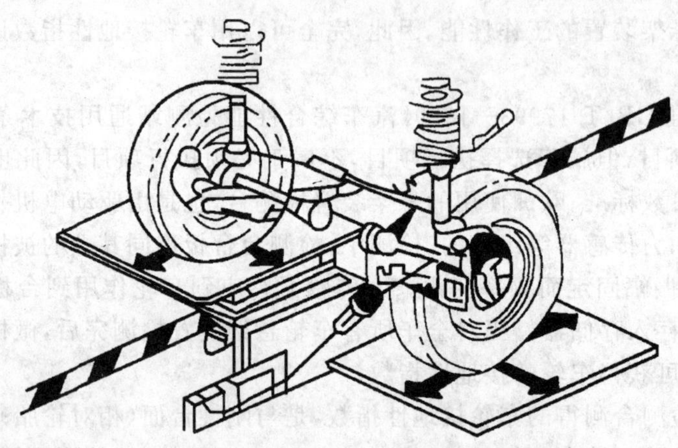

图 3-33 悬架装置和转向系间隙的检测

1. 悬架装置和转向系间隙检测仪的基本结构和工作原理

(1)基本结构

悬架装置和转向系间隙检测仪，一般由电控箱、左测试台、右测试台泵站和手电筒式开关等组成，示意图如图 3-34 所示。

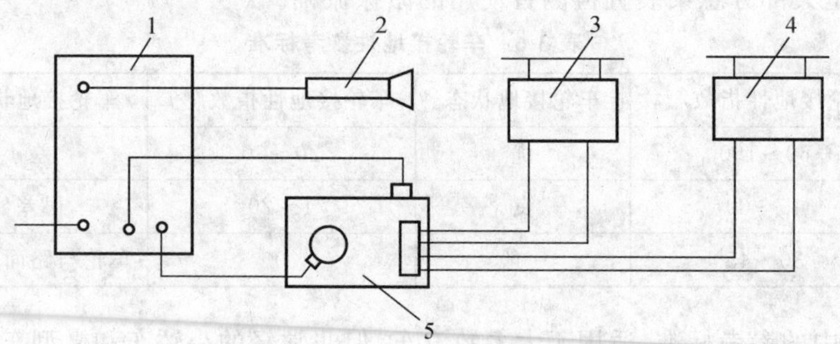

1—电控箱；2—手电筒式开关式开关；3—左测试台；4—右测试台；5—泵站

图 3-34 悬架装置和转向系间隙检测仪组成示意图

1)电控箱

电控箱主要由控制电路和保护电路组成。控制电路用于控制油泵电动机和电磁阀继电器的动作，保护电路用于保护油泵电动机过载和电路漏电。

2)手电筒式开关

手电筒式开关由测试台移动方向控制按键和照明两部分组成。移动方向控制按键用于控制电控箱中各继电器的动作，照明部分能使检查员方便对检查部位进行观察。

3)泵站

泵站由油泵、电动机、电磁阀、油压表、滤油器和溢流阀等组成。电动机带动油泵工作，电磁阀在继电器作用下控制高压油液流向相应的油缸。而油缸则产生推动左、右测试台测试板的动力。

4)测试台

测试台包括左测试台和右测试台。按测试台测试板移动方向不同，测试台可分为前后双向移动式，前后左右四向移动式，前后左右再加前左后右(对角线)、前右后左(对角线)和八向移动式三种类型。前后双向移动式测试台主要由测试板、油缸、导向结构和壳体等组成，结构如图 3-35 所示。

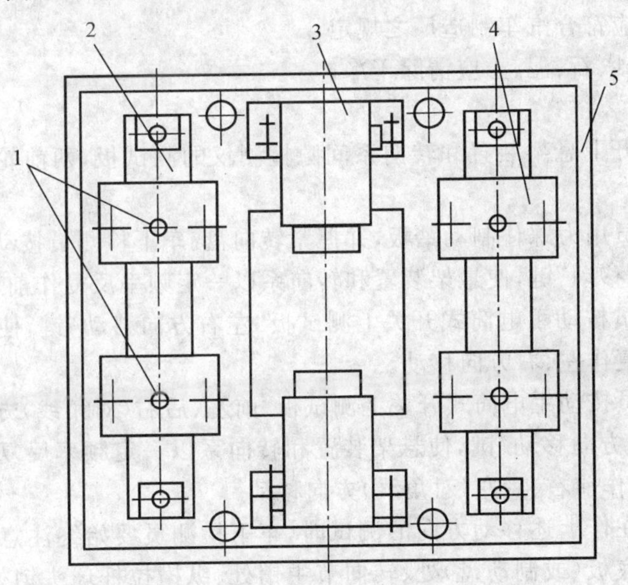

1—润滑孔；2—导向杆；3—油缸；4—轴承座；5—壳体

图 3-35　前后双向移动测试台结构图

(2)工作原理

在手电筒式开关的左、右测试台移动方向控制开关作用下，控制电路控制油泵电动机和电磁阀继电器动作。在电动机带动下，油泵产生高压油液。电磁阀在继电器作用下控制高压油液流向对应的油缸，另一油缸处于卸荷状态。在油缸动力作用下，测试台测试板及其上的悬架装置与转向系，按导向杆给定的方向移动。换向后，另一油缸产生动力，前一油缸处于卸荷状态，于是测试台测试板及其上的悬架装置与转向系，按导向杆给定的相反方向移动，实现了前、后双向对悬架装置与转向系间隙的检测。

2. 悬架装置与转向系间隙检测仪的使用方法

(1)仪器准备

①接通电控箱总电源。

②将手电筒式开关的工作开关按下，其上工作灯应亮，电控箱上绿色指示灯应亮，

电动机应带动油泵工作。否则,应检查并排除故障。

③按下手电筒式开关上左、右测试板向前或向后移动的键,系统升压。当测试板移动到一侧极限位置时,检查油压表的压力是否正常。否则应调节溢流阀,使油压达到要求。

④检查测试板表面是否沾有泥、砂、油污等。若有,应清除之。

(2)车辆准备

①车辆应运行至正常工作温度。

②轮胎气压应符合汽车制造厂之规定。

③轮胎上的砂、石、泥、土应清除干净。

(3)检测方法

①汽车前轴开上悬架装置和转向系间隙检测仪的测试板,两前轮在两块测试板上居中停放。

②汽车驾驶员用力踩住制动踏板,并握紧转向盘。车下检测员按动手电筒式开关上测试板“前后方向移动”键,使悬架装置和转向系以一定频率反复作前、后方向移动。

③车下检测员按动手电筒式开关上测试板“左右方向移动”键,使悬架装置和转向系以一定频率反复作左、右方向移动。

④车下检测员按动手电筒式开关上测试板“前左、后右(对角线)方向移动”键或“前右、后左(对角线)方向移动”键,使悬架装置和转向系以一定频率反复作前左、后右(对角线)方向移动或作前右、后左(对角线)方向移动。

⑤汽车前轴在作上述移动方向的测试时,车下检测员要始终注意观察并用手触试汽车车轮与制动底板(或制动盘)处、转向节主销处、纵横拉杆球头销处、独立悬架摆臂处、相关悬架U形螺栓处和钢板销处、转向垂臂处和转向器固定等处的间隙,做好记录,视必要进行调整或修理。

⑥汽车驾驶员放松转向盘和制动踏板,将前轴开下后轴开上,在测试板上用同样方法检测后轴悬架装置和转向系的间隙。

⑦检测完毕,关闭手电筒式开关和电控箱总电源。

3.5 汽车制动系的检测与诊断

在行车制动装置中,液压制动系和气压制动系的常见故障有制动失效、制动不灵、制动跑偏和制动拖滞。对于这些故障,通常应根据故障现象,分析故障原因,通过一定的步骤,进行故障诊断。

3.5.1　液压制动系常见故障的诊断

1. 制动失效

(1)现象

汽车行驶时,踩下制动踏板,汽车不能减速和停车,即使连续踩制动踏板也无明显制动作用。

(2)原因

1)制动主缸内无制动液或制动液严重不足。

2)制动主缸皮碗踏翻或损坏。

3)制动管路破裂或接头处严重泄漏。

4)制动踏板至主缸的连接部位脱落。

(3)诊断

1)踩下制动踏板,如无连接感,则制动踏板至主缸之间的连接脱开。在车下检视,即可发现脱开部位。

2)连续踩几下制动踏板,踏板不升高,同时又感到无阻力,应先检查制动主缸是否缺制动液,再检查前、后制动管路有无漏液和损坏部位,通常根据油迹可诊断故障所在。

3)踩下制动踏板,稍有阻力感,则多为主缸无制动液或缺制动液所致。

4)踩下制动踏板,有阻力感,但踏板位置保持不住,有明显的下沉现象,则多为主缸皮碗破裂所致。

5)如上述情况良好,则故障可能是主缸皮碗踩翻或损坏,可分解制动主缸确诊。

2. 制动不灵

(1)现象

汽车行驶时,将制动踏板踩到底,汽车不能立即减速和停车,制动距离过长。

(2)原因

1)制动踏板自由行程过大,造成工作行程太小。

2)制动管路和轮缸内有空气。

3)制动管路或管路接头漏油。

4)制动主缸、轮缸的皮碗、活塞、缸壁磨损过甚。

5)制动主缸、轮缸的皮碗老化、发粘、发胀,使制动时阻滞力大。

6)制动主缸阀门损坏或补偿孔、通气孔堵塞。

7)制动摩擦片与制动鼓(盘)的间隙过大,或接触不良。

8)制动摩擦片硬化、铆钉外露或有油污。

9)制动鼓(盘)磨损过甚或制动时变形严重。

10)增压器、助力器效能不佳或失效。

(3)诊断

1)检查储液罐的制动液是否太少或无制动液,若制动液过少,说明制动系统内可能有漏液故障,可加满制动液后再诊断。

2)连续踩几下制动踏板,踏板位置能逐渐升高,但升高后不抬脚继续踩,感到有弹力,则说明制动液压系统内有空气。

3)一脚制动不灵,连踩几脚制动踏板,踏板位置逐渐升高并且效果良好,说明踏板自由行程过大或制动摩擦片与制动鼓(盘)间隙过大。

4)连续踩几下制动踏板,踏板位置能逐渐升高,但升高后不抬脚继续踩,踏板无弹力感且下沉至很低位置,说明制动液压系统中有漏油之处,可能是制动主缸、轮缸、管路、管路接头漏油或制动主缸、轮缸磨损严重、皮碗破裂损坏或密封不良。

5)当踩下制动踏板时,踏板位置很低,再踩几下踏板,位置还不能升高,一般为主缸通气孔或补偿孔堵塞。

6)当踏下制动踏板时,踏板高度合乎要求,也深感有力且不下沉,但制动效果不好,则为车轮制动器故障,多为摩擦片硬化、铆钉头露出、摩擦片油污、制动鼓(盘)磨损及变形引起;若踏板高度合适,但踩踏板时感到很硬,则故障可能是制动液太稠、管路内壁积垢太厚、油管凹瘪、软管内孔不畅通或增压器、助力器效能不佳所致。

3.制动跑偏

(1)现象

汽车在行车制动时,在转向盘居中情况下,自动向左或向右偏驶,紧急制动时尤为严重。

(2)原因

1)左、右轮制动摩擦片与制动鼓(盘)间隙不同。

2)左、右轮制动摩擦片与制动鼓(盘)接触面积相差过大。

3)左、右轮制动摩擦片材质各异、新旧程度不同或安装修复质量不一样。

4)左、右轮制动蹄回位弹簧拉力相差过大。

5)左、右轮气压不一致、直径有差异、轮胎新旧不一及磨损程度不同。

6)个别轮缸活塞运动不灵活、皮碗发胀、油管堵塞或有空气。

7)个别车轮摩擦片油污、硬化或铆钉外露。

8)车身变形以及前、后车轴不平行或两边钢板弹簧刚度不等。

(3)诊断

1)进行路试。先进行减速制动,若汽车向左跑偏,则说明右边车轮制动迟缓或制动力不足;若汽车向右跑偏,则说明左边车轮有故障。再进行紧急制动,并观察车轮抱死后在地面上的印迹。若同一轴两边车轮印迹不能同时发生,其中印迹短的车轮为制动迟缓,印迹轻的为制动力不足。

2)找出制动迟缓或制动力不足的车轮后,应仔细检查该轮制动管路有无碰瘪、漏油的现象,检查该轮的轮胎气压是否正常,轮胎磨损是否严重。

3)若上述目检正常,则可对该轮轮缸进行放气。放气时若发现有空气或放完后制动跑偏现象消除,则故障在该轮轮缸内或管路内有气阻。

4)若无气阻现象,则检查并调整该轮制动摩擦片与制动鼓(盘)之间的间隙。调整后若制动跑偏现象消除,则说明故障在该轮的制动器间隙调整不当。

5)若上述制动器间隙符合要求,则应分解制动器及轮缸检查制动器的技术状况、轮缸活塞和皮碗的形态以及油管是否畅通,以确诊故障部位。

6)若上述均正常,而故障现象依存,则说明制动跑偏的故障不在制动系统本身,而故障可能是由车身变形或其他系统(悬架系统、转向机构、行驶系)的工作条件恶化所致。

4. 制动拖滞

(1)现象

抬起制动踏板时,全部或个别车轮的制动作用不能解除或解除缓慢,致使汽车起步困难或行驶无力,汽车行驶中即使没有使用行车制动,个别或全部车轮制动器发热。

(2)原因

1)制动踏板无自由行程。

2)制动踏板回位弹簧脱落、拉断、过软或踏板轴锈蚀、卡住而回位困难。

3)制动主缸、轮缸皮碗发胀、发粘或活塞移动不灵活。

4)主缸活塞回位弹簧折断、预紧力太小。

5)制动鼓严重变形,制动摩擦片与制动鼓间隙过小,制动蹄回位弹簧过软。

6)制动油管碰瘪、堵塞或制动液太脏、太稠而使回油困难。

7)真空助力器的空气阀漏气。

8)轮毂轴承松旷。

(3)诊断

1)汽车行驶一段里程后,用手触摸各车轮制动鼓。若个别车轮制动鼓发热,则故障在车轮制动器;若全部车轮的制动鼓都发热,则进行下一步诊断。

2)全部制动鼓发热时,应首先检查制动踏板自由行程。若自由行程符合要求,则检查制动主缸。可将主缸储液罐盖打开,并连续踩下和放松制动踏板,看其能否回液。若不能回液,说明回油孔堵塞;若回液缓慢,说明皮碗、皮圈发胀或回位弹簧无力,则故障在制动主缸。同时还应观察制动踏板的回位情况,若制动踏板不能迅速回位,说明回位弹簧过软或折断。若制动主缸回液正常,且制动踏板回位正常,则进行下一步诊断。

3)做车轮转动试验。松开制动踏板,让各车轮悬空并用手转动车轮,若各轮的转动阻力很大,则说明故障在各轮制动摩擦片与制动鼓(盘)间隙过小或调整不当;若各轮的转动阻力较小处于正常，则对采用真空助力器的制动系统，可将汽车变速器置于空挡，使发动机处于怠速运转，在松开制动踏板的情况下，再次用手转动车轮，若此时阻力增大，则说明汽车制动拖滞的故障是由真空助力器的空气阀漏气所致。

4)若故障在单个车轮制动器，则应先拧松该制动器放气螺钉，若制动液急速喷出，制动蹄回位，则为油管堵塞致使轮缸不能回液所致。若制动蹄仍不能回位，则应调整摩擦片与制动鼓之间的间隙。经上述检查调整均无效，则应拆下制动器检查轮缸活塞、皮碗、回位弹簧、制动鼓、制动摩擦片状况以及制动蹄片支承销的活动情况。

3.5.2 气压制动系故障的诊断

1. 制动失效

(1)现象

汽车行驶时，踩下制动踏板，汽车不能减速和停车，即使连续踩制动踏板也无明显制动作用。

(2)原因

1)储气筒内无压缩空气。

2)制动控制阀的进气阀门打不开或排气阀门关闭不严。

3)制动控制阀、制动气室膜片破裂或制动软管断裂。

4)制动踏板至制动控制阀的连接脱开。

5)气管堵塞。

(3)诊断

1)首先查看气压表有无气压。若气压正常，则检查制动踏板与制动阀之间的连接是否脱开，若连接正常，可进行下一步诊断。

2)踩下制动踏板，是否有严重的漏气声。若有，则故障为制动系严重漏气所致。若无漏气声，则抬起制动踏板，察听制动控制阀是否有排气声。若有排气声，但整车仍无制动效能，则故障在制动控制阀至车轮的管路被严重堵塞；若无排气声，则为储气筒至进气阀的管路堵塞或进气阀打不开。此时可通过调整制动控制阀的最大气压调整螺钉，在确保进气阀打开的情况下，重新踩下并抬起制动踏板，若仍然听不到排气声，则说明故障是由储气筒至进气阀之间的管路严重堵塞所致；若能听到排气声，则说明故障是由制动控制阀调整不当使进气阀打不开所致。

3)若气压表不正常，压力为“0”，则启动发动机并运转几分钟。当气压表仍无压力指示时，可拆下空压机的出气管，启动发动机，听有无泵气声。若泵气声正常，应查明空压机出气管经储气筒至气压表一段有无严重漏气；若无泵气声，且空压机传动带性能正常，则故障在空压机。

2. 制动不灵

(1)现象

汽车行驶时，将制动踏板踩到底，汽车不能立即减速和停车，制动距离过长。

(2)原因

1)空压机工作不正常，储气筒内空气压力不足。

2)制动管路及管接头漏气或不畅通。

3)制动控制阀或制动气室膜片破裂以及排气阀关闭不严。

4)踏板自由行程过大。

5)制动臂调整不当，使制动气室推杆行程不合适。

6)制动控制阀最大气压调整螺钉调整不当或平衡弹簧的预紧力过小。

7)制动摩擦片与制动鼓间隙过大或接触面积过小。

8)制动摩擦片质量不佳或使用中有表面硬化、油污、铆钉外露等现象。

9)制动鼓磨损过甚或变形严重。

10)制动蹄与支承销或制动凸轮轴与其支承套锈蚀或卡滞。

(3)诊断

1)先让发动机中速运转数分钟，再观察驾驶室内气压表读数能否达到标准。如气压不足，应检查空压机传动带是否太松，空压机排气阀关闭是否严密以及空压机至储气筒之间的管道是否被堵塞或接头漏气。

2)若气压表正常，但发动机熄火后，气压自动下降，应检查制动控制阀是否漏气、制动阀至空压机之间的制动管路是否漏气。

3)若气压表读数正常，发动机熄火后，气压也能保持正常，但踩下制动踏板后，气压不断下降，则为控制阀至各制动气室之间有漏气之处，如制动控制阀排气阀关闭不严、管路接头漏气、制动气室膜片破裂漏气等，可根据漏气声判断故障所在。

4)若气压表读数正常，但将制动踏板踩到底时，气压表的指示气压下降太少，说明制动控制阀的进气阀打开程度太小或平衡弹簧预紧力太小。检查并调整制动控制阀的最大气压调整螺钉。调整后若情况有所好转，则故障在该调整螺钉调整不当；若气压下降还是太少，则故障在乎衡弹簧预紧力太小。

5)若上述检查调整均正常，但制动效果仍然不好，则应检查制动踏板自由行程是否过大，检查气室推杆动作是否良好，检查制动器摩擦片与制动鼓之间间隙是否过大。经过这些检查及调整后，其车辆制动不灵现象依然存在，则故障是由车轮制动器内部所致，须解体后方能确诊故障部位。

3. 制动跑偏

(1)现象

汽车在行车制动时，在转向盘居中情况下，自动向左或向右偏驶，紧急制动时尤为严重。

(2)原因

1)左、右轮制动摩擦片与制动鼓(盘)间隙不同。

2)左、右轮制动摩擦片与制动鼓(盘)接触面积相差过大。

3)左、右轮制动摩擦片材质各异、新旧程度不同或安装修复质量不一样。

4)左、右轮制动蹄回位弹簧拉力相差过大。

5)左、右轮气压不一致、直径有差异、轮胎新旧不一及磨损程度不同。

6)左右制动气室推杆伸张长度不等或膜片新旧程度不一。

7)个别车轮摩擦片油污、硬化或铆钉外露。

8)车身变形以及前、后车轴不平行或两边钢板弹簧刚度不等。

9)左右制动凸轮转角相差太大。

(3)诊断

1)进行路试。先进行减速制动,若汽车向左跑偏,则说明右边车轮制动迟缓或制动力不足;若汽车向右跑偏,则说明左边车轮有故障。再进行紧急制动,并观察车轮抱死后在地面上的印迹。若同一轴两边车轮印迹不能同时发生,其中印迹短的车轮为制动迟缓,印迹轻的为制动力不足。

2)找出制动迟缓或制动力不足的车轮后,检查该轮的轮胎气压是否正常,轮胎磨损是否严重。

3)若上述目检正常,则检查并调整该轮制动摩擦片与制动鼓(盘)之间的间隙。调整后若制动跑偏现象消除,则说明故障在该轮的制动器间隙调整不当。

4)若上述制动器间隙符合要求,则应分解制动器及制动气室,以确诊故障部位。

5)若上述均正常,而故障现象依存,则说明制动跑偏的故障不在制动系统本身,而故障可能是由车身变形或其他系统(悬架系统、转向机构、行驶系)的工作条件恶化所致。

4. 制动拖滞

(1)现象

抬起制动踏板时,全部或个别车轮的制动作用不能解除或解除缓慢,致使汽车起步困难或行驶无力,汽车行驶中即使没有使用行车制动,个别或全部车轮制动器发热。

(2)原因

1)制动踏板无自由行程。

2)制动踏板回位弹簧脱落、拉断、过软或踏板轴锈蚀、卡住而回位困难。

3)制动阀故障。

4)制动鼓严重变形,制动摩擦片与制动鼓间隙过小,制动蹄回位弹簧过软。

5)轮毂轴承松旷。

(3)诊断

1)汽车行驶一段里程后,用手触摸各车轮制动鼓。若个别车轮制动鼓发热,则故障在车轮制动器;若全部车轮的制动鼓都发热,则进行下一步诊断。

2)全部制动鼓发热时,应首先检查制动踏板自由行程。若自由行程符合要求,则检查制动阀。若制动阀正常,做车轮转动试验。松开制动踏板,让各车轮悬空并用手转动车轮,若各轮的转动阻力很大,则说明故障在各轮制动摩擦片与制动鼓(盘)间隙过小或调整不当。

3)若故障在单个车轮制动器,则应观察制动气室推杆的复位情况。若复位缓慢或不复位,可能是制动凸轮轴锈蚀或变形卡滞,若复位正常,则可能是制动间隙过小或制动蹄复位弹簧过软。

3.5.3 电子控制防滑系统的检测与诊断

汽车电子控制防滑系统是电子控制制动防抱死系统(ABS)和驱动防滑转系统(TCS 或称 TRC、ASR 等)的统称。ABS 和 TCS 都是通过控制车轮的滑动率来改善汽车行驶状况的。其中 ABS 是在汽车制动过程中,通过控制车轮的滑动率,防止车轮抱死滑移,来提高汽车的制动效能及制动时的方向稳定性;而 TCS 是在汽车驱动过程中,通过控制驱动车轮的滑动率,防止驱动轮滑转,来提高汽车的动力性及行驶时的方向稳定性。此外,通过转向角度传感器和制动开关检测转向量和制动操作量,并通过偏转率/侧/decel G 传感器、车辆速度传感器等,确定车辆驾驶状态(转向不足或过量转向)的 VDC 也是通过控制制动和发动机动力至四个车轮,用来提高车辆稳定性。可见,电子控制防滑系统对汽车的行车安全、汽车的动力性以及汽车的转向操作特性都具有直接的影响,因而对现代汽车来说,电子控制防滑转系统也是检测诊断的重点内容之一。

1. ABS/TCS 检测与诊断的基本方法

(1)初步检查

初步检查是在 ABS 和 TCS 出现明显故障或感觉系统工作不正常时首先采用的检测方法。初步检查的主要内容是直观检查和试车检查。其中直观检查就是检查容易触及到的与故障内容有关的部件,以保证电子控制防滑系统有正常的工作条件;而试车检查就是在直观检查基础上,根据汽车制动或驱动的行驶工况,进一步检测防滑系统,以确认故障症状。通过初步检查,常常可以发现故障的原因,从而可提高故障诊断的效率。

(2)故障自诊断

在电子控制的 ABS 和 TCS 系统中,一般都具有故障自诊断功能,并提供某些自诊断方式。系统工作时,其电控单元 ECU 能对电控系统中的有关电器元件进行测试,当 ECU 发现系统存在故障时,一方面使 ABS 或 TCS 故障指示灯点亮,中断 ABS 或 TCS 工作,以保证汽车制动或驱动的常规工作条件,另一方面会将故障信息以故障码的形式存入存储器中。其故障码信息可由检测人员通过适当的方法使系统进入自诊断模式调出。

(3)利用万用表进行测试

万用表是最基本的仪器,在没有专用检测仪时,可直接用高阻抗的万用表对防滑系统的ECU线束端子进行测试,并将测得的ECU端子电位参数及传感器、执行器的电阻参数与相应的维修说明书上提供的标准参数进行比较,从而确诊故障。这种方法速度较慢,而且要求测试人员对ECU各端子的位置及名称都比较熟悉。为了提高测试效率,现在不少维修站采用专用的故障检测盒与万用表配套测量。使用时,拔开ECU插接器,将故障检测盒分别与ECU插接器插座(ECU侧)和插接器线束侧插头相连。这样故障检测盒的检测插孔就与ECU各个端子相连接,其插孔号与ECU端子号一一对应,通过万用表对故障检测盒相应插孔的检测,就可得到ECU端子及其连接部件的电路参数,无须直接测量有关端子,使检测变得方便、快捷。

2. ABS/TCS故障的检测与诊断

(1)ABS/TCS故障检测与诊断的注意事项

1)要确保常规制动系统工作正常。

2)在点火开关处于ON位置时,不要拆装系统中的线束插头和电器元件,以免损坏ABS/TCS ECU。

3)对于带有高压蓄压器的ABS/TCS系统,维修之前,应首先泄压,使蓄压器中的高压制动液完全释放,以免高压制动液喷出伤人。释放蓄压器高压制动液的方法是:先将点火开关置于OFF位置,然后反复踩、放制动踏板,直至制动踏板变得很硬为止。

4)若拆下或更换任何一个制动系统的液压机件和油管,必须给液压系统放气,其放气方法及放气顺序一般与常规制动系统不同,可按照维修手册的规定方法和顺序进行。

5)制动液压系统没有完全装好时,不能将点火开关置于ON位置,以免电动泵通电泵油。

6)ABS/TCS电控元件和传感器损坏时,应予以更换。

(2)初步检查

1)直观检查

①检查驻车制动是否完全释放。

②检查制动储液罐液面是否符合规定。

③检查所有的制动管路有无损坏变形和泄漏迹象。

④检查ABS/TCS系统的所有熔丝是否完好,导线是否破损,插座是否牢固。

⑤检查蓄电池容量和电压是否符合规定,正负极导线的连接是否可靠。

⑥检查ABS/TCS ECU插接器连接是否牢靠。

⑦检查电路连接处是否腐蚀、损坏、松脱或接触不良,ABS/TCS系统的各接地线

接地是否可靠。

⑧检查轮胎磨损是否严重。

⑨检查车轮转动有无阻滞,轮毂轴承间隙是否正常。

上述检查正常或经调整正常后,进入试车检查。

2)试车检查

通过路试检查,评价汽车的制动性能及 ABS 的工作情况,并确认故障症状。试车检查的方法是先以 30km/h 左右的车速减速制动使其停车,然后以 40km/h 左右的车速紧急制动,观察制动过程中发生的现象。

①根据故障指示灯判断故障。正常情况下,在点火开关置于 ON 位置时,ABS/TCS 故障指示灯应闪亮 4s 左右时间(因车型而异)再熄灭,而制动指示灯不亮;当点火开关置于 ON 位置而启动发动机时,两个灯均应亮,而启动完毕,制动指示灯应立即熄灭,而 ABS/TCS 故障指示灯应点亮 4s 左右。在试车期间及停车过程中,两个灯均应保持熄灭。若任一指示灯亮,则应注意引起指示灯变亮的条件。若 ABS/TCS 故障指示灯点亮,则表明 ABS/TCS 有故障;若制动指示灯变亮,则表明常规制动系统存在故障,如液位过低等。

②根据制动的轮胎印迹判断故障。试车紧急制动时,若在路面上留下拖印痕迹,则说明 ABS 系统存在车轮抱死故障。

③根据制动踏板的感觉判断故障。发动机启动后,踩下制动踏板,制动踏板有反弹现象,说明 ABS/TCS 在工作,其踏板反弹是因 ABS/TCS 油泵运转时,储液器油液被压抽到制动主缸引起;试车时,当踩下制动踏板时,感到有轻微的振动现象,表明 ABS/TCS 在工作,其踏板振动是因 ABS/TCS 工作时,制动系统轮缸的油压经历着减压—保压—增压的循环过程引起,当试车时,踩下制动踏板,若感觉不到制动踏板的连续振动,说明 ABS/TCS 发生了故障。

(3)读取故障码

对于具有自诊断功能的 ABS/TCS 系统,当 ABS/TCS 出现故障时,都应利用其自诊断功能,采用一定的方法进入系统中的自诊断模式,读取故障码。下面以日产天籁轿车的 ABS/TCS 为例说明故障码的读取方法。

操作步骤如下:

①将点火开关转到 OFF 位置。

②将 CONSULT-Ⅱ诊断仪和 CONSULT Ⅱ转换器连接到数据连接接口。

③将点火开关转到 ON 位置,启动发动机,并以 30km/h 或更高的速度驾驶车辆约 1 分钟。

④车辆停止后,在发动机保持运转的情况下,在 CONSULT-Ⅱ诊断仪上,依次触摸"START (NISSAN BASEDVHCL)"、"ABS/TCS"、"SELF-DIAG RESULTS"(自诊

断结果)。如果在多次尝试后仍无法显示,ABS/TCS 执行器和电气单元(控制单元)可能有故障。

⑤将显示自诊断结果。如果显示"NO FAILURE",检查 ABS/TCS 警告灯。

⑥执行显示项目列表中的适当检测,并对故障元件进行修理或更换。

(4)ABS/TCS 故障诊断

各种车型甚至同一车型不同的生产年代,其 ABS/TCS 的结构、电路参数、故障码及其含义不尽相同。因而对 ABS/TCS 故障诊断时,首先应熟悉被诊断车型的 ABS/TCS 结构及控制电路,掌握被诊断车型的 ABS/TCS 技术资料及诊断标准,然后根据 ABS/TCS 的技术资料,分析故障现象,利用必要的检测工具如万用表、故障检测盒等对 ABS/TCS 进行深入的快速检查,确诊故障的部位和故障原因。

1)根据故障码进行故障诊断

当读取故障码后,先根据车型在维修手册中查出故障码所代表的故障现象和故障部位,然后根据各故障码对应故障的诊断工艺流程、检查方法进行诊断,主要是对电路及其电控元件进行检查。诊断时,要严格按照维修手册中的规定方法和步骤进行。

2)根据故障症状表进行故障诊断

当用 ABS/TCS 自诊断系统诊断时,ABS/TCS 故障指示灯显示正常代码,而故障依然存在,则说明故障出现在 ABS/TCS 自诊断系统检测的范围之外。此时,可按被诊断车型的 ABS/TCS 故障症状表提供的线索及故障诊断流程进行故障诊断。

(5)ABS/TCS 主要部件的故障诊断

1)轮速传感器的故障诊断

常用轮速传感器的结构原理图如图 3-36 所示,其位置如图 3-37 所示。轮速传感器故障诊断步骤如下:

①测量传感器线圈的电阻。拆下轮速传感器的连接插头,用万用表电阻挡测量传感器两端子之间的电阻,其电阻值应符合该车规定的标准。若电阻值太小,说明传感器线圈有短路故障,若电阻值为∞,则说明传感器线圈有断路故障。

②检查传感器端子与车身的导通状况。用万用表电阻挡测量每个端子与车身的导通情况,正常时电阻值为∞,不导通。若某端子与车身导通,说明传感器线圈有搭铁故障。

③检查传感器转子齿圈。检查传感器与转子齿圈的技术状况和安装情况,转子齿圈不应有缺齿、裂纹现象,齿数应符合规定要求;传感器与转子的安装位置应正确,安装牢靠;传感器与齿顶应有合适的间隙,其标准间隙约为 1mm,齿圈的齿与齿之间、齿顶与传感器之间不能被脏物或铁屑堵塞。

④检查传感器输出信号。检查时,将示波器连接在轮速传感器端子上,用举升器将汽车顶起,启动发动机并带动车轮旋转或转动车轮,使传感器转子以一定的速度旋转,

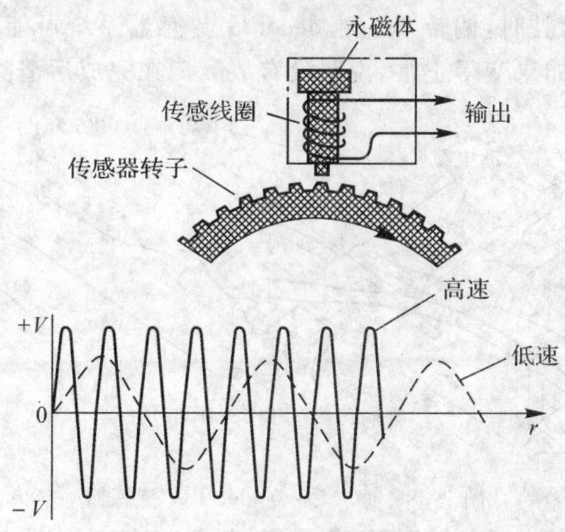

图 3-36　轮速传感器结构原理图

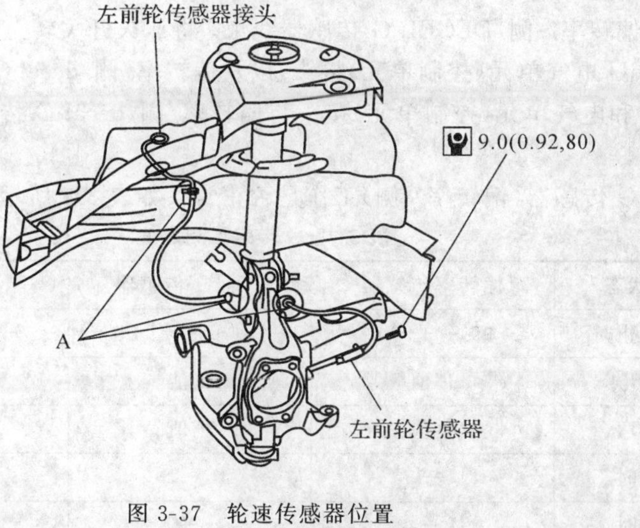

左前轮传感器接头

9.0(0.92,80)

A

左前轮传感器

图 3-37　轮速传感器位置

检查轮速传感器的输出波形。若传感器波形的波幅大于规定值，则说明轮速传感器无故障；若无输出信号或输出信号波幅太小，则说明传感器存在着永久磁铁退磁或传感器安装不当故障。

若上述检查均正常，而当传感器工作时仍然不正常或无信号输出，则故障在 ABS/TCS ECU 与各轮速传感器之间的配线和插接器上。此时可用万用表检查其配线是否短路、断路或插接器松动、接触不良等故障。

2)偏转率/ 侧/decel G 传感器诊断

当 VDC 功能处于 OFF 状态(VDC OFF 指示灯变亮)时，车辆急转弯，比如盘旋转弯,加速转弯或变速驾驶时,偏转率/ 侧/decel G 传感器系统可能会发生故障。在这种情况下,重启发动机,如果变得正常,说明没有故障。在完成后清除故障信息。

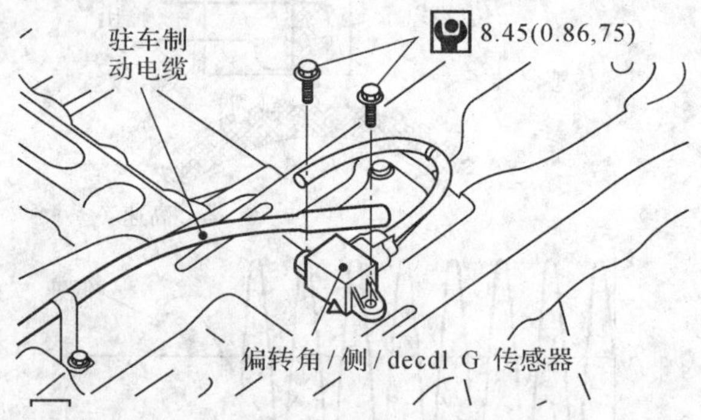

图 3-38　偏转率/侧/decel G 传感器

①检查接头。将点火开关转至 OFF 位置,断开 ABS 执行器和 ECU 接头和偏转率/侧/decel G 传感器接头,检查端口是否有变形、断开、松动和其他故障。

②检查偏转率/ 侧/DECEL G 传感器线束。将点火开关转至 OFF 位置,断开 ABS 执行器和 ECU 电气单元(控制单元)接头,以及偏转率/侧/decel G 传感器的接头。检查 ABS 执行器和电气单元(控制单元)接头与偏转率/侧/decal G 传感器接头之间的导通性。

③确认 G 传感器(偏转率/ 侧)工作是否正常。如表 3-7 所示。

表 3-7　G 传感器测定值

车辆状态	偏转率传感器	侧面 G 传感器	decel G 传感器
车辆停止时	−99～ +99 d/s	−1.1～+1.1 m/s²	−0.21～+0.21 G
右转弯	正值	负值	—
左转弯	负值	正值	—
加速时	—	—	正值
减速时	—	—	负值

3)转向角度传感器

①检查接头。将点火开关转至 OFF 位置,断开 ABS 执行器和 ECU 接头和转向角度传感器接头,检查端口是否有变形、断开、松动和其他故障。

②检查转向角度传感器接头。将点火开关转至 OFF 位置,断开 ABS 执行器和 ECU 接头,以及转向角度传感器的接头。检查 ABS ECU 线束接头与转向角度传感器接头之间的导通性。

③ 检查数据,如表 3-8 所示。

表 3-8 转向角度传感器数据

转向状态	数据值
正对前方位置	−5°～+5°
将车轮向右转 90°	大约+90°
将车轮向左转 90°	大约−90°

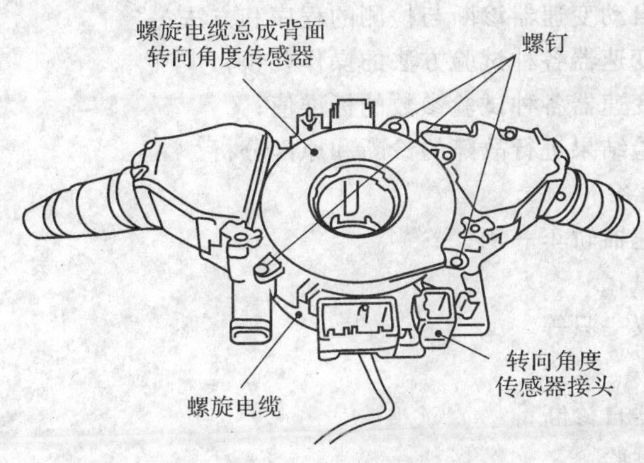

图 3-39 转向角度传感器

④在更换转向角度传感器或拆卸/安装 ABS ECU 等情况下，确认在运行车辆之前，调整转向角度传感器中间位置。下面以日产天籁轿车的 ABS/TCS 为例说明调整方法。

车辆停止在前轮正对前方的位置。将 CONSULT-II 诊断仪和 CONSULT-II 转换器与数据连接接口连接，然后将点火开关转至 ON 位置(不要启动发动机)。依次触摸"CONSULT-II 诊断仪显示屏上的"ABS"、"WORK SUPPORT"(工作支持)和"ST ANGLESENSOR ADJUSTMENT"(转向角度传感器调整)。触摸"START"。调节转向角度传感器时，不要接触方向盘。约 10 秒钟之后，触摸"END"。约 60 秒之后，它将自动停止。将点火开关转至 OFF 位置，然后再转至 ON 位置。

4)ABS/TCS ECU 的故障诊断

①利用 ABS/TCS ECU 本身的故障自诊断功能进行诊断。

②利用高阻抗万用表测量其插接器上相关端子的电位参数并与标准值比较进行诊断。

③利用代替法进行诊断。即拆下原 ABS/TCS ECU，换上工作正常的同型号的 ABS/TCS ECU 进行检查，此时若 ABS/TCS 工作恢复正常，则表明原 ABS/TCS ECU 有故障。

实训题

实训 3-1 自动变速器检测与诊断

1．实训目的和要求

(1)掌握汽车自动变速器诊断与检测的程序和方法；

(2)掌握自动变速器各种试验方法的操作要领；

(3)了解自动变速器各种试验参数的标准值；

(4)能根据试验结果进行故障的诊断和原因分析。

2．实训仪器设备

(1)带自动变速器轿车一辆；

(2)油压表一只；

(3)专用诊断仪一只等。

3．实训内容

(1)自动变速器自诊断；

(2)手动换挡试验；

(3)失速试验；

(4)时滞试验；

(5)液压试验；

(6)道路试验。

4．实训操作要领

(1)自诊断系统检查时要求蓄电池电压为 12V，故障警告灯工作正常；

(2)检测诊断时首先要判断是电路系统还是机械系统的故障；

(3)失速试验时要用垫木挡住前后轮，驻车制动器完全制动，左脚用力踩下制动踏板，用右脚将加速踏板踩到底进行试验；

(4)时滞试验时要测量 3 个数据取其平均值；

(5)液压试验时要先预热变速器油，然后连接液压表；

(6)道路试验时要随时观察自动变速器的工作情况和车辆行驶状况。

5．注意事项

(1)不同型号的自动变速器操作方法也不尽相同；

(2)失速试验、液压试验时注意操作规范，避免安全事故；

(3)道路试验要选择交通量少的平坦道路，确保行车安全。

实训 3-2　四轮定位的检测与调整

1. 实训目的和要求

(1)了解四轮定位仪的组成和结构特点；

(2)掌握用四轮定位仪的使用方法；

(3)能够根据检测数据分析调整各四轮定位参数；

(4)掌握四轮定位仪的安全操作注意事项。

2. 实训仪器设备

四柱举升机、四轮定位仪

3. 实训内容

(1)车轮前束(前束角或前束值)；

(2)车轮外倾角；

(3)主销后倾角；

(4)主销内倾角；

(5)转向轮前展角；

(6)后轮推进角；

(7)包容角；

(8)前轮最大转角；

(9)轴距差。

4. 实训操作要领

(1)检测前要求对四轮定位仪预热充电，检查举升机、主机等工作是否良好；

(2)检测前对被检车辆的轮胎、转向、悬架等系统进行检查，工作良好方可检测；

(3)检测时应固定转向盘和脚制动，拉紧驻车制动器，防止车辆移动；

(4)二次举升要确保安全才能进行。

5. 注意事项

(1)不同型号的四轮定位仪操作方法也不尽相同，检测前要仔细阅读仪器的使用说明书；

(2)传感器是电脑式四轮定位仪的核心元件，其内部有许多高灵敏度的电器元件，安装、拆卸时要注意轻拿轻放，避免磕碰；

(3)对于用远红外线作为信号传递的四轮定位仪，检测时要注意避免阻隔光束的传输。

(4)后轮前后应垫入木垫，以防滑动，确保安全，确保安全。

实训3-3　用车轮平衡机检测车轮不平衡量

1. 实训目的和要求

(1)了解车轮平衡检测仪的结构、检测原理；

(2)掌握车轮平衡的检测方法；

(3)掌握车轮不平衡的修正方法。

2. 实训仪器设备

车轮平衡机及其附件。

3. 实训内容

(1)车轮不平衡质量；

(2)平衡块安装相位。

4. 实训操作要领

● 实验条件

(1)被检测的车轮表面应保持洁净，不得有泥沙、石块等，同时应将旧的平衡块去掉；

(2)在检测车轮的不平衡量时，被检车轮应满足 GB 7258—2004 中的相关规定。

● 用就车式车轮平衡机检测车轮静平衡

(1)检查轮胎气压并充至规定值，在轮胎侧面任意处贴上白色反光标志。

(2)检查车轮转动是否自如，车轮轴承有无松旷，如松旷应进行调整。

● 用离车式车轮平衡机检测车轮动平衡

(1)检查轮胎气压并充至规定值。

(2)输入轮辋直径、车轮宽度和安装尺寸等参数。

(3)根据轮辋的结构进行平衡模式选择。

(4)根据测量结果，在轮辋两侧边缘指示相位上分别装上相应平衡块。

(5)检测完成后应复验。

5. 注意事项

(1)检测前要仔细阅读仪器的使用说明书。

(2)离车式平衡机的主轴固定装置和就车式平衡机的支架上都装有精密的位移传感器和易碎裂的压电晶体传感器，因此严禁冲击和敲打主轴或传感器支架。

(3)在车轮旋转检测的过程中，不得打开防护罩。

(4)轮胎安装时定心要准，装夹要牢固，否则影响平衡精度。

(5)开始平衡测试前，一定要检查台面上是否有工具、量具、平衡块等物，防止其滑落到转轴上，造成安全事故。

实训 3-4　ABS 故障的诊断与检测

1. 实训目的和要求

(1)通过本实验,对被测试汽车的 ABS 系统进行检测;

(2)掌握用诊断仪检测 ABS 系统的方法。

2. 实训仪器设备

(1)带 ABS 系统的轿车一辆;

(2)万用表一只;

(3)专用诊断仪;

(4)扳手等常用工具;

(5)适量的制动液。

3. 实训内容

(1)ABS 自诊断;

(2)车轮速度传感器的检查;

(3)ABS 系统的放气。

4. 实训操作要领

- 自诊断系统的检查

(1)检查蓄电池电压是否为 12V;

(2)检查"ABS"警告灯是否正常。

- 车轮速度传感器的检查

(1) 拆开传感器电线连接后,测量传感器线圈的阻值,应符合规定值(0.9～1.3 kΩ);

(2)支起被测车轮,用手转动车轮,同时用万用表检测,万用表应有 70mV 以上的显示;

(3)如不正常,应检查制动盘毂齿轮是否完好无损,传感器表面是否赃污、间隙(1.1～1.3mm)是否合适。

- ABS 系统的放气

不同的 ABS 系统其放气过程均可分为两部分:液压管道和液压调节器。其中液压管道的放气过程与普通制动系统一致,对液压调节器中的空气一般要用专用仪器按照特殊的规程将空气放出。

(1)用专用扫描仪将液压调节器的马达定位,以使单向阀顶在开通位置,让空气完全释放;

(2)找到液压调节器上的前轮放气螺钉,在前轮放气螺钉上安装一个油管;

(3)慢慢拧松放气螺钉 1/2～3/4 圈,制动液流出,直到没有气泡时拧紧放气螺钉;

(4)按(2)～(3)的步骤再进行后轮的放气；

(5)最后按普通制动系统四轮放气程序进行放气。其顺序为右后、左后、右前、左前。

5. 注意事项

(1)修理液压系统之前一定要进行泄压；

(2)修理液压系统之后一定要进行放气。

复习思考题

3-1 汽车传动系的技术状况可通过哪些参数来检测与诊断？

3-2 离合器打滑应如何检测？

3-3 传动系游动角度检测仪有几种？如何进行传动系游动角度检测？

3-4 电子控制自动变速器检测与诊断的基本原则是什么？

3-5 何谓自动变速器的基础检查？其检查的目的是什么？

3-6 何谓自动变速器的手动试验、失速试验、液压试验、时滞试验和道路试验？怎样利用这些试验来诊断故障？

3-7 如何对电子控制自动变速器电控系统的故障进行诊断？

3-8 何谓转向盘自由转动量？怎样检测？其检测标准为多少？

3-9 汽车车轮的定位参数有哪些？各起什么作用？

3-10 用四轮定位仪对车轮前束进行检测的原理是什么？

3-11 测量主销后倾角、内倾角时，为何要向左和向右转动车轮？

3-12 何谓推力角？何谓转向20°时的前张角？为何要检测它们？如何进行检测？

3-13 何谓车轮的静、动不平衡？并举例说明。

3-14 如何使用离车式车轮平衡机进行车轮平衡检测？

3-15 为什么要进行汽车悬挂装置的检测？

3-16 如何使用汽车悬挂和转向系间隙检查仪进行悬挂装置和转向系的检测？

3-17 液压制动系的常见故障有哪些？如何诊断？

3-18 气压制动系的常见故障有哪些？如何诊断？

3-19 简述ABS/TCS检测与诊断的基本方法。如何诊断ABS/TCS主要部件的故障？

第4章

汽车整车的检测与诊断

【学习要求】

理论知识要求

1. 熟悉汽车动力性检测的方法及评价汽车传动系技术状况的方法；
2. 熟悉车用油耗计的使用方法；
3. 熟练掌握汽车车轮测滑量的检测方法；
4. 熟练掌握汽车制动性能检测的方法；
5. 掌握车速表的检测方法及标准；
6. 掌握汽车前照明灯的检测原理和方法；
7. 掌握汽车的排放污染物种类和汽车排放污染物的检测方法和仪器；
8. 掌握汽车噪声的评价指标及检测方法。

操作能力要求

1. 能正确使用汽车底盘测功试验台测功；
2. 熟悉车用油耗计的使用方法；
3. 能熟练使用测滑试验台检测汽车测滑量；
4. 能正确使用制动试验台检测汽车制动性能；
5. 能使用前照灯检测仪进行前照灯检测及调整；
6. 能运用各种方法对汽油机和柴油机的排放污染物进行检测；
7. 能运用不同的方法对车辆进行噪声的检测。

4.1 汽车动力性检测

汽车驱动车轮输出功率或动力性的检测，即通常所说的底盘测功。底盘测功的目的，一是为了获得驱动车轮的输出功率或驱动力，以便评价汽车的动力性；二是用获得的驱动车轮的输出功率与发动机飞轮输出的功率进行对比，并求出传动效率，以便判定底盘传动系的技术状况。

底盘测功在滚筒式试验台上进行，该试验台通常称为底盘测功试验台或底盘测功机。

4.1.1 底盘测功试验台的结构与工作原理

滚筒式底盘测功试验台，一般由框架、滚筒装置、举升装置、测功装置、测速装置、控制与指示装置和辅助装置等组成。

1. 框架与滚筒装置

底盘测功试验台的滚筒相当于连续移动的路面，被测车辆的车轮在其上滚动。该种试验台有单滚筒和双滚筒之分，如图 4-1 所示。

(1)单滚筒试验台

支承两边驱动车轮的滚筒各为单个的试验台，称为单滚筒试验台。单滚筒试验台的滚筒直径一般较大，多在 1500～2500mm 之间。滚筒直径愈大，滚筒表面曲率愈小，使轮胎与滚筒的滑转率小、行驶阻力小，因而测试精度较高。但加大滚筒直径会受到制造、安装、占地和费用等多方面的限制，因此滚筒直径不宜过大。

单滚筒试验台对车轮在滚筒上的安放、定位要求严格，故使用不方便。所以，这种试验台仅适用于汽车制造厂、科研院所和大专院校科研性试验，不适用于汽车维修企业、汽车检测站等生产性试验。

(2)双滚筒试验台

支承汽车两边驱动车轮的滚筒各为两个的试验台，称为双滚筒试验台。双滚筒试验台的滚筒直径要比单滚筒小得多，一般在 185～400mm 之间。滚筒直径往往随试验台的最大试验车速而定，当最大试验车速高时，直径也大些。由于滚筒直径相对比较小，轮胎与滚筒的接触与在道路上不一样，致使滑转率增大，滚动阻力增大，滚动损失增加，故测试精度较低。据有关资料介绍，在较高试验车速下，轮胎的滚动损失常达到传递功的15%～20%，但双滚筒试验台具有车轮在滚筒上的安放、定位方便和制造成本低等优点，因而适用于汽车维修企业和汽车检测站等生产单位，尤其是单轮双滚筒式得到了广泛应用。

双滚筒试验台的滚筒多采用钢质材料制成，采用空心结构。按其表面形状不同，又有光滑式、滚花式、沟槽式和涂覆层式多种形式。目前，光滑式滚筒应用最多，滚花式和沟槽式应用较少。光滑式滚筒表面的摩擦因数较低，而涂覆层式滚筒是在光滑式滚筒表面上涂覆摩擦因数与道路实际情况接近一致的材料制成的，是比较理想的一种形式。

单滚筒试验台的滚筒多采用硬质木料或钢板制成，也是采用空心结构。

双滚筒式底盘测功试验台还有主、副滚筒之分。与测功器相连的滚筒为主滚筒，左

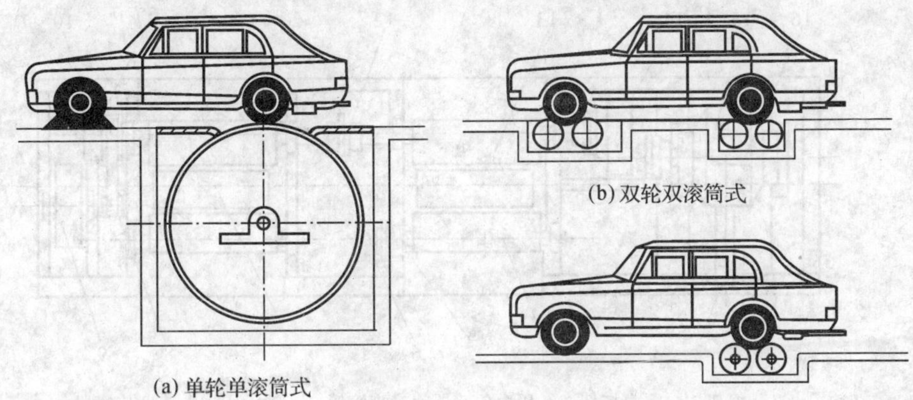

图 4-1　滚筒式底盘测功试验台

右两个主滚筒之间装有联轴器，左右两边的副滚筒处于自由状态。

不管哪种类型的滚筒，均要经过平衡试验，并通过滚动轴承安装在框架上，可以高速旋转而不振动。框架是底盘测功试验台机械部分的基础，由型钢焊接而成，坐落在地坑内。

国产 DCG-10C 型汽车底盘测功试验台，是一种采用美国 Intel 公司生产的单片机作为系统的控制核心，适用于轴质量不大于 10t、驱动车轮输出功率不大于 150kW 的滚筒式试验台，其机械部分的结构如图 4-2 所示。

2. 举升装置

为了方便汽车进出底盘测功试验台，在主、副滚筒之间设有举升装置。举升装置由举升器和举升平板组成。举升器有气动、液动和电动三种形式，以气动最为多见。气动举升器又有气缸式和气囊式之分，气囊式结构简单、制造容易、成本低廉，已开始在底盘测功试验台上应用。

3. 测功装置

测功装置能测量发动机经传动系传至驱动车轮的功率。测功装置也是一个加载装置，这对于滚筒式测功试验台是十分必要的。这是因为汽车在滚筒式试验台上试验时，试验台应模拟车辆在道路上行驶所受的各种阻力，因此需要对滚筒加载，以使车辆的受力情况如同在实际道路上行驶一样。

测功装置由测功器和测力装置组成。

(1)测功器

滚筒式底盘测功试验台常用的测功器有水力测功器、电力测功器和电涡流测功器三种。不论哪种测功器，它们都是由转子和定子两大部分组成的，并且转子与主滚筒相连，而定子是可以摆动的。

汽车检测站和汽车维修企业使用的滚筒式底盘测功试验台，多采用电涡流测功器。

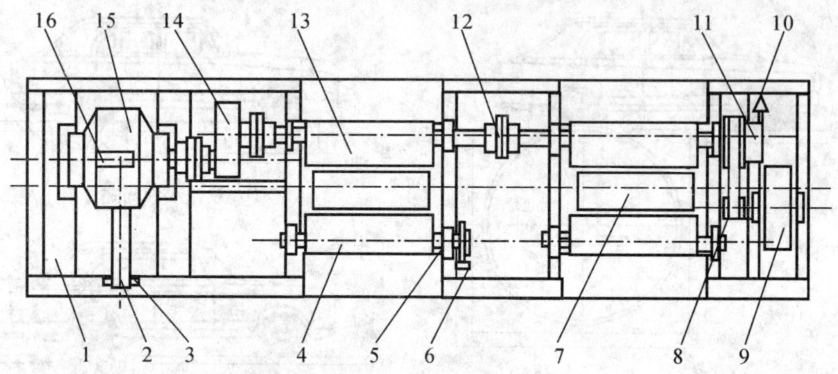

1—框架；2—测力杠杆；3—压力传感器；4—副滚筒；5—轴承座；6—速度传感器
7—举升装置；8—传动带轮；9—飞轮；10—电刷；11—离合器；12—联轴器
13—主滚筒；14—齿轮箱；15—电涡流测功器；16—冷却水入口

图 4-2 DCG-10C 型底盘测功试验台机械部分结构图

电涡流测功器具有测量精度高、振动小、结构简单和易于调控等优点，并具有宽广的转速范围和功率范围。

电涡流测功器的定子，其内部沿圆周布置有励磁线圈和涡流环，转子在励磁线圈和涡流环内转动。转子的外圆上加工有或镶有与圆柱齿轮相仿的、均匀分布的齿与槽，齿顶与涡流环留有一定空气隙。

当励磁线圈通以直流电时，在其周围形成磁场，磁场产生的磁力线通过转子、空气隙、涡流环和定子形成闭合磁路。由于转子外圆上的齿与槽是均布的，因而转子周围的空气隙也大小相间地均布，通过的磁力线也疏密相间。当转子旋转时，这些疏密相间的磁力线也同步旋转。由于通过涡流环上任一点的磁力线是呈周期性变化的，因而在涡流环任一点上感生了涡电流。该涡电流与产生它的磁场相互作用而产生了对转子的制动力矩，因而测功器吸收了驱动车轮的输出功率，同时也对滚筒加载。

只要变更励磁电流，就可以自由地控制测功器产生的制动力矩，因而能比较容易、经济地实现对测功器的控制。

测功器在工作中吸收的功率转化为热量，因而涡流环的温度较高，需采用风冷或水冷的方式将热量散到大气中去。

(2)测力装置

该装置能测出驱动车轮产生的驱动力。驱动车轮对滚筒施加的驱动力所形成的转矩，由测功器定子与转子间的制动作用而传给可摆动的定子，定子则通过一定长度的测力杠杆 2(见图 4-2)传给测力装置，然后由指示装置显示出来。指示装置的显示值，即为驱动车轮的驱动力。

测力装置有机械式、液压式和电测式三种形式，目前应用较多的是电测式。电测式测力装置一般在测力杠杆外端安装测力传感器，将测力杠杆传来的力变成电信号，经处理后送到指示装置显示出来。

DCG-10C 型汽车底盘测功试验台在测力杠杆下安装有压力传感器 3，该传感器产生的电信号送往单片机处理后，即可显示出驱动车轮的驱动力。

4. 测速装置

底盘测功试验台在进行测功、加速、等速、滑行和燃料经济性等试验时，都必须对试验车速进行测试。测速装置多为电测式，一般由测速传感器、中间处理装置和指示装置组成。常见的速度传感器有光电式、磁电式、测速发电机等类型，它们通常安装在副滚筒一端，随滚筒一起转动，能把滚筒的转动转变为电信号。该电信号经放大后送入处理装置，换算为车速(km/h)并在指示装置上显示出来。

DCG-10C 型汽车底盘测功试验台的速度传感器为光电码盘式。该测速传感器输出的脉冲信号送入单片机处理后，在指示装置上以单位为 km/h 的车速显示出来。

5. 控制与指示装置

底盘测功试验台的控制装置和指示装置往往制成一体，形成柜式结构，安置在底盘测功试验台机械部分左前方易于操作和观察的地方。如果测力装置为电测式，指示装置能直接显示驱动车轮的输出功率。特别是微机控制的底盘测功试验台，测力杠杆下测力传感器输出的电信号送入微机处理后，可在指示装置上直接显示 kW 数。

测力装置为机械式和液压式的试验台，其指示装置仅能指示驱动车轮的驱动力。此时，驱动车轮的输出功率应根据测得的驱动力和对应的试验车速按下式计算

$$P_k = Fv/3600$$

式中：P_k——驱动车轮的输出功率(kW)；

F——驱动车轮的驱动力(N)；

v——试验车速(km/h)。

DCG-10C 型汽车底盘测功试验台电气部分的原理方框图如图 4-3 所示，控制指示柜面板图如图 4-4 所示。可以看出，控制指示柜面板上有多个按键、显示窗、旋钮和功能灯、单位灯、报警灯、指示灯和发光管等，用来控制试验过程，指示试验结果。由计算机控制的国外同类试验台，如 SUN 公司的 RAM XⅡ 型底盘测功试验台(见图 4-5)，其控制指示柜面板上的装置要简单得多。它的控制部分主要依靠一个遥控盒，可以方便地控制整个试验过程，不用时挂在柜的一侧。其指示装置主要是两个大型的指针式仪表，一个指示试验车速，一个指示输出功率，十分醒目，原车驾驶员坐在车内也能清楚地看到。有些进口试验台在指示车速的表头上还能显示发动机转速(有转速传感器与发动机相连)，在指示功率的表头上还能显示驱动力，即一表两用。试验中，通过遥控盒上转换开关的不同位置，即可显示发动机转速值、试验车速值、驱动车轮输出功率值和驱动力值。还有些进口试验台的指示装置，既装备有双表盘指针式仪表，又装备有数码式显示窗，

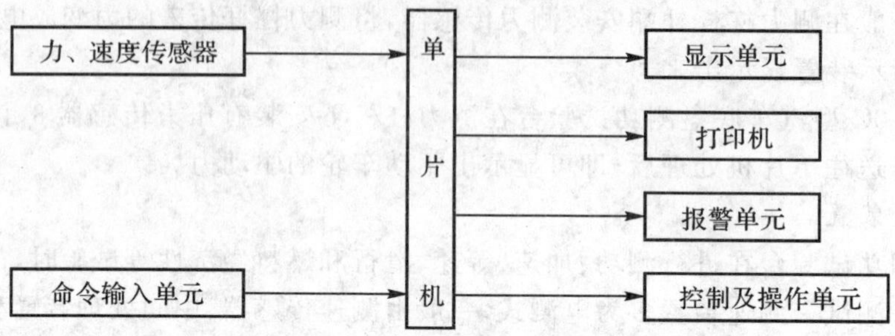

图 4-3　电气原理方框图

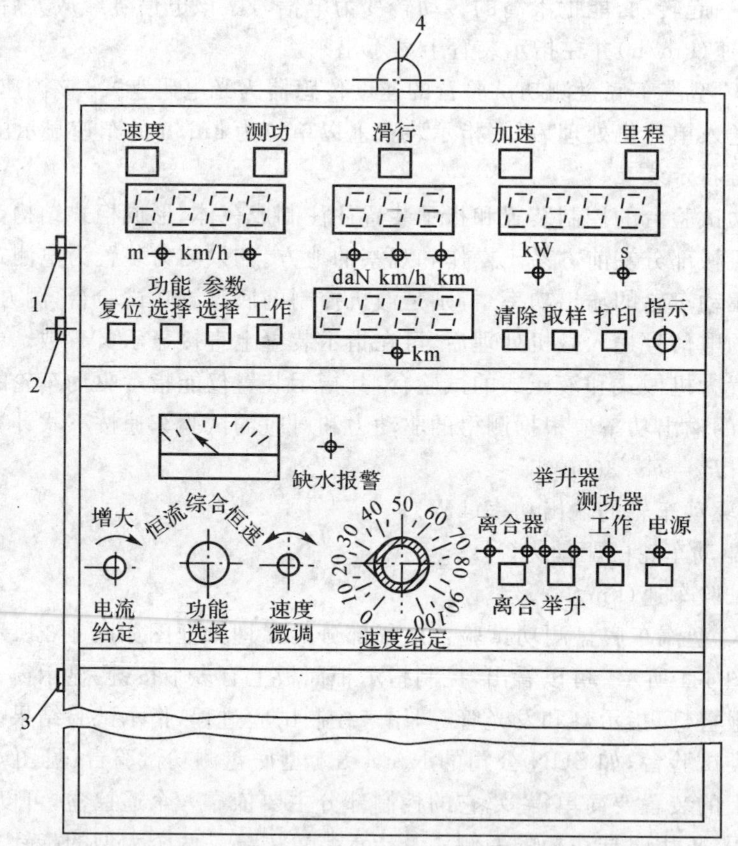

1—取样盒插座；2—打印机数据线插座；3—打印机电源线插座；4—报警灯

图 4-4　控制指示柜面板图

还配备有微机显示器。这种情况下，一般双表盘显示车速和功率，显示窗显示发动机转速和驱动力，微机显示器显示功率—车速曲线或驱动力—车速曲线。

底盘测功试验台一般都带有打印机，可打印出测试的数据和曲线。

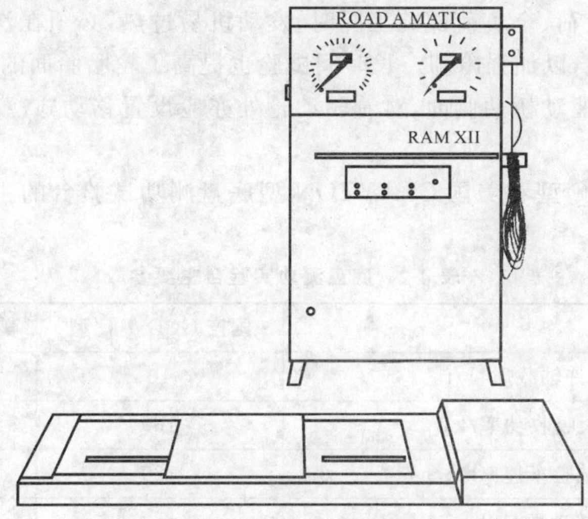

图 4-5　RAM XⅡ型底盘测功试验台

6. 飞轮装置

飞轮装置用于模拟汽车在道路上行驶时的动能，常采用离合器以实现与滚筒的自由结合。飞轮装置通常具有一组多个飞轮，飞轮的质量一般按照被测汽车的质量选取。日本弥荣 CDM-600 型底盘测功试验台飞轮质量与汽车质量的关系如表 4-1 所列。

表 4-1　日本弥荣 CDM-600 型底盘测功试验台飞轮质量与汽车质量的关系

汽车质量(kg)	飞轮质量(kg)	汽车质量(kg)	飞轮质量(kg)
＜800	不配置飞轮	1400～2100	1200
800～1400	700	＞2100	700～1200

7. 辅助装置

底盘测功试验台的辅助装置，包括汽车的纵向约束装置和冷风装置等。

(1)纵向约束装置

汽车在底盘测功试验台上试验时，为防止汽车前后位移，应设置必要的纵向约束装置。双滚筒试验台一般不设置纵向约束装置，或必要时在从动车轮前后加装三角木就可以保证试验顺利进行。对于单滚筒试验台，由于要保证驱动车轮在滚筒上运转时能稳定地置于准确位置，只用三角木是不够的，还必须在汽车前后设置能拉紧汽车的钢质索链。三角木和钢质索链均称为纵向约束装置。

(2)冷风装置

汽车在滚筒式底盘测功试验台上模拟道路行驶时，虽然驱动车轮在滚筒上滚动，但汽车并不发生位移，因而缺少迎面风，致使发动机冷却系的散热强度相对不足。特别是当长时间处于大负荷、全负荷试验工况时，发动机易过热，必须在汽车前面面对散热器设置移动式冷风机，以加强冷却。长时间试验也提高了轮胎胎面的工作温度，为延长轮胎的使用寿命，在驱动桥两侧面，对着驱动轮处亦应设置移动式冷风机，以加强轮胎散热。

国产 GCD-10C 型和美国 CLAYTON 型底盘测功试验台的主要参数如表 4-2 所列。

表 4-2 底盘测功实验台主要参数

	国产 GCD-10C 型	美国 CLAYTON 型
允许轴载质量/t	10	
最大吸收功率/kW	160	186,373
最高试验车速/(km/h)	120	160
基本转动惯量/kg · m²		908
滚筒直径/mm		217.678
滚筒长度/mm		838.2,990.6

4.1.2 汽车底盘测功试验台的测功方法

1. 准备工作

(1)被测车辆的准备

1)调整发动机供油系统、点火系统至最佳工作状态。

2)检查传动系统、车轮的连接情况并紧固。

3)清洁轮胎，检查轮胎气压是否符合规定。

4)运行走热全车。

(2)底盘测功机的准备

1)对于水冷测功机，将冷却水阀打开。

2)接通电源，根据被测车型选择测试功率的挡位。

3)用三角铁抵住停在地面上的车轮前方，进行必要的纵向约束。

4)将冷却风扇置于被测汽车前方 0.5m 处，对发动机吹风，防止发动机过热。

2. 测试方法

(1)测试点的选择

测功试验时，常选择三个有代表性的工况测试汽车驱动轮的输出功率：

一是发动机额定转速所对应的车速；

二是发动机最大转矩转速所对应的车速；

三是汽车常用车速(如经济车速)。车速 v 和发动机转速 n 之间有如下关系：

$$v=12\times10^{-5}n\cdot\pi\cdot r/i$$

式中：v——试验车速(km/h)；

n—选定工况发动机转速(r/min)；

i—主传动比；

r—轮胎的滚动半径(mm)。

汽车在底盘测功试验台上进行滑行试验时，汽车驱动轮首先驱动滚筒以预定车速(一般取 30km/h)行驶，然后摘挡滑行。传动阻力较小的汽车在水平良好路面上以 30km/h 的车速开始摘挡滑行时，滑行距离应达到相应数值，由于车轮在滚筒装置上的滚动阻力较大，因此滑行距离稍短。

在进行汽车的使用油耗和废气分析试验时，汽车试验工况应与规定的实验循环一致。

(2)功率测试方法

1)设定试验车速或力矩。

2)启动发动机，由低速挡逐级换入最高挡，同时逐渐踏下加速踏板，使节气门全开。

3)待发动机转速稳定后，读取和记录功率值。

4)重复测试三次，取平均值。

(3)注意事项

1)走合期的新车或大修车不宜进行底盘测功；

2)测功时，应注意各种异响和发动机水温及轮胎表面温度；

3)被测汽车前严禁站人，以确保安全。

4.1.3　传动效率评价传动系技术状况

从底盘测功试验台上测出的驱动车轮输出功率，要与发动机飞轮输出的功率进行对比，按下式计算出机械传动效率：

$$\eta_m=P_k/P_e$$

式中：P_k——驱动车轮的输出功率；

P_e——发动机飞轮的输出功率。

汽车传动系中的机械传动效率正常值如表 4-3 所示。当被检汽车的机械传动效率低于表中值时，说明消耗于离合器、变速器、分动器、万向传动装置、主减速器、差速器和轮毂轴承等处的功率增加。损耗的功率主要集中在各运动件的摩擦损耗和搅油损耗上。因此，通过正确地调整和合理的润滑，机械传动效率会得到提高。值得指出的是，新车和大修车的机械传动效率并不是最高，只有传动系完全走合后，由于配合情况变好，摩擦力减小，才使得机械传动效率达到最高。此后，随着车辆继续使用，由于磨损逐渐扩大，配合情况逐渐恶化，造成摩擦损失不断增加，因而机械传动效率也就降低。所以，定期对车辆底盘测功，计算机械传动效率，能为评价底盘技术状况提供重要依据。

表 4-3 汽车传动系机械传动效率

汽车类型		机械传动效率
轿车		0.90～0.92
载货汽车和公共汽车	单级主减速器	0.90
	双级主减速器	0.84
4×4		0.85
6×4		0.80

滚筒式底盘测功试验台，除能检测驱动车轮的输出功率或驱动力外还能检测车速表指示误差，模拟道路等速行驶、上坡行驶和测试等速行驶油耗量等。如果试验台属于惯性式，且飞轮的转动惯量能等效(通过更换不同质量的飞轮实现)试验汽车加速行驶时的惯性力(即加速阻力)，还可模拟加速行驶、减速行驶，测试滑行距离和多工况试验油耗量等；有些惯性式底盘测功试验台，在测得驱动车轮输出功率后，立即踩下离合器踏板，利用试验台对汽车的反拖还可测得传动系消耗功率。这种试验台，如果将测得的同一转速下的驱动车轮输出功率与传动系消耗功率相加，就可求得这一转速下的发动机有效功率。

除上述测试项目外，凡需要汽车在运行中进行的检测与诊断项目，只要配备所需的检测设备，均可在滚筒式底盘测功试验台上进行。例如，检测各种行驶工况下的废气成分或烟度，检测点火提前角或供油提前角，诊断各总成或系统的噪声与异响(包括经验诊断法)，观测汽油机点火波形或柴油机供油波形，检测各总成工作温度和各电气设备的工作情况等。

4.2 汽车燃料经济性检测

汽车的燃料经济性通常用汽车燃料消耗量来评价，油耗计是测量汽车燃料消耗量的仪器，也称为燃料流量计。

汽车燃料消耗量除了与燃料供给系的技术状况有直接关系外，还与曲柄连杆机构、配气机构、点火系、润滑系、冷却系、传动系、行驶系、转向系和制动系等有关，是一个综合性评价参数。用油耗计测量汽车燃料消耗量在使用中的变化，不仅可以诊断燃料供给系的技术状况，而且可以诊断发动机及整车的技术状况。国外一些汽车运输企业，甚至把油耗计作为诊断汽车是否需要维修的有效工具。

测量汽车燃料消耗量时，可以采用测定其容积、质量、流量、流速和压力等方法，其中容积法和质量法较为常用，特别是容积法应用得更为广泛。发动机台架试验时采用容积法和质量法的基本做法，是测定发动机消耗一定容积燃料或消耗一定质量燃料所经过的时间，然后由燃料消耗量和经过时间计算单位时间的燃料消耗量。汽车道路试验或整车在底盘测功试验台上测量燃料消耗量时，则是测定汽车通过一定路程时消耗的燃料量和通过时间，然后由燃料量、路程和时间，计算试验车速下汽车单位里程燃料消耗量(L/km)、百公里燃料消耗量(L/100km)，百吨公里燃料消耗量(L/(100t·km))或每升燃料行驶的里程(km/L)。

就车测定燃料消耗量时，须采用车用油耗计。车用油耗计具有体积小、重量轻、使用方便、不易损坏、能以蓄电池为电源和可装在车内与里程计等并用等优点，因而能固定安装在汽车等机动车辆上，随车辆道路试验、长期使用或在底盘测功试验台上考核其整车燃料消耗量。

4.2.1　车用油耗计的结构与工作原理

车用油耗计一般由传感器和计量显示仪表组成，二者采用电缆线连接。车用油耗计的类型有多种，常用的有容积式和质量式。限于篇幅，本书仅介绍容积式车用油耗计。容积式车用油耗计如按传感器结构分类，可分为膜片式、量管式和活塞式三种。膜片式车用油耗计，有单油室式和双油室式之分；量管式车用油耗计，有单量管式和双量管式之分；活塞式车用油耗计，有单活塞式和四活塞式之分。在上述车用油耗计类型中，以采用膜片式、单活塞式和四活塞式传感器的为多见。容积式车用油耗计如按计量显示仪表分，可分为电磁计数器式和有运算功能的数字显示式两种。目前，后者已发展成微机控制的智能化仪表。在常见的车用油耗计中，采用膜片式传感器的和单活塞式传感器的，多以电磁计数器作为计量显示仪表；采用四活塞式传感器的，多以具有运算功能的数字显示式作为计量显示仪表。

4.2.2　车用油耗计的使用方法

1. 安装方法及注意事项

(1) 将油耗计传感器串接在燃料系供油管路上。化油器式汽油机应串接在汽油泵与化油器之间，如图 4-6 所示；柴油机应串接在柴油滤清器与喷油泵之间，从高压回油管和低压回油管流回的燃油应接在油耗计传感器与喷油泵之间，以免重复计量，如图 4-7 所示；电控燃油喷射发动机应串接在燃油滤清器与燃油分配管之间，从燃油压力调节器经回油管流回燃油箱的燃油应改接在油耗计传感器与燃油分配管之间，避免重复计量，如图 4-8 所示。串接好的传感器应放置平稳或吊挂牢固。

(2)传感器的进出油管最好为透明塑料管，以便观察燃油中有无气体。供油管路中

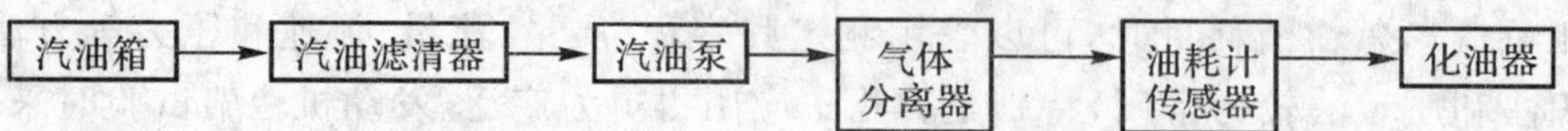

图 4-6 油耗计传感器和气体分离器在汽油机上的安装位置

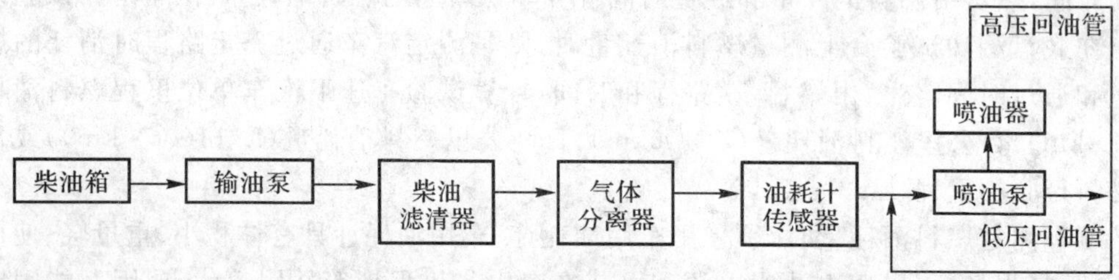

图 4-7 油耗计传感器和气体分离器在柴油机上的安装位置

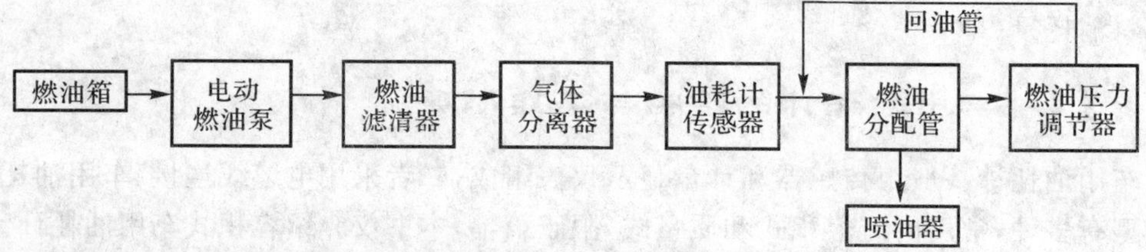

图 4-8 油耗计传感器和气体分离器在电控燃油喷射发动机上的安装位置

有气体会导致测量误差。当发现管路不断产生气泡时，应仔细检查并消除不密封部位。汽油蒸气会形成“气阻”。

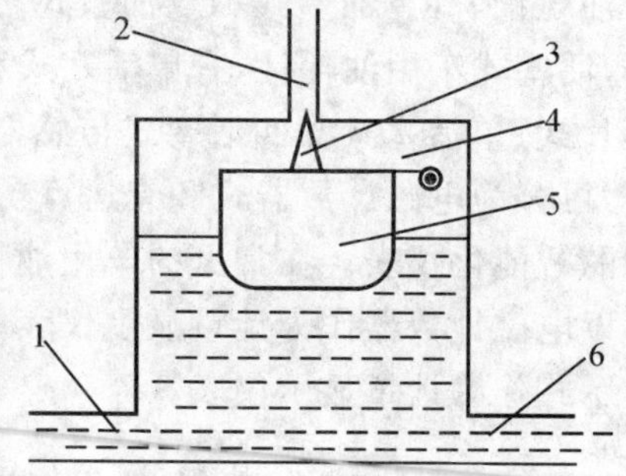

1—进油管；2—排气管；3—针阀；4—浮子室；5—浮子；6—出油管

图 4-9 气体分离器简图

测量开始前应将供油管路中的气体排净。测量中若发现油耗计传感器出油管有气泡，应宣布数据作废，重新测量。比较妥当的办法是在油耗计传感器进口处串接气体分离器，以保证测量精度。气体分离器的简图如图 4-9 所示。当混有气体的燃油进入气体分离器浮子室时，气体会迫使浮子室内的油平面下降，使针阀打开，气体排入大气，从出油管进入传感器的燃油便没有气体了，使测量精度提高。气体分离器在燃料系中的安装位置见图 4-6 和图 4-8。

(3)为了减少活塞式油耗计传感器的磨损，防止活塞卡阻，被测燃油在密闭容器内应经 24h 以上沉淀，并应在油耗计传感器入口处安装纸质燃油滤清器，以保证燃油的清洁性。

(4)油耗计传感器串接到供油管路后，传输信号的电缆线应插入油耗计传感器的插座上，另一端插入计量显示仪表输入插座上。

5)油耗计的电源线必须夹紧在蓄电池极桩上，不要随意就近接在电路某部位上，以免供电电压发生较大变化，影响油耗计正常工作。

2. 使用方法

以 ZHZ14 型汽车综合参数测试仪为例。

(1)仪器自校

接通电源，开机或按下“自校”键后仪器自动进入自检状态，可对面板、拨码盘、测温系统、测量系统、打印机等进行观察，并按给定的方法由操作人员判断仪器是否有故障，显示的参数是否正确和能否正常工作等。仪器内部还有一部分功能是靠自身程序自动检定的，无需操作人员判断。当仪器发现自身出错时将停机显示错误信息“Err×”供操作人员处理。

错误信息如下：

Err1：微机系统出错；

Err2：测温 A/D 转换器输入超量程；

Err3：测温 A/D 转换器输入欠量程；

Err4：A/D 转换器电路故障。

仪器处于以上某一状态时已停止工作，只有按下“自校”键或重新开机方可重新进入工作状态。若仪器连续出现某种错误状态则需停机修理。

(2)测量

按下“启动”键，仪器将自检数据清零，进入正常测量状态。此时，按国家标准 GB 12545—1990《汽车燃料消耗量试验方法》规定的试验方法，在道路条件下进行直接挡全油门加速燃料消耗量试验、等速燃料消耗量试验、多工况燃料消耗量试验、限定条件下的平均使用燃料消耗量试验。通过按键，仪器可显示累计路程、累计油耗量、瞬时油耗量、累计时间、试验车速和燃油温度等参数。按下“打印”键，可打印出测量结果。

该仪器还设置了专用试验功能，可自动完成国家标准规定的等速燃料消耗量试验和多工况燃料消耗量试验，手动完成百公里燃料消耗量试验等，能省去标杆和指示人员。测量中采用哪种方式，可通过按键选择。

(3)测量结束

从汽车上拆下油耗计，将传感器内的油液排净，并注入经过加热蒸发过水分的润滑油妥善保管。

上面以 ZHZ14 型汽车综合参数测试仪为例介绍了车用油耗计的使用方法。当使用的车用油耗计不同时，操作方法也不相同。重要的是要读懂车用油耗计的使用说明书，严格按使用说明书介绍的方法操作。

(4)定期标定油耗计系数

车用油耗计使用一段时间后，由于油耗计传感器技术状况变化，测量精度下降，因此需要定期重新标定油耗计系数。标定时按仪器使用说明书介绍的方法进行。通常的做法是先测定油耗计传感器的实际输油量，再与计量显示仪表的指示量相比较，求出新的标定系数，则仪器的指示误差通过确定新的标定系数而得到校正。

4.2.3 汽车燃料消耗量试验方法简介

1.道路试验方法

国家标准 GB 12545—1990《汽车燃料消耗量试验方法》有以下规定：

(1)试验条件

1)试验车辆载荷。除有特殊规定外，轿车为规定乘员数的一半(取整数)；城市客车为总质量的65%；其他车辆为满载，乘员质量及其装载要求按国家标准 GB/T12534《汽车道路试验方法通则》的规定。

2)试验仪器。车速测定仪器和燃料流量计精度为0.5%；计时器最小读数为0.1s。

3)试验的一般规定

①试验车辆必须清洁，关闭车窗和驾驶室通风口，只允许开动为驱动车辆所必需的设备。

②由恒温器控制的空气流必须处于正常调整状态。

4)试验车辆必须按规定进行磨合。

(2)试验项目

1)直接挡全油门加速燃料消耗量试验；

2)等速燃料消耗量试验；

3)多工况燃料消耗量试验；

4)限定条件下的平均使用燃料消耗量试验。

(3)试验方法

具体试验方法按 GB 12545—1990 的规定进行，本书不再赘述。

2.台架试验方法

台架试验方法是整车在底盘测功试验台上模拟道路试验条件进行汽车燃料消耗量试验的方法。由于台架试验方法尚无国家标准，因而要参照 GB 12545—1990《汽车燃料消耗量试验方法》的规定进行。

不管是道路试验还是台架试验，燃料消耗量的测定值均应校正到标准状态下的数值。标准状态是指：气温20℃，气压100kPa，汽油密度0.742g/mL，柴油密度0.830g/mL。

4.3　汽车测滑量检测

4.3.1　汽车测滑试验台的结构和工作原理

汽车测滑量一般由汽车测滑试验台检测。滑板式侧滑试验台按滑动板数不同，可分为单板式和双板式两种。它们一般均由测量装置、指示装置和报警装置等组成。以下主要介绍双板式侧滑试验台。

1. 测量装置

测量装置由框架、左右两块滑动板、杠杆机构、回位装置、滚轮装置、导向装置、锁止装置、位移传感器及信号传递装置等组成。该装置能把前轮侧滑量测出并传递给指示装置。

滑动板的长度一般有 500mm，800mm 和 1000mm 三种。滑动板的上表面制有“T”形纹或“十”形纹，以增加与轮胎之间的附着力。滑动板的下部装有滚轮装置和导向装置，两滑动板之间连接有曲柄机构、回位装置和锁止装置。在侧向力作用下，两滑动板只能在左右方向上作等量位移，并且要向内均向内，要向外均向外，在前后方向上不能位移。

当前轮正前束(IN)过大时，滑动板向外侧滑动；当前轮负前束(OUT)过大时，滑动板向内侧滑动；当侧向力消失时，在回位装置作用下两滑动板回到零点位置；当关闭锁止装置时，两滑动板被锁止。

按滑动板位移量传递给指示装置方式的不同，测量装置可分为机械式和电气式两种。

(1)机械式测量装置

机械式测量装置是把滑动板与指示装置机械地连接在一起，通过连杆和 L 型杠杆等零件，把滑动板位移量直接传递给指示装置的一种结构形式，如图 4-10 所示。具有机械式测量装置的侧滑试验台，一般也称为机械式侧滑试验台，其指示装置设立在测量装置的一端，两者必须靠得很近，近年来已逐渐不用。

(2)电气式测量装置

是把滑动板的位移量通过位移传感器变成电信号，再经过放大与处理而传输给指示装置的一种结构形式。位移传感器有自整角电机式、电位计式和差动变压器式等多种形式。

以自整角电机作为位移传感器的测量装置如图 4-11 所示。测量装置上的自整角电机 7 通过齿轮齿条机构、杠杆和连杆等与滑动板连接在一起。指示装置中也装备有同一规格的自整角电机 9。当滑动板位移时，自整角电机 7 回转一定角度并产生电信号传输

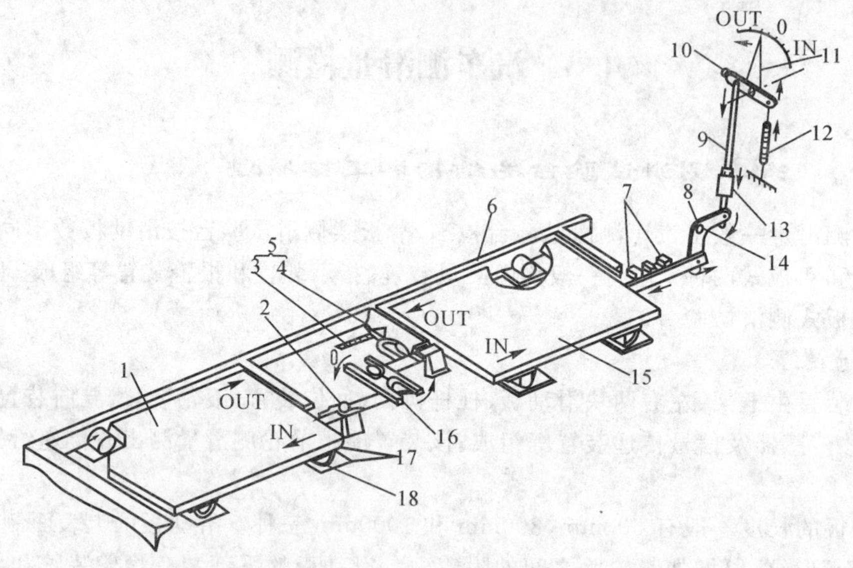

1—左滑动板；2—导向滚轮；3—回位弹簧；4—摇臂；5—回位装置；6—框架；
7—限位开关；8—L形杠杆；9—连杆；10—刻度放大倍数调整器；
11—指示机构；12—调整弹簧；13—零位调整装置；14—支点；15—右滑动板；
16—双销叉式曲柄；17—轨道；18—滚轮

图 4-10 侧滑试验台机械式测量装置

给自整角电机 9，自整角电机 9 接到电信号后回转同一角度并通过指针指示出滑动板位移量的大小和方向。

以电位计作为位移传感器的测量装置如图 4-12 所示。可以看出，当滑动板位移时能变为电位计触点在电阻线圈上的移动，致使电路阻值发生变化，进而使电路电压发生变化。把这一变化传输给指示装置(电压表)，就可将滑动板位移量的大小和方向指示出来。

以差动变压器为位移传感器的测量装置如图 4-13 所示。当滑动板位移时，通过触头带动差动变压器线圈内的铁心移动，使电路电压发生变化。将这一变化传输给指示装置(电压表)，就可将滑动板位移量的大小和方向指示出来。

2.指示装置

指示装置也分为机械式和电气式两种，有的用指针式指示，有的用数码管式指示。电气式指示装置(指针式)如图 4-14 所示。指示装置能把测量装置传递来的滑动板侧滑量，按汽车每行驶 1km 侧滑 1m 定为一格刻度。前轮正前束(IN)和前轮负前束(OUT)都分别刻有 10 格的刻度。因此，当滑动板长度为 1000mm，滑动板侧滑 1mm 时，指示装置指示 1 格刻度，代表汽车每行驶 1km 侧滑 1m。同样，当滑动板长度为 800mm 滑动板侧滑 0.8mm 和当滑动板长度为 500mm 滑动板侧滑 0.5mm 时，指示装置也都能指示

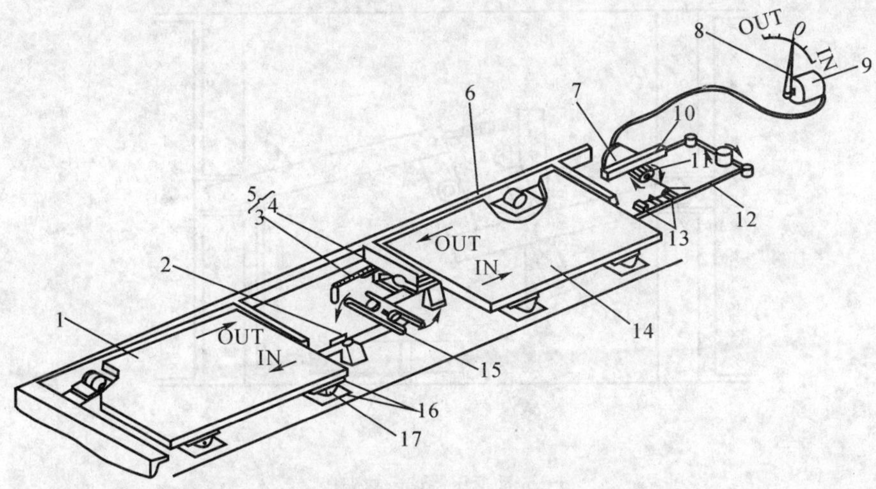

1—左滑动板；2—导向滚轮；3—回位弹簧；4—摆臂；5—回位装置；6—框架；
7—产生电信号的自整角电机；8—指针；9—接受电信号的自整角电机；10—齿条；
11—齿轮；12—连杆；13—限位开关；14—右滑动板；15—双销叉式曲柄；16—轨道；17—滚轮

图 4-11　侧滑试验台电气式测量装置

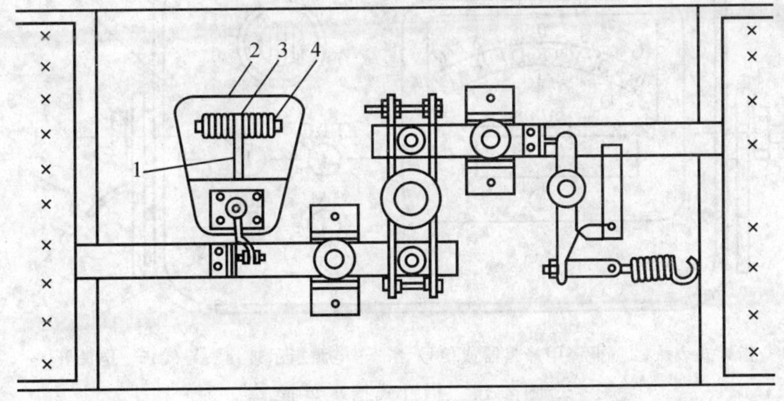

1—滑动片；2—电位计；3—触点；4—线圈

图 4-12　侧滑试验台电位计式测量装置

一格刻度。这样，检测人员从指示装置上就可获得前轮侧滑量的具体数值，并根据指针偏向 IN 或 OUT 的方向确定出侧滑方向。

指示装置的刻度盘上除用数字和符号标明侧滑量和侧滑方向外，有的还用颜色和英文划为三个区域。即：侧滑量 0～3mm 范围内为绿色，表示为良好(GOOD)区域；侧滑量 3～5mm 为黄色，表示为可用区域；侧滑量 5mm 以上为红色，表示为不良(BAD)区域。

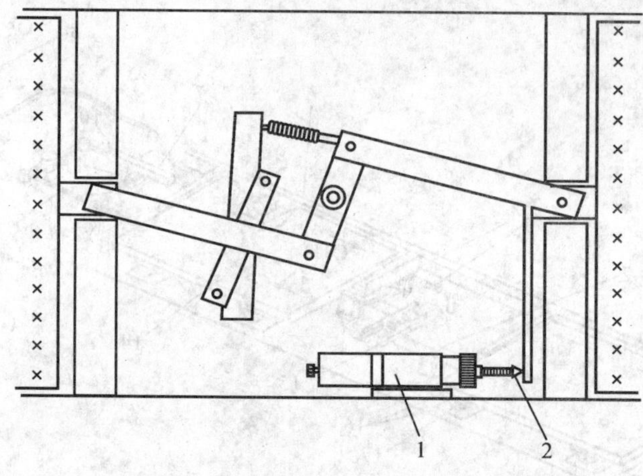

1—差动变压器；2—触头

图 4-13 侧滑试验台差动变压器式测量装置

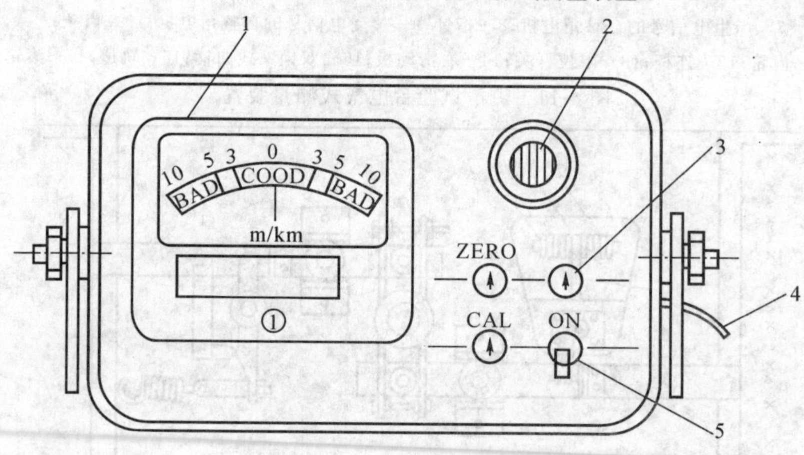

1—指针式表头；2—报警用蜂鸣器或信号灯；3—电源指示灯；4—导线；5—电源开关

图 4-14 指针式指示装置

3. 报警装置

在检测前轮侧滑量时，为便于快速表示检测结果是否合格，当前轮侧滑量超过规定值(5 格刻度)后，侧滑试验台的报警装置能根据测量装置的限位开关发出的信号，用蜂鸣器或信号灯报警，因而无须再读取指示仪表上的具体数值，为检测工作节约了时间。

近年来国内各厂家生产的侧滑试验台的电气式指示装置，多以单片微机进行数据采集和处理，因而具有操作方便、运行可靠、抗干扰性强等优点，同时还能对检测结果进行分析、判断、存储、打印和数字显示等功能。如国产 CH-10A 型侧滑试验台就是如此，其电气部分的原理框图如图 4-15 所示，指示装置面板图如图 4-16 所示。该种侧滑试验台，当滑动板侧滑时通过位移传感器转变成电信号，经过放大与信号处理后成为 0～5V 的模拟量，再经 A/D 转变成数字量，输入微机运算处理，然后由数码管显示出检测结果或由打印机打印出检测结果。

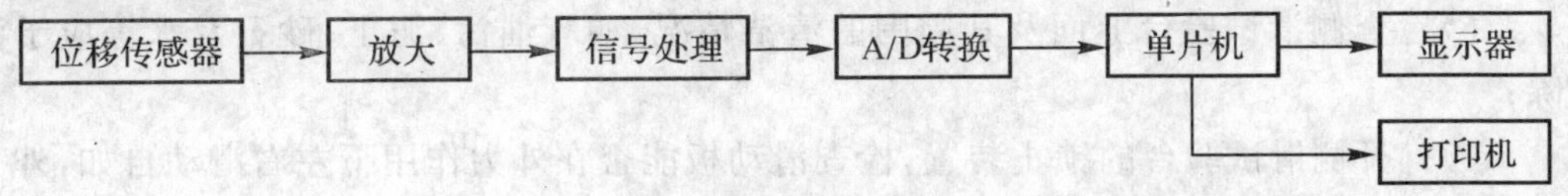

图 4-15　CH-10A 型侧滑试验台电气原理框图

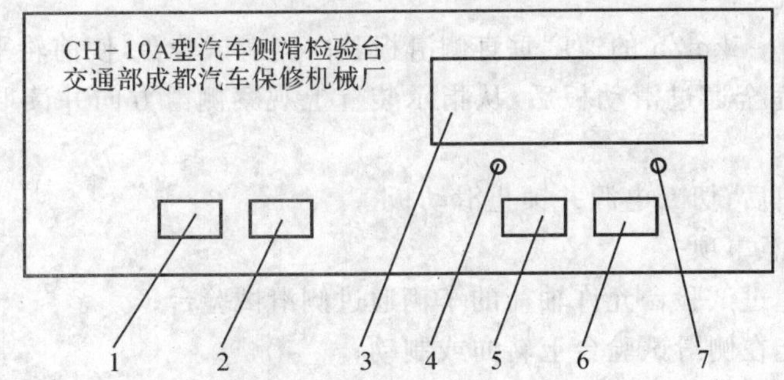

1—电源接通键；2—电源断开键；3—数码显示器；
4—电源指示灯；5—打印键；6—复位键；7—报警灯

图 4-16　数字式指示装置面板图

国产 CH-10A 和 CH-10Z 型侧滑试验台的主要参数如表 4-4 所示。

表 4-4　国产 CH-10A 型、CH-10Z 型侧滑试验台的主要参数

	CH-10A	CH-10Z
允许最大轴载质量/t	10	10
轮距范围/mm	860～2225	860～2225
滑板尺寸(长×宽)/mm	500×1000	1000×1000
外形尺寸(长×宽×高)/mm	2930×606×163	2930×1106×168
净质量/kg	800	1200

4.3.2　汽车车轮测滑量的检测方法

1. 检测前的准备工作

(1)轮胎气压应符合汽车制造厂之规定；

(2)轮胎上沾有油污、泥土、水或花纹沟槽内嵌有石子时，应清理干净；

(3)检查侧滑试验台导线连接情况，在导线连接良好的情况下打开电源开关，查看指针式仪表的指针是否在机械零点上，并视必要进行调整；或查看数码管是否亮度正常并都在零位上；

4)检查报警装置在规定值时能否发出报警信号，并视需要进行调整或修理；

5)检查侧滑试验台上面及其周围的清洁情况，如有油污、泥土、砂石及水等应予清除；

6)打开侧滑试验台的锁止装置，检查滑动板能否在外力作用下左右滑动自如，外力消失后回到原始位置，且指示装置指在零点。

(2)检测方法

1)汽车以 3～5km/h 的速度垂直侧滑板驶向侧滑试验台，使前轮平稳通过滑动板；

2)当前轮完全通过滑动板后，从指示装置上观察侧滑方向并读取、打印最大侧滑量；

3)检测结束后，切断电源并锁止滑动板。

(3)使用注意事项

1)不能让超过试验台允许轴荷的车辆通过侧滑试验台；

2)车辆不能在侧滑试验台上转向或制动；

3)保持侧滑试验台内、外及周围环境清洁；

4)其他注意事项见侧滑试验台使用说明书。

(4)诊断参数标准

按国家标准 GB 725B—1997《机动车运行安全技术条件》的规定，用侧滑试验台检测前轮侧滑量，其值不超过 5m/km。

4.4 汽车制动性能检测

4.4.1 制动距离检测

根据国家标准 GB 7258—1997《机动车运行安全技术条件》的规定，机动车可以用制动距离、制动减速度和制动力检测制动性能，只要其中之一符合要求，即判为合格。当用制动距离检测制动性能时，须采用五轮仪进行。

1. 五轮仪的结构与工作原理

在道路试验中检测汽车整车性能时，经常要使用五轮仪，可以测出车辆行驶的距离、时间和速度。当五轮仪用于检测汽车制动性能时，能测出制动初速度、制动距离和制动时间。

五轮仪主要有机械式、电子式和微机式三种。

五轮仪一般由传感器部分和记录仪两部分组成，并附带一个脚踏开关。传感器部分与记录仪部分由导线相连接。脚踏开关带有触点的一端套在制动踏板上，另一端插接在记录仪上。

2. 五轮仪的使用方法

1)如果五轮仪自备电源，使用前应按使用说明书的要求，充电至规定电压。

2)汽车应运行至正常热状态。

3)将传感器部分固定在汽车侧面或尾部的车身上，以不影响轮子左右摆动为准，并用打气筒对轮子充气至适当程度。

4)将记录仪放置在驾驶室内或车厢内，正面朝上，水平放置，其前端要对准汽车前进方向，并紧靠固定部位，以防制动时撞击。

5)用信号线把充气车轮上的传感器与记录仪连接起来。脚踏开关一端通过导线插接在记录仪上，另一端套在制动踏板上。用汽车蓄电池作电源的五轮仪，还应把电源线一端插接在记录仪上，另一端夹持在蓄电池正、负极上。

6)打开记录仪电源开关，按使用说明书的要求检查与自校。如要求预热，应预热至规定时间。

7)电脑控制的五轮仪，使用前应首先进入初始化程序。一般地说，该种类型的五轮仪在电源开关打开后可自动进入初始化程序或通过键入的方法进入初始化程序。

8)凡要求置入五轮修正系数的五轮仪，均应按照使用说明书上的方法置入。如 WLY－5 型微机五轮仪，只要把传感器部分的充气车轮转 10 圈的距离（在路面上的实测值）键入记录仪即可。

9)检测制动距离前，须将与制动有关的旋钮、开关或键打到规定位置，并预选（按下对应的键或键入选择的值）制动初速度。

10)检测制动距离时，按有关国家标准的规定，应在符合要求的道路条件和气候条件下，汽车空载或满载加速行驶，驾驶员根据记录仪上指示的瞬时车速或音响的提示，至预选制动初速度时，用力踩下制动踏板直至汽车停止。制动时的踏板力（可安装踏板力计）或制动气压应符合规定要求。

11)读取并打印检测结果。可读取并打印测得的制动初速度、制动距离、制动系反应时间和制动全过程时间等检测结果。有的五轮仪还能读取制动减速度或打印速度—时间曲线和减速度—时间曲线等。以上检测结果是实际试验结果。实际试验结果中的制动初速度不一定正好等于预选制动初速度，可能大于或小于预选制动初速度。有些微机式五轮仪可以将实际试验结果修正到预选制动初速度下的试验结果，以便直接与诊断参数标准对照。

12)按记录仪“重试”或“复位”键，仪器复原，可重新进行制动试验。微机式五轮仪在打印结束后一般能自动回到初始化程序。

13)检测制动性能应在同一路段正反两个方向上进行，测得的制动距离及其他参数取平均值。汽车倒车时,应将传感器部分的充气车轮转向180°或提离地面。

14)路试结束后,关闭记录仪电源,拆卸电源线、信号线和脚踏开关,并从车身上拆下传感器部分。

用五轮仪检测汽车制动性能,可以测得在规定制动初速度下,从开始踩着制动踏板始到车辆完全停住止,所走过的制动距离和制动时间,比仅仅由在路面上测量车轮拖、压印长度决定制动性能的原始方法前进了一大步,但使用费时费力。

3. 制动距离的诊断参数标准

国家标准GB7258—1997《机动车运行安全技术条件》在路试检验制动性能中有以下规定:

(1)检验条件

机动车行车制动性能和应急制动性能检验应在平坦、硬实、清洁、干燥且轮胎与地面间的附着系数不小于0.7的水泥或沥青路面上进行。检验时发动机应脱开。

(2)行车制动性能检验

1)用制动距离检验行车制动性能。机动车在规定的初速度下的制动距离和制动稳定性,应符合表4-5的要求。对空载检验制动距离有质疑时,可用表4-5满载检验的制动性能要求进行。

表4-5 制动距离和制动稳定性的要求

车辆类型	制动初速度/(km/h)	满载检验制动距离要求/m	空载检验制动距离要求/m	制动稳定性要求车辆任何部位不得超出的试车道宽度/m
座位数≤9的载客汽车	50	≤20	≤19	2.5
其他总质量≤4.5t的汽车	50	≤22	≤21	2.5①
其他汽车、汽车列车及无轨电车	30	≤10	≤9	3.0
四轮农用运输车	30	≤9	≤8	2.5
三轮农用运输车	20	≤5	≤4.5	2.3

注:①对总质量大于3.5t并小于等于4.5t的汽车试车道宽度为3m。

制动距离是指机动车在规定的初速度下急踩制动时,从脚接触制动踏板(或手触动制动手柄)时起至车辆停住时车辆驶过的距离。

2)进行制动性能检验时的制动踏板力或制动气压应符合以下要求:

①满载检验时

气压制动系:气压表的指示气压≤额定工作气压;

液压制动系：踏板力，座位数≤9 的载客汽车 ≤500N；
其他车辆 ≤700N。

②空载检验时

气压制动系：气压表的指示气压 ≤600kPa；

液压制动系：踏板力，座位数≤9 的载客汽车 ≤400N；
其他车辆 ≤450N。

3）汽车、汽车列车和无轨电车路试行车制动性能检验若符合用制动距离检验或用充分发出的平均减速度检验之一即为合格。

(3)应急制动性能检验

汽车在空载和满载状态下，按表 4-6 所列初速度进行应急制动性能检验，测量从应急制动操纵始点至车辆停住时的制动距离。应急制动中的制动距离应符合表 4-6 的要求。

表 4-6 应急制动性能要求

车辆类型	制动初速度/(km/h)	制动距离/m	充分发出的平均减速度/(m/s²)	允许操纵力不大于/N	
				手操纵	脚操纵
座位数≤9 的载客汽车	50	≤38	≥2.9	400	500
其他载客汽车	30	≤18	≥2.5	600	700
其他汽车	30	≤20	≥2.2	600	700

4. 驻车制动性能检验

在空载状态下，驻车制动装置应能保证车辆在坡度为 20%（总质量为整备质量的 1.2 倍以下的车辆为 15%）、轮胎与路面间的附着系数不小于 0.7 的坡道上正、反两个方向保持固定不动，其时间不少于 5min。检验时施加于操纵装置上的力：

手操纵时，座位数小于或等于 9 的载客汽车应不大于 400N，其他车辆应不大于 600N；

脚操纵时，座位数小于或等于 9 的载客汽车应不大于 500N，其他车辆应不大于 700N。

5. 制动完全释放时间

机动车制动完全释放时间（从松开制动踏板到制动消除所需要的时间）对单车不得大于 0.8s。

4.4.2　制动减速度检测

制动减速度亦是评价制动性能的重要诊断参数之一。制动减速度按测试、取值和计算方法的不同，可分为制动稳定减速度、平均减速度和充分发出的平均减速度三种。

制动减速度仪（以下简称为减速度仪）也称为制动仪，以检测制动稳定减速度和制动时间为主，用于整车道路试验。该种仪器小巧轻便，便于携带，不用五轮作传感器，并且对制动初速度和路面不平度要求也不高，因而使用较为方便。

1. 减速度仪的结构与工作原理

国产减速度仪已多为微机式智能化仪器，一般由仪器部分和传感器部分两部分组成，并附带一个脚踏开关。仪器部分和传感器部分既可以制成整体式，装在一个壳体内；也可以制成分体式，两者用导线相连接。国产 QTZ 型微机减速度仪为整体式，主要由电源、A/D 转换器、8080A 单板机、LED 显示器和滑块式传感器等组成，汽车制动时，由于惯性作用，滑块式传感器产生随制动减速度变化的电压信号，经 A/D 转换器将这一模拟信号转变成微机能接受的数字信号后，输入到 8080A 单板机中存储及数据处理，测量结果由 LED 显示器显示。

2. 制动减速度仪的使用方法

(1)如果制动减速度仪自备电源，使用前应按仪器使用说明书的要求充电至规定电压。

(2)汽车应运行至正常热状态。

(3)将制动减速度仪或分体式的传感器部分放置在驾驶室或车厢地板上，正面朝上，调整支腿使保持水平状态，其前端对准汽车前进方向，并紧靠固定部位，严禁放置在软性座椅上。

(4)脚踏开关一端通过导线插接在制动减速度仪上或分体式的传感器上，另一端套在制动踏板上。分体式制动减速度仪还应当用信号线把传感器部分与仪器部分连接起来。

(5)打开制动减速度仪电源开关，按仪器使用说明书的要求检查与自校。如要求预热，应预热至规定时间。

(6)如需车型选择，应按被检车的座位数或吨位数按下相应选择键。

(7)检测制动减速度前应预选（按下对应的键或键入选择的值）制动初速度。

(8)制动减速度检测，应在符合要求的道路条件和气候条件下，汽车空载或满载加速行驶，至预选制动初速度时用力踩下制动踏板直至车辆停止。制动时的踏板力（可安装踏板力计）或制动气压应符合规定要求。

(9)读取并打印检测结果。制动过程结束后可读取并打印制动减速度、制动距离、制动系反应时间、制动全过程时间和制动系协调时间等检测结果。

(10)按下“复位”键，显示器清零，制动减速度仪进入下一次测量的初始状态。

(11)制动性能检测应在同一路段正反两个方向上进行，制动减速度及其他参数取平均值。

(12)检测结束后，关闭制动减速度仪电源，拆卸脚踏开关等。

3. 制动减速度的诊断参数标准

用制动减速度仪检测制动稳定减速度评价汽车的制动性能，我国在 1997 年以前曾经采用过，目前国外仍有些国家继续采用。但是，当使用滑块式或摆锤式制动减速度仪检测制动稳定减速度时，存在以下问题：汽车制动时，车头下沉，车身前倾，制动减速度仪的测量精度受到影响。特别是紧急制动、空载制动时，影响尤其明显。

鉴于这一原因，修订后的 GB 7258—1997《机动车运行安全技术条件》，对于路试检验制动性能不再使用制动稳定减速度，而是采用充分发出的平均减速度 FMDD 这一评价指标。

充分发出的平均减速度 FMDD(Mean Fully Development Deceleration，国外也称为 MFDD)是一个较为稳定的平均值，且不受车辆制动时车身倾角的影响，因而能较准确的反映汽车制动时的实际状况。

国家标准 GB 7258—1997《机动车运行安全技术条件》，在路试检验制动性能中有以下规定：

(1)检验条件

机动车行车制动性能和应急制动性能检验应在平坦、硬实、清洁、干燥且轮胎与地面间的附着系数不小于 0.7 的水泥或沥青路面上进行。检验时发动机应脱开。

(2)行车制动性能检验

1)用充分发出的平均减速度检验行车制动性能。汽车、汽车列车和无轨电车在规定的初速度下急踩制动时充分发出的平均减速度和制动稳定性应符合表 4-7 的要求。单车制动协调时间应不大于 0.6s，列车制动协调时间应不大于 0.8s。对空载检验制动性能有质疑时，可用表 4-7 中满载检验的制动性能要求进行。

表 4-7　制动减速度和制动稳定性要求

车辆类型	制动初速度/(km/h)	满载检验充分发出的平均减速度/(m/s^2)	空载检验充分发出的平均减速度/(m/s^2)	制动稳定性要求车辆任何部位不得超出的试车道宽度/m
座位数≤9 的载客汽车	50	≥5.9	≥6.2	2.5
其他总质量≤4.5t 的汽车	50	≥5.4	≥5.8	2.5[①]
其他汽车、汽车列车及无轨电车	30	≥5.0	≥5.4	3.0

注：①对总质量大于 3.5t 并小于等于 4.5t 的汽车试车道宽度为 3m。

充分发出的平均减速度 FMDD 为

$$\mathrm{FMDD}=\frac{v_b^2-v_e^2}{25.92(S_e-S_b)}$$

式中：FMDD——充分发出的平均减速度(m/s^2)；

v_b——$0.8v_0$ 车辆的速度(km/h)；

v_e——$0.1v_0$ 车辆的速度(km/h)；

v_0——制动初速度(km/h)；

s_b——在速度 v_0 和 v_b 之间车辆驶过的距离(m)；

s_e——在速度 v_0 和 v_e 之间车辆驶过的距离(m)。

充分发出的平均减速度 FMDD 应在测得实际制动初速度 v_0 制动距离 S_b、S_e 后用上述公式计算确定。

制动协调时间是指在急踩制动时，从踏板开始动作至车辆减速度(或制动力)达到表 4-7 规定的车辆充分发出的平均减速度(或表 4-6 规定的制动力)75％时所需的时间。

2）进行制动性能检验时的制动踏板力或制动气压应符合以下要求：满载检验时和空载检验时的制动踏板力或制动气压的要求与本章第 4 节同一条款的要求相同。

(3)应急制动性能检验

汽车在空载和满载状态下按表 4-6 所列初速度进行应急制动性能检验，测量从应急制动操纵始点至车辆停住时的制动距离。应急制动中的充分发出的平均减速度应符合表 4-6 的要求。

4.4.3 制动力的检测

制动力的检测通常用制动试验台来完成。制动试验台，可以作为移动的路面来近似地模拟实际制动过程。它具有迅速、准确、经济、安全、不受外界自然条件的限制、试验重复性好和能定量地指示出各车轮的制动力或制动距离等优点。

1. 制动试验台的类型

制动试验台按不同的分类方法，可以分出不同的类型。常见的分类方法有：按试验台测试原理不同，可分为反力式和惯性式两类；按试验台支承车轮形式不同，可分为滚筒式和跑板式两类；按试验台检测参数不同，可分为测制动力式、测制动距离式和多功能综合式三类；按试验台测量装置至指示装置传递信号方式不同，可分为机械式、液压式和电气式三类。

反力式滚筒制动试验台(测制动力式)和惯性式滚筒制动试验台(测制动距离式)广泛使用。惯性跑板式制动试验台国内外很少使用。多功能综合试验台不仅能检测车辆的制动性能，还能进行底盘测功，模拟道路行驶，进行加速性能、滑行性能、燃料经济性能和车速表指示误差的检测等。

2. 反力式滚筒制动试验台的结构与工作原理

(1)结构

图 4-17 为反力式制动试验台制动力测量方法示意图。将被检汽车的车轮 2 置于两个滚筒 1 上,用电动机 3 通过减速器驱动滚筒再带动车轮旋转。当车轮制动时,车轮给滚筒一个与旋转方向相反的力,该力通过电动机 3、杠杆 5 传给测力秤 4,并由测力秤的指示表显示出来,从而测出了车轮的制动力。试验台主要由制动力承受装置、驱动装置、制动力检测装置和制动力指示与控制装置组成。

1)制动力承受装置。它由两副滚筒组成,每副滚筒有一个主动滚筒和一个从动滚筒。滚筒用碳钢制成,滚筒的外圆周上开有纵向矩形槽。它可增加车轮与滚筒间的附着系数(这里的附着系数一般取 0.6 以上),两副滚筒分别用轴承安装在试验台架上。在两滚筒之间装有举升器(举升器可采用气压式或液压式,当车辆驶入、驶出时,举升缸将托板举起,使车轮平稳驶入、驶出两滚筒之间,减少于冲击)。

2)驱动装置。它由电动机、减速器和传动链条等组成。电动机的转速经减速器内一副蜗轮蜗杆副和一对直齿轮副的两级减速后传给主动滚筒;主动滚筒通过链条带动从动滚筒旋杆。减速器壳体为浮动连接,能绕滚筒轴转动。

3)制动力检测装置。它由测力杠杆和检测机构等组成。检测机构的形式很多,如自整角电机式(即同步电机式)、电位计式、差动变压器式和应变片式等。测量装置中,用来测量由传动齿轮传给测力臂再传给测力弹簧的作用力的装置称为传感器。传感器将接收的作用力以电量形式测出,然后传给指示装置。

4)制动力指示与控制装置。控制装置有电子式与电脑式之分。电子式的控制装置多配以指针式指示仪表;电脑式控制装置多配以数字显示器。国产反力式制式试验台多为电脑式。

制动试验台使用的指针式仪表有两种形式:一种是一轴单针式;另一种是一轴双针式。一轴单针式有两个刻度盘,两个指针,分别指示左右轮的制动力。一轴双针式只有一个刻度盘,两个表针分别指示左右轮的制动力。

(2)反力式制动试验台的使用方法

1)在使用前,要对被检汽车做好如下准备:

①轮胎气压应符合汽车制造厂的规定。

②轮胎沾有水、油等或轮胎花纹沟槽内嵌有小石子时应清除。

2)准备工作完成后按下列步骤检测:

①接通试验台电源。

②用 B 型试验台手控设定轴重。

③升起举升器的托板。

计算机控制框图要把预先测定的前后轴重分别设定在轴重指示仪表上。

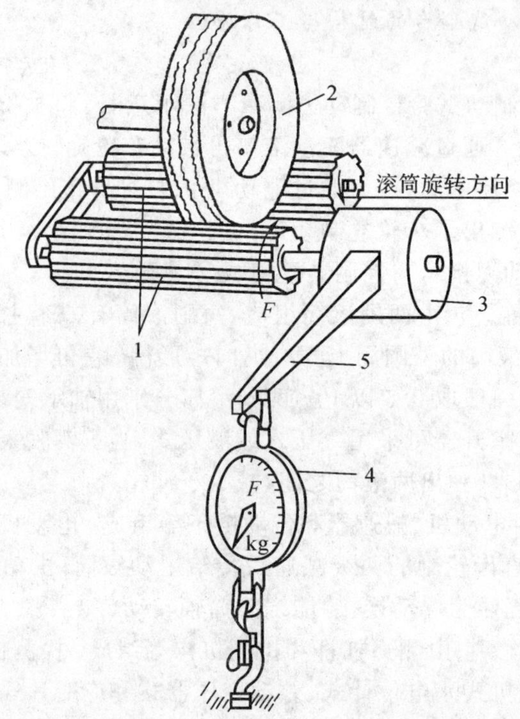

1—滚筒；2—车轮；3—电动机；4—测力秤；5—杠杆

图 4-17 制动力的测量方法示意图

④将汽车尽可能地垂直于滚筒方向驶入试验台，让车轮停放在举升器托板上。

⑤降下举升器托板，直到车轮与托板完全脱离为止。将变速器的变速杆挂入空挡。

⑥启动电机，使滚筒带动车轮转动。

⑦缓缓将制动踏板踩到底，读取仪表上指示的最大制动力值。

⑧前后轮的制动力检测完后，拉手制动拉杆，读取仪表指示的最大制动力值。

⑨全部检测结束后，切断电机电源，升起举升器的托板，汽车驶离试验台。

⑩切断试验台电源。

3)操作中注意以下三点：

①超过试验台允许的轴重或轮重的汽车，一律不准上试验台进行检测。

②试验台不检测期间，一律不准在上面停放汽车。

③检测时，发动机应熄火，变速器应处于空挡位置。对气压气制动系统的汽车，其储气筒气压为 590kPa。

(3)惯性式制动试验台

惯性式制动试验台的基本原理是用旋转飞轮的动能来模拟汽车在道路上行驶时的

平移动能。在一个较大的光面滚筒上串联一个惯性飞轮，电动机驱动飞轮旋转，并带动车轮转动；设车轮相当于 30km/h 的速度转动，则与滚筒相连的所有旋转件的总惯量也相当于汽车 30km/h 速度下的功能。这就模拟了与路试相似的结果。

图 4-18 所示为双轴惯性式制动试验台。它可以同时测试双轴车辆所有车轮的制动距离。测试汽车置于滚筒组上，前滚筒组可根据被测汽车轴距由油缸 4 来调节，调节后用油缸 5 夹紧定位。左右主动滚筒用半轴与差速器 6 相连，再经差速器与变速器 7、花键轴 8 相接。后滚筒组上有第三滚筒 12，防止汽车制动时向后跳动。测试时，由被试车驱动后滚筒旋转，并经过离合器 11、花键轴 8、变速器 7、差速器 6 带动前滚筒及汽车前轮一起旋转。此时，按被测汽车行驶时的惯性等效重量配置的飞轮 14 也一起旋转。当车轮制动后，滚筒及飞轮将依惯性继续旋转，其继续旋转的圈数（即相当于汽车的制动距离），则取决于被测车轮制动系的技术状况。

车轮制动后滚筒旋转的圈数，由装在滚筒轴端的遮光圆板及装在滚筒架板上的光源和光电传感器发出信号，用计数器来记录。

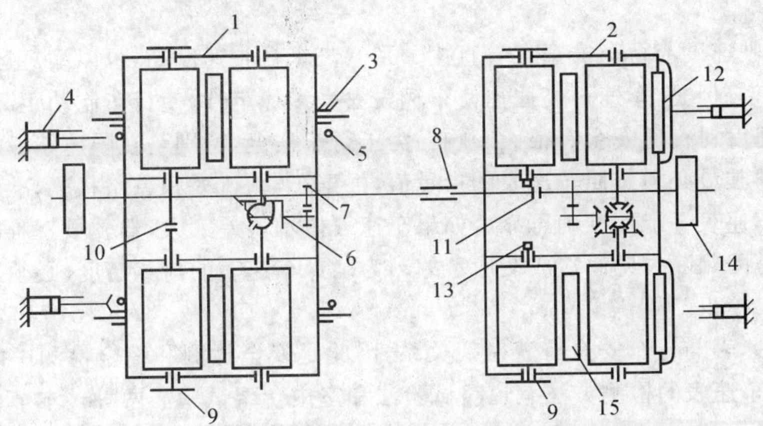

1—前滚筒组；2—后滚筒组；3—导轨；4—推拉油缸；5—夹紧油缸；
6—差速器；7—变速箱；8—花键轴；9—制动距离测试元件；10—电磁离合器；
11—电磁离合器；12—第三滚筒；13—测速发电机；14—飞轮；15—举升器

图 4-18　惯性式制动试验台结构图

这种试验台亦可测取制动减速度（或制动力）的大小。测减速度是利用滚筒两边的测速发电机作传感器，通过电子线路在加速表中分别示出两轮的减速度大小和制动时间的先后。

为了保证左右车轮在制动前转速相等，在左右滚筒之间用电磁离合器连接在制动信号开始发出时分离，保证左右车轮在制动前转速相等。

前后滚筒之间装有举升器，便于汽车进行试验时，进出方便。

惯性式制动试验台，由于采用高速模拟试验，比较接近道路行驶条件，因而试验方

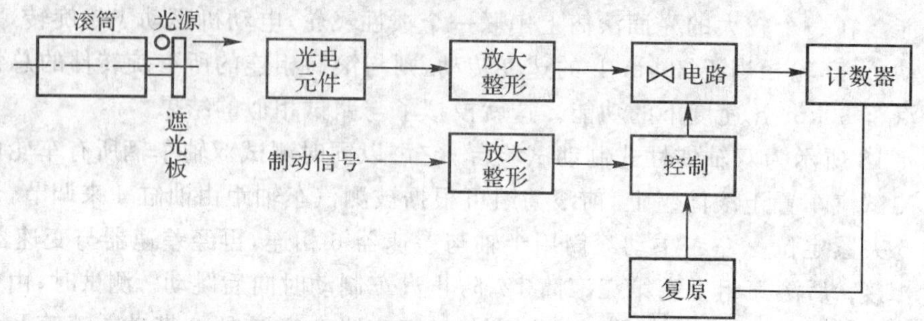

图 4-19　制动距离测量原理方框图

法更为先进些，并可发展成进行加速、滑行、测功等试验的多功能台架。但是，由于试验台旋转部分要具有被检车辆各轴的转动惯量，因此有设备复杂、电机功率大等缺点。

4.5　汽车车速表指示误差检测

汽车行驶速度与行车安全有着直接关系。汽车行驶速度高，可以缩短运输时间，提高运输生产率。但是，车速过高往往使车辆失去操纵稳定性，使行车制动距离大大增加。因此，行车速度对交通安全有很大影响。为了行车安全，特别是在限速路段和限速车道上行驶时，驾驶员必须按照车速表的指示值，根据车辆、行人和道路状况，准确地控制车速。为此，车速表一定要准确可靠。如果车速表指示误差太大，驾驶员就难以正确控制车速，且极易因判断失误而造成交通事故。为确保车速表的指示精度，必须适时对车速表进行检测、校正。

由于车速表与行车安全有着密切关系，因此是安全检测和综合检测中的重要检测项目之一。车速表的检测方法有道路试验法和室内台架试验法两种。本节着重介绍室内台架试验法。

4.5.1　车速表误差的形成与测量原理

1. 车速表误差的形成

车速表有磁感应式和电子式等类型，往往与里程表组合在一起。磁感应式车速表是以蜗轮蜗杆和软轴的传动作为传感器，利用磁电互感作用并通过指针的摆动来指示汽车行驶速度。由于机件在使用过程中发生自然磨损、磁性元件的磁性发生变化和轮胎滚动半径发生变化等原因，都会造成车速表指示误差增大。不管是磁感应式车速表还是电子式车速表，在本身技术状况正常的情况下，轮胎滚动半径的变化是造成车速表误差的主要原因。轮胎滚动半径的变化主要是由轮胎磨损、气压不足或气压过高等原因造成的。

汽车行驶速度用下式计算

$$v=0.377rn/i_g i_0$$

式中：v——汽车行驶速度(km/h)；

r——车轮滚动半径(m)；

n——发动机转速(r/min)；

i_g——变速器传动比；

i_0——主减速器传动比。

由上式可以看出，汽车实际行驶速度与车轮滚动半径成正比关系。因此，即使车速表的技术状况正常，车速表的指示值也会因车轮滚动半径的变化，与实际车速形成误差。

2. 车速表误差的测量原理

为了在室内测得车速表的指示误差，需采用滚筒式车速表试验台对车速表进行检测。用滚筒式车速表试验台(以下简称为车速表试验台)检测车速表的指示误差，是把与车速表有传动关系的车轮置于试验台滚筒上旋转，以滚筒的表面作为连续移动的路面，模拟汽车在路试中的行驶状态，进行车速表误差测量。车速表误差的测量原理如图 4-20 所示。测量时，将汽车上与车速表有传动关系的车轮(视车速表形式而定，多数情况下是驱动车轮)置于车速表试验台的滚筒上，由车轮驱动滚筒旋转或由滚筒驱动车轮旋转。车速表试验台滚筒的端部装有速度传感器，能发出与车速变化成正比的电信号。

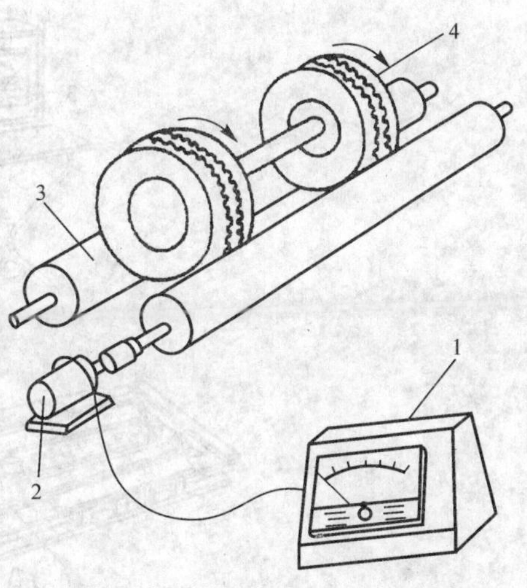

1—实际车速的指示仪表；2—速度传感器；
3—车速表试验台滚筒；4—驱动车轮

图 4-20　车速表误差的测量原理图

滚筒表面的线速度、滚筒的圆周长度和滚筒转速之间的关系，可用下式表示：

$$v=Ln\times 60\times 10^{-6}$$

式中：v——滚筒表面的线速度(km/h)；

L——滚筒的圆周长度(mm)；

n——滚筒的转速(r/min)。

由于滚筒表面的线速度就是车轮的线速度，因此上述计算值即为汽车的实际车速值，由车速表试验台上的速度指示仪表显示，也称为试验台指示值。

车轮带动滚筒或滚筒带动车轮转动的同时，汽车驾驶室内的车速表也在显示车速值，称为车速表指示值。将车速表指示值与实际车速值(试验台指示值)相比较，即可获得车速表的指示误差。

4.5.2　车速表实验台的结构和工作原理

常见的车速表试验台有三种类型:无驱动装置的标准型,它依靠被测车轮带动滚筒旋转;有驱动装置的驱动型,它由电动机驱动滚筒旋转;与制动试验台、底盘测功试验台等组合在一起的综合型。

1.标准型车速表试验台

标准型车速表试验台由速度测量装置、速度指示装置和速度报警装置等组成,如图4-21所示。

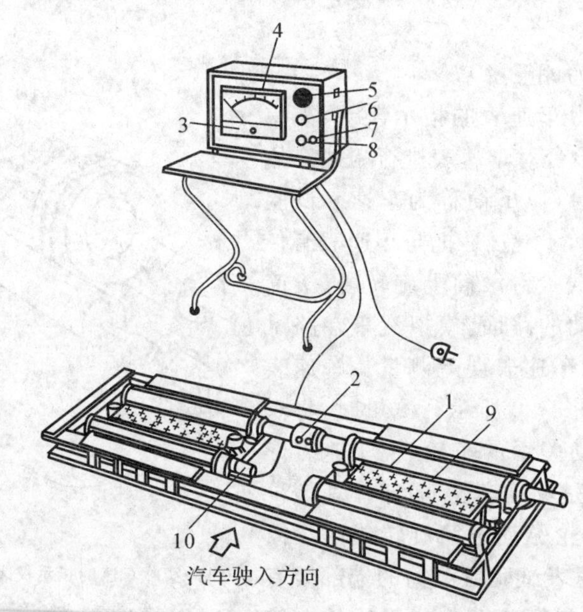

1—滚筒;2—联轴器;3—零点校正螺钉;4—速度指示仪表;5—蜂鸣器;
6—报警灯;7—电源灯;8—电源开关;9—举升器;10—速度传感器(测速发电机式)

图 4-21　标准型车速表试验台

(1)速度测量装置

该装置主要由框架、滚筒装置、举升器和速度传感器等组成。滚筒为4个,直径一般为185mm或更大,通过滚动轴承安装在框架上。试验时,为防止汽车驱动轴差速器行星齿轮自转,车速表试验台的两个前滚筒用联轴器连接在一起。为使汽车进、出车速表试验台方便,在前后滚筒之间设有举升器。举升器与滚筒装置联动。当举升器升起使车轮进、出试验台时,滚筒因自身制动装置的制动作用而不会转动。速度传感器有测速发电机式、差动变压器式、磁电式和光电式等多种形式。它安装在滚筒的一端,将对应于滚筒转速发出的电信号送至速度指示装置。

(2)速度指示装置

该装置按照速度传感器发出的电信号进行工作，能把以滚筒圆周长度与滚筒转速算出的线速度，以 km/h 为单位在仪表上指示。

(3)速度报警装置

该装置是在测量中为提示汽车实际车速已达到检测车速(40km/h，下同)而设置的。在车速表试验台的速度指示装置上，一般都设有报警灯或蜂鸣器作为报警装置。试验中，当汽车实际速度达到检测车速时，报警灯亮或蜂鸣器响，提示检测员立即读取驾驶内车速表的指示值，以便与实际车速对照，判断车速表指示值是否在合格范围之内。

2. 驱动型车速表试验台

多数汽车的车速表转速信号取自变速器或分动器的输出端，即取自汽车的驱动系统。但是，也有一些汽车的车速表转速信号取自汽车从动系统的车轮。驱动型车速表试验台就是为适应后一种汽车而设置的，如图 4-22 所示。需要指出的是，该种车速表试验台在滚筒与电动机之间装有离合器。当离合器处于分离状态时，驱动型车速表试验台也可以作为标准型车速表试验台使用。

车速表试验台的主要参数如表 4-8 所示。

表 4-8　车速表试验台主要参数

类型 / 项目	SB-10B 型	SB-3B 型
允许最大轴载质量/t	10	3
最高试验车速/(km/h)	120	120
滚筒尺寸(直径×长度)/mm	185×1000	185 ×850
滚筒轴间距/mm	457	420
举升器形式	气囊式	气囊式
举升器工作行程/mm	110	90
举升器空气压力/MPa	0.6～1.0	0.6～0.8
外形尺寸(长×宽×高)/mm	3260×840×635	2920× 750 ×590
净质量/kg	800	800

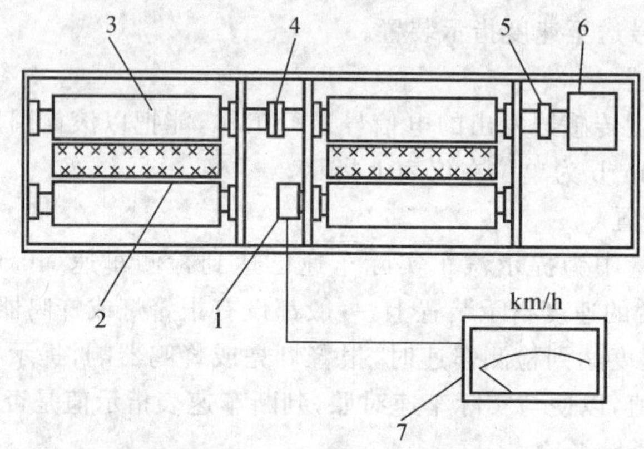

1—测速发电机；2—举升器；3—滚筒；4—联轴器；
5—离合器；6—电动机；7—速度指示仪表

图 4-22 驱动型车速表试验台

4.5.3 车速表的检测方法及标准

测量车速表指示误差之前，应认真阅读车速表试验台的使用说明书，按规定的方法正确使用。车速表试验台通用的使用方法如下：

1. 车速表试验台的准备

(1)在车速表试验台滚筒处于静止的状态下，检查指示仪表的指针是否在机械零点位置上。若指针不在零点上，可用零点调整螺钉调整。若指示仪表为数码管式，数码管应亮度正常，且均处于零位。

(2)检查车速表试验台滚筒上是否沾有油、水、泥、砂等杂物。若有，应清除干净。

(3)检查车速表试验台举升器的升、降动作是否自如。若动作阻滞或有泄漏部位，应予修理。

(4)检查车速表试验台导线的连接情况。若有接触不良或断路，应予修理或更换。

对于经常使用的车速表试验台，不一定每次使用前都要全面进行上述检查。

2. 被检车辆的准备

(1)按汽车制造厂的规定调整好轮胎气压。

(2)轮胎上沾有油、水、泥或花纹内嵌有小石子时，应清除干净。

3. 检测方法

(1)接通车速表试验台电源。

(2)升起滚筒间的举升器。

(3)将汽车开上车速表试验台，使其与车速表有传动关系的车轮停于两滚筒之间。

(4)降下举升器，至轮胎与举升器托板脱离为止。

(5)对于标准型车速表试验台,应:

①汽车挂入最高挡,松开驻车制动器,踩下加速踏板使驱动车轮带动滚筒平稳地加速运转。

②当驾驶室内车速表指示值达到检测车速时,读取试验台指示值(实际车速);或当试验台指示值达到检测车速时,读取驾驶室内车速表的指示值。

(6)对于驱动型车速表试验台,应:

①接合车速表试验台离合器,使滚筒与电动机连接在一起。

②将汽车变速器挂入空挡,松开驻车制动器,启动电动机,通过滚筒带动车轮旋转。

③当车速表指示值达到检测车速时,读取试验台指示值;或当试验台指示值达到检测车速时,读取车速表指示值。

(7)读取数据后,轻轻踩下汽车制动踏板,使滚筒和车轮停止转动。对于驱动型车速表试验台,必须先关断电动机电源,再踩制动踏板。

(8)升起举升器,汽车开出试验台。

(9)关断试验台电源,测量工作结束。

4. 诊断参数标准

车速表允许误差范围为＋20%～－5%。即当实际车速为 40km/h 时,车速表指示值在 38～48km/h 范围内为合格;或当车速表指示值为 40km/h 时,实际车速在 33.3～42.1km/h 范围内为合格。

4.6　汽车前照明灯的检测

4.6.1　汽车前照灯检测的目的

汽车前照灯是保证汽车夜间或能见度较低的情况下安全行驶及提高行车速度必不可少的汽车装置。前照灯在使用过程中,灯泡会逐渐老化,发光效率下降,反射镜污暗、聚光性能变差。机动车在行驶中受到振动,也可能引起前照灯安装位置错动,从而改变光束的正确照射方向。机动车前照灯的发光强度不足或照射方向偏斜,在夜间行驶时驾驶员就不易辨清前方的障碍物或给对方来车的驾驶员造成炫目。这些都容易导致夜间行车事故的发生。因此,为了保证夜间行车安全,前照灯的发光强度和光束照射位置被列为安全检测中的必检项目之一。除此之外,在进行汽车外观检测时,对前照灯还要注意其配光镜安装的正确性,这能使光线透过时达到所要求的配光性能。

4.6.2　汽车前照灯检测的标准

前照灯特性有发光强度、光束照射方向和配光特性。

前照灯的技术状况，可用屏幕和前照灯检测仪进行检测。其必检项目是发光强度、光束照射方向。对于前照灯的检测标准，在 GB 7258—1997 中做了明确的规定，其具体内容如下。

1. *光束照射位置要求*

(1)前照灯近光光束照射位置。前照灯在距屏幕 10m 处，光束明暗截止线转角或中点的高度应为 $0.6H \sim 0.8H$(H 为前照灯基准中心高度，下同)，其水平方向位置向左向右偏均不得超过 100mm。

(2)四灯制前照灯远光单光束灯的调整。要求在屏幕上光束中心离地高度为$0.85H \sim 0.90H$，水平位置要求左灯向左偏不得大于 100mm，向右偏不得大于 170mm；右灯向左偏或向右偏均不得大于 170mm。

(3)机动车装用远光和近光双光束灯的，以调整近光光束为主。对于只能调整远光单光束的灯，调整远光单光束。

2. *发光强度*

机动车每只前照灯的远光光束发光强度应达到表 4-9 的要求。采用四灯制的机动车，其中两只对称的灯达到两灯制的要求时，视为合格。测试时，其电源系统应处于充电状态。

表 4-9 前照灯远光光束发光强度要求

检查项目 / 车辆类型	新注册车		在用车	
	两灯制	四灯制	两灯制	四灯制
汽车、无轨电车	15000	12000	12000	10000

4.6.3 汽车前照灯检测的基本原理

1. *用屏幕检测前照灯光束照射位置*

用屏幕检测前照灯的光束照射位置时，汽车空载停置于水平场地上，轮胎气压应符合汽车制造厂的规定，允许乘 1 名驾驶员，在距汽车前照灯 10m 处设置一专用屏幕，如图 4-23 所示并使其垂直于地面，屏幕上面有三条垂直线和三条水平线。三条垂直线的中间垂直线 $V\text{-}V$ 与检测车辆的纵向中心线对齐，两边的垂直线 $V_{左}\text{-}V_{左}$ 和 $V_{右}\text{-}V_{右}$ 分别为被检车辆左右前照灯的中心线，三条水平线中的 $h\text{-}h$ 线与被检车辆前照灯的中心等高，距地高度为 H(mm)，中间水平线与被检车辆前照灯的远光束中心等高，距地高度 H_1 为$(0.85 \sim 0.9)H$，下水平线与被检车辆前照灯近光光束的中心等高，距地高度 H_2 为$(0.6 \sim 0.8)H$，其 H 值视被检车车型而定。

检测时，先遮住一侧的前照灯，然后打开前照灯的近光。此时，未遮盖的前照灯的近光明暗截止线转角或光束中心应落在图中 H_2 线与 $V_{左}\text{-}V_{左}$ 或 $V_{右}\text{-}V_{右}$ 线的交点位置上，否则说明光束照射位置存在偏斜，其偏斜方向和偏斜量可在屏幕上直接测得。用同

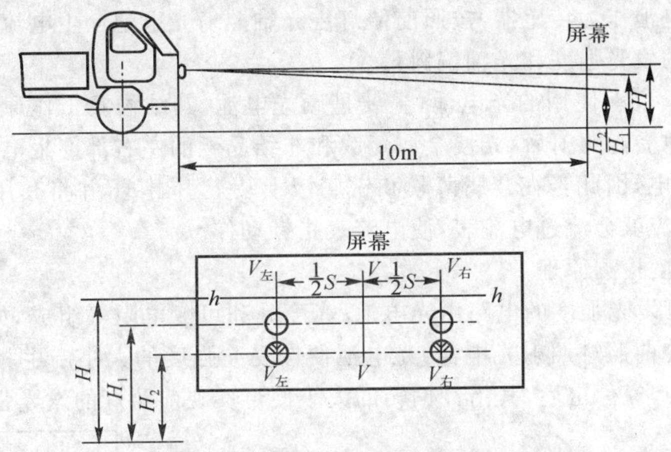

图4-23 用屏幕检测前照灯的光束位置

样的方法，检测另一只前照灯近光光束的照射位置。对于双光束前照灯，根据规定要以检测其近光光束的照射位置为主。制造质量合格的灯泡，近光调整合格后，远光光束照射位置一般也能合格，若近光光束调整合格后，其远光光束照射位置不合格，则应更换灯泡。对于远光单光束前照灯，则要检测其远光光束的照射位置，检测方法同前。其光束中心应落在$V_{左}$-$V_{左}$或$V_{右}$-$V_{右}$线的交点重合处。

因为我国规定“车辆夜间行驶交会时使用近光灯”，所以近光光束照射位置正确与否，直接关系到车辆夜间的行车安全。因此，在检测双光束前照灯时，应以检测近光光束为主。

用屏幕法检测前照灯，其方法简单易行，有一定的实用价值，但只能检测前照灯光束的照射偏斜方向和偏斜量，不能检测其发光强度；同时，为适应不同车型需经常更换屏幕，其检测效率低、占用场地较大。因此屏幕检测法不适应汽车检测线。

2. 用检测仪检测前照灯的发光强度与光轴偏斜量

汽车前照灯检测仪是按一定测量距离放在被检车辆的对面，用来检测前照灯发光强度与光轴偏斜量的专用设备。

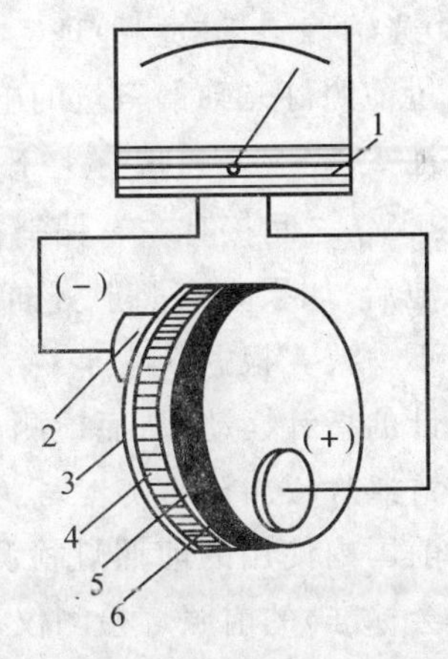

1—电流表；2—引线；3—金属薄膜；4—非结晶硒；5—结晶硒；6—铁底板

图4-24 硒光电池结构及工作原理

4.6.4 汽车前照灯检测仪

1. 前照灯检测仪的检测原理

各种类型前照灯检验仪的测量原理基本相同，都是采用能把所吸收的光能转变为电流的硅光电池或硒光电池作为传感器，按照前照灯主光轴照射光电池产生电流的大小和比例，来测量前照灯的发光强度和光轴偏斜量。

前照灯检验仪上使用的光电池，主要是硒光电池，其结构及工作原理如图 4-24 所示。当硒光电池受光照射后，光使金属薄膜和非结晶硒的左右部产生电动势，其左部带负电，右部带正电，因此若在金属薄膜和铁底板上装上引出线，并将其用导线与电流表连接起来，光电流就会流过电流表，使电流表指针动作。

(1)发光强度检测原理

测量前照灯发光强度的电路由光电池、光度计和可变电阻等组成，如图 4-25 所示。按规定的距离使前照灯照射光电池，光电池便按受光强度的大小产生相应的光电流使光度计指针偏转，经标定后，其指针偏转的大小便可反映前照灯的发光强度。

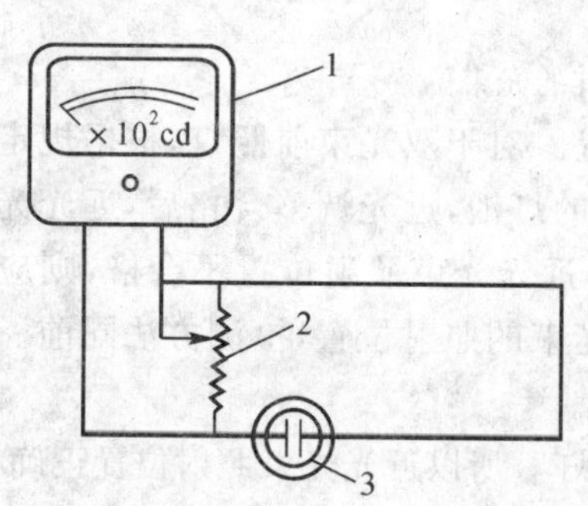

1—光度计；2—可变电阻电池

图 4-25　发光检测原理图

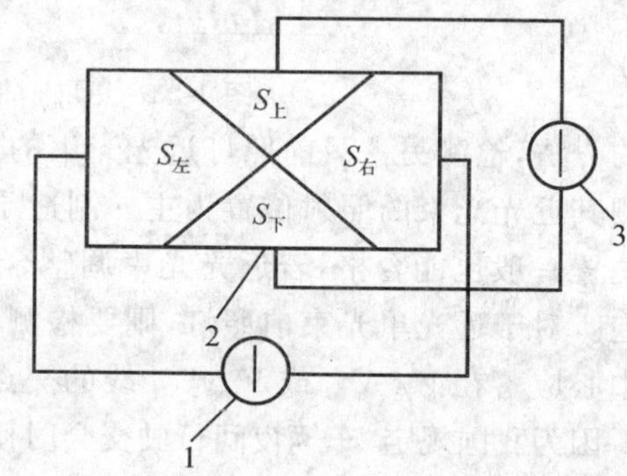

1—左右偏斜指示计；2—光电池；3—上下偏斜指示计

图 4-26　光轴偏斜量检测原理图

(2)光轴偏斜量检测原理

测量前照灯光轴偏斜量的电路，如图 4-26 所示，由四块硒光电池组成，其中上下一对光电池 $S_{上}$，$S_{下}$ 之间接有上下偏斜指示计，用于测量光轴的上下偏斜量；左右一对光电池 $S_{左}$，$S_{右}$ 之间接有左右偏斜指示计，用于测量光轴的左右偏斜量。当前照灯光束照射光电池后，如果光束照射方向偏斜，则四块光电池的受光面不一致，因而产生的电流大小也不一致。根据 $S_{上}$ 与 $S_{下}$，$S_{左}$ 与 $S_{右}$ 的电流差值分别使上下偏斜指示计及左右偏斜指示计的指针摆动，从而检测出光轴的偏斜方向和偏斜量。

2. 前照灯检测仪的类型与构造

目前国内使用的前照灯检测仪有两种类型，一种是采用 ECE 标准（联合国欧洲经济委员会标准）的前照灯检测仪，它可用于检测对称光或非对称光前照灯。这种检测仪的屏幕采用特殊材料制作，易于识别被检前照灯光束投影的明暗截止线。另一种是采用 SAE 标准（美国采用的标准）的前照灯检测仪，它只可用来检测前照灯的发光强度与前照灯的光束偏斜量。

对称光前照灯检测仪，根据其测量距离和测量方法，可分为聚光式、屏幕式、投影式和自动跟踪光轴式等几类。这些不同类型的前照灯检测仪都是由接受前照灯照射光束的受光器、使受光器与汽车前照灯对正的校准装置、前照灯发光强度指示装置、前照灯光轴偏斜方向和偏斜量指示装置以及支柱、底座、导线、车辆摆正找准器等组成。

(1) 聚光式前照灯检测仪

该检测仪如图 4-27 所示。它是用受光器的聚光透镜把前照灯的散射光束聚合起来，根据其对光电池的照射强度，来检测前照灯的发光强度和光轴偏斜量的。其检测距离一般为 1m。

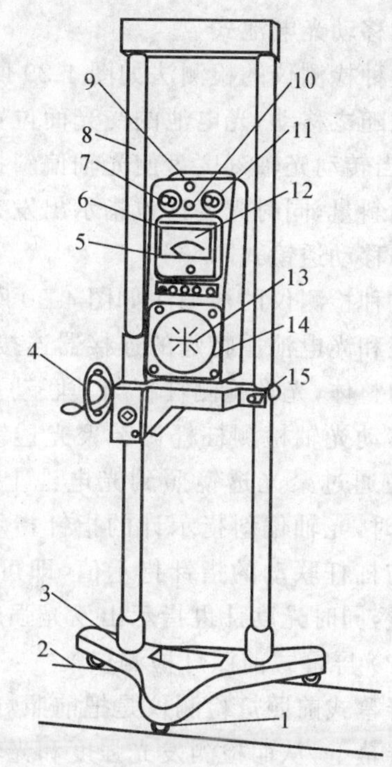

1—车轮；2—导轨；3—底座；4—升降手轮；5—光度计；6—左右偏斜指示针；7—光轴刻度盘(左右)；8—支柱；9—汽车摆正找准器；10—光度、光轴变换开关；11—光轴刻度盘(上下)；12—上下偏斜指示计；13—前照灯照准器；14—聚光透镜；15—角度调整螺钉

图 4-27　聚光式前照灯检测仪

根据检测方法的不同，聚光式前照灯检测仪又分为下列几种形式。

1)移动反射镜式

这种检测仪的检测法如图 4-28 所示，检测时，前照灯的散射光束经聚光透镜聚合和反射镜反射后，照射到光电池上。转动光轴刻度盘，可使反射镜安装角度发生变化。当转动光轴刻度盘调整反射镜使光轴偏斜指示计的指针指向零位时，可从光轴刻度盘读出光轴的偏斜量，同时光度计也指示出发光强度。

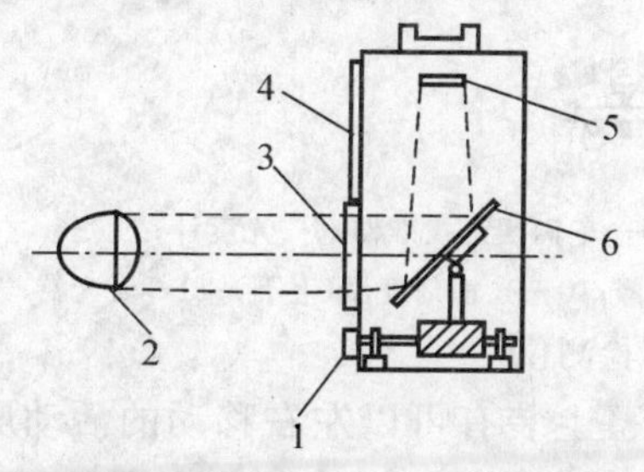

1—光轴刻度盘；2—前照灯；3—聚光透镜(左右)；4—光轴偏斜指示计；5—光电池；6—反光镜

图 4-28　移动反射镜检测法

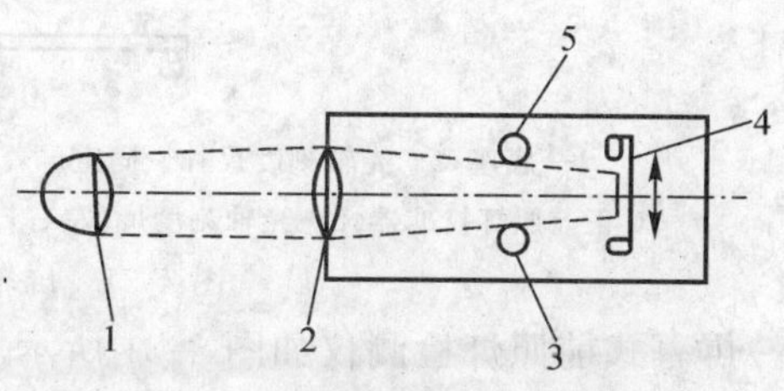

1—前照灯；2—聚光透镜；3—光轴刻度盘；4—光电池；5—光轴刻度盘(上下)

图 4-29　移动光电池检测法

2)移动光电池式

这种检测仪的检测法如图 4-29 所示。检测时,如果转动上下和左右光轴刻度盘,则光电池随之移动,光电池的受光面位置将随之变化,从而使光轴偏斜指示计的指针产生移动。当转动光轴刻度盘使光轴偏斜指示计的指针指向零位时,可从光轴刻度盘读出光轴的偏斜量,同时光度计也指示出发光强度。

3)移动透镜式

这种检测仪的检测法如图 4-30 所示。其聚光透镜和光电池用特殊的连接器连接成一个可活动的整体,光轴检测杠杆与其联动。检测时,通过移动光轴检测杠杆调节聚光透镜的方位,从而使通过聚光透镜照到光电池上的光线最强,此时,光轴偏斜指示计的指针指示值为零,根据与杠杆联动的指针指示值,即可得出光轴偏斜量,同时光度计也指示出发光强度。

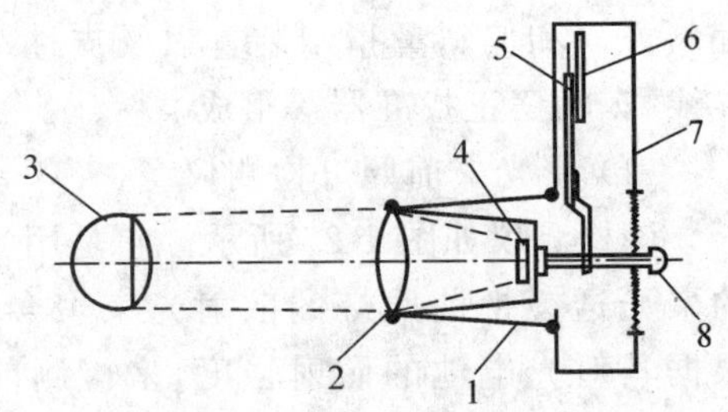

1—连接器; 2—聚光透镜; 3—前照灯; 4—光电池; 5—指针; 6—光轴刻度盘; 7—外壳; 8—光轴检测杠杆

图 4-30 移动透镜检测法

(2) 屏幕式前照灯检测仪

屏幕式前照灯检测仪是把前照灯的光束照射到屏幕上,从而检测发光强度和光轴偏斜量。其检测距离一般为 3m。

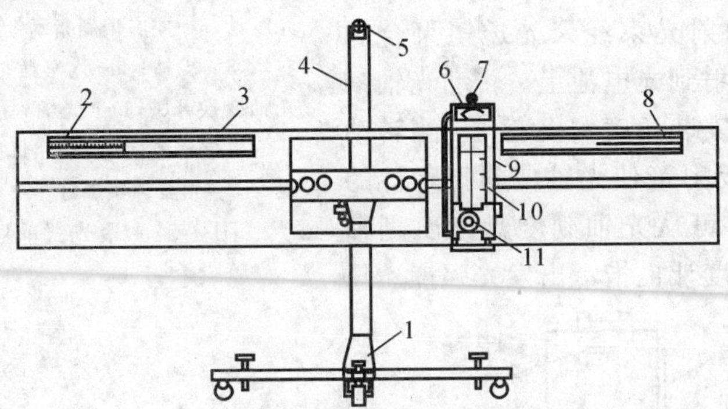

1—底座;2—光轴刻度尺;3—固定屏幕;4—支柱;5—车辆摆正找准器;6—光度计;7—对正前照灯找准器;8—光轴刻度尺(左右);9—活动屏幕;10—光轴刻度尺(上下);11—受光器

图 4-31 屏幕式前照灯检测仪

屏幕式前照灯检测仪如图 4-31 所示。固定屏幕上装有可以左右移动的活动屏幕,活动屏幕上装有能上下移动的内部带光电池的受光器。检测时,通过找准器摆正车辆、前照灯与检测仪的相对位置,移动受光器和活动屏幕,根据光度计指示值为最大时的位置找到主光轴的方向,然后由固定屏幕和活动屏幕上的光轴刻度尺读出光轴偏斜量,同时可从光度计读出发光强度。

(3) 投影式前照灯检测仪

投影式前照灯检测仪是将前照灯光束的影像映射到投影屏上,从而检测出发光强度和光轴偏斜量。其检测距离一般为 3m。投影式前照灯检测仪如图 4-32 所示,在聚光透镜的上下和左右方向装有四个光电池。检测时,前照灯光束的影像通过聚光透镜、光度计的光电池和反射镜后,映射到投影屏上(见图 4-33)通过上下与左右移动受光器使光轴偏斜指示计的指示值为零,即上下与左右光电池的受光量相等,从而找到被测前照灯主光轴的方向,然后根据投影屏上前照灯光束影像的位置,即可得出主光轴的偏斜量,同时可从光度计得到发光强度。

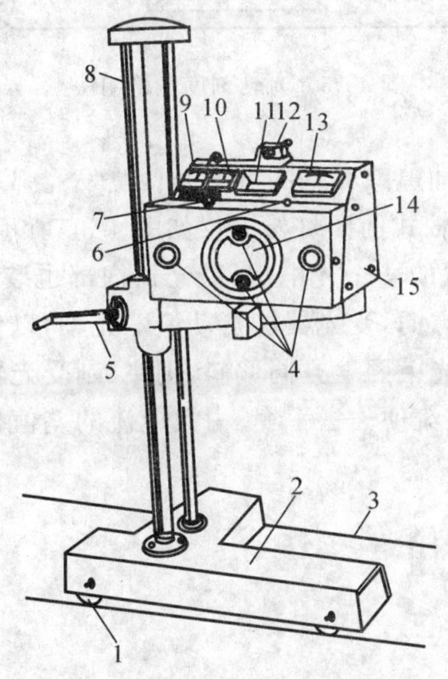

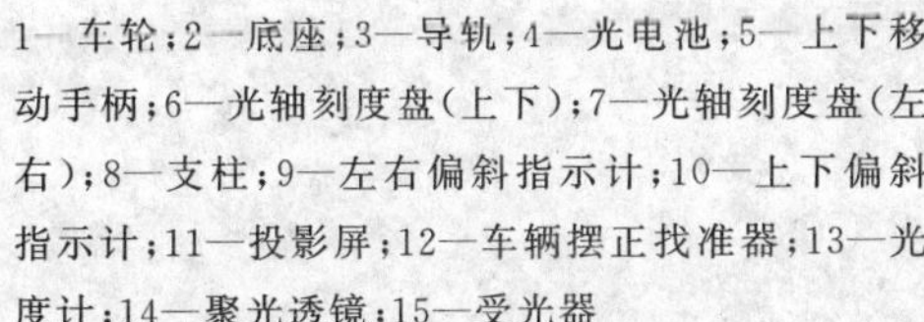
1—车轮;2—底座;3—导轨;4—光电池;5—上下移动手柄;6—光轴刻度盘(上下);7—光轴刻度盘(左右);8—支柱;9—左右偏斜指示计;10—上下偏斜指示计;11—投影屏;12—车辆摆正找准器;13—光度计;14—聚光透镜;15—受光器

图 4-32　投影式前照灯检测仪

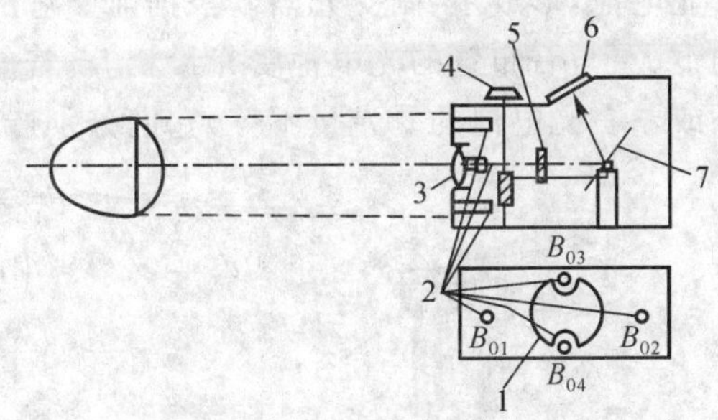

1、3—聚光透镜;2—光电池
4—光轴刻度盘;5—光度计光电池
6—投影屏;7—反射镜

图 4-33　光束影像的映射原理

根据检测仪结构的不同,光轴偏斜量的检测方法有两种:

1)投影屏刻度检测法(如图 4-34 所示)。在投影屏上刻有表示光轴偏斜量的刻度线,检测时可根据前照灯影像中心在投影屏上所处的位置,直接测出光轴偏斜量;

2)光轴刻度盘检测法(如图 4-35 所示)。通过转动其光轴刻度盘,使前照灯影像中心与投影屏坐标原点重合,然后由光轴刻度盘上的刻度读出光轴偏斜量。

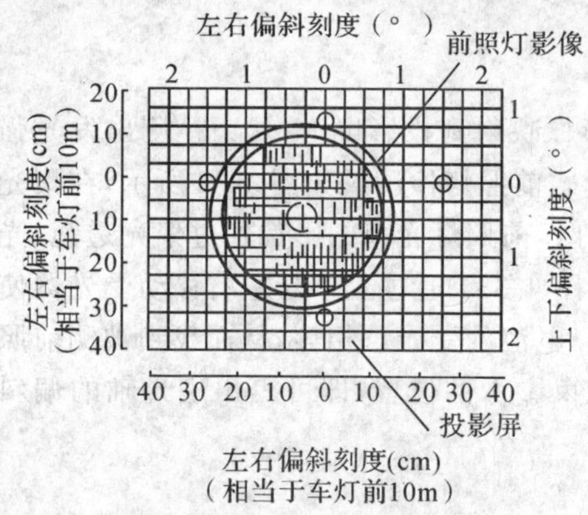

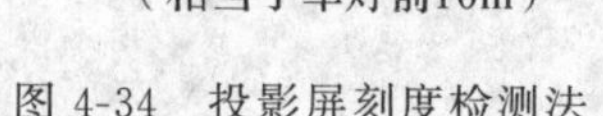

图 4-34 投影屏刻度检测法

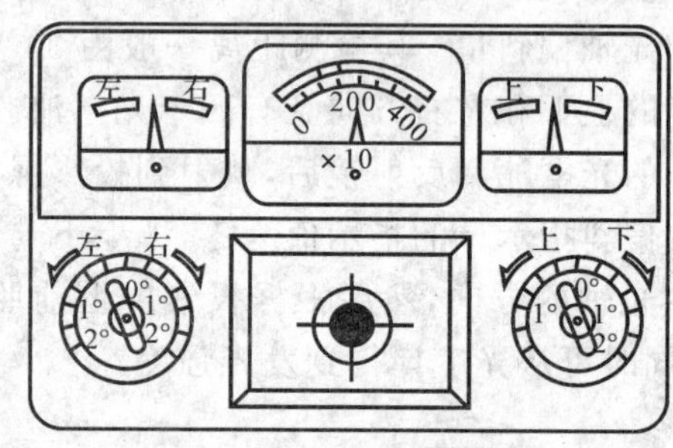

图 4-35 光轴刻度盘检测法

(4) 自动追踪光轴式前照灯检测仪

自动追踪光轴式前照灯检测仪是用受光器自动追踪光轴的方法来检测发光强度和光轴偏斜量。其检测距离一般为 3m。自动追踪光轴式前照灯检测仪如图 4-36 所示,在受光器的面板上装有聚光透镜和上、下、左、右布置的 4 个光电池,受光器内部也装有 4 个光电池,形成主、副受光器。根据前照灯的照射方向,受光器能自动追踪光轴,以使上与下、左与右布置的光电池受光量相等。若前照灯光束照射方向偏斜,则主、副受光器上下或左右光电池的受光量不等,它们分别产生的电流便失去平衡,由其电流的差值控制

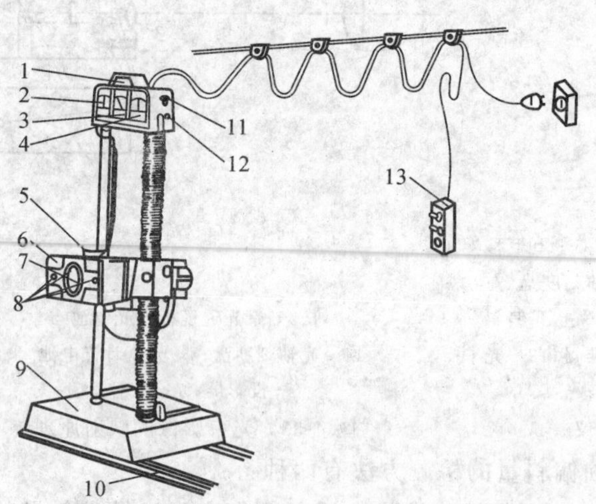

1—在用显示器;2—左右偏斜指示器;3—光度计;4—上下偏斜指示器;
5—车辆找准装置;6—受光器;7—聚光透镜;8—光电池;9—控制箱;
10—导轨;11—电源开关;12—熔丝;13—控制盒

图 4-36 自动追踪光轴式前照灯检测仪

的驱动检测仪台架和受光器位移的电动机相应运转，从而使受光器自动追踪光轴，直至受光器上下、左右光电池受光量相等为止。检测时，光轴偏斜量由上下和左右偏斜指示计指示，发光强度由光度计指示。

自动追踪光轴式前照灯检测仪由于具有自动检测、自动判别和检测效率高等特点，因而这种检测仪在我国汽车检测线上得到了广泛的应用。

4.7 汽车排放污染物的检测

汽车给人们的出行和运输来了很大的便利，同时也带来了严峻的环境问题，其产生的废气和噪声是一致公认的城市两大公害，汽车排放对大气的污染和汽车噪声对环境的危害，恶化了人类的生存环境，影响了人们的身体健康，已发展成为严重的社会问题。特别是进入 21 世纪以来，汽车的保有量呈飞速增长趋势。因此，监督并检测汽车排放污染物和汽车噪声，已成为汽车检测项目中极为重要的部分。

4.7.1 汽车排放污染物的主要成分及其危害

汽车发动机工作时排出的废气，含有大量的有害成分，主要有一氧化碳(CO)、碳氢化合物(HC)、氮氧化物(NO_X)、微粒、硫化物等。其中铅化合物由于现在国家取消了含铅汽油的使用，使得铅化合物对大气污染已不存在，其他的这些污染物由汽车的排气管、曲轴箱和燃油系统排出，分别称为排气污染物(又称尾气)、曲轴箱污染物和燃油蒸发污染物。随着汽车工业的迅速发展，汽车保有量的急剧增加，汽车排放污染物对大气的污染已经构成公害。它对部分人群，尤其是对大城市的人群造成了严重的健康威胁。同时它还损害生态环境，污染河流湖泊，危及野生动植物的生存。

1. 一氧化碳

汽车排放中的 CO 是燃料不完全燃烧的产物。当发动机混合气过浓或燃烧质量不佳时，易生成 CO。CO 是一种无色无味的有毒气体，它进入人体后极易与血液中的血红蛋白结合。CO 与血红蛋白的亲和力是氧的 300 倍。因此，CO 可使血液携带氧的能力降低而引起缺氧。CO 被人体大量吸入后会使人感觉恶心、头晕及疲劳，严重时会使人窒息死亡。

2. 碳氢化合物

汽车废气中的 HC 是多种碳氢化合物的总称，是发动机未燃尽的燃料分解或供油系中燃料的蒸发所产生的气体。汽车排放污染物中，HC 的 20%～25%来自曲轴箱窜气，20%来自化油器和燃油箱中的蒸发，其余则由发动机排气管排出。单独的 HC 只有在浓度相当高的情况下才会对人体产生影响，一般情况下作用不大。但 HC 能引起光化学反应生成光化学氧化剂，且生成甲醛，形成烟雾，对人的眼、鼻和咽喉黏膜有较强的刺激作用，严重时可致癌。

3. 氮氧化合物

排放中的氮氧化合物主要指 NO_2 和 NO，通常可概括表示为 NO_x。NO_x 主要是在高温燃烧过程中由空气中的氧和氮化合而成，燃料中含氮化合物也会部分形成氮氧化合物排放。汽车尾气中直接排出的氮氧化合物基本上是 NO，汽油机排出的氮氧化合物中，NO 占 99%，而柴油机排出的氮氧化合物中 NO_2 比例稍大。NO 从发动机刚排出时，其毒性较小，但排出之后 NO 在大气中被氧化为剧毒的 NO_2，这一过程一般需要几个小时，若空气中有强氧化剂如臭氧，则氧化过程变得很迅速。NO_2 是一种刺激性很强的污染物，它能刺激眼、鼻黏膜，麻痹嗅觉，甚至引起肺气肿。

4. 硫化物

发动机排出的硫化物主要为二氧化硫（SO_2）。它由所用燃料中含有的硫与空气中的氧反应而生成。SO_2 有强烈的气味，它本身可刺激咽喉与眼睛，严重时，可使人中毒，引起呼吸道疾病。SO_2 还是形成酸雨的主要成分，它能严重污染河流、湖泊等水系，使土壤和水源酸化，殃及野生动植物的生存安全，破坏自然界的生态平衡。

5. 微粒

汽油机排出的主要微粒是铅化物、硫酸盐、低分子物质；柴油机排出的主要微粒为碳化物质（炭烟）和高分子量的有机物（润滑油的氧化和裂解产物），其微粒的直径大约在 0.1～10μm 范围内。柴油机产生的微粒量比汽油机多 30～60 倍，炭烟是柴油燃烧不完全的产物，它是由直径较小的多孔性炭粒构成。微粒中对人体和大气环境危害最大的是 2.5μm 左右的微粒，它悬浮于离地面 1～2m 高的空气中，容易被人体吸入。而这些微粒，往往吸附有许多有机污染物、重金属元素和一些致癌物质，因而当其沉积到人体肺部时，会严重危害人体的健康。

4.7.2 汽车排放污染物的限值标准及测试方法

汽车尾气排放检测分汽油机尾气检测和柴油机尾气检测。在相同的工况下，汽油机的 CO、HC 和 NO_x 排放量比柴油机大。因此，国家标准主要限制汽油机的 CO，HC 和 NO_x 排放量。柴油机对大气的污染较汽油机轻很多，柴油机燃烧时混合气形成时间非常短，在空气不足或混合气不均匀的情况下，主要是产生碳烟污染。因此，国家标准主要限制柴油机排气的烟度。

为了控制汽车排放污染物对生态环境的危害，世界上许多国家对车辆的排放制定了严格的法规。在这些法规中，对汽车的排放污染物，有统一、合理的表示方法及检测标准。

1. 排放污染物的表示方法

污染物的排放量根据不同的场合，常用浓度排放量、质量排放量和比排放量等方法来表示。

(1) 浓度排放量

浓度排放量常用体积分数和质量浓度表示。体积分数是指排气体积中污染物所占的体积比，根据实际中污染物浓度的不同，可分别用%，$\times 10^{-6}$或$\times 10^{-9}$来表示。例如：对排气中浓度较高的 CO 和 CO_2 一般用%来表示；对浓度较低的 HC 和 NO_x 用$\times 10^{-6}$表示；而对浓度更低的成分可用$\times 10^{-9}$表示。质量浓度是指单位排气体积中污染物的质量，常用 mg/m^3 单位计量。

(2) 质量排放量

质量排放量是指实际检测时每小时或每测试循环发动机排放的污染物质量，常用(g/h)或(g/测试)来表示。在实际环境治理工作中，若对排放污染物进行总量监测，或在车辆排放检测中按规定的工况循环测量排放量，可用质量排放量表示。

(3) 比排放量

比排放量是指检测时汽车单位行驶里程所排放的污染物质量或发动机单位功所排放的污染物质量，常用比排放量量纲为 g/km 或 g/(kW·h)。在整车试验时，用单位测试循环的质量排放量(g/测试)除以每测试循环的运转公里数可得到每公里的排放量(g/km)，这是排放法规中最常用的计量单位。当进行发动机排放特性试验时，可以用单位功所排放的污染物质量作为评价指标，但一般测试仪器测出的是浓度排放量，此时可用浓度排放量、排气流量、排气密度及发动机有效功率进行计算得出单位功所排放的污染物质量。

2. 排放污染物的检测标准

为了控制汽车排放污染物对生态环境的危害，世界各国政府相继制定了汽车排放污染物的排放标准。目前我国已经颁布并仍在执行的排放标准有以下几种：

GB 14761.1—1993 轻型汽车排气污染物排放标准；

GB 14761.3—1993 汽油车燃油蒸发污染物排放标准；

GB 14761.4—1993 汽车曲轴箱污染物排放标准；

GB/T 11642—1989 轻型汽车排气污染物测试方法；

GB/T 14763—1993 汽油车燃油蒸发污染物的测量收集法；

GB 11340—1989 汽车曲轴箱污染物测量方法及限值。

其中经车辆认证后的各种车辆的排放限制如下：

燃用优质无铅汽油的 M_1，N_1 类车辆(B 类认证)，排放限值见表 4-10。

表 4-10 B类认证排放限值

车辆类型		基准质量 R_m (kg)	限值	
			一氧化碳(CO)质量 L_1(g/km)	碳氢化合物+氮氧化合物($HC+NO_X$)总质量 L_2(g/km)
$M_1^{(1)}$		全部	2.72	0.97
$N_1^{(2)}$	Ⅰ类	$R_m \leqslant 1250$	2.72	0.97
	Ⅱ类	$1250 < R_m \leqslant 1700$	5.17	1.40
	Ⅲ类	$1700 < R_m$	6.90	1.70

注:(1) 指车辆设计乘员数(含驾驶员)不超过6人,且车辆的最大总质量不超过2500kg。

(2) 还包括设计上乘员数(含驾驶员)超过6人,或车辆的最大总质量超过2500kg但不超过3500kg的M类车辆。

燃用柴油的M,N_1类车辆(C类认证),排放限值见表4-11。

表 4-11 C类认证排放限值

车辆类型		基准质量 R_m (kg)	限值		
			一氧化碳(CO)质量 L_1(g/km)	碳氢化合物+氮氧化物($HC+NO_X$)总质量 L_2(g/km)	微粒(PT)质量 L_4(g/km)
$M_1^{(1)}$		全 部	2.72	0.97	0.14
$N_1^{(2)}$	Ⅰ类	$R_m \leqslant 1250$	2.72	0.97	0.14
	Ⅱ类	$1250 < R_m \leqslant 1700$	5.17	1.40	0.19
	Ⅲ类	$1700 < R_m$	6.90	1.70	0.25

注:(1) 指车辆设计乘员数(含驾驶员)不超过6人,且车辆的最大总质量不超过2500kg。

(2)还包括设计上乘员数(含驾驶员)超过6人,或车辆的最大总质量超过2500kg但不超过3500kg的M类车辆。

燃用优质无铅汽油M,N_1类车辆,排放限值见表4-12。

表 4-12 燃用优质无铅汽油M、N_1类车辆排放限值

车辆类型		基准质量 R_m (kg)	限值	
			一氧化碳(CO)质量 L_1(g/km)	碳氢化合物+氮氧化合物($HC+NO_X$)总质量 L_2(g/km)
$M_1^{(1)}$		全 部	3.16	1.13
$N_1^{(2)}$	Ⅰ类	$R_m \leqslant 1250$	3.16	1.13
	Ⅱ类	$1250 < R_m \leqslant 1700$	6.0	1.6
	Ⅲ类	$1700 < R_m$	6.0	1.6

注:(1) 指车辆设计乘员数(含驾驶员)不超过6人,且车辆的最大总质量不超过2500kg。

(2) 还包括设计上乘员数(含驾驶员)超过6人,或车辆的最大总质量超过2500kg但不超过3500kg的M类车辆。

燃用柴油的 M，N_1 类车辆，排放限值见表 4-13。

表 4-13　燃用柴油的 M，N_1 类车辆排放限值

<table>
<tr><th colspan="2" rowspan="2">车辆类型</th><th rowspan="2">基准质量 R_m (kg)</th><th colspan="3">限　值</th></tr>
<tr><th>一氧化碳 (CO)质量 L_1 (g/km)</th><th>碳氢化合物＋氮氧化物($HC+NO_X$) 总质量 L_2(g/km)</th><th>微粒(PT)质量 L_4(g/km)</th></tr>
<tr><td colspan="2">$M_1^{(1)}$</td><td>全部</td><td>3.16</td><td>1.13</td><td>0.18</td></tr>
<tr><td rowspan="3">$N_1^{(2)}$</td><td>Ⅰ类</td><td>$R_m \leqslant 1250$</td><td>3.16</td><td>1.13</td><td>0.18</td></tr>
<tr><td>Ⅱ类</td><td>$1250 < R_m \leqslant 1700$</td><td>6.0</td><td>1.60</td><td>0.22</td></tr>
<tr><td>Ⅲ类</td><td>$1700 < R_m$</td><td>6.0</td><td>2.0</td><td>0.29</td></tr>
</table>

注：(1) 指车辆设计乘员数(含驾驶员)不超过 6 人，且车辆的最大总质量不超过 2500kg。

(2)还包括设计上乘员数(含驾驶员)超过 6 人，或车辆的最大总质量超过 2500kg 但不超过 3500kg 的 M 类车辆。

4.7.3　汽车排放污染物的检测方法

汽油车排气中的 CO 和 HC，当混合气变浓时会逐渐增多。尤其是怠速运转时，由于节气门的开度小，此时发动机的运转速度低，而且排气量相对增大和燃烧温度低等的原因，使得 CO 和 HC 明显增多。因此，国家标准 GB 14761.5—93 和 GB/T 3845—93 分别规定了《汽油车怠速污染物排放标准》和《汽油车排气污染物的测量 怠速法》。

1. 怠速法

怠速法是测量汽油车在怠速工况下排气污染的方法，一般仅测 CO 和 HC，测量仪器采用便携式排气分析仪。这种方法具有简便易行、测试装置价格便宜和便于携带以及检测时间短等优点，因而怠速法极适用于汽车检测站对在用车排放性能的年检测试、环保部门对在用车进行排放监测。但由于怠速时间占汽车运行时间的比例并不大，因而怠速工况下所排出的污染物总量并不高，更何况怠速是稳态工况，而对于汽车排放影响最大的是非稳态工况。因此，怠速法的测量结果缺乏全面代表性。为提高测量精度，并监控因化油器量孔磨损造成的汽车排放恶化，或监控因催化转化器效率降低造成的汽车排气恶化，我国开始采用双怠速法即用怠速和高怠速进行排放测量。

根据 GB 18285—2000《在用汽车排气污染物限值及测试方法》的规定，按 GB14761 通过 B 类认证的 M_1、M 和 N_1 类车辆，对排气污染物的检测应采用双怠速法或 ASM 试验；而对其他的在用汽油车，则采用怠速法。

(1) 怠速测量法

这种方法对汽油车在怠速运行时排气中的 CO 和 HC 浓度进行监测，其测量步骤如下：

1)使发动机运行至规定的热状态，将发动机怠速转速和点火正时调整至规定值，并确保排气系统无泄漏。

2)发动机空转,离合器处于接合状态,变速器置于空挡位置,加速踏板松开,采用化油器的供油系统应使其阻风门全开。

3)发动机由怠速工况加速到 0.7 倍的额定转速,维持 60s 后降至怠速。

4)发动机降至怠速状态后,将取样探头插入排气管中,深度等于 400mm,并固定于排气管上。

5)发动机在怠速状态,维持 15s 后开始读数,读取 30s 内的最高值和最低值,其平均值即为测量结果。

6)若为多排气管时,取各排气管测量结果的算术平均值。

怠速测量法的检测仪器可采用不分光红外气体分析仪,其检测的 CO 和 HC 浓度应符合排放标准的要求,否则为不合格。

(2) 双怠速测量法

我国采用的双怠速测量法是参照国际标准化组织 ISO 3929 中制定的双怠速排放测量程序进行的,其测量步骤如下:

1)必要时在发动机上安装转速计、点火正时仪、发动机冷却液和机油测温计等测试仪器。

2)发动机由怠速工况加速到 0.7 倍的额定转速,维持 60s 后降至高怠速(即 0.5 倍的额定转速)。

3)发动机降至高怠速状态后,将取样管插入排气管中,深度等于 400mm,并固定于排气管上。

4)发动机在高怠速状态维持 15s 后开始读数,读取 30s 内的最低值及最高值,其平均值即为高怠速排放测量结果。

5)发动机从高怠速降至怠速状态,在怠速状态维持 15s 后开始读数,读取 30s 内的最低值及最高值,其平均值即为怠速排放测量结果。

6)若为多排气管时,分别取各排气管高怠速排放测量结果的平均值和怠速排放测量结果的平均值。

怠速和高怠速检测的 CO,HC 浓度应分别符合排放标准的要求,否则为不合格。

2. 工况法

工况法是将汽车若干常用工况和排放污染较重的工况结合在一起测量排放污染物的方法。工况法的循环试验模式应根据汽车的排放性能、行驶特点、交通状况、道路条件、车流密度和气候地形等因素,对大量统计数据进行科学分析而制定,以最大限度地重现汽车运行时的排放特性。工况法是当今世界最为科学并得以广泛使用的汽车排放试验方法,是汽车排放检测的必然发展趋势。

与怠速法相比,工况法检测结果能全面评价车辆的排放水平。但工况法比怠速法要复杂得多，工况法要有转鼓试验台，并具有齐备的模拟汽车行驶动能的飞轮系统，还要有经过大量调查研究与数据处理制订出的模拟城市（城区和郊区）道路上汽车运行工况的试验程序，还要配备复杂而昂贵的大型综合分析仪和保证发动机按试验程序运转所需的程序自动控制系统。因此，工况法的执行受到了很大限制，一般用于新车的认证许可检测和出厂抽查检测。世界各国的排放法规中，对测试装置、取样方法和分析仪器的规定基本上是一致的，但测试的循环工况及排放限值的差别较大。我国于 2000 年 1 月 1 日起开始实施的 GB 14761—1999《汽车排放污染物限值及测试方法》规定，在车辆型式认证和生产一致性检查过程中，对冷启动后排气污染物进行排放试验（1 型试验）时，应采用图 4-37 的工况循环。

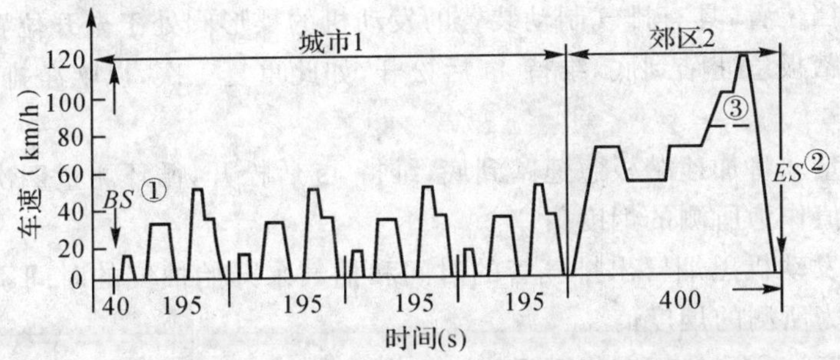

1—BS 表示取样开始；2—ES 表示取样结束；3—指低功率车辆

图 4-37　I 型试验用的测试循环

3. 烟度法

烟度法是指对柴油车排烟浓度进行监测的方法，它可分为稳态和非稳态两种。

(1)稳态烟度测量

柴油车冒黑烟在全负荷运转时较为严重，因此稳态烟度测量通常是在柴油车全负荷稳定运转时进行。各国都有各自的烟度测量规范与排放标准，我国自己制订的车用柴油机全负荷烟度测量方法规定：由最低转速至额定转速之间选取 6～7 个转速对各种车用柴油机进行全负荷烟度测量，其中包括最大转矩转速和最大功率转速，最低转速是指 45％额定转速或 1000r/min 中较高的一个，每一转速的烟度测量必须在柴油机运转稳定后进行，任何一次测量结果都不得超过允许限值。

稳态烟度测量适用于在台架上进行，但较难在汽车上测定；对于那些高度强化和增压柴油机，由于在突然加速等过程中排烟浓度很高，因此稳态烟度测量就不能反映出柴油机的全部冒烟特性。

(2)非稳态烟度测量

柴油机在非稳态下的排气烟度受多种不稳定因素影响而变化很大，为了客观公正地反映柴油车的排烟特性，对非稳态烟度测定应有严格控制的试验程序。目前，非稳态烟度测定有自由加速法和控制加速法两种规范，我国使用的是自由加速法。自由加速法是指柴油机从怠速状态突然加速至高速空载转速过程中进行排气烟度测定的一种方法。由于自由加速法不需对柴油机加载，因此该法适应于检测站对在用柴油车的年检以及环保部门对柴油车的监测。

我国对于2001年1月1日以前上牌照的在用柴油车，采用自由加速滤纸烟度法测量烟度，检测通常在汽车上进行，其检测步骤如下：

1)将取样探头固定于排气管内，插入深度为300mm，并使探头中心线与排气管中心线平行。

2)使发动机在怠速工况(离合器处于接合位置，加速踏板与手油门处于松开位置；变速器处于空挡位置，具有排气制动装置的发动机的蝶形阀处于全开位置)下运转。

3)将加速踏板急速踏到底，维持4s后松开，如此重复三次，以吹净排气系统的沉积物。

4)取样测量。将加速踏板急速踏到底，维持4s后松开，循环测量四次，取后三次读数的算术平均值作为所测的烟度值。

5)当汽车发动机黑烟冒出排气管的时间和抽气泵开始抽气的时间不同步时，应取最大烟度值作为所测的烟度值。

用滤纸烟度计所测的烟度值不得超过标准中的允许限值，否则为不合格。

4.可见污染物测量法

可见污染物测量法是指利用不透光度计对柴油车排气的可见污染物进行监测的方法。柴油机排放的黑烟、蓝烟、白烟和油雾等均为可见污染物。

我国对于2001年1月1日以后上牌照的在用柴油车，使用不透光度计，采用自由加速法检测柴油车排出的可见污染物。其检测方法是：车辆处于规定的热状态，排气系统装有消声器并且不得有泄漏，在发动机怠速时，按规定的要求插入不透光度计取样探头，迅速但不猛烈地踏下加速踏板，使喷油泵供给最大油量。在发动机达到调速器允许的最大转速前，保持此位置，一旦达到最大转速，立即松开加速踏板，使发动机恢复至怠速，不透光度计恢复到相应的状态。重复测量6次，记录不透光度计的最大数值，若读数值连续四次均在0.25m的带宽内，并且没有连续下降趋势，则记录值有效，其中四次测量结果的算术平均值即为该车的排放结果。

4.7.4 汽车排放污染物的检测仪器

目前，国内外生产的汽车尾气排放检测设备种类很多，国家标准规定汽油机采用不分光红外线CO和HC气体分析仪，柴油机采用滤纸式烟度计。

1.不分光红外线CO和HC气体分析仪

汽车尾气中的CO和HC等气体，都分别具有能吸收一定波长范围红外线的性质，而且红外线被吸收的程度与排气中的 CO 和 HC 的浓度有一定的关系，浓度越高红外线被它们吸收的程度就越多。根据这一原理设计的不分光红外线 CO 和 HC 气体分析仪来检测汽车排放尾气中的 CO 和 HC 的含量。

不分光红外线 CO 和 HC 气体分析仪，是一种能从汽车排气管中采集气样，并对其中所含 CO 和 HC 的浓度进行连续测量的仪器。如图 4-38 所示，它由废气取样装置、气体分析装置、浓度指示装置和校准装置组成。

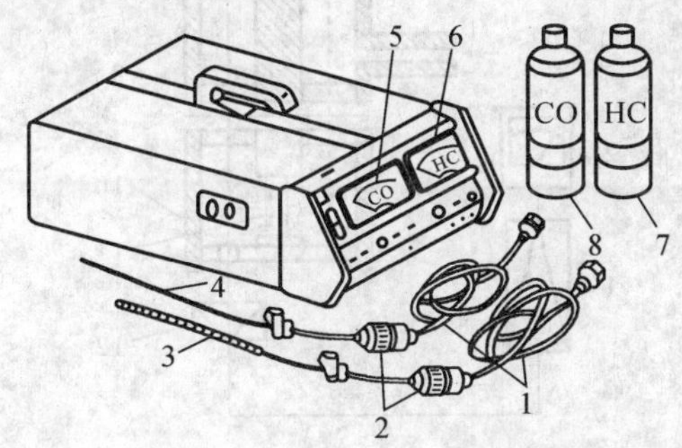

1—导管；2—滤清器；3—低浓度取样探头；4—高浓度取样探头；5—CO 指示仪表；6—HC 指示仪表；7—标准 HC 气样瓶；8—标准 CO 气样瓶

图 4-38　不分光红外线 CO 和 HC 气体分析仪

(1)废气取样装置

废气取样的装置的组成如图 4-39 所示，该装置由取样头、过滤器、导管、水分离器和泵等组成，通过取样头、导管和泵从汽车的排气管里采集废气，经过滤器和水分离器除去废气中的炭渣、灰尘和水分后，送入气体分析装置。

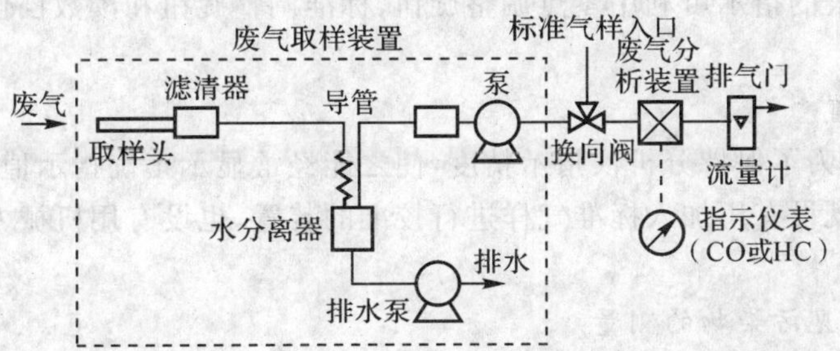

图 4-39　废气在分析仪内的流动路线

(2)废气分析装置

废气分析装置由红外光源、气样室、旋转扇轮和传感器等组成。该装置按不分光红外线分析法，从来自取样装置的混有多种成分的废气中，测量出 CO 和 HC 的浓度，并以电信号形式输送给浓度指示装置。图 4-40 所示为不分红外光线废气分析装置的结构原理简图。

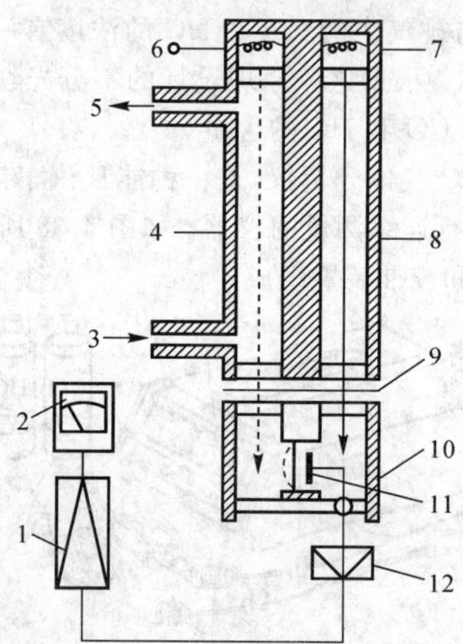

1—主放大器；2—指示仪表；3—废气入口；4—测量气样室；5—排气口；6、7—红外线光源；8—标准气样室；9—旋转扇轮 ；10—测量室；11—电容微音器；12—前置放大器

图 4-40 不分红外光线废气分析装置的结构原理简图

(3)废气浓度指示装置

综合式分析仪的浓度指示装置主要由 CO 指示装置和 HC 指示装置组成，如图 4-41所示。从气体分析装置送来的电信号，在 CO 指示仪表上以体积百分数(%)为单位指示出 CO 的浓度，在 HC 指示仪表上以正已烷当量体积百万分数(10^{-6})为单位指示出 HC 浓度。仪表的指示可利用零点调整旋钮、标准调整旋钮和读数挡位转换开关等进行控制。

(4)校准装置

校准装置是为了保持分析仪指示精度，使之能经常显示正确指示值的一种装置。在此装置中，往往既设有用加入标准气样进行校准的装置，也设有用机械方式简易校准的装置。

2. 烟度和可见污染物的测量

柴油机的排烟主要有黑烟、蓝烟和白烟三种，其中在全负荷和加速工况时以排出黑烟最为常见。黑烟俗称碳烟，是指极细的、可集成一串的微粒物。它是柴油机排放微粒的重要组成部分，特别是在排放严重时的中高负荷，其中碳烟所占比例更大。因此，长期以来表征碳烟多少的排气烟度在排放检测中得到了广泛的应用，其排气烟度由烟度计测量。常用的烟度计测量原理有两类，一类是用滤纸收集排气中的黑烟，再比较滤纸表面对光的反射率来测量烟度。按此法进行测量烟度的仪表，称为滤纸式烟度计；另一类是根据光在排气中被烟气消减的程度来确定烟度，按此法工作的烟度计称为消光式烟

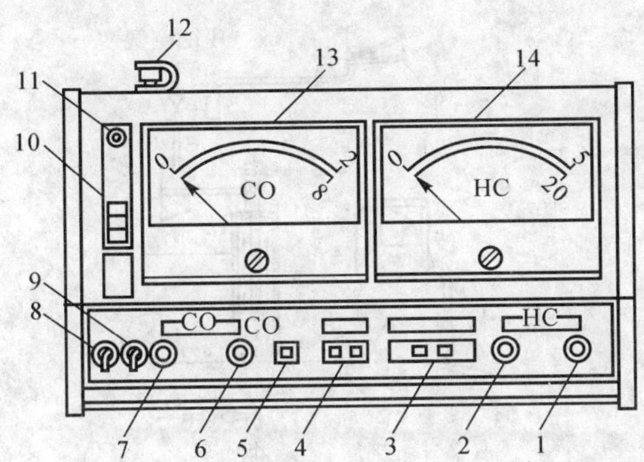

1—HC 标准调整旋钮；2—HC 零点调整旋钮；3—HC 读数转换开关；4—CO 读数转换开关；
5—简易标准开关；6—CO 标准调整旋钮；7—CO 零点调整旋钮；8—电源开关；9—泵开关；
10—流量计；11—电源指示灯；12—标准气样注入口；13—CO 指示仪表；14—HC 指示仪表

图 4-41　不分光红外线 CO 和 HC 气体分析仪面板图

度计。我国对于 2001 年 1 月 1 日以前上牌照的在用柴油车规定使用滤纸式烟度计测量自由加速时的烟度。

在 GB 18285—2000 中，对压燃式发动机和装用压燃式发动机车辆的排气，是限制其可见污染物。这种新标准，引入了与当前使用的烟度概念不同的不透光度的概念，考虑了柴油机排气中黑烟、蓝烟、白烟等可见污染物对环境的综合污染，强调了排放对人的视觉感知的影响，用光吸收系数来度量可见污染物的多少，新的排放标准规定使用不透光度计测量自由加速时的光吸收系数。

(1)用滤纸式烟度计测量烟度

滤纸式烟度计是用抽气泵从柴油机排气管中抽取一定容积的废气，通过一张一定面积的白色滤纸，废气中的碳烟存留在滤纸上，使其染黑，然后通过检测装置中的光源发光照射被染黑的滤纸。滤纸的染黑程度不同，其反射光线的程度也不同，光电元件产生的电流强度也相应的不同，从而指示出滤纸的染黑度，即代表柴油机的排放烟度。

滤纸式烟度计具有结构简单、调整方便、使用可靠，测量精度较高等优点。它曾广泛用于各国柴油机的烟度检测。目前，我国许多检测站仍在使用滤纸式烟度计测量烟度。滤纸式烟度计有手动、半自动和全自动三种类型了。其结构都由废气取样装置、染黑度检测与指示装置和控制装置等组成，如图 4-42 所示。

1)废气取样装置

该装置的作用是将柴油机排放的碳烟取出并吸附于滤纸上，然后送至烟度检测装置。

废气取样装置由取样探头、活塞式抽气泵和取样软管等组成。

取样探头有台架用和整车试验用两种形式。整车试验用取样探头带有散热片，并有

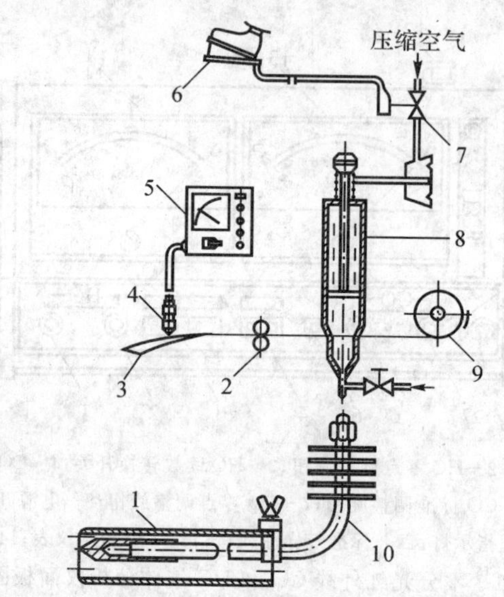

1—排气管；2—进给机构；3—滤纸；4—光电传感器；5—指示电表；
6—脚踏开关；7—电磁阀；8—抽气泵；9—滤纸卷；10—取样探头

图 4-42 滤纸式烟度计结构示意图

安装夹具以便固定在排气管上。取样探头在抽气泵的作用下抽取废气。

滤纸夹持机构在取样时实现对滤纸的夹紧和密封。当抽气泵抽气时，废气经滤纸进入泵筒内，碳烟留在滤纸上并将其染黑。取样完成后，夹持机构松开，染黑的滤纸由进给机构送至烟度检测装置。

取样软管把取样探头与抽气泵连接在一起。我国规定取样软管的内径为 4mm，长度为 5m。

2)染黑度检测与指示装置

染黑度检测与指示装置如图 4 43 所示，它由光源(白炽灯)、光电元件(环形硒电池)和指示电表等组成。它是根据光学放射作用，由光源的光线射向已被碳烟染黑的滤纸，光线一部分被黑色碳烟吸收，一部分被滤纸反射至光电元件，从而产生相应的光电流。滤纸染黑程度越高，则滤纸反射率越低，光电流就越小；滤纸染黑程度越小，则滤纸反射率越高，光电流就越大。

检测装置都备有供标定或校准用的标准烟样。

3)控制机构

控制机构包括用脚操纵的抽气泵电磁开关、滤纸进给机构和压缩空气清洗机构等。压缩空气清洗机构可在废气取样前，用压缩空气清除探头内和取样管内积存的炭粒。

(2)用不透光度计测量可见污染物

按照国家排放标准的新规定，对柴油车的可见污染物应采用不透光度计进行测量。

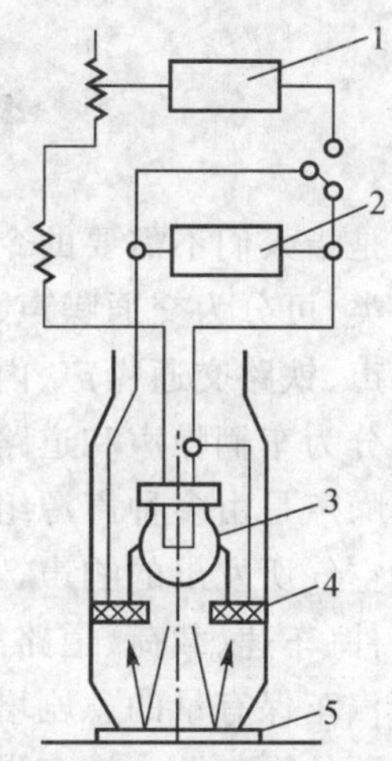

1—电源；2—指示电表；3—光源；
4—光电元件；5—滤纸
图 4-43　染黑度检测与指示装置结构示意图

不透光度计可分为全流式和分流式两类。全流式不透光度计测量全部排气的透光衰减率，分流式不透光度计是将排气中一部分废气引入取样管，然后送入不透光度计进行连续分析。我国排放标准中规定应使用分流式不透光度计。

不透光度计是一种利用透光衰减率来测定排气中可见污染物的仪器。图 4-44 为不透光度计的结构简图。测定前，用鼓风机向空气校正管吹入干净空气，旋转转换手柄，使光源和光电池分别置于校正管两侧，作零点校正。然后，再旋转转换手柄，将光源和光电池移至测试管两侧，并把需要测定的一部分汽车排气连续不断地导入测量管，光源发出的光部分地被排气中的可见污染物所吸收，光电检测单元则可连续测出光源发射光透过排放气体的透光强度，并通过光电转换显示测量结果。

不透光度计可以对柴油车排气可见污染物进行连续测量，可以按排放法规的要求进行稳态和非稳态工况下的烟度测量，在低烟度时有较高的分辨率，可以用来研究柴油机的瞬态碳烟排放特性。不透光度计目前在世界各国得到了广泛的应用。

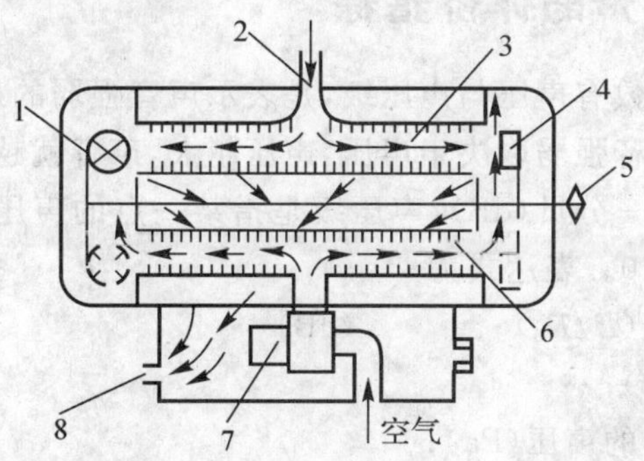

1—光源；2—排气入口；3—排气测试管；4—光电池；5—转换手柄；
6—空气校正管；7—鼓风机；8—排气出口
图 4-44　不透光度计结构简图

4.8 汽车噪声的检测

噪声是指人们不需要的令人烦躁、讨厌的声音总称。噪声的种类很多，如果根据噪声源来分类，可分为交通噪声、工业噪声和生活噪声三种。在交通噪声中，又可以分为道路交通噪声、铁路交通噪声、内河航运交通噪声和空中航空交通噪声四种。道路交通噪声还可以分为车辆噪声和道路噪声两种。

汽车噪声是由多种声源组成的综合性噪声。它主要是指发动机、传动系、轮胎以及车身扰动空气所发出的响声，其噪声的强度通常与汽车和发动机的结构形式、技术状况和运行条件(车速、载荷、道路等)有关。

随着汽车保有量的急剧增加，功率和行驶速度的提高，汽车噪声已成为现代城市环境中最主要的噪声源。汽车噪声是汽车的第二公害，它不仅会破坏安静的环境，使人心情不安、烦躁、疲倦和工作效率降低，而且还会损害人体健康，引起某些疾病，如听力下降、噪声性耳聋以及神经系统和血液循环系统疾病。噪声的强度愈大、频率愈高、作用时间愈长、个人耐力愈小，则危害愈严重。

汽车为移动性噪声源，其噪声影响范围大，干扰时间长，因而受害人员多。另外，车内噪声过大还会影响驾驶员的正常操作而诱发汽车交通事故。因此，对汽车的噪声应根据国家标准进行检测与控制。

4.8.1 汽车噪声的评价指标

噪声的主要物理参数有声压与声压级，是表示声音强弱的最基本参数。声压是由声波引起的压力增值。声音强弱取决于声压，声压越大，声音就越强。声压级是一种作相对比较的无量纲单位——分贝(dB)，声压级是指某一点的声压 P 与基准声压 P_0 的比值，取常用对数再乘以 20。表达式为

$$L_P = 20\lg(P/P_0) \qquad (\text{dB})$$

式中：L_P——声压级(dB)；

P——某一点测得的声压(Pa)；

P_0——基准声压(Pa)。

人耳对声音的感觉不仅与声压有关，还与声音的频率有关。人耳可闻及声音的频率范围为 20～20000Hz。声压级相同的声音，如果频率不同，听起来就会不一样响。相反，不同频率的声音，即使声压级不同，有时听起来却一样响。所以用声压级测定的声音强弱与人们的生理感觉往往不一样，对噪声的评价常采用与人耳生理感觉相适应的指标。

1. 汽车噪声检测标准

(1)外噪声标准

根据 GB 1495—79 和 GB 1496—79 分别规定了《机动车辆允许噪声》与《机动车辆噪声测量方法》。两个国标是机动车辆产品的噪声标准,同时也是城市机动车辆噪声检查的依据。各类机动车辆(包括汽车、摩托车、轮式拖拉机)行驶时,车外最大允许噪声级应符合表 4-14 要求。对于各类表中所列机动车辆的变型车或改装车(消防车除外)加速行驶的车外最大允许噪声级,应符合基本车型噪声的规定。

表 4-14　外最大允许噪声级

车辆种类		车外最大允许噪声级/Db(A)	
		1985 年 1 月 1 日以前生产的产品	1985 年 1 月 1 日起生产的产品
载重汽车	8t≤载质量＜15t	92	89
	3.5t≤载质量＜8t	90	86
	载质量＜3.5t	89	84
轻型越野车		89	84
公共汽车	4t＜总质量≤11t	89	86
	总质量≤4t	88	83
轿车		84	82
摩托车		90	84
轮式拖拉机(44kW 以下)		91	86

(2)车内噪声标准

1)客车车内噪声级应不大于 82dB(A)。其检测方法按 GB 1496 执行。

2)汽车驾驶员耳旁噪声级应不大于 90dB(A)。其检测方法按 GB 7258—1997《机动车运行安全技术条件》附录 E《驾驶员耳旁噪声检测方法》执行。

(3)汽车喇叭检测标准

从防止噪声对环境污染的观点出发,汽车喇叭噪声越低越好。然而从保证行车安全的角度出发,汽车的喇叭必须有一定的响度。对汽车喇叭性能的要求,根据 GB 7258—1997《机动车运行安全技术条件》,汽车喇叭性能应满足:

1)具有连续发声功能,其工作应可靠。

2)在距车前 2m,离地高 1.2m 处测量时,喇叭声级的值应为 90～115dB(A)。

4.8.2　噪声检测仪器

检测汽车噪声一般采用声级计。声级计是一种能将工业噪声、生活噪声和汽车噪声等,按人耳听觉特性近似地测定其噪声级的仪器。

根据测量精度不同,分为精密声级计和普通声级计两类。按所用电源类别分为交流式声级计和电池式声级计两类。电池式声级计又称便携式声级计,具有体积小、重量轻、使用方便的特点。

声级计一般由传声器、放大器、听觉修正计权网络、指示仪表和校准装置构成。声级计原理框图如图 4-45 所示。

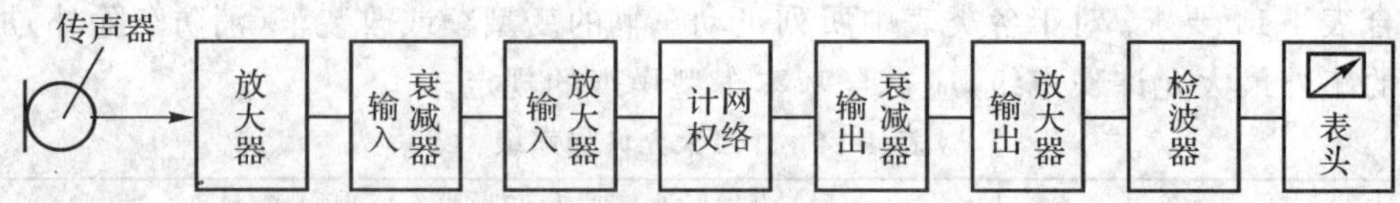

图 4-45 声级计原理框图

传声器通常称为话筒,其作用是把声压信号转变为电信号,是声级计的传感器。常见传声器有晶体式、驻级体式、动圈式和电容式等多种。

传声器将声压转变为电压的能量很小,在声级计中装有放大器。一般采用两级放大器,即输入放大器和输出放大器。

输入和输出衰减器是用来改变输入和输出信号衰减量,以便使表头指针在适当的位置,每一挡的衰减量为 10dB。

计权网络是一种能把电信号修正为听感近似值的网络。声级计有 A,B,C 三挡计权网络。A 计权网络测得的噪声值比较符合人耳对噪声的感觉,在汽车和发动机噪声测试时,大多采用 A 计权网络。

为了使经过放大的信号通过表头显示出来,声级计装有检波器,把迅速变化的电压信号转变成变化较慢的直流电压信号,这个直流电压的大小要正比于输入信号的大小。

指示表头是一只电表,对其刻度进行了一定的标定,可从表头上直接读出噪声级的分贝值。声级计面板上一般备有插孔,可把示波器、分析仪、磁带记录仪等仪器与声级计组合,配套使用。

4.8.3 汽车噪声检测方法

汽车噪声是一个由多种声源组成的综合性噪声,噪声影响因素很多。对于同一车辆,其使用条件不同,噪声也不同。因而,用某一特定状态来模拟汽车发出的噪声是困难的。从防止噪声公害的角度出发,只能简单再现汽车使用中的某一工况进行噪声检测。

国家标准 GB 1496—79《机动车辆噪声测量方法》,适应于各类汽车、摩托车、轮式拖拉机等机动车辆的车外和车内噪声测量。

1. 仪器的检测和调整

1)在未接通电源时,先检查仪表指针是否在机械零点上。若不在零点,可用零点调整螺钉使指针与零点重合。

2)检查电池容量。把声级计功能开关对准“电池”,衰减器任意,此时电表指针应达到额定红线或规定区域,否则读数不准。打开后盖便可更换电池。

3)打开电源开关,预热仪器 10min。

4)对仪器进行校准。

5)在不知被测噪声级多大时,必须把衰减器刻度盘预先放在最大衰减位置(120dB),然后再实测中再逐步旋至被测噪声所需要的衰减挡。

2. 车外噪声的测量

(1)测量的基本条件

1)测量仪器应采用精密声级计或误差不超过 2dB 的普通声级计。

2)测量场面地应平坦而空旷,在测试中心以 25m 为半径的范围内,不应有大的反射物,如建筑物、围墙等。

3)测试场地跑道应有 20m 以上的平直、干燥的沥青路面或混凝土路面。

4)本底噪声(包括风噪声)应比所测车辆噪声至少低 10dB,并保证测量不被偶然的其他声源所干扰。本底噪声是指测量对象噪声不存在时,周围环境的噪声。

5)为避免风噪声干扰,可采用防风罩,但应注意防风罩对声级计灵敏度的影响。

6)声级计附近除测量者外,不应有其他人员,如不可缺少时,则必须在测量者背后。

7)被测车辆不载重,测量时发动机应处于正常使用温度。车辆带有的其他辅助设备若是噪声源,测量时是否开动,应按正常使用情况而定。

8)测量场地及测点位置如图 4-46 所示。测试时话筒位于 20m 跑道中心点 O 两侧,各距中心线 7.5m,距地面高度 1.2m,并用三角架固定,话筒应与地面平行,其轴线垂直于车辆行驶方向。

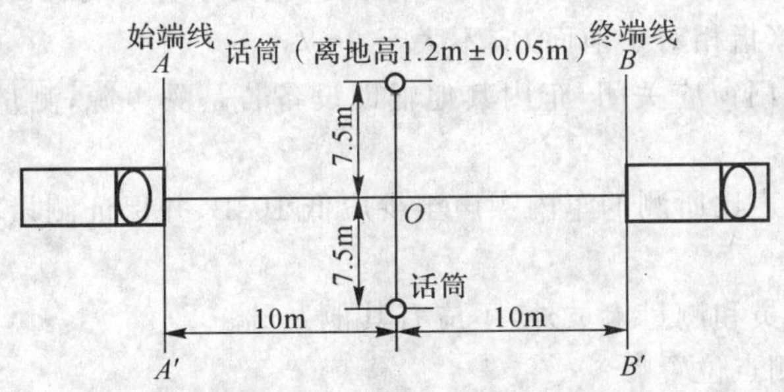

图 4-46　测量场地示意图

(2)加速行驶车外噪声测量方法

1)为保证测量结果的可比性和重复性,要求各车辆按规定条件稳定地到达始端线。前进挡位为 4 挡以上的车辆用第 3 挡,前进挡位为 4 挡或 4 挡以下的车辆用第 2 挡;发动机转速为其标定转速的 3/4,此时若车速超过了 50km/h,那么车辆应以 50km/h 的车速稳定地到达始端线;对于采用自动变速器的车辆,在试验区间使用加速最快的挡位;辅助变速装置不应使用;在无转速表时,可以控制车速进入测量区,以所定挡位相当于 3/4 标定转速的车速稳定地到达始端线。

2)从车辆前端到达始端线开始,立即将加速踏板踏到底或节气门全开,直线加速行驶,当车辆后端到达终端线时,立即停止加速。车辆后端不包括拖车以及和拖车连接的部分。本测量要求被测车辆在后半区域发动机达到标定转速。若车速达不到这个要求,可延长 O 至终端线的距离为 15m,若仍达不到这个要求,则车辆使用挡位要降低一挡。若车辆在后半区域超过标定转速,可适当降低到达始端线的转速。

3)声级计用 A 计权网络、"快"挡进行测量,读取车辆驶过时的声级计表头最大读数。

4)同样的测量往返进行 1 次。车辆同侧两次测量结果之差,应不大于 2dB,并把测量结果记入规定的表格中。取每侧 2 次声级计读数平均值中的最大值作为被测车辆的最大噪声级。若只用 1 个声级计测量,同样的测量应进行 4 次,即每侧测量 2 次。

(3)匀速行驶车外噪声测量方法

1)车辆用常用挡位,加速踏板保持稳定,以 50km/h 的车速匀速通过测量区域。

2) 声级计用 A 计权网络、"快"挡进行测量,读取车辆驶过时声级计表头的最人读数。

3)同样的测量往返进行 1 次,车辆同侧两次测量结果之差不应大于 2dB,并把测量结果记入记录表中。若只用 1 个声级计测量,同样的测量应进行 4 次,即每侧测量 2 次。

3. 车内噪声的测量

(1)车内噪声测量条件

1)测量跑道应有试验需要的足够长度路面。应是平直、干燥的沥青路面或混凝土。

2)测量时风速(指相对于地面)应不大于 3m/s。

3)测量时车辆门窗应关闭,车内其他辅助设备若是噪声源,测量时是否开动,应按正常使用情况而定。

4)车内本底噪声比所测的车内噪声至少应低 10dB,并保证测量不被偶然的其他声源所干扰。

5)车内除驾驶员和测量人员外,不应有其他人员。

(2)车内噪声测点位置

车内噪声测量通常在人耳附近布置测点,话筒朝向车辆前进方向。驾驶室内噪声测点位置如图 4-47 所示;客车室内噪声测点可选在车厢中部及最后一排座的中间位置,话筒高度可参考图 4-47。

(3)测量方法

测量时,车辆以常用挡位 50km/h 以上的不同车速匀速行驶,用声级计"慢"挡测量 A、C 计权声级,分别读取表头指针最大读数的平均值,测量结果记于记录表中。若需做

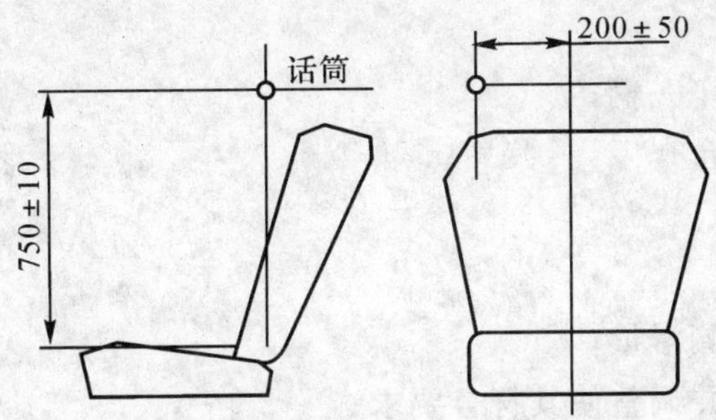

图 4-47　驾驶室内噪声测点的位置

车内噪声频谱分析，可用频谱分析仪进行检测。

4. 驾驶员耳旁噪声的测量

噪声测量点位置如图 4-47 所示，检测时，将变速器置于空挡，使车辆处于静止，而发动机则在额定转速状态运转，声级计用 A 计权网络、“快”挡进行测量，读取声级计的读数。

5. 汽车喇叭声级的测量

汽车喇叭声级的测点位置如图 4-48 所示，检测时应注意不被偶然的其他声源峰值所干扰。测量次数定在 2 次数以上，并监听喇叭声音是否悦耳。

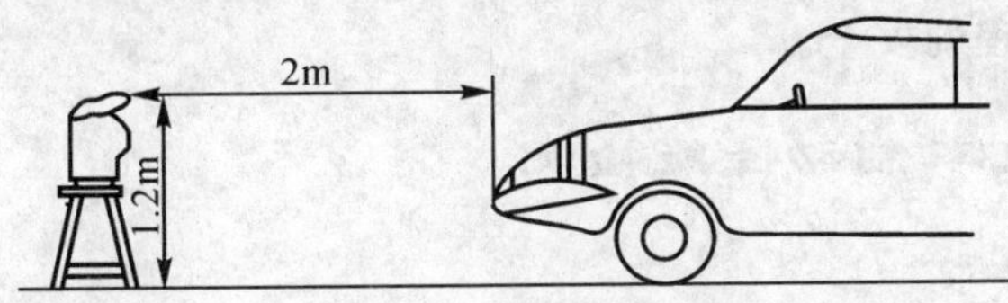

图 4-48　汽车喇叭声级测点位置

实训题

实训 4-1　汽车侧滑量检测

1. 实训目的与要求

(1)了解侧滑试验台的结构、工作原理；

(2)熟悉侧滑试验台的使用操作方法，按正确的操作规程检查前轮侧滑量；

(3)熟悉侧滑量的国家标准，正确调整前轮侧滑量，使之符合技术标准；

(4)了解无后轮定位的轿车利用侧滑试验台的检测，分析后轴变形或轮毂轴承松旷；

(5)掌握侧滑试验台的安全操作注意事项。

2. 实训仪器设备

(1)性能良好的轿车一辆;

(2)侧滑试验台一台;

(3)调整工具一套。

3. 实训内容

(1)检测汽车前轮侧滑量;

(2)分析检测结果并调整使其符合要求;

(3)对无后轮定位的轿车,利用侧滑试验台分析后轴变形或轮毂轴承松旷。

4. 实训操作要领

(1)检测前应检查轮胎气压及表面花纹;

(2)测试车辆经过侧滑试验台的速度应保持在 5km/h 左右;

(3)结果评判:评判测试结果是否符合国家标准,若不合格,应进行调整;

(4)调整后应复检。

5. 注意事项

(1)在驶过检测台时,应匀速并保证车辆直线行驶;

(2)在行驶过程避免制动;

(3)确保检测过程的安全。

实训 4-2　汽车制动性能检测

1. 实训目的与要求

(1)了解制动检测设备的结构、工作原理;

(2)掌握汽车制动性能检测项目;

(3)熟练掌握制动试验台使用操作方法,按正确的操作规程检测制动性能;

(4)了解制动性能的国家评价标准,正确评判制动性能技术状况;

(5)掌握制动试验台的安全操作规程。

2. 实训仪器设备

(1)性能良好的轿车一辆;

(2)制动试验台一套;

(3)调整工具一套。

3. 实训内容

(1)汽车制动力检测;

(2)制动力平衡检测;

(3)制动性能调整。

4. 实训操作要领

(1)测试前检查轮胎气压,表面状况;

(2)测试车辆驾驶员应按照屏幕提示来操作车辆;

(3)评判测试结果是否符合国家标准,若不合格,应进行调整;

(4)制动性能不合格必须进行调整与复检验证。

5. 注意事项

(1)驾驶车辆人员必须是有驾驶执照的教师或实验人员;

(2)严格按安全操作规程执行、正确使用工具及各种仪器。

实训 4-3　汽车车速表误差检测

1. 实训目的与要求

(1)了解车速表误差的形成与测量原理;

(2)熟悉车速表试验台的基本结构和工作原理;

(3)掌握车速表试验台的操作方法;

(4)掌握汽车车速表的检测标准。

2. 实训仪器设备

(1)性能良好的轿车一辆;

(2)驱动型或标准型车速表试验台一台。

3. 实训内容

(1)汽车车速表的检测;

(2)对车速表存在误差的车辆进行调整。

4. 实训操作要领

(1)检查指示仪表指针是否在零点;若指针不在零点,应予调整;

(2)检查滚筒上是否沾有油、水、泥等杂物。若有,要清除干净;

(3)检查举升器动作是否自如,有无漏气部位。若动作不良或有漏气时,应修理;

(4)检查导线连接情况;

(5)检查轮胎气压应符合汽车制造厂的规定;

(6)检查轮胎是否沾有油、水或花纹沟槽嵌有石子,有的话需清除干净。

5. 注意事项

(1)不准将超过试验台允许载荷的汽车驶上试验台;

(2)不准在试验台上长时间停放汽车;

(3)前轮驱动的汽车,一定要用转向盘准确地保持汽车处于直线行驶状态;

(4)仪表部分要避开阳光直射,并不能放置于有振动、空气湿度大的地方;

(5)不能让水进入试验台内;

(6)定期检查。

实训4-4 汽车排放污染物检测

A. 汽油机排放法污染物检测

1. 实训目的与要求

(1)熟悉废气分析仪的使用操作方法;

(2)熟悉国家关于废气检测的方法:怠速法和双怠速法;

(3)掌握根据检测的废气结果,分析判断可能的故障原因。

2. 实训仪器设备

(1)性能良好的普通化油器发动机台架一台;

(2)性能良好的电喷发动机台架一台;

(3)废气分析仪一台;

(4)常用工具一套。

3. 实训内容

(1)检测车辆的尾气排放污染物;

(2)对检测结果判断车辆故障原因;

(3)对车辆的故障进行排除。

4. 实训操作要领

(1)废气分析仪开机后必须进行暖机到正常温度;

(2)若为多排气管车辆,取各排气管测量结果的算术平均值。

5. 注意事项

(1)车辆停放平稳,应注意安全;

(2)注意防火安全;

(3)实训结束后,应断开所有电源。

B. 柴油机排放污染物的检测

1. 实训目的与要求

(1)熟悉柴油机烟度计的使用操作方法;

(2)熟悉国家关于柴油机烟度检测的方法和评判标准;

(3)掌握根据检测结果,分析判断可能的故障原因。

2. 实训仪器设备

(1)性能良好的柴油机发动机台架一台;

(2)柴油机烟度计一台;

(3)拆装、调整工具一套。

3. 实训内容

(1)检测车辆的尾气排放污染物；

(2)对检测结果判断车辆故障原因；

(3)对车辆的故障进行排除。

4. 实训操作要领

(1)柴油机烟度计开机后必须进行暖机到正常温度；

(2)根据测试结果分析判断是否正常，若不正常，分析可能原因；

(3)设置故障后测试烟度、评判、分析并排除；

(4)排除后再次验证。

5. 注意事项

(1)检测过程注意防火安全；

(2)实训结束后，应断开所有电源。

实训 4-5　汽车前照灯检测

1. 实训目的与要求

(1)熟悉前照灯检测仪的使用操作方法；

(2)熟悉前照灯的国家标准，能正确判断调整前照灯。

2. 实训仪器设备

(1)性能良好的整车一辆；

(2)QD-100D 电动式前照灯检测仪一台；

(3)拆装、调整工具一套；

(4)仪器操作使用说明书一份。

3. 实训内容

(1)检测前照灯远、近光灯的照射方位角；

(2)检测前照灯远、近光灯的照度值；

(3)根据检测的结果进行调整及故障排除。

4. 实训操作要领

(1)检查电池电量是否充足；

(2)仪器的水平度检查与调整；

(3)驶入车辆，保证车身与检测仪垂直，前照灯与检测仪距离为 1 米；

(4)保证仪器的光接收箱镜面应与被检车辆的纵向中心线垂直。

5. 注意事项

(1)被检车辆应空载，驾驶室乘坐一人，轮胎应全部充足气，前照灯配光镜玻璃上的灰尘应清除干净；

(2)被检车辆的前照灯表面中心到仪器的镜面的距离应为1米，可利用仪器光接受箱下部的钢卷尺进行测定；

(3)实训结束后，应断开所有电源。

实训4-6　汽车噪声的检测

1. 实训目的与要求

(1)熟悉车辆噪声的不同检测方法；

(2)熟悉车辆噪声检测的国家标准；

(3)熟悉车辆噪声的检测项目。

2. 实训仪器设备

(1)性能良好的整车一辆；

(2)声级计仪器一台。

3. 实训内容

(1)车内噪声的检测；

(2)对检测结果进行判断是否符合标准。

4. 实训操作要领

(1)测量前先检查声级计是否回零，如没回零，则进行校准；

(2)对测量的数值进行比较，确定噪声级，判断是否超标。

5. 注意事项

(1)测量跑道应有试验需要的足够长度，应是平直、干燥的沥青路面或混凝土路面；

(2)测量时风速(指相对于地面)不大于3m/s；

(3)测量时车辆门窗应关闭，车内其他辅助设备若是噪声源，测量时是否开动，应按正常使用情况而定；

(4)试验过程中，勿使声级计受到冲击、振动；

(5)将声级计置于通风、干燥处，并避免阳光直射；

(6)声级计传声器、引线是与原仪器配套的，不要与其他一起交换使用；

(7)车内除驾驶员和测量人员外，不应有其他人员。

复习思考题

4-1　汽车整车的检测与诊断有哪些内容？

4-2　汽车动力性检测的目的是什么？

4-3　如何评价传动系技术状况？

4-4　车用油耗计的特点什么？

4-5　滑板式侧滑试验台由哪些组成？

4-6　按国家标准用侧滑试验台检测前轮侧滑量，其值不超过多少？

4-7　制动距离的检验条件是什么？制动试验台的优点是什么？

4-8　车速表检测标准是什么？

4-9　汽车前照灯检测的项目有哪些？

4-10　汽车前照灯检测的原理？

4-11　汽车排放污染物的主要成分有哪些？

4-12　对于不同的发动机采用什么样的检测方法？检测什么排放物？

4-13　检测汽车噪声的标准？

4-14　检测汽车的噪声有哪些不同方法？

第5章

汽车检测站简介

【学习要求】

理论知识要求

1. 掌握汽车检测站的任务；
2. 熟悉汽车性能检测站的类型、工位设置及检测工艺程序；
3. 了解智能化检测系统的特点。

操作能力要求

1. 初步掌握汽车检测站的检测内容和检测流程；
2. 初步具有汽车性能检测站的管理能力。

随着制造工业和交通运输业的迅速发展，汽车工业已成为当今社会的一大支柱产业，同时汽车保有量越来越大。用现代的、科学的、快速的、定量的、准确的和全面的手段检测并诊断汽车的技术状况，是保证汽车更好地发挥动力性、经济性、安全性、排放性、平顺性、稳定性、可靠性等的重要手段。对汽车实施不解体检测、诊断大多是在检测站的检测线上实施的。汽车检测站不仅可代表政府车管机关或行业对汽车技术状况进行检测和监督，而且已成为汽车制造企业、汽车运输企业、汽车维修企业中不可缺少的重要组成部分。

5.1 概　述

汽车检测站是综合运用现代检测技术，对汽车实施不解体检测、诊断的机构。它具有现代的检测设备和检测方法，能在室内检测出车辆的各种参数并诊断出可能出现的故障，为全面、准确评价汽车的使用性能和技术状况提供可靠的依据。

5.1.1　汽车检测站的任务

按中华人民共和国交通部令第 29 号《汽车运输业车辆综合性能检测站管理办法》的规定，汽车检测站的主要任务如下：

(1)对在用运输车辆的技术状况进行检测诊断。

(2)对汽车维修行业的维修车辆进行质量检测。

上述两项检测任务是由运输车辆管理部门和维修管理部门根据检测制度组织并委托的车辆检测。

(3)接受委托，对车辆改装、改造、报废及其有关新工艺、新技术、新产品、科研成果等项目进行检测，提供检测结果。

(4)接受公安、环保、商检、计量和保险等部门的委托，为其进行有关项目的检测，提供检测结果。

5.1.2　汽车检测站的类型

1. 按服务功能分类

如果按服务功能分类，检测站可分为安全检测站、维修检测站和综合检测站 3 种。

安全检测站是国家的执法机构，不是营利型企业。它按照国家规定的车检法规，定期检测车辆中与安全和环保有关的项目，以保证汽车安全行驶，并将污染降低到允许的限度。这种检测站对检测结果往往只显示“合格”、“不合格”两种，而不做具体数据显示和故障分析，因而检测速度快，生产效率高。如果自动化程度比较高，其年度检车量可达数万辆次。检测合格的车辆凭检测结果报告单办理年审签证，在有效期内准予车辆行驶。这种检测站一般由车辆管理机关直接建立，或由车辆管理机关认可的汽车运输企业、汽车维修企业等企业单位或事业单位建立，也可多方联合建立。

维修检测站主要是从车辆使用和维修的角度，担负车辆维修前、后的技术状况检测。它能检测车辆的主要使用性能，并能进行故障分析与诊断。它一般由汽车运输企业或汽车维修企业建立。

综合检测站既能担负车辆管理部门的安全环保检测，又能担负车辆使用、维修企业的技术状况诊断，还能承接科研或教学方面的性能试验和参数测试。这种检测站检测设备多，自动化程度高，数据处理迅速准确，因而功能齐全，检测项目广且深度大，可为合理制定诊断参数标准、诊断周期以及为科研、教学、设计、制造和维修等部门或单位提供可靠依据，并能担负对检测设备的精度测试。

2. 按自动化程度分类

如果按检测线的自动化程度分类，检测站可分为手动式、半自动式和全自动式 3 种类型。手动检测站的各检测设备，由人工手动控制检测过程，从各单机配备的指示装置上读数，笔录检测结果或由单机配备的打印机打印检测结果，因而占用人员多，检测效率低，读数误差大，多适用于维修检测站。

全自动检测站利用微机控制系统将检测线上各检测设备连接起来，除车辆上部和下部的外观检查工位仍需人工检查外，能自动控制其他所有工位上的检测过程，使设备的启动与运转、数据采集、分析判断、存储、显示和集中打印报表等全过程实现自动化。检测长可坐在主控制室内通过闭路电视观察各工位的检测情况，并通过检测程序向各工位受检车辆的驾驶员和检测员发出各种操作指令。每一项检测结果均能在主控制室内的电脑显示器和各工位上的检验程序指示器上同时显示，因而检测长、各工位检测员和驾驶员均能随时了解每一项检测结果。

由于全自动检测站自动化程度高，检测效率高，能避免人为的判断错误，因而获得广泛应用，目前国内外的安全检测站多为这种形式。

半自动检测站的自动化程度或范围介于手动和全自动检测站之间，一般是在原手动检测站的基础上将部分检测设备(如侧滑试验台、制动试验台、车速表试验台等)与微机连网以实现自动控制，而另一部分检测设备(如烟度计、废气分析仪、前照灯检测仪、声级计等)仍然手动操作。当微机连网的检测设备因故不能进行自动控制时，各检测设备仍可手动使用。

3.按规模大、小分类

如果按规模大、小分类，检测站可分为大、中、小 3 种类型。其中，大型检测站检测线多，自动化程度高，年检能力大，且能检测多种车型。大型综合检测站可成为一定地区范围内的检测中心。

中型检测站至少有两条检测线，目前国内地市级及以上的城市建成或正在筹建的检测站多为这种类型。

小型检测站主要是指那些服务对象单一的检测站。如规模不大的安全检测站和维修检测站就属于这种类型，它不能担负更多的检测任务。这种检测站设有一条或两条作用相同的检测线。如果是一条检测线时，它往往能兼顾大、小型汽车的检测；如果是两条检测线时，其中一条线往往是专检小型汽车，而另一条线则是大、小型汽车兼顾。这种规模的检测站，在国外较为常见。

有些检测站虽然服务对象单一，但站内设置的检测线较多，因而不应再称为小型检测站。如国外，把拥有 4 条安全环保检测线的检测站，视为中型检测站。

4.按职能分类

综合检测站如果按职能分类，可分为 A 级站、B 级站和 C 级站 3 种类型，其职能如下。

A 级站：能全面承担检测站的任务，即能检测车辆的制动、侧滑、灯光、转向、前轮定位、车速、车轮动平衡、底盘输出功率、燃料消耗、发动机功率和点火系统状况以及异响、磨损、变形、裂纹、噪声、废气排放等状况。

B 级站:能承担在用车辆技术状况和车辆维修质量的检测,即能检测车辆的制动、侧滑、灯光、转向、车轮动平衡、燃料消耗、发动机功率和点火系统状况以及异响、变形、噪声、废气排放等状况。

C 级站:能承担在用车辆技术状况的检测,即能检测车辆的制动、侧滑、灯光、转向、车轮动平衡、燃料消耗、发动机功率以及异响、噪声、废气排放等状况。

5. 按站内检测线数分类

如果按站内检测线数分类,可分为单线检测站、双线检测站、三线检测站等多种类型。总之,站内有几条检测线,就可以称为几线检测站。

5.1.3　汽车检测站、检测线的组成及布置形式

1. 检测站的组成

检测站主要由一条至数条检测线组成。对于独立而完整的检测站,除检测线外,还应包括停车场、清洗站、泵气站、维修车间、办公区和生活区等设施。

安全检测站一般由一条至数条安全环保检测线组成。其中,一条为大、小型汽车通用自动检测线,另一条为小型汽车(轴重 500 或以下)的专用自动检测线。除此以外,还配备一条新车检测线,以供对新车登录、检测之用。维修检测站一般由一条至数条综合检测线组成。综合检测站一般由安全环保检测线和综合检测线组成,可以各为一条,也可以各为数条。我国交通系统建成的检测站大多属于综合检测站,一般由一条安全环保检测线和一条综合检测线组成,如图 5-1 所示。

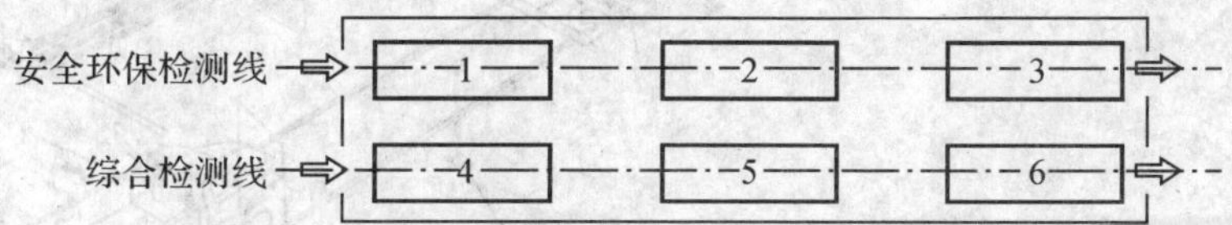

1—外观检查工位;2—侧滑制动车速表工位;3—灯光尾气工位;
4—外观检查与车轮定位工位;5—制动工位;6—底盘测功工位

图 5-1　双线综合检测站平面布置示意图

2. 检测线的组成和工位布置

不管是安全环保检测线,还是综合检测线,它们都由多个检测工位组成,布置形式多为直线通道式,检测工位则是按一定顺序分布在直线通道上。

(1)安全环保检测线

手动和半自动的安全环保检测线,一般由外观检查工位、侧滑制动车速表工位和灯光尾气工位 3 个工位组成。其中,外观检查工位带有地沟。全自动安全环保检测线既可以由上述 3 个工位组成,也可以由 4 个工位或 5 个工位组成。如图 5-2 和图 5-3 所示,5

工位一般是汽车资料输入及安全装置检查工位、侧滑制动车速表工位、灯光尾气工位、车底检查工位、综合判定及主控制室工位。安全环保检测线不管工位如何划分，也不管工位顺序如何编排，其检测项目是固定的，因而均布置成直线通道式，以利于进行流水作业。

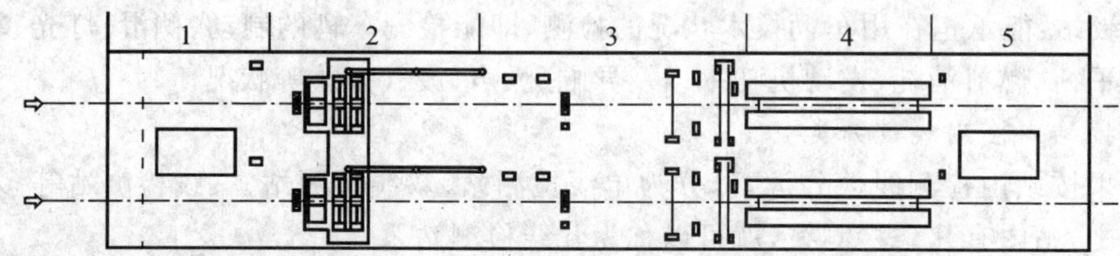

1—汽车资料输入及安全装置检查工位；2—侧滑制动车速表工位；
3—灯光尾气工位；4—车底检查工位；5—综合判断及主控制室工位

图 5-2　日本五工位全自动安全环保检测线平面布置图

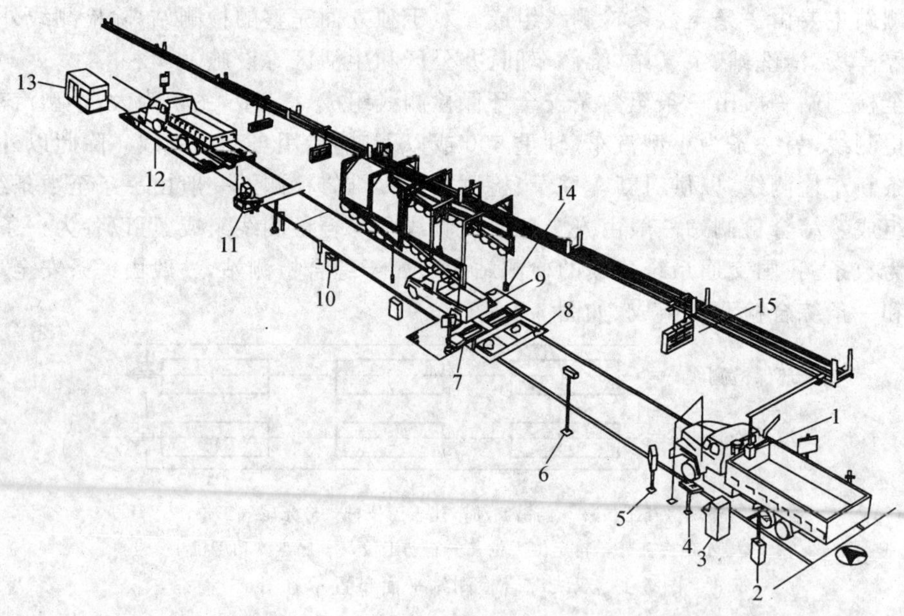

1—进线指示灯；2—烟度计；3—汽车资料登录微机；4—安全装置检查不合格项目输入键盘；5—烟度计检验程序指示器；6—电视摄像机；7—制动试验台；8—侧滑试验台；9—车速表试验台；10—废气分析仪；11—前照灯检测仪；12—车底检查工位；13—主控制室；14—车速表检测申报开关；15—检验程序指示器

图 5-3　国产五工位全自动安全环保检测线

(2)综合检测线

综合检测站分为 A,B,C 3 种类型，职能各不一样，因而站内综合检测线的职能也不一样。A 级综合检测站(以下简称 A 级站)能全面承担检测站的任务,是职能最全的检测站。A 级站在国内一般设置两条检测线,一条为安全环保检测线,主要承担车管部门对车辆进行年审的任务;另一条为综合检测线,主要承担对车辆技术状况的检测诊断。A 级站的综合检测线一般有两种类型:一种是全能综合检测线,另一种是一般综合检测线。全能综合检测线设有包括安全环保检测线和主要检测设备在内的比较齐全的工位,而一般综合检测线设置的工位不包括安全环保检测线的主要检测设备。

如图 5-1 所示的综合检测线即为全能综合检测线。它由外观检查及车轮定位工位、制动工位和底盘测功工位组成,能对车辆技术状况进行全面检测诊断,必要时也能对车辆进行安全环保检测。这种检测线的检测设备多,检测项目齐全,与安全环保检测线互不干扰,因而检测效率相对较高,但建站费用也高。

如图 5-4 所示的综合检测线是一种接近全能的综合检测线。它由发动机测试及车轮平衡工位、底盘测功工位、车轮定位及车底检查 3 个工位组成,除制动性能不能检测外,安全环保检测线上的其他检测项目均能在该线上检测。

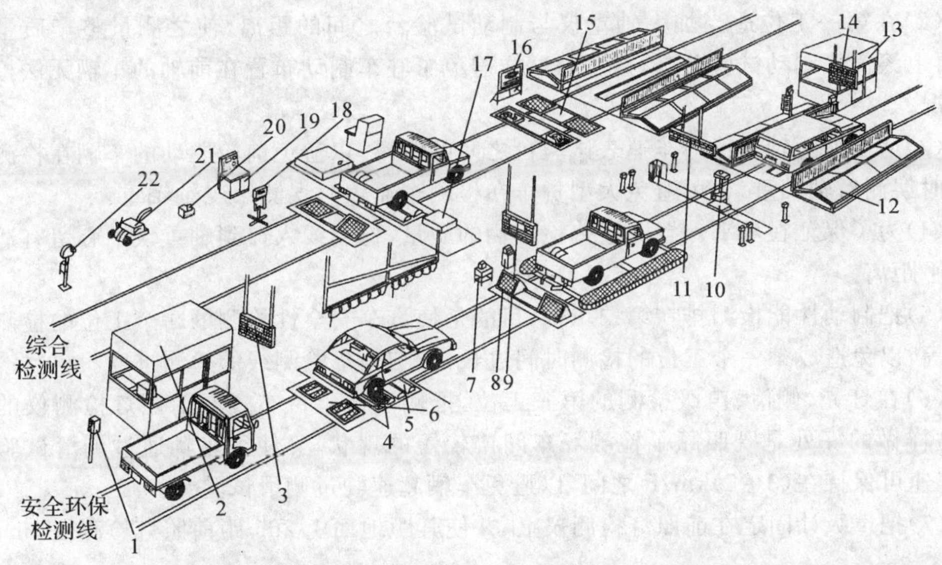

1—进线指示灯;2—进线控制室;3—L 工位检验程序指示器;4—制动试验台;5—车速表试验台;6,15—侧滑试验台;7—烟度计;8—废气分析仪;9—ABS 工位检验程序指示器;10—前照灯检测仪;11—HX 工位检验程序指示器;12—地沟系统;13—主控制室;14—P 工位检验程序指示器;16—前轮定位检测仪;17—底盘测功试验台;18,19—发动机综合测试仪;20—机油清净性分析仪;21—就车式车轮平衡机;22—轮胎自动充气机

图 5-4　双线综合检测站平面布置示意图

在综合检测线的工艺布局上,我国车检工作者认真总结了全国各地综检站几年来的经验教训,充分考虑到各个综合检测站的检测车间的实际长度一般为 60m,不能加长,经

过反复计算、充分论证，把综合检测线分为8个工位：第一工位是尾气、烟度、轴重、车速表检测工位，第二工位是制动力（包括小车线上的平板制动）、制动踏板力、操纵力检测工位，第三工位是灯光、侧滑、声级检测工位，第四工位是地沟检测工位，第五工位是惯性式底盘测功、燃料消耗检测工位，第六工位是发动机性能综合检测工位，第七工位是转向参数测量、油质分析、车轮动平衡、车轮定位检测工位，第八工位是汽车底盘间隙检测、传动系统游动角度检测工位。汽车悬架性能和喷淋的检测在检测车间外部进行。经过北京市16条安检线和3条综检线三年多的实际运行，证明该方案是切实可行的。

在实际的工艺布局上，将8个工位分别安排在两条检测线上，即把第一工位至第四工位安排在一条检测线上，把第五工位至第八工位安排在另一条检测线上。设计的基本出发点如下：

(1)把尾气和车速表的检测调整到第一工位，可把被试汽车尾气污染和车辆高速运转时产生的噪声就近排出车间，以减少车间尾气污染浓度和噪声，保护检测人员的身体健康。

(2)在第一工位适当加大轴重仪与制动试验台之间的距离，使之测量整车质量之后，再上滚筒式制动试验台进行检测，这样避免了驻车制动布置在前轴的车辆无法检测的情况。

(3)适当缩短轴重仪与车速表试验台之间的距离，以避免前轮驱动的车辆在检测车速表时误测后轴轴重，也可避免大型货车在检测车速表时误测第三轴轴重。

(4)为了保证在水平位置测量待检车辆的质量，检测线入口到轴重仪中心留有适当的水平距离。

(5)把制动性能检测排在第二工位，目的是使汽车安全性检测的4个工位的检测时间均等，以免造成某一个工位的检测时间过长，影响整条检测线的检测进度。

(6)在灯光、侧滑、声级检测的第三工位，把侧滑试验台布置在前照灯检测仪的后面，这样做的好处是既照顾了检测场车间比较短的现状，又使得车辆通过侧滑试验台时，车速可保持在(3～5)km/h之间，以避免车辆超速驶过侧滑试验台。

(7)把声级计固定在前照灯检测仪上，并使其距地面1.2m，距前照灯检测仪1m，停车线1.2m。

(8)不论大、小车检测线，侧滑试验台到地沟边缘的距离为1m，实现紧凑设计。

(9)第四工位是地沟，底盘的很多重大事故隐患都在此工位检查出来。另外，此工位检测时间大致和其他工位相同，所以单独设立一个工位。

(10)在另一条检测线上，第五工位是惯性式底盘测功试验台和燃料消耗计。这样排列的目的是把汽车的动力性和经济性检测有机地结合起来，另一方面可以把汽车检测运行时的尾气污染物和噪声就近排出车间，达到保护检测人员身体健康的目的。

(11)单独把发动机的性能综合分析设置在第六工位。主要考虑因素是发动机综合分析仪需带十几个传感器，安装时需要一定的时间。同时，它又是检测和诊断发动机故障的关键设备，检测的项目和参数较多，体现综检站的技术实力也在于此。

(12)第七工位的主要设备是转向参数测量仪、油质分析仪、车轮动平衡机、车轮定位检测仪。这个工位安排的检测设备较多，但主要是以转向系统和行驶系统的检测为主，很多设备可以同时进行检测。

(13)第八工位主要检测汽车底盘间隙和传动系统游动角度，以便对汽车的底盘进行重点检查，及时发现重大隐患，彻底消除车辆的各种故障，真正达到汽车综合性能检测的目的。

一般综合检测线担负除安全环保以外的检测项目，国内已建成的检测站有些是这种类型。与全能综合检测线相比，一般综合检测线设备少，建站费用低，检测项目少，服务面窄。综合检测线上各工位的车辆由于检测项目不一、检测深度不同，很难在相同的时间内检测完毕。很有可能前边工位的车辆工作量大，而后边工位的车辆工作量小，但后边车辆又无法逾越，因而影响检测效率。当综合检测线采用直线通道式布置，而又允许在线上诊断故障和调试总成时，就不可避免地会遇到上述问题。在这种情况下，也可以将综合检测线的各工位横向布置成尽头式、穿过式或其他形式，以适合实际生产的需要，提高检测效率。

5.1.4　汽车检测线各工位设备与检测项目

1. 安全环保检测线

以五工位全自动安全环保检测线为例，主要设备中不包括软件。

(1)汽车资料输入及安全装置检查工位

本工位除将汽车资料输入登录微机并发送给检测线主控制微机外，还进行汽车上部的灯光和安全装置等项目的外观检查(Lamps and Safety Device Inspection)，可简称为 L 工位。

1)主要设备

①进线指示灯。

②汽车资料登录微机、键盘及显示器。

③工位测控微机。

④检验程序指示器。

⑤轮胎自动充气机。

⑥轮胎花纹测量器。

⑦检测手锤。

⑧不合格项目输入键盘。

⑨电视摄像机。

⑩光电开关。

2)检查项目

由检查人员人工检查汽车上部的灯光、安全装置、防护装置、操纵装置、工作仪表和车身等是否装备齐全、工作正常、连接可靠和符合规定。检查的重点是灯光和安全装置。具体检查项目如表 5-1 所示。

表 5-1 汽车上部外观检查项目

序号	检查项目	序号	检查项目
1	远光灯	16	离合器、变速器
2	近光灯	17	制动踏板自由行程
3	制动灯	18	驻车制动操纵杆
4	倒车灯	19	转向器自由转动量
5	牌照灯	20	油箱、油箱盖
6	示宽灯、辅助灯、标志灯	21	挡泥板
7	室内灯	22	防护网及连接装置
8	车厢、座位	23	电器导线
9	车门、车窗	24	起动机
10	车身、漆面	25	发电机、蓄电池
11	后视镜、下视镜、倒视镜	26	灭火器
12	挡风玻璃	27	仪表、仪表灯
13	刮水器	28	机油低压报警器
14	喇叭	29	半轴螺栓
15	轮胎、轮胎螺栓	30	座椅安全带

(2)侧滑制动车速表工位

本工位由侧滑检测(Alignment Inspection)、轴重检测(Weight Inspection)、制动检测(Brake Test)和车速表检测(Speedometer Test)组成,简称 ABS 工位。

1)主要设备

①工位测控微机。

②侧滑试验台。

③轴重计或轮重仪(与反力式滚筒制动试验台配套使用。如反力式滚筒制动试验台本身配备轴重测量装置或采用惯性式平板制动试验台,则不必再配备轴重计或轮重仪)。

④制动试验台。

⑤车速表试验台及车速检测申报开关(或遥控器)。

⑥检验程序指示器。

⑦光电开关。

⑧反光镜。

2)检测项目

①检测前轮侧滑量。

②检测各轴轴重。

③检测各轮制动拖滞力和制动力。

④检测驻车制动力。

⑤检测车速表指示误差。

(3)灯光尾气工位

本工位主要由前照灯检测(Head Light Test)、排气检测(Exhaust Gas Test)、烟度检测(Diesel Smoke Test)和喇叭声级检测(Noise Test)组成,简称 HX 工位。

1)主要设备

①工位测控微机。

②前照灯检测仪。

③排气分析仪。

④烟度计。

⑤声级计。

⑥检验程序指示器。

⑦停车位置指示器。

⑧光电开关。

⑨反光镜。

2)检测项目

①检测前照灯发光强度和光轴偏斜量。

②检测汽油车怠速排放污染物或柴油车自由加速烟度。

③检测喇叭声级。

(4)车底检查工位

车底检查(Pit Inspection)工位,可简称为 P 工位。

1)主要设备

①工位测控微机

②检验程序指示器。

③地沟内举升平台。

④检测手锤。

⑤不合格项目输入键盘。

⑥对讲话筒及扬声器。

⑦光电开关。

⑧车辆到位报警灯或报警器。

⑨地沟内电视摄像机。

2)检测项目

本工位是车辆底部的外观检查,由检测人员在地沟内人工检查底盘各装置及发动机的连接是否牢固可靠,有无弯扭断裂、松旷及漏油、漏水、漏气、漏电等现象,具体检查项目如表5-2所列。

表 5-2 汽车车底检查项目

序号	检查项目	序号	检查项目
1	发动机及其连接	16	油路、气路、电路
2	车架	17	储气筒
3	前梁	18	传动轴、万向节、伸缩节
4	转向器的转向轴及其万向节	19	中间支承
5	转向器支架	20	离合器及操纵机构
6	转向垂臂	21	变速器
7	转向器	22	主传动器
8	转向主销及其轴承	23	减振器
9	纵横拉杆	24	钢板弹簧夹及U形螺栓
10	前悬挂连接	25	排气管及消声器
11	前吊耳销子	26	制动系拉杆、驻车制动器
12	后悬挂连接	27	后桥壳
13	后吊耳销子	28	缓冲器、保险杠、牵引钩
14	各部杆系	29	漏油、漏水、漏气、漏电
15	各种软管	30	油箱、蓄电池等的固定

(5)综合判定及主控制室工位

1)主要设备

①主控制微机、键盘及显示器。

②打印机。

③监察电视(电视摄像机显示器)。

④控制台及主控制键盘。

⑤稳压电源。

⑥不间断电源。

2)检测项目

汽车到达本工位时检测项目已全部检测完毕,主控制微机对各工位检测结果进行综合判定后,由打印机集中打印检测结果报告单,并由检测长交给被检车汽车驾驶员。

全自动安全环保检测线的主要设备及其作用如表 5-3 所列。

表 5-3 全自动安全环保检测线主要设备一览表

序号	设备名称	用途
1	进线指示灯	控制进线车辆,绿灯进,红灯停
2	汽车资料登录微机	登录汽车资料,并发动给主控制微机
3	工位测控微机	担负工位检测过程控制、数据采集与处理等项工作
4	检验程序指示器	指示工位检测程序,下达操作指令,显示检测结果,引导车辆前进
5	轮胎自动充气机	按设定的轮胎气压自动充气
6	轮胎花纹测量器	测量轮胎花纹深度
7	检测手锤	检查各连接件、车架等是否松动或开裂
8	不合格项目输入键盘	将车上、车下外观检查中的不合格项目报告主控制微机
9	摄像机及监察电视	供主控制室的检测长监察地沟及整个检测线的工作情况
10	侧滑试验台	检测转向轮侧滑量
11	轴重计或轮重仪	检测各轴轴重
12	制动试验台	检测各轮拖滞力、制动力和驻车制动力
13	车速表试验台	检测车速表指示误差
14	车速表检测申报开关或遥控器	当试验车速达 40km/h 时按下此开关或遥控器,微机采集此时的实际车速数据
15	光电开关	当车轮遮挡光电开关时,光电开光产生的信号输入微机,报告车辆到位,微机安排检测开始
16	反光镜	供驾驶员观察车轮到达试验台或停车线的位置
17	前照灯检测仪	检测前照灯发光强度和光轴偏斜量
18	排气分析仪	检测汽油车排气中的 CO 和 HC 浓度
19	烟度计	检测柴油车排气中的自由加速烟度
20	声级计	检测喇叭声级
21	停车位置指示器	指引汽车在灯光尾气工位停车线上准确停车
22	地沟内举升平台	使地沟内的检测人员在高度上处于最有利的工作位置
23	对讲话筒及扬声器	用于地沟上下的通话联系
24	地沟内报警灯或报警器	报告车辆到达车底检查工位
25	主控制微机	安排检测程序,对照检测标准,综合判定并存储、打印检测结果
26	打印机	打印检测结果报告单
27	控制台	主控制微机、键盘、显示器、打印机、监察电视等均安放在控制台上,是全线的控制中心
28	主控制键盘	当微机系统出现故障不能使用时,可通过主控制键盘对各工位实施控制,以不间断检测工作
29	稳压电源和不间断电源	稳定电压,不间断供电

除表中所列主要设备外,还可以选购内部电话或对讲设备、空调机和设备校准装置等。表列设备中,侧滑试验台、轴重计或轮重仪、制动试验台、车速表试验台、前照灯检测仪、排气分析仪、烟度计、声级计和检测手锤为检测设备。

2.综合检测线

以图 5-1 所示全能综合检测线为例介绍综合检测线。

(1)外观检查及车轮定位工位

该工位包括车上、车底外观检查和前轮定位检测。

1)主要设备

①轮胎自动充气机。

②轮胎花纹测量器。

③检测手锤。

④地沟内举升平台。

⑤地沟上举升器。

⑥就车式车轮平衡机。

⑦声发射探伤仪。

⑧侧滑试验台。

⑨四轮定位仪或车轮定位检测仪。

⑩转向盘自由转动量检测仪。

⑪转向盘转向力检测仪。

⑫传动系游动角度检测仪。

⑬底盘间隙检测仪(也称为悬架和转向系间隙检测仪)。

2)检测项目

①车上、车底外观检查项目同于全自动安全环保检测线。

②就车检测车轮不平衡量并平衡之。

③对转向节枢轴等安全机件进行探伤。

④检测前轮侧滑量。

⑤检测前轮最大转向角、主销后倾角、主销内倾角,并视需要检测前轮前束值和前轮外倾值。

⑥检测后轮前束值和后轮外倾角。

⑦检测转向盘自由转动量。

⑧检测转向盘转向力。

⑨检测传动系游动角度。

⑩检测悬架、转向系和轮毂轴承的间隙。

(2)制动工位

1)主要设备

①轴重计或轮重仪(与反力式滚筒制动试验台配套使用。如反力式滚筒制动试验台本身配备轴重测量装置或采用惯性式平板制动试验台,则不必再配备轴重计或轮重仪)。

②制动试验台。

2)检测项目

①检测各轮制动拖滞力和制动力,按制动曲线分析制动过程。

②检测驻车制动力。

(3)底盘测功工位

本工位能模拟汽车道路行驶,因而可组织较多的检测设备同时或交叉地对汽车发动机、底盘、电气设备和车身等进行动态综合检测诊断。配备的设备越多,能检测诊断的项目也越多。

1)主要设备

①底盘测功试验台。

②发动机综合参数测试仪(汽、柴油机合一或分开)。

③电控系统检测仪。

④电器综合测试仪。

⑤气缸压力测试仪或气缸压力表。

⑥气缸漏气量(率)测试仪。

⑦真空表或真空测试仪。

⑧油耗计。

⑨五气体分析仪。

⑩烟度计。

⑪声级计。

⑫机油清净性分析仪。

⑬发动机无负荷加速测功仪。

⑭发动机异响分析仪。

⑮传动系异响分析仪。

⑯温度计或温度仪。

2)检测项目

①检测驱动车轮的输出功率或驱动力,模拟车辆各种行驶速度行驶,进行加速性能、等速性能和滑行性能等性能试验,检测百公里耗油量和经济车速等。

②对点火系、供油系、冷却系、润滑系、传动系、行驶系、电气设备、车身等的技术状况进行检测、分析和判断。

③对装配点燃式发动机的车辆，根据不同类型，进行怠速试验、双怠速试验和加速模拟工况试验。根据怠速或其他工况排放的CO，HC，NO_x，CO_2 和 O_2 浓度，分析空燃比、燃烧状况、气缸密封性状况和污染等状况。

④对装配压燃式发动机的车辆，根据不同类型，进行自由加速排气可见污染物试验、自由加速烟度试验，分析空燃比、燃烧状况、气缸密封性状况和污染等状况。

⑤检测、分析并判断发动机和传动系异响。

⑥检测各总成温度和发动机排气温度。

当该工位上的有些项目检测时间过长时，也可在前面的工位上提前进行。例如，机油清净性分析完全可以在第一工位上对机油取样，接着到分析仪上进行分析，以平衡与其他项目的检测进度。

在综合检测线上，允许对车辆做必要的调试。如调试时间太长，应出线在维修(或调试)车间内进行。

当在综合检测线上进行安全环保检测时，应按安全环保检测线规定的项目进行。

全能综合检测线的主要设备及其作用，如表5-4所列。

表5-4 汽车全能综合检测线主要设备一览表

序号	设备名称	用途
1～29项同表5-3所列		
30	地沟上举升器	举起车辆，使车轮离地
31	就车式车轮平衡机	就车检测车轮不平衡量、并通过配重使车轮平衡
32	声发射探伤仪	在不解体情况下探测零件的裂纹和损伤
33	四轮定位仪或车轮定位检测仪	检测车轮前束值、车轮外倾值和主销后倾值、主销内倾值及前轮最大转向角度值
34	转向盘自由转动量检测仪	检测转向盘自由转动量
35	转向盘转向力检测仪	检测转向盘转动力
36	传动系游动角度检测仪	检测传动系自由转动量
37	底盘间隙检测仪	检测轮毂轴承、转向主销、纵横拉杆和钢板弹簧销等处的间隙
38	发动机综合参数测试仪	对汽、柴油发动机的功率、气缸压力、点火定时、供油定时、点火系技术状况、供油系技术状况、电控系统和异响等进行检测、分析和判断
39	电控系统检测仪	包括读码器、解码器、扫描器、专用诊断仪、示波器、分析仪、信号模拟器和综合检测仪等，用于对汽车电控系统的检测诊断
40	电器综合测试仪	检测电器设备的技术状况
41	气缸压力测试仪或气缸压力表	检测气缸的压缩压力

续表

序号	设备名称	用　途
42	气缸漏气量(率)测试仪	检测气缸的漏气量或漏气率
43	真空表或真空测试仪	检测进气管真空度,用于评价气缸密封性
44	油耗计	检测燃油消耗量
45	五气体分析仪	检测排气中的 CO,HC,NO_x,CO_2 和 O_2
46	机油清净性分析仪	分析机油的清净性程度
47	发动机无负荷测功仪	对发动机进行无负荷加速测功
48	发动机异响分析仪	诊断发动机异响
49	传动系异响分析仪	诊断传动系异响
50	温度计或温度仪	检测各总成温度和发动机排气温度

5.2　汽车检测站检测工艺程序

汽车进入检测站后,在站内、线内只有按照规定的检测工艺路线和检测工艺程序流动,才能完成整个检测过程。

5.2.1　汽车检测站工艺路线

对于一个独立而完整的检测站,汽车进站后的工艺路线流程如图 5-5 所示。

1. 安全环保检测线

安全环保检测线有以下 2 种结构。

(1)手动式

以如图 5-1 所示的安全环保检测线为例,其工艺路线流程如图 5-6 所示。

(2)全自动式

以如图 5-2 所示的安全环保检测线为例,其工艺路线流程如图 5-7 所示。

2. 综合检测线

以如图 5-1 所示的全能综合检测线为例,其工艺路线流程如图 5-8 所示。

以上所介绍的安全环保检测线与全能综合检测线的工艺路线,均为全工位检测工艺路线。经维修、调试后复检的车辆,只需检测不合格项目,因而往往在有关的工位上就有关项目再检测一次,其他工位仅仅流过而已,无须再全面检测一遍。在综合检测线上,并不一定所有的车辆都执行全工位检测工艺路线。若根据车辆状况或应车主要求只进行单工位或双工位检测时,仅制定单工位或双工位检测工艺路线即可,不必制定全工位检测工艺路线。

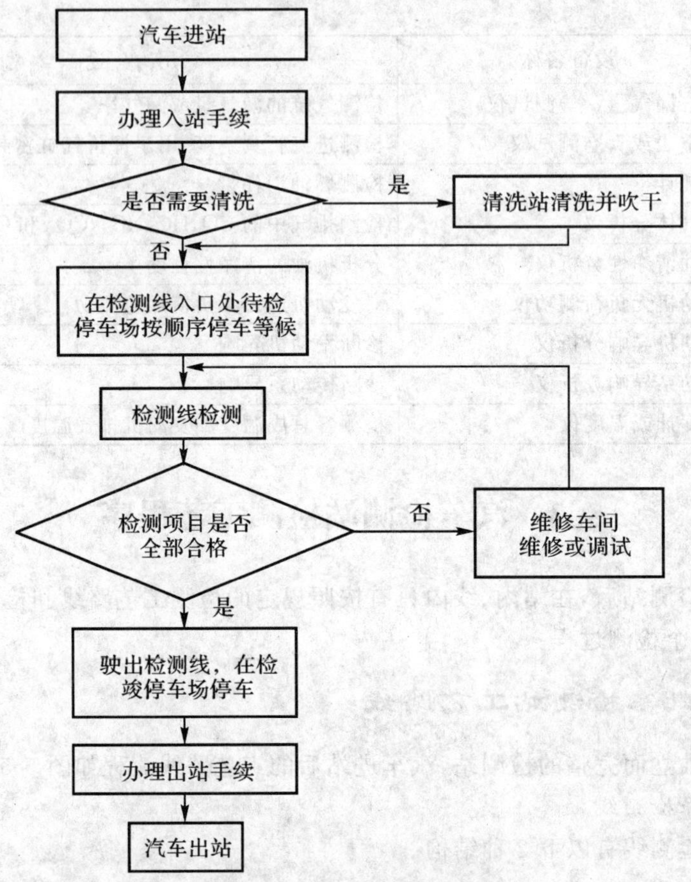

图 5-5 检测站工艺路线流程图

5.2.2 汽车检测工艺程序

以图 5-2 五工位全自动安全环保检测线的全工位检测为例，并参见图 5-4 的安全环保检测线。

1.汽车资料输入及 L 工位

(1)汽车资料输入。汽车资料登录输入微机一般放置在进线控制室或检测线入口处的左侧，由登录员操作。经过清洗并已吹干的汽车，在检测线入口处等候进线。此时的汽车驾驶员在国外多为原车驾驶员，在国内多为站内的引车员。如系原车驾驶员，在等候期间要读懂挂于门前的入站规则。进线指示灯红色为等待，绿色(或蓝色)为开进。当绿色指示灯亮时，汽车进入检测线停在第一工位上，由登录员根据行车执照和报检单，向登录微机输入牌照号码、厂牌车型、车主单位或车主姓名、发动机号码、底盘号码、灯

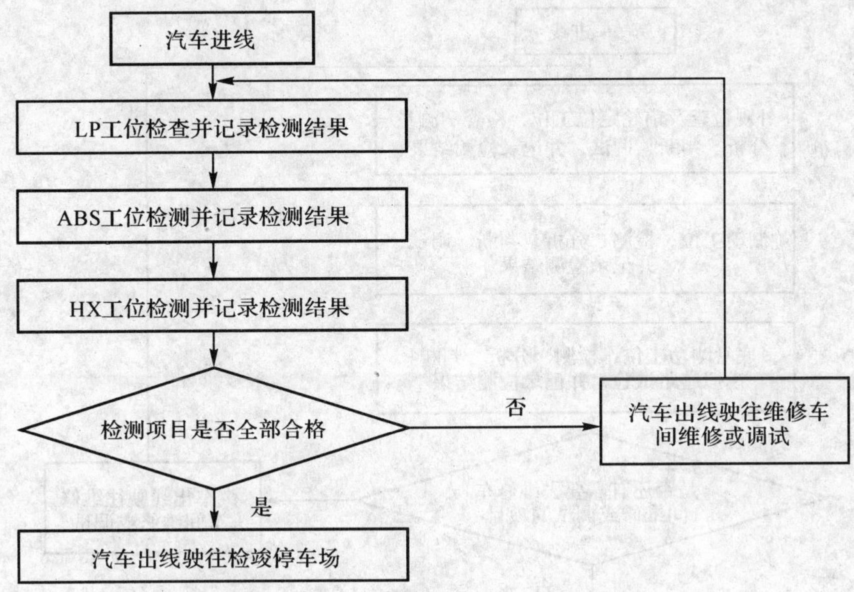

图 5-6　手动式安全环保检测线工艺路线流程图

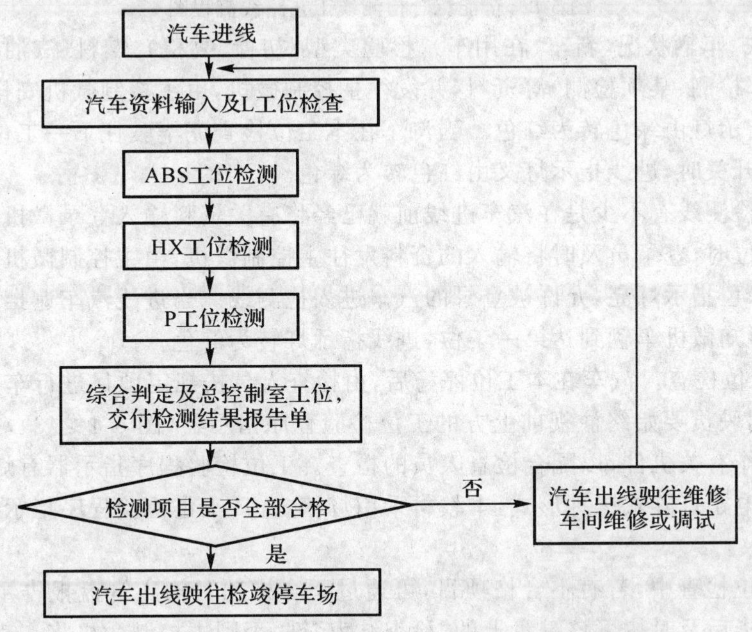

图 5-7　全自动式安全环保检测线工艺路线流程图

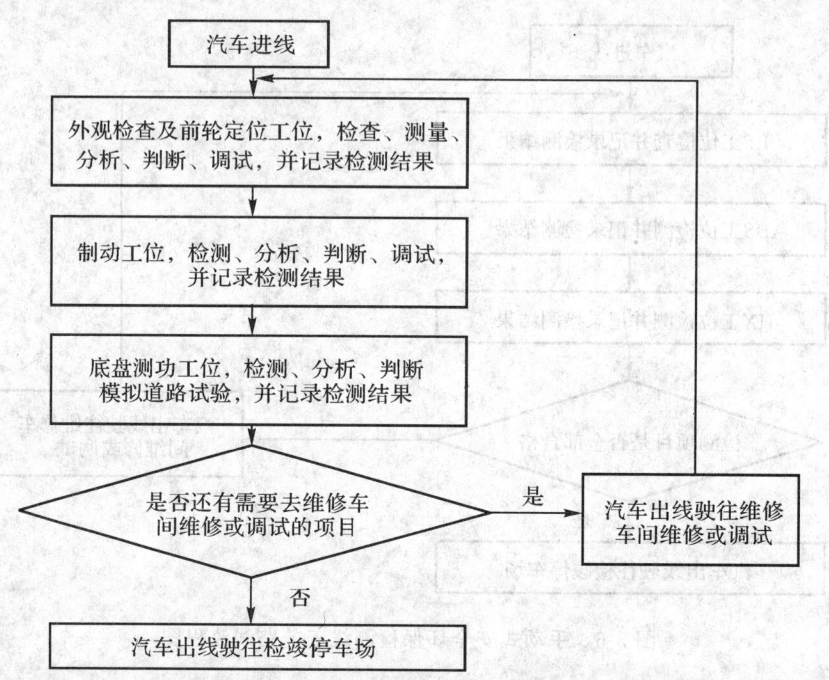

图 5-8 全能综合检测线工艺路线流程图

制、驱动型式、车辆状况(新车、在用车)、检验类型(初检、复检)、燃料(汽油、柴油)和检测项目(全部检测、某项检测)等资料，并发往主控制微机，由主控制微机安排检测程序。此时，进线指示灯由绿色转为红色。当汽车在本工位检查完毕驶往下一工位，并遮挡下一工位光电开关时，进线指示灯又由红色转为绿色。

国内的检测线有不少是在汽车进线前就已经将有关资料输入登录微机的。此后，当第一工位空位时，登录员及时将输入的资料发往主控制微机，由主控制微机安排检测程序。此时，绿色指示灯亮，允许被登录的汽车进入检测线。当进线汽车遮挡第一工位光电开关时，通知微机车辆到达第一工位，进线指示灯转为红色。

(2)L 工位检查。汽车在本工位停稳后，由检查人员按规定项目进行车上部外观检查。此时，驾驶员要始终注视前上方的工位检验程序指示器(图 5-4 之 3)，并按该指示器的指示操作有关机件，以配合检查人员的检查。工位检验程序指示器有灯箱式、彩色显示器式和电子灯阵式三种形式，本教材采用灯箱式。L 工位检验程序指示器面板图如图 5-9 所示。

在本工位检查中，若有不合格项目，可通过不合格项目输入键盘报告主控制微机，并在检查完毕后及时按下该键盘上的“检查结束”键，否则主控制微机将一直等待。主控制微机判定检查结果时，只要有一项不合格，即判定安全装置检查不合格，并将检查结果分别在主控制室的主控制微机显示器(以下简称微机显示器)上和本工位检验程序指

<table>
<tr><td>前照灯</td><td>变光灯</td><td colspan="2">前副灯</td></tr>
<tr><td>车宽标志灯</td><td>制动灯</td><td colspan="2">倒车灯</td></tr>
<tr><td>转向灯</td><td>停车灯</td><td colspan="2">报警灯</td></tr>
<tr><td>刮雨器</td><td>喇叭</td><td colspan="2">非常信号装置</td></tr>
<tr><td colspan="2">安全装置</td><td>○</td><td>×</td></tr>
<tr><td colspan="4">前　　进</td></tr>
</table>

图 5-9　L 工位检验程序指示器面板图

示器上同时显示。当显示“○”时为合格,显示“×”时为不合格。

如果下一工位空闲,则本工位检验程序指示器显示“前进”二字,驾驶员将汽车驶入下一工位。于是本工位又空位,等待下一辆汽车进入。

2. ABS 工位

(1)侧滑量检测

汽车沿地面标线,以 3～5km/h 的车速匀速通过侧滑试验台。通过时汽车应垂直于侧滑板,不可转动转向盘。当汽车前轮切断侧滑试验台入口的光电开关时,光电开关输出的电信号通知微机,微机开始采集车轮侧滑量数据。当汽车前轮切断侧滑试验台出口的光电开关时,数据采集结束,并以此期间侧滑板的最大位移量作为侧滑数据,并经主控制微机判断是否合格,然后将检测结果在主控制室微机显示器和本工位检验程序指示器(图 5-4 之 9)上同时显示。本工位检验程序指示器面板图如图 5-10 所示,当“侧滑

<table>
<tr><td colspan="3">侧 滑 试 验 台</td><td>○</td><td>×</td></tr>
<tr><td>前 制 动</td><td rowspan="3">放开</td><td rowspan="3">踏下</td><td>○</td><td>×</td></tr>
<tr><td>中间制动</td><td>○</td><td>×</td></tr>
<tr><td>后制动</td><td>○</td><td>×</td></tr>
<tr><td>驻车制动</td><td>拉紧</td><td>松开</td><td>○</td><td>×</td></tr>
<tr><td rowspan="2">车速表试验台</td><td colspan="4">40km/h按下申报开关</td></tr>
<tr><td colspan="2">踩制动踏板</td><td>○</td><td>×</td></tr>
<tr><td colspan="3">前　　进</td><td colspan="2">再检一次</td></tr>
</table>

图 5-10　ABS 工位检验程序指示器面板图

试验台"栏内显示"○"时为合格，显示"×"时为不合格。

(2)制动力检测

以反力式滚筒制动试验台(以下简称制动试验台)为例。当制动试验台前设有轴重计或轮重仪时，汽车被检车轴应先称重然后再驶上制动试验台测制动力。称重时被检车轴驶上轴重计或轮重仪并遮挡光电开关，报告微机车辆到位，车轴重力通过压力传感器变成电信号供微机采集。然后，该车轴驶上制动试验台测制动力。

若制动试验台本身带有轴重测量装置，则在其前面不再设有轴重计或轮重仪。汽车检测前轮侧滑量后，其前轴直接开到制动试验台上，先称重后测制动力，其工艺程序如下所述。汽车左右车轮驶入制动试验台两滚筒之间并遮挡光电开关，微机确认车辆到位，安排称重和制动检测，步骤如下：

①降下制动试验台举升器。

②测量轴重。

③启动制动试验台电动机。

④在制动踏板放松的情况下，采集左、右车轮的制动拖滞力。

⑤用力踩下制动踏板，采集左、右车轮的最大制动力，至滚筒停转时采集结束。

⑥拉紧驻车制动器，采集左、右车轮最大制动力(只有与驻车制动器相连的车轴才进行此项检测)。

⑦主控制微机判定检测结果，并分别在主控制室的微机显示器和工位检验程序指示器(图 5-10)有关栏目内同时显示。同样，显示"○"为合格，显示"×"为不合格。

⑧检测结果不合格时，微机安排"再检一次"。

⑨升起制动试验台举升器，该轴驶出，另一轴驶入，按同样程序检测。

主控制微机将采集到的数据按下列式子计算，然后与国家标准对照，判定制动是否合格。

轮拖滞力与轴荷的百分比＝(轮拖滞力 / 轴荷)×100%

轴制动力与轴荷的百分比＝［(左轮制动力 ＋ 右轮制动力) / 轴荷］×100%

全车制动力总和与整车质量的百分比＝(全车制动力总和 / 整车质量)×100%

检测中，汽车驾驶员要始终注视前上方的检验程序指示器，并按其上的指令操作。

检测多轴汽车并装轴(如三轴汽车的中轴和后轴)的制动力，而其中任一轴的传动关系又不能单独脱开时，可采用使制动试验台左右两组滚筒旋转方向不同的方法进行，并且只采集车轮正转时的制动数据。即制动试验台带动右轮正转左轮反转时，只采集右轮制动时的数据，带动右轮反转左轮正转时，只采集左轮制动时的数据。可以看出，两次测试中左、右车轮旋转方向不同，由于驱动桥差速器行星齿轮的自转作用，另一在制动试验台之外的驱动桥并不驱动，无须在制动试验台前后设置自由滚筒。因此，用该法检测多轴汽车并装轴的制动力时，可免去制动试验台前后两组共计 8 个自由滚筒，不仅节省了设备购置费，而且减少了设备占地面积，使检测线造价大大降低。

(3)车速表指示误差检测

将与车速表传感器相连的车轴开上车速表试验台，车轮遮挡光电开关，微机确认车辆到位，落下举升器。驾驶员把垂吊在汽车左侧的车速检测申报开关或遥控器持于手中，变速杆置于最高挡位，按照检验程序指示器的指令，匀速地将汽车加速至 40km/h(驾驶室内车速表指示值)，待指针稳定后，按下车速检测申报开关或遥控器。微机采集此时的实际车速数据(车速表试验台测量值)，并传输给主控制微机判定检测结果，如不合格，则安排“再检一次”。检测结果在主控制室的微机显示器和工位检验程序指示器有关栏目内同时显示。同样，显示“○”为合格，显示“×”为不合格。

按下车速检测申报开关后，即可踩下制动踏板使车轮与滚筒迅速减速。当工位检验程序指示器显示“前进”指令时，汽车开往下一工位。

(4)本工位检测程序说明

在本工位检测的汽车，由于其轴制、驱动形式和驻车制动器安装位置不同，因而它们的检测程序也不一样：

①四轮汽车(后驱动、后驻车)

侧滑→前制动→后制动→驻车制动→车速表。

②四轮汽车(前驱动、前驻车)

侧滑→前制动→驻车制动→车速表→后制动。

③四轮汽车(前驱动、后驻车)

侧滑→前制动→车速表→后制动→驻车制动。

④六轮汽车(前双轴、后单轴、后驱动、后驻车)

侧滑→前制动→中间制动→后制动→驻车制动→车速表。

⑤六轮汽车(前单轴、中单轴、后单轴、中驱动、中驻车)

侧滑→前制动→中间制动→驻车制动→车速表→后制动。

⑥六轮汽车(前单轴、中后并装双轴、中后驱动、中后驻车)

侧滑→前制动→中间制动→驻车制动→后制动→车速表。

最后一种汽车的车速表检测，必须在制动试验台与车速表试验台之间装备一组自由滚筒，否则，该项不能检测。

上述常见类型的汽车与对应程序非常重要，如果进线时汽车资料输入错误，则会导致检测程序混乱。

当本工位检验程序指示器显示“前进”二字时，汽车开入下一工位。

3. HX 工位

(1)前照灯检测

汽车沿地面标线缓慢驶入本工位。注意汽车应与前照灯检验仪的导轨保持垂直，并按引导指示器的指令在停车线上停车。这种引导指示器与两组光电开关(入口光电开关和出口光电开关)相互配合,引导汽车“前进”、“停车”和“后退”。当汽车还未到达停车线时,引导指示器亮出“前进”二字,指引汽车前进;当汽车前照灯遮挡入口光电开关时,引导指示器立即亮出“停车”二字,指令汽车停车。此时,汽车停在停车线上,前照灯与前照灯检测仪受光器的距离符合检测要求。如果汽车未及时停住,越过了停车线并遮挡了出口光电开关,则引导指示器亮出“后退”二字,指引汽车后退,直至出口光电开关又导通,引导指示器又显示“停车”二字,汽车立即停车即符合检测要求。

汽车停在停车线上,微机确认车辆到位,安排检测程序。本工位检验程序指示器(图5-4之11)指令驾驶员打开远光灯(电源系统应处于充电状态),前照灯检测仪从护栏内自动驶出,分别对前右灯和前左灯进行发光强度和光轴照射方向的检测。当前照灯发光强度不够或无明显光轴时,前照灯检测仪无法自动跟踪光轴,此时需要主控制室人工操作主控制键盘上的辅助控制键,辅助前照灯检测仪的受光器进入光轴投射区,以便实施跟踪。HX工位检验程序指示器的面板图如图5-11所示。

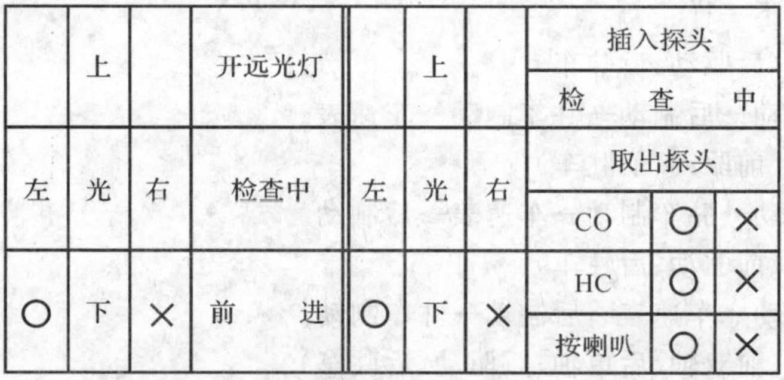

<table>
<tr><td rowspan="2"></td><td rowspan="2">上</td><td rowspan="2"></td><td rowspan="2">开远光灯</td><td rowspan="2"></td><td rowspan="2">上</td><td rowspan="2"></td><td colspan="3">插入探头</td></tr>
<tr><td colspan="3">检 查 中</td></tr>
<tr><td rowspan="2">左</td><td rowspan="2">光</td><td rowspan="2">右</td><td rowspan="2">检查中</td><td rowspan="2">左</td><td rowspan="2">光</td><td rowspan="2">右</td><td colspan="3">取出探头</td></tr>
<tr><td>CO</td><td>○</td><td>×</td></tr>
<tr><td rowspan="2">○</td><td rowspan="2">下</td><td rowspan="2">×</td><td rowspan="2">前 进</td><td rowspan="2">○</td><td rowspan="2">下</td><td rowspan="2">×</td><td>HC</td><td>○</td><td>×</td></tr>
<tr><td>按喇叭</td><td>○</td><td>×</td></tr>
</table>

图5-11 HX工位检验程序指示器面板图

前照灯检测仪跟踪到前照灯光轴后,进行数据采集,并传输给主控制微机分析判断,检测结果在主控制室微机显示器和工位检验程序指示器上,发光强度以“○”(合格)或“×”(不合格)的方式同时显示,光轴照射方向以上、下、左、右光的方式显示。

前右灯的检测结果一经显示,前照灯检测仪便自动移至前左灯,以同样的方法检测发光强度和光轴照射方向,显示检测结果后自动驶回护栏内。

左、右前照灯中有一项不合格,前照灯的综合判定即为不合格。

(2)排气或烟度检测

汽车在前照灯检测停车线上停车后,微机确认车辆到位,安排尾气检测程序。

如果是汽油车,由本工位检验程序指示器指令检测员或汽车驾驶员(须下车)将排气分析仪探头插入怠速运转的汽车排气管中,抽取气样。排气分析仪将分析出的CO和HC浓度转变成电信号供微机采集。微机判定后分别在主控制室微机显示器和工位检验程序指示器上同时显示检测结果。未采集到数据时,检测结果不显示。因此,车辆到位后根据指令应及时将排气分析仪探头插入排气管规定深度，以免错过采集时机。

如果是柴油车，根据图5-12所示的检验程序指示器指令，检测员或汽车驾驶员将烟度计探头插入怠速运转的柴油车排气管规定深度，先做三次自由加速的预动作，以熟悉加速方法并把排气管内的炭渣等积存物吹掉，然后在加速踏板上安置踏板开关，再按指令和操作规程进行四次自由加速。烟度计自动完成抽气取样、烟度检测和清洗等动作，并将烟度转变成电信号供微机采集。微机以后三次采集的数据的平均值作为自由加速烟度检测值，判定后分别在主控制室微机显示器上和烟度检验程序指示器上同时显示检测结果。同样，以“O”(合格)或“×”(不合格)的方式显示。在烟度检测操作过程中，加速运转和怠速运转的时间由微机通过烟度检验程序指示器上指令显示的时间间隔进行控制，只要严格、及时地按指令操作，即可保证操作规程顺利执行。

<table>
<tr><td colspan="3">插入探头　安置踏板开关</td></tr>
<tr><td>第一次自由加速</td><td rowspan="4">踏加速踏板</td><td rowspan="4">抬加速踏板</td></tr>
<tr><td>第二次自由加速</td></tr>
<tr><td>第三次自由加速</td></tr>
<tr><td>第四次自由加速</td></tr>
<tr><td colspan="3">取出探头拆下踏板开关</td></tr>
<tr><td>烟 度 检 测</td><td>○</td><td>×</td></tr>
</table>

图5-12　烟度检验程序指示器面板图

(3)喇叭声级检测

汽车在前照灯检测停车线上停车后，微机确认车辆到位，安排喇叭声级检测程序。将声级计连同其支架移至汽车正前方对正汽车，且声级计应平行于地面，其传声器距汽车2m，距地面1.2m。驾驶员按工位检验程序指示器的指令按下喇叭3～5s，声级计测量此时的声级并将其电信号输入微机供采集数据。微机判定后在主控制室微机显示器和工位检验程序指示器上同时显示检测结果。同样，显示“O”为合格，显示“×”为不合格。

本工位的前照灯检测、排气或烟度检测和喇叭声级检测，既可安排同步进行，也可安排按一定顺序进行。一般情况下，前照灯检测与尾气检测要同步进行，喇叭检测则安排在这之前或之后进行。

当本工位检验程序指示器显示“前进”二字时，汽车开入下一工位。

4. P工位

汽车沿地面标线驶入本工位。当汽车遮挡本工位入口光电开关时，通知微机车辆到位，同时地沟内报警灯闪烁或报警器响，通知地沟内检查人员车辆已到达本工位。汽车停在地沟上，由检查人员按规定项目进行车辆底部人工检查。此时，驾驶员要始终注视前上方的工位检验程序指示器(图 5-8 之 14)，并按其上的指令操纵有关机件，以配合检查员的检查。

P 工位检验程序指示器的面板图如图 5-13 所示，其上指令由检查人员手持有线按钮盒或红外遥控器控制。除此之外，检查人员还可通过地沟内的话筒和地沟上的扬声器通知驾驶员与其配合，以完成检验程序指示器指令之外的检查项目。检查中，若有不合格项目，可通过不合格项目输入键盘报告主控制电脑，并在检测完毕后及时按下该键盘上的“检查结束”键，通知电脑车底检查结束，否则主控制电脑将一直处于等待状态。主控制电脑判定检查结果时，只要有一项不合格，即判定车底检查不合格。同样，检查结果在主控制室微机显示器和工位检验程序指示器上同时显示。显示“○”为合格，显示“×”为不合格。

地沟内的检查人员，可随时通过脚踏开关调节地沟内举升平台的高度，以使两手处于最有利的操作位置。

当本工位检验程序指示器显示“前进”二字时，将车开入下一工位。

检查中		
发动机熄火		
转动转向盘		
踩制动踏板		
拉驻车制动器		
踩离合器踏板		
车底检查	○	×
前　进		

图 5-13　P 工位检验程序指示器面板图

5. 综合判定及主控制室工位

汽车进入本工位，主控制微机根据该车在前四个工位的检查结果进行综合判定。在 L 检查、ABS 检测、HX 检测和 P 检查各检测项目中，只有各项均合格，整车检测的总评价才判为合格；只要有一项不合格，则总评价判为不合格。

主控制微机将汽车资料、检测项目、检测结果及整车检测总评价等进行存储并发往打印机，由打印机在先期印刷成一定格式的打印纸上自动打印出检测结果报告单。在检测结果报告单上，各检测项目的检测结果和整车总评价，在对应的栏目内，合格以“O”打印，不合格以“×”打印。驾驶员拿到检测结果报告单后，立即将汽车驶出检测线，全线检测结束。

上述全自动五工位安全环保检测线可同时检测 5 辆汽车，检测节奏为 4 min/辆左右。如果采用同样功能的双线系统(图 5-2),配备 5 名检测员,每日实际工作 7 h,可日检测 200 余辆次汽车,全年可检测 5 万余辆次汽车,工作效率极高。由于自动化程度高,各工位检验程序指示器又十分醒目。因而原车驾驶员在读懂入站规则后,可驾车进入检测线,不一定非要配备专职引车员。

对于手动控制的安全环保检测线,各工位上的检测设备均要配备自身的指示装置。当汽车流经每一检测设备时,由检测人员手动操作,目视读数,大脑判定和笔录检测结果,工作效率远不如全自动检测线,且检测结果有可能出现人为因素等差错。

对于综合检测线,由于汽车技术状况不同,检测目的不同,因而检测、诊断、调试的项目和深度也就不同。有的少至几项,有的多达几十项,不像安全环保检测线那样服务对象单纯,检测项目统一。所以,综合检测线很难实现微机自动控制,多为手动操作各检测设备,检测程序也要视具体情况而定。

5.3　汽车检测线的微机控制系统

全自动检测线与手动检测线的最大区别,在于增加了一套微机控制系统。

5.3.1　微机控制系统的功能和要求

1. 功能

微机控制系统有以下功能:

(1)能输入、传输、存储、查询、打印汽车资料。

(2)除车上、车底外观检查,汽车资料输入,插入与取出排气分析仪(或烟度计)探头,以及移动声级计等工作仍需人工操作外,其余各检测项目均能由微机实现全自动控制。即检测设备的运行自动控制,数据的采集、处理、判定、显示、打印、存储、统计等,均能自动进行。

(3)检测结果既能在主控制室的微机显示器上以数据、图表、曲线等方式进行动态显示,同时又能在微机显示器和工位检验程序指示器上,合格以“○”、不合格以“×”或直接用文字显示,并能集中打印检测结果报告单。

(4)主控制室能对全线实行监控和调度。

(5)具有指令汽车驾驶员(或汽车引车员)操作的检验程序指示器(灯箱、彩色显示器或电子灯阵)。

(6)具有丰富的软件功能。

2. 要求

微机控制系统有以下要求:

(1)数据要准确。要特别注意单台试验设备采集处理数据的准确性,要从机电一体化全系统的观点出发进行设计，从机械设备到主控制机应构成一个完整的系统，不能互相脱节。

(2)可靠性要高。汽车安全检测系统在汽车审验期间一般不允许停机检修，一旦计算机发生故障将引起质量事故，因而应具有很高的可靠性。必须采取一系列安全措施以确保故障间隔时间 MTBF 达到几千小时，并要求故障修复时间短，运行效率高。

(3)适应性要强。检测现场干扰大，供电系统也常有波动，有些现场还有震动、腐蚀、尘埃，因而要求系统能适应较恶劣的环境。特别是现场控制级的机器，对温度和湿度变化的适应范围要宽，必要时采取防尘，防腐蚀措施。现场控制级机器中的元、器件必须符合工业级标准。另外，汽车种类繁多，检测线类型设计不一，微机控制系统还应能满足多种类型汽车的检测诊断，并能根据用户要求装配成不同工位安排、不同检测诊断项目、不同检测诊断工艺、不同规模和不同档次的系统。

(4)实时响应性好，要求它即时响应控制对象各种参数的变化，抓住时机进行控制，所以它必须具有实时时钟。此外，由于多种事件和多种设备均请求执行相应的任务，因而要求具有完美的中断系统，保证及时的中断响应。

(5)使用方便性要好。微机控制系统应能满足人—机对话方便，操作简单易学，显示直观明了，能汉字显示，数据易存、易查，组线灵活以及维修、管理方便等要求。

(6)经济性要好。在不影响功能的前提下，微机控制系统要尽量降低造价，提高检测效率，缩短汽车在线时间，并尽量使用国产器材。

(7)系统配套性好。控制系统包括各种类型的过程 I/O 通道，如模拟量、开关量、脉冲量、频率量的实时采集、处理、控制，此外还要求具有一系列外部设备，如人—机对话设备和操作台等。

(8)系统通信能力强。为了构成分层分级式管理控制系统或集散型控制系统，要求系统中的所有机器都具有通信能力，从而能将各控制系统有机地连接起来，构成较大规模的控制系统。

(9)除微机控制系统对全线的自动控制外，应在主控制室内的主控制键盘上，设置自动/手动开关和一套手动操作键盘，以便必要时对前照灯检测仪辅助操作和当无法实现全自动检测时对全线检测设备实施手动操作。

国产 CAJSM 全自动检测系统的主控键盘面板图如图 5-14 所示，其上的大灯仪操作键区和设备操作键区均为手动操作键盘。

5.3.2 微机控制系统的组成

微机控制系统由硬件部分和软件部分组成。硬件部分由微机设备和辅助设备组成。其中，微机设备由主控制微机、工位测控微机、汽车资料登录微机和打印机等组成：辅助设备由控制台及主控制键盘、稳压电源、不间断电源、摄像机及显示器、工位检验程序指

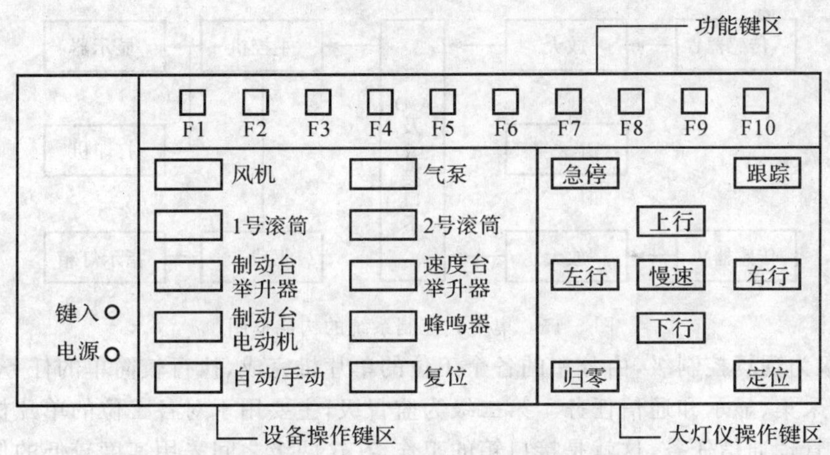

图 5-14　国产 CAJSM 全自动检测系统的主控键盘面板图

示器、光电开关、停车位置指示器、报警灯或报警器、不合格项目输入键盘、车速申报开关或遥控器、进线指示灯、工作台与座椅等组成。

主控制微机、工位测控微机和汽车资料登录微机一般以 PC 机为主。

软件部分中除检测程序外，一般还包括数据库管理、设备标定程序、检测诊断标准修正程序和系统自检、自诊断与维护等程序。其中，数据库管理能将已经检测过的全部车辆的数据存档，能按照检测序号、牌照号码或检测日期等进行查询、检索、统计和打印。

5.3.3　微机控制系统的控制方式

汽车综合性能检测站计算机测控系统的任务是数据采集、处理、判断、实时控制、数据处理。目前，国内检测站测控系统的控制方式主要有集中式控制系统、分级分布式控制系统、接力式控制系统和网络式控制系统 4 种形式。

1. 集中式

如图 5-15 所示为集中式控制系统的构成框图。各个检测设备的模拟信号经放大后，直接送至主控机进行模拟量到数字量的变换。单台检测设备可以用仪表显示，也可以不配备仪表显示，直接由主控机显示测量结果。整个检测系统的数据采集、处理判断、控制、打印全部功能都由主控机完成。这种方案的特点是简单易行、造价低，但由于主控机任务繁多，易受干扰，且由于模拟量的长线传输降低了测量精度。对于不配备单机显示仪表的系统来说，由于没有冗余措施，一旦主控机发生故障，整个检测系统就要停止工作。

2. 分级分布式

如图 5-16 所示为分级分布式控制系统的构成框图。分布式控制系统可以分为 3

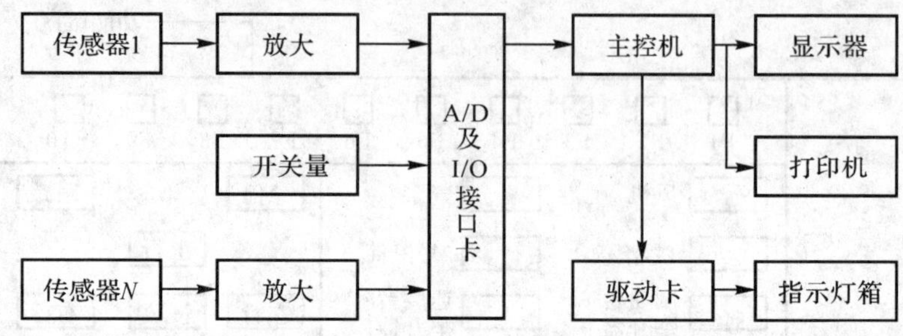

图 5-15 集中式控制系统的构成框图

级,第一级为现场控制级,由分布的各个工位的单片机完成,执行较简单的任务,主要完成数据的采集、显示和通信任务。第二级为监督级,主要用于对各工位的单片机进行监督控制和管理通信任务,这就是接口箱的工作。在这两级之间采用速度较低的低速通道联络。第三级为管理级,完成较复杂的工作,负责管理、生产指挥、调度。第二级和第三级之间,采用高速数据联络。这种控制系统,由于采用了分布控制、单机显示、多级管理、数据通信的措施,有效地防止了由于主控机故障而引起检测系统停止运行的事故。在主控机发生故障时,可由单机显示打印。每台单机仪表靠近检测设备,尽可能避免干扰信号串入,对于单机到监督级之间的信号传输采用数据通信,有效地避免了单机显示和主控机打印数据不一致的问题。由于各个控制机任务单一,对于设备校正、维护很方便,并且很容易建立备用机来提高系统的有效度。

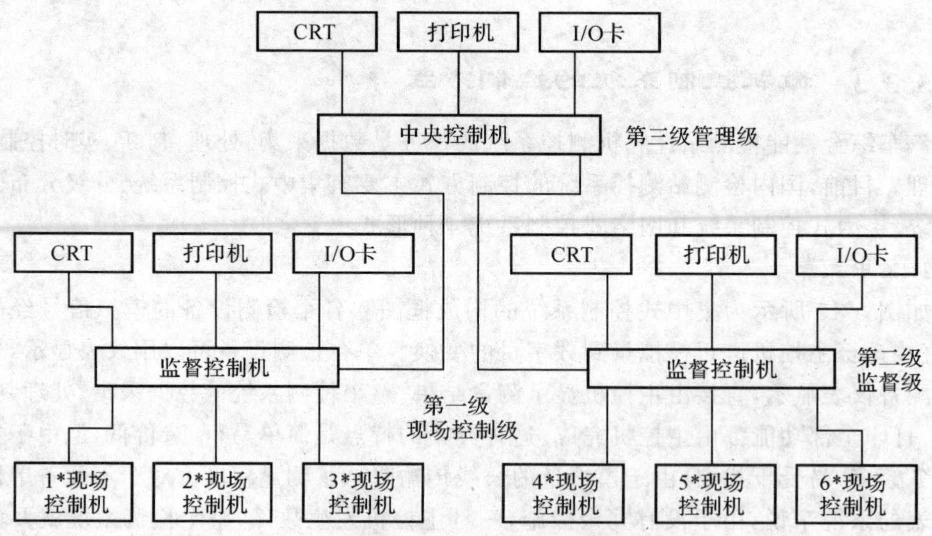

图 5-16 分级分布式控制系统的构成框图

3. 接力式控制系统

如图 5-17 所示,接力式控制系统实际上也是分级分布式控制系统的一种特例。在这种控制系统中每个工位分别设一个控制机，对本工位检测设备的信号进行采集、处理和显示，并将处理完的数据传输至下一工位，全部检测数据可以由最后一级控制机进行打印和统计。这种控制方式简单易行，造价也比较低，国内外有相当一部分检测线采用这种方案。但是接力式控制系统，由于缺乏高级的指挥调度中心，所以它的功能受到限制，难以实现较高程度的自动控制，对复杂的控制对象适应性较差。

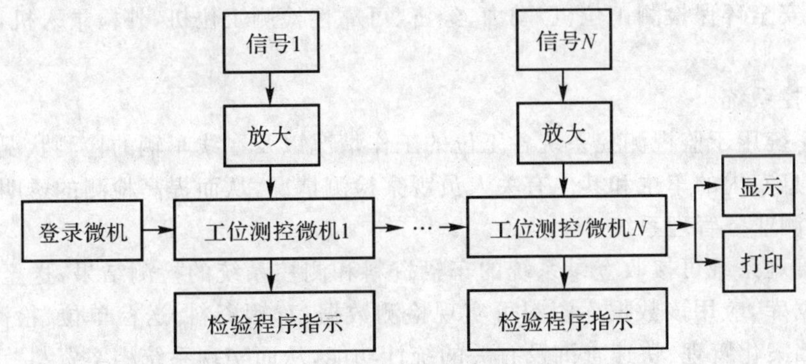

图 5-17　接力式控制系统的构成框图

4. 网络式控制系统

随着计算机技术的高速发展，计算机网络技术的广泛使用，汽车综合性能检测站采用网络式控制系统越来越多。下面介绍这种方式的控制系统。

网络式控制系统的汽车综合性能检测站采用了基于服务器—客户机模型的局域网，用一个集线器将所有的工作站与服务器连接起来，并通过调制解调器与广域网连接，实现与上级交通管理部门的信息中心网相连。系统的网络硬件主要有：网络服务器、网络工作站、网络适配器、通信电缆以及集线器和调制解调器。

检测站计算机网络系统通常应包括车辆登录系统、测控系统、监控系统、检测业务管理系统、财务系统及系统维护系统。根据实际情况，各系统可单独用一个工作站完成，也可以用几个工作站共同完成。另外还可以将几个系统合并用一个工作站来实现，如将监控系统、检测业务管理系统、系统维护系统合并起来，就可降低网络建设的成本。

(1)车辆登录系统

登录子系统用于输入待检车辆的一些必要数据信息的注册登录。根据这些数据，系统将安排测控系统进行检测。这些数据包括基本数据、特征数据和检测项目数据等。

目前，登录系统有 IC 卡登录和手工登录。IC 卡记载有该车辆的相关信息。检测时，只需将 IC 卡插入卡读/写器后，按下读卡键，车辆信息便自动登录完毕，这大大区别于以前每辆车每次检测时都需人工依次输入的惯例，大大提高了工作效率。

(2)测控系统

测控子系统是对安全环保、动力、经济、可靠性等检测工位上的检测设备进行连网。

按照目前的检测标准要求，安全环保检测工位要对车速表、废气、烟度、前照灯、声级、侧滑、制动、车辆外观（车上部分）、底盘（车下部分）等 9 个项目进行检测，而动力、经济、可靠性检测工位包含的检测项目就更多。因此，系统设计时可将若干个项目组合起来形成一个“工位”，设置一个工作站，每个工位只能有一辆车在检测。可见，工位设置越多，则整个系统的检测速度就越快，但相应的硬件成本就越高。测控子系统中各工作站按其性质可分为：安全环保检测工位机，动力、经济、可靠性检测工位机，外检录入机，进线选择机。

(3)监控系统

该子系统用于监视测控系统各工位的工作情况以及在线车辆的检测状况和所在位置，以供休息室内的车主和其他有关人员观察检测情况，从而提高检测的透明度。

(4)检测业务管理系统

业务管理系统可接收登录系统的车辆资料和测控系统的检测结果，送至系统的信息管理数据库，应用该数据库资料可实现检测数据、车辆资料、送检单位、检测人员、检测设备的档案化管理、快速查询及有关的统计功能，从而实现系统档案资料“无纸化”管理。

(5)财务系统

将通用财务软件与汽车检测业务相结合，根据登录资料和检测结果自动计算检测费用并打印发票，自动统计月、季、年的收入与支出，并打印出费用统计清单，款项收入一目了然，从而实现汽车检测的财务电算化。这样不但可以减轻财务人员的工作量，而且避免了收费时各种人为因素的影响。

(6)系统维护系统

系统维护系统是为保证检测站网络系统正常工作而特设的。它包括系统各项功能的设置、系统数据的管理以及检测标准的管理。

5.3.4 微机控制系统的使用方法

以国产 CAISM 全自动汽车检测系统为例，介绍微机控制系统的使用方法。

1. 启动微机控制系统

启动微机控制系统的步骤如下：

(1)按下控制台各部分的电源开关，使微机控制系统接通电源。

(2)启动辅助设备（包括泵气站），并打开各检测设备的电源开关。

(3)主控制微机自检。

(4)工位测控微机自检。

(5)装入 DOS 系统，进入 CAISM 引导程序，屏幕显示系统选单。系统选单及其功能如表 5-5 所列。

表5-5　系统选单及其功能

符号	菜单名称	功　能
A	使用说明	介绍CAISM系统功能及其操作
B	汽车检测	CAISM系统汽车检测程序
C	自检测试	用系统自检测试程序，完成对系统数据通道、键盘、光电开关及部分控制逻辑等的测试
D	标准设定	对诊断参数标准进行修改
E	设备标定	用系统标定程序、完成对检测系统所有项目通道的标定
F	报告打印	对已检车辆的数据记录、检索等打印报告
G	报表统计	对已检车辆的合格率、不合格率、复检率进行统计
H	数据备份	对标定数据、车辆数据等进行备份
I	操作系统	退到DOS操作系统

(6)利用光标键或直接键入“B”，选择选单B，按回车键，即可启动汽车检测程序。此时主控制微机将程序模块和数据模块装入工位测控微机，并建立与登录终端的通信线路，然后微机显示器屏幕进入检车画面。从该画面中可观察到检车时所有项目的检测数据、示值范围和动态检测曲线。在画面的左上角还能显示出检车日期、总检车台次和当日检车台次。

检测系统启动后，检测线上的自由滚筒(如果有的话)抱死，制动试验台和车速表试验台的举升器升起，主控制室控制台的状态面板上“电源”灯亮，第一工位、第二工位和第三工位上的“空位”灯均亮，“检车”灯闪烁，等待汽车进线。

2. 启动登录微机

启动登录微机的步骤如下。

(1)将登录启动盘(CAISM系统专用)插入登录微机软盘驱动器中，按下登录微机电源开关，电源指示灯亮。

(2)登录微机进行自检。

(3)自检后屏幕等待输入显示方式选择，键入任意字符后，登录微机开始引导，并完成与主控制微机的通信握手，进入登录工作状态。

(4)将即将进线待检的汽车资料按规定的登录项目输入登录微机。

(5)当第一工位空闲时，键入“Alt ＋ F1”，即可将登录的资料发往主控制微机。主控制微机安排检测程序，并使进线指示灯的绿灯亮，待检汽车驶入检测线，停在第一工位上检测。

3. 检测工艺程序

CMSM 检测系统设计为 3 个工位，即 LP 工位、ABS 工位和 HX 工位。CAISM 系统推荐工艺流程如图 5-18 所示。

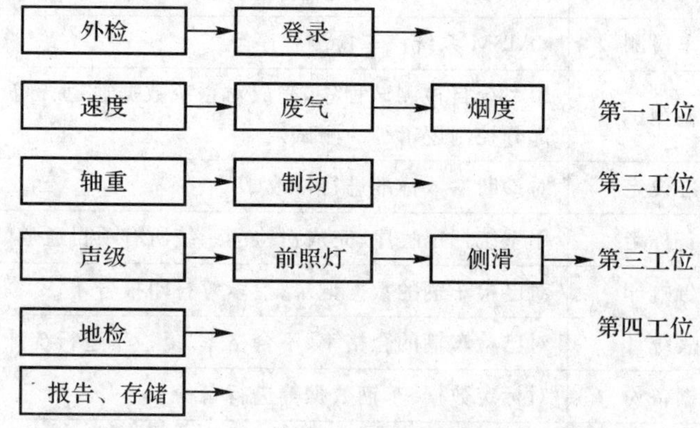

图 5-18 CAISM 系统推荐工艺流程图

实训题

实训 5-1 参观(或见习)汽车检测站

1. 实训目的与要求

(1)了解汽车检测站的类型、工艺布局和检测线的工位布置与设备配置；

(2)了解汽车检测站的检测内容和检测工艺流程；

(3)了解车辆检测员岗位职责；

(4)掌握汽车检测相关标准与法规。

2. 实训仪器设备

选择 A 级综合检测站或设备较好的安全环保检测线。

3. 实训内容

(1)参观汽车检测站；

(2)请检测工程师讲授汽车检测过程与要求；

(3)学习汽车检测相关的标准与法规。

4. 注意事项

(1)仔细观察检测站的布置及检测过程；

(2)认真听讲，作好记录；

(3)听从指挥，确保安全。

复习思考题

5-1　汽车检测站的任务是什么？

5-2　现代汽车检测方法与传统检测方法有何不同？

5-3　简述汽车检测站的类型及主要职能。

5-4　试述检测线的组成及工位布置。

5-5　试述全自动安全环保检测线的工艺路线。

5-6　试述全能综合检测线的工艺路线。

5-7　微机控制系统的功能与要求是什么？

5-8　微机控制系统的控制方式是什么？

5-9　汽车检测站计算机网络系统由哪几部分组成？

5-10　试述检测站测控系统的基本工位及其系统组成。

参考文献

1. 张建俊主编．汽车诊断与检测技术．北京：人民交通出版社，1995
2. 鲁植雄主编．汽车电喷发动机波形分析．南京：江苏科学技术出版社，2001
3. 陈焕江主编．汽车检测与诊断．北京：机械工业出版社，2002
4. 邹小明主编．汽车检测与诊断技术．北京：人民交通出版社，2005
5. 仇雅莉主编．汽车检测诊断技术与设备．北京：电子工业出版社，2005
6. 崔选盟主编．汽车故障诊断技术．北京：人民交通出版社，2005
7. 邢文华主编．汽车检测与诊断技术．北京：国防工业出版社，2004
8. 赵福堂 渠桦 解建光编著．现代汽车检测诊断与维修．北京：北京理工大学出版社，2005
9. 明平顺，杨万福主编．现代汽车检测技术．北京：人民交通出版社，2001
10. 赵英勋，刘明主编．汽车检测与诊断技术．北京：机械工业出版社，2003
11. 曹家喆主编．现代汽车检测诊断技术．北京：清华大学出版社，2003
12. 胡光辉主编．汽车故障诊断技术．北京：电子工业出版社，2005
13. 张建俊．汽车诊断与检测技术．北京：人民交通出版社，2003
14. 崔靖，周忠川．汽车综合性能检测．上海：上海科学技术文献出版社，2000
15. 罗进益主编．桥车四轮尖位检测与调整．北京：人民交通出版社，2003
16. 于建淑主编．汽车智能化检测设备与应用．北京：人民交通出版社，2003
17. 付自学主编．汽车电子控制技术．北京：机械工业出版社，2002
18. 邱新民主编．汽车电气与电子设备检测仪器．北京：中国劳动和社会保障出版社，2004
19. [美]L 埃克霍恩．汽车制动系统．北京：机械工业出版社，2000
20. 马东霄等．汽车维修实训教程．北京：人民邮电出版社，2003